A Functional Approach to Java

함수형 프로그래밍 with 자바

| 표지 설명 |

표지의 동물은 멕시코와 중앙아메리카에 서식하는 벌거숭이호랑이 왜가리(학명: *Tigrisoma mexicanum*)입니다. 학명 '벌거숭이호랑이(Tigrisoma)'는 '호랑이의 몸'이라는 그리스어에서 유래되었으며, 줄무늬가 있는 외형을 가리킵니다. 이 새는 강가와 호수 주변의 넓은 자연환경에서 서식합니다. 몸길이는 약 31인치에 달하는 중형 조류입니다. 어릴 때는 계피색 깃털을 가지고 있으며 날개, 목, 배를 가로지르는 불규칙한 벌집 모양의 무늬를 지닙니다. 성체가 되면 더 어두운 색을 띠게 되며, 회색과 검은색의 얼룩덜룩한 깃털과 검은 볏이 특징입니다. 주로 혼자 생활하는 습성을 가진 이 왜가리들은 번식기가 되면 나무에 둥지를 만들고 한 번에 2~3개의 알을 낳는데, 이 둥지는 종종 알이 떨어질 수 있을 만큼 큰 틈이 있는 나뭇가지들로 이루어져 있습니다.

세계자연보전연맹(IUCN)은 준위협 대상으로 분류했습니다. 오라일리 표지에 있는 동물들은 대부분 멸종위기종이며, 이들은 모두 소중한 존재입니다. 표지 그림은 『Zoological Gardens』에 실린 흑백 판화를 기반으로 캐런 몽고메리Karen Mongomery가 그린 작품입니다.

함수형 프로그래밍 with 자바

함수형 프로그래밍을 적용하여 객체 지향 자바 코드 향상시키기

초판 1쇄 발행 2024년 3월 27일

지은이 벤 바이디히 / **옮긴이** 허귀영 / **펴낸이** 전태호
펴낸곳 한빛미디어(주) / **주소** 서울시 서대문구 연희로2길 62 한빛미디어(주) IT출판2부
전화 02-325-5544 / **팩스** 02-336-7124
등록 1999년 6월 24일 제25100-2017-000058호 / **ISBN** 979-11-6921-217-5 93000

총괄 송경석 / **책임편집** 박민아 / **기획 · 편집** 김지은
디자인 표지 최연희 내지 박정화 / **조판** 강창효
영업 김형진, 장경환, 조유미 / **마케팅** 박상용, 한종진, 이행은, 김선아, 고광일, 성화정, 김한솔 / **제작** 박성우, 김정우

이 책에 대한 의견이나 오탈자 및 잘못된 내용은 출판사 홈페이지나 아래 이메일로 알려주십시오.
파본은 구매처에서 교환하실 수 있습니다. 책값은 뒤표지에 표시되어 있습니다.
한빛미디어 홈페이지 www.hanbit.co.kr / 이메일 ask@hanbit.co.kr

지금 하지 않으면 할 수 없는 일이 있습니다.
책으로 펴내고 싶은 아이디어나 원고를 메일(writer@hanbit.co.kr)로 보내주세요.
한빛미디어(주)는 여러분의 소중한 경험과 지식을 기다리고 있습니다.

A Functional Approach to Java

함수형 프로그래밍 with 자바

O'REILLY® 한빛미디어 Hanbit Media, Inc.

자바에서의 함수형 프로그래밍은 어떤 느낌일지 고민해보게 되는 책이었습니다. 함수형 프로그래밍 개념뿐만 아니라 함수형 프로그래밍 관점에서 문제에 접근하는 경험을 할 수 있습니다. 스트림, 람다, Optional 등에 대해서 더욱 자세하게 배울 수 있었으며, 디자인 관점에 있어서도 자바 함수형 프로그래밍을 고민해볼 수 있도록 해주는 책입니다.

신진욱, 네이버 백엔드 개발자

기본 문법서로 입문하고 난 다음 자바 함수형 프로그래밍을 더 깊게 배워보고 싶은 모든 분에게 이 책을 추천하고 싶습니다. 실제 실무에서 많이 사용하는 패턴을 함수형으로 접근하는 방법을 다루며, 특히 디자인 관점에서 풀어내는 부분이 인상적입니다. 기존 프로젝트를 함수형 프로그래밍으로 리팩터링을 고려할 때, 꼭 보셨으면 합니다.

심민우, 빅데이터 백엔드 개발자

단순히 함수형 프로그래밍을 배우는 것을 넘어 본질을 이해하게 도와주는 책입니다. 레코드, Optional, 스트림 등 다양한 문법을 세심하게 다루고 실무에서 자주 사용되는 디자인 패턴을 함수형 프로그래밍 관점에서 접근하는 방법을 제시해줍니다. 책을 읽으면 읽을수록 자바 프로그래밍에 대한 더 깊은 이해와 실제 프로젝트를 함수형 프로그래밍으로 리팩터링하는 능력을 키울 수 있습니다. 함수형 프로그래밍에 관심 있는 모든 자바 개발자에게 강력히 추천합니다.

이지수, 풀스택 개발자

자바로 개발할 때는 절차형 프로그램과 기본적인 함수만을 사용하곤 했습니다. 자바에 대한 심도 있는 부분에 대해 알고 싶을 때 이 책이 많은 도움이 될 것입니다. 이펙티브 자바 수준의 책이 너무 어렵다고 느끼는 개발자에게 이 책을 자바에 대한 심도 있는 입문서로 추천하고 싶습니다.

이기하, OPDC(오픈 플랫폼 개발자 커뮤니티) 리더

부제로 '모던 자바'라고 이름을 붙여주고 싶은 정도로 모던 자바에 대한 내용을 체계적으로 잘 설명합니다. 레코드 클래스와 같은 자바 14에서 등장한 스펙도 다루고 자주 사용하는 Optional에 대한 주의 사항과 스트림 관련 설명 및 도표가 잘 정리되어 있습니다.

윤석진, 백엔드 개발자

지은이 **벤 바이디히**Ben Weidig

4살 때 처음 컴퓨터를 사용했고 독학으로 개발자가 되었습니다. 20년 가까이 웹, 모바일 및 시스템 분야에서 다양한 언어의 프로그래밍 경력을 쌓았습니다. 국제 임상 연구 기관international clinical research organization에서 소프트웨어 개발과 프로젝트 관리를 배운 후 자영업 소프트웨어 개발자가 되었습니다. 그리고 여러 프로젝트에서 장기간 밀접한 협력을 통해 SaaS 회사와 합병하게 되었고, 공동 이사로서 회사의 방향을 결정하고 자바를 기반으로 한 제품의 모든 영역에 참여하며 모바일 전략을 감독하고 구현했습니다. 여가 시간에는 자바, 함수형 프로그래밍, 모범 사례, 일반적인 코드 스타일 등에 대해 글을 쓰며 그간 쌓아온 전문 지식과 경험을 공유합니다. 또한 오픈 소스 커뮤니티에 참여하여 프로젝트의 기여자로 활동하거나 코드를 공개하기도 합니다.

옮긴이 **허귀영**

모바일 애플리케이션 창업을 통해 소프트웨어 개발에 흥미를 느껴, 개발자로서의 커리어를 시작했습니다. 동덕여자대학교 컴퓨터학과를 졸업한 후 롯데정보통신과 카카오뱅크에서 소프트웨어 엔지니어로 근무했습니다. 어제보다 더 성장한 개발자가 되는 것을 목표로 하고 있습니다. 인프라, 웹 서비스, 프로젝트 관리 분야에 관심을 가지고 있으며, 새로운 지식을 습득하고 이를 다른 사람들과 나누는 것에서 큰 즐거움을 느낍니다.

옮긴이의 말

함수형 프로그래밍functional programming(FP)은 새로운 개념이 아닙니다. 이미 하스켈Haskell, 스칼라Scala, 얼랭Erlang 등의 언어를 통해 널리 사용되고 있으며, 주로 복잡한 애플리케이션과 시스템 개발에 있어 고수준의 추상화와 불변성, 효율적인 병렬 처리 등의 많은 장점을 제공합니다.

자바에서 함수형 프로그램의 개념이 본격적으로 도입된 지도 약 10년이 지났습니다. 2014년에 자바 8에서 람다 표현식과 스트림 API가 소개되었는데, 이는 자바에서 함수형 프로그래밍의 출발점이 되었습니다. 함수형 프로그래밍은 대규모 데이터 처리, 분산 시스템, 클라우드 컴퓨팅 등 현대 개발 환경의 복잡한 요구 사항에 효과적입니다. 자바에서도 이러한 요구 사항에 맞춰 함수형 프로그래밍에 대한 지원을 확대하게 되었습니다.

기존의 다양한 명령형 프로그래밍 언어들도 함수형 개념을 도입했습니다. 대표적으로 자바스크립트, 파이썬, C#이 있습니다. 이 언어들은 기존의 명령형 프로그래밍 모델을 유지하면서 함수형 프로그래밍의 특징을 점차적으로 통합하여 표현성과 유연성을 향상시켰습니다.

이 책에서는 함수형 프로그래밍이 무엇인지와 자바에서 함수형 프로그래밍을 채택한 구체적인 이유와 기존 자바 코드를 함수형 스타일로 전환하는 방법에 대해 설명합니다. 또한 함수형 프로그래밍에 익숙하지 않은 현직 개발자나 학생들이 이 패러다임에 한층 더 가까워질 수 있도록 다양한 예제와 그림 자료를 제공합니다. 이 책을 학습하는 동안 함수형 프로그래밍이 모든 상황에 대한 완벽한 해결책은 아니라는 점을 명심하고, 다양한 환경에 유연하게 접근할 수 있는 사고방식을 연습하는 것에 중점을 두는 것이 좋습니다.

마지막으로, 좋은 책을 번역할 수 있는 기회를 주신 한빛미디어의 전태호 대표님과 편집 과정에 큰 도움을 주신 김지은 편집자님께 진심으로 감사드립니다. 또한 바쁜 일정 속에서도 변함없는 지지와 사랑으로 함께해준 남편과 빠르게 우리 곁으로 와준 오월이에게도 마음 깊이 고맙다는 인사를 전합니다.

허귀영

새로운 경험에 의해 확장된 사고는 결코 이전으로 돌아갈 수 없다.

— 올리버 웬들 홈스 주니어Oliver Wendell Holmes, Jr

소프트웨어 개발은 매우 복잡한 작업이라서 많은 자바 개발자가 복잡성을 극복하기 위해 객체 지향 프로그래밍object-oriented programming(OOP)을 이용합니다. 객체 지향 프로그래밍에서는 개발하고자 하는 대상을 자료 구조로 표현하며, 주로 명령형 코딩 스타일을 통해 프로그램의 상태를 관리합니다. 객체 지향 프로그래밍은 가장 유명하고 검증된 프로그래밍 패러다임 중 하나이지만 항상 최적의 해결책이 되지는 않습니다. 오히려 모든 문제에 이 원칙을 적용하다 보면 프로그램이 더 복잡해질 수도 있습니다. 따라서 상황에 적합한 도구와 패러다임을 선택해야 합니다. 이러한 맥락에서 함수형 프로그래밍functional programming(FP) 패러다임은 문제 해결에 대한 새로운 접근 방식을 제안합니다.

함수형 프로그래밍은 새로 나온 개념이 아닙니다. 실제로 객체 지향 프로그래밍보다 훨씬 오래된 개념으로 1950년대 리스프Lisp[1]라는 프로그래밍 언어에서 처음 소개되었습니다. 함수형 프로그래밍은 과거에 학계와 특정 분야에서만 사용되었지만 최근 들어 관심이 증가하고 있습니다.

다양한 함수형 언어들이 계속 등장하고 있으며, 비함수형 언어non-functional language들도 각자 나름의 함수형 기능들을 제공하고 있습니다. 함수형 프로그래밍의 아이디어와 개념들은 이미 대부분의 다중 패러다임과 범용 언어에서 채택되어, 상황이나 프로그래밍 언어에 관계없이 함수형 프로그래밍을 사용할 수 있게 되었습니다. 이 책에서는 함수형 프로그래밍의 장점을 활용해 기존의 프로그래밍 방식과 소프트웨어 개발 도구를 보완하는 방법을 소개합니다.

---

1 1958년에 처음 등장한 리스프는 오늘날 사용되는 고급 프로그래밍 언어 중 두 번째로 오래됐습니다. 또한 이맥스 리스프(Emacs Lisp)(*https://oreil.ly/5piWN*)나 함수형 JVM 기반 프로그래밍 언어인 Clojure와 같은 다양한 프로그래밍 언어의 기반이 되었습니다(*https://clojure.org*).

여러분은 지금부터 함수형 프로그래밍에 대한 기본 개념과, 이를 자바에 적용하는 방법을 배우게 됩니다.

새로운 하드웨어에는 새로운 사고방식이 필요하다

하드웨어는 새로운 패러다임으로 변화하고 있습니다. 이전 프로세서 세대와 비교했을 때, 오랜 시간 동안 단일 코어single-core의 성능 향상은 크게 눈에 띄지 않았습니다. 무어의 법칙Moore's law[2]이 한계에 부딪힌 것처럼 보이지만, 하드웨어의 기술 발전이 멈췄다는 의미는 아닙니다. 업계에서는 단일 코어의 성능과 처리량 향상에 주력하기보다는 코어의 수를 증가시키는 데 더 큰 관심을 두고 있기 때문입니다.[3] 따라서 더 빠른 처리 속도가 아닌, 더 많은 코어를 가진 새로운 하드웨어의 장점을 최대한 살리기 위해 현대의 프로그램에서 작업 방식을 고민해볼 필요가 있습니다. 즉, 생산성을 저해하거나 복잡성을 증가시키지 않으면서 더 많은 코어를 효율적으로 활용할 수 있는 방법에 대해 기술적으로 고민해야 합니다.

객체 지향 프로그래밍에서는 병렬 처리를 통한 소프트웨어의 수평 확장이 쉽지 않습니다. 또한 병렬 처리는 많은 문제를 해결하는 데 도움을 주지만, 모든 문제의 해답이 되지는 않습니다. 예를 들어 방을 빠르게 페인트칠하기 위해서는 더 많은 인부를 고용하면 도움이 되지만, 임신 기간을 단축시키기 위해 더 많은 의사와 협력한다고 해서 임신 기간을 단축시킬 수는 없

---

2 무어의 법칙은 고든 무어가 1965년에 발견한 관찰 결과로, 반도체에 집적하는 트랜지스터의 수가 2년마다 2배로 증가하므로 코어당 성능도 증가할 것이라는 법칙입니다. Edwards, Chris. (2021). "Moore's Law: What Comes Next?," Communications of the ACM, Vol. 64 No. 2, pp. 12–14, (`https://oreil.ly/U6ee2`).

3 N. C. Thompson and Svenja Spanuth, "The Decline of Computers as a General-Purpose Technology," *Communications of the ACM*, Vol. 64, No. 3 (Mar. 2021): 64–72(`https://oreil.ly/YR8lp`).

습니다. 문제가 순차적이거나 상호의존적인 작업으로 구성되는 경우엔 병렬성parallelism보다 동시성concurrency이 더 적절할 수 있습니다. 그러나 문제가 간단하고 서로 관련이 없는 하위 문제로 분할할 수 있는 경우에는 병렬 처리가 훨씬 효과적입니다. 이러한 경우에 함수형 프로그래밍이 유용하게 사용될 수 있습니다. 함수형 프로그래밍의 고유한 특징에는 비상태성과 불변성이 있는데, 병렬성 및 동시성 처리 환경에서 작고 안정적이고 재사용 가능하며 고품질 작업을 하는 데 필요한 모든 도구를 제공합니다.

여러분이 이러한 '함수형 사고방식'을 염두에 둔다면 일상적으로 직면하게 되는 문제들을 이전과는 다른 방식으로 해결하고, 프로그램을 보다 쉽고 안전하게 확장할 수 있습니다.

다음으로, 자바가 함수형 프로그래밍에 더 좋은 선택이 될 수 있는 이유에 대해 살펴보겠습니다.

자바도 역시 함수형 언어다

많은 언어가 함수형 프로그래밍에 적합합니다. 여러분이 명령형 코딩 스타일을 거의 사용하지 않는 순수 함수형 언어를 선호한다면 **하스켈**Haskell[4]이 마음에 들 것입니다. 그리고 **얼랭 가상 머신**Erlang Virtual Machine[5]을 활용하기 위한 **엘릭서**Elixir[6]라는 선택지도 있습니다. 함수형 프로그래밍이 가능한 언어를 찾기 위해 광활한 JVM 생태계를 떠날 필요가 없습니다. **스칼라**Scala[7]는

4 https://oreil.ly/xd-ZC

5 얼랭은 저지연성, 분산 처리, 내결함성 시스템을 구축하는 데 사용되는 함수형 및 동시성 지향 프로그래밍 언어입니다.

6 https://oreil.ly/097Ve

7 https://oreil.ly/fOCAH

객체 지향 프로그래밍(OOP)과 함수형 프로그래밍(FP) 패러다임을 효과적으로 결합한 고급 프로그래밍 언어입니다. 또 다른 인기 있는 선택지 중 하나인 **클로저**Clojure[8]는 처음부터 동적 타입 시스템을 염두에 두고 함수형 언어로 설계되었습니다.

이상적인 세계라면 다음 프로젝트에 사용할 함수형 언어를 선택할 수 있는 행운이 있겠지만, 인생은 실전입니다. 여러분이 사용할 언어에 대한 선택권이 전혀 없는 제한된 상황에서 프로젝트를 수행해야 하는 경우가 더 많습니다.

자바 개발자로서 여러분은 역사적으로 함수형 프로그래밍에 적합하지 않다고 여겨지던 자바를 사용하고 있을 것입니다. 이 이야기를 계속 진행하기에 앞서 강조하고 싶은 점은, 프로그래밍 언어의 수준과는 관계없이 대부분의 함수형 원칙을 구현할 수 있다는 것입니다.[9] 여러분의 코드는 애초에 함수형 언어로 설계된 다른 프로그래밍 언어들처럼 간결하고 이해하기 쉽지 않을 수 있습니다. 이러한 문제점은 자바가 더 생산적인 접근 방식과 더 나은 문제 해결법을 제시했음에도 불구하고, 많은 개발자가 자바에 함수형 원칙을 적용하려고 시도하는 것을 망설이게 합니다.

과거에는 많은 사람이 자바를 '사라지기에는 너무 커진' 엔터프라이즈 언어이며, 코볼COmmon Business-Oriented Language(COBOL)이나 포트란Fortran의 현대 버전으로 여겼습니다. 그리고 자바 9가 출시되고, 릴리스 주기가 짧아지기 전까지 가속화되지 않았습니다.[10] 자바 6(2006년 출

8 *https://oreil.ly/q0Hw5*

9 딘 왐플러(Dean Wampler)는 『자바 개발자를 위한 함수형 프로그래밍』(한빛미디어, 2012)에서 자바에서 제공하지 않는 함수형 프로그래밍 기능들을 직접 구현하는 방법에 대해 자세하게 설명합니다(*https://oreil.ly/MgVEW*). 이 책에서는 자바 8 이전에는 쉽게 실현할 수 없었던 많은 기술을 다룹니다. 그러나 최근에는 JDK의 단점과 격차가 해소되어 함수형 프로그래밍을 간결하고 더 직관적으로 도입하기 위해 필요한 많은 도구를 제공합니다.

10 자바 9 버전부터 릴리스 주기가 더 짧아지고 있습니다(*https://oreil.ly/yLj1p*). 앞으로는 비정기적으로 새로운 버전을 출시하는 대신, 6개월마다 고정된 주기로 릴리스될 예정입니다. 이러한 일정을 충족시키기 위해 모든 릴리스는 장기 지원 버전(Long Term Support, LTS)으로 간주하지 않고, 이전보다 기능을 빠르게 출시하는 것을 목표로 합니다.

시)에서 자바 7(2011년 출시)로 업그레이드되기까지 무려 5년이라는 시간이 걸렸습니다. 또한 try-with-resource[11]와 같이 새로운 기능이 있었지만, 그중 어느 것도 획기적이지 못했습니다. 과거의 느린 업데이트로 인해 프로젝트와 개발자들은 '최신이자 최고'인 자바 개발 키트Java Development Kit(JDK)를 채택하지 않게 되었고, 언어를 개선할 수 있는 수많은 기회를 놓치게 되었습니다. 그로부터 3년 후, 2014년에 그다음 버전인 자바 8이 출시되었습니다. 이번에는 자바 역사상 가장 중요한 변화 중 하나인 람다 표현식을 발표했습니다.

세계에서 가장 유명한 객체 지향 프로그래밍 언어인 자바에 함수형 프로그래밍을 효과적으로 도입할 수 있는 기반이 마련되었으며, 이로 인해 언어와 관용구에 큰 변화가 찾아왔습니다.

```
Runnable runnable = () -> System.out.println("hello, functional world!");
```

람다 표현식의 도입은 자바에서 함수형 프로그래밍을 보다 더 완성도 있는 언어로 만들고, 런타임 기능으로 사용할 수 있게 하는 데 큰 의미가 있었습니다. 게다가 이를 통해 자바 개발자들은 새로운 아이디어와 개념에 접근할 수 있게 되었습니다. 스트림stream, Optional, CompletableFuture와 같은 JDK의 새로운 기능들은 람다 표현식과 자바의 함수형 기능 도입 덕분에 간결하고 직관적인 방식으로 구현할 수 있게 되었습니다.

자바에서 함수형 프로그래밍을 통해 소개되는 새로운 관용구와 방식은 기존의 객체 지향 프로그래밍에 익숙한 경우에는 낯설게 느껴질 수 있습니다. 이 책을 통해 여러분은 함수형 프로그래밍 원칙을 코드에 적용하는 데 도움이 되는 사고방식을 갖고, 완전하게 함수형으로 전환하지 않고도 코드를 개선하는 방법을 배울 수 있습니다.

11 자바 7에서 등장한 try-with-resource는 이전 버전의 try-catch-finally를 개선시켜 코드를 간결하게 하고, 누락 없이 모든 자원을 반납하여 추후 메모리 누수 등의 문제를 예방할 수 있게 합니다.

이 책을 쓴 이유

스위프트Swift[12]처럼 함수형 프로그래밍을 지원하는 우수한 범용 프로그래밍 언어의 장점을 깨닫게 되었고, 점차 자바 기반 프로젝트에서도 함수형 프로그래밍 원리를 도입하게 되었습니다. 자바 8 이후에 도입된 람다 표현식과 다른 기능들 덕분에 많은 도구를 쉽게 사용할 수 있게 되었습니다. 하지만 이러한 기능들을 더 자주 사용하고 동료들과 이야기하면서 깨닫게 된 점이 있습니다. 람다, 스트림, 자바에서 제공하는 많은 함수형 기능은 쉽게 이해할 수 있지만, 왜 그리고 언제 사용해야 하는지, 언제 사용하면 안 되는지에 대한 깊은 이해 없이는 이 기능들을 충분히 활용할 수 없다는 것입니다.

바로 이 책을 쓰게 된 이유입니다. 이 책에서는 언어를 함수형으로 만드는 다양한 개념들과 JDK에서 제공하는 도구 또는 직접 생성한 도구들을 사용하여 자바 코드에 결합하는 방법을 중점적으로 설명합니다. 자바 코드에 함수형 접근 방식을 적용하면 이전에 사용한 최적의 방법과는 충돌할 수 있지만, 오류 발생 가능성이 줄어들고, 더 간결하고 합리적이며 미래 지향적인 코드를 작성할 수 있게 됩니다.

12 https://oreil.ly/hqIYc

대상 독자

이 책은 함수형 프로그래밍이 궁금하거나 자바 코드에 직접 적용해보고 싶은 독자를 대상으로 합니다. 이미 자바에서 함수형 프로그래밍을 사용하고 있는 사람들도, 이 책에서 더 효과적으로 적용하는 방법을 습득할 수 있습니다.

함수형 프로그래밍에 필요한 각 개념은 예제를 통해 소개하고 있어서 함수형 프로그래밍에 대한 사전 지식은 필요하지 않습니다. 그러나 초보자를 대상으로 하는 자바나 OOP 안내서가 아니므로 자바 표준 라이브러리에 어느 정도 익숙해야 합니다.

이 책의 코드는 필자가 원서를 집필할 당시 가장 최신 LTS 버전이었던 자바 17로 쓰였습니다. 여러분이 자바 8을 사용하더라도 대부분의 개념과 예제를 이해할 수 있습니다. 그러나 일부 장에서는 자바 14에 새롭게 도입된 레코드와 같은 최신 기능을 소개하고 있습니다.

이 책은 '바로 구현 가능한' 솔루션을 제시하는 레시피를 찾는 분들에게는 적합하지 않을 수 있습니다. 이 책의 주된 목적은 함수형의 개념과 관용구를 소개하고, 이러한 개념들을 자바 코드에 효과적으로 결합하는 방법을 소개하는 것입니다.

이 책에서 배울 수 있는 것

이 책을 다 읽을 즈음엔 여러분은 함수형 프로그래밍에 대한 기본적인 지식을 습득하고 업무에 효과적으로 적용할 수 있게 될 것입니다. 또한 자바의 모든 함수형 기능을 자유롭게 활용하여 필요한 경우 JDK에서 제공하지 않는 기능을 직접 구현할 수도 있습니다.

이 책에서 학습할 개념은 다음과 같습니다.

- **합성**composition : 모듈식으로 쉽게 합성할 수 있는 블록을 구축합니다.
- **표현식**expressiveness : 의도를 명확하게 표현하는 간결한 코드를 작성합니다.
- **코드 안정성**safer code : 오류를 발생시키지 않고 경합 조건race condition이나 락lock을 처리할 필요가 없는 더 안전한 자료 구조를 만들 수 있습니다.
- **모듈성**modularity : 큰 프로젝트를 더 쉽게 관리할 수 있는 모듈로 분할합니다.
- **유지보수성**maintainability : 연관성이 적은 함수형 블록들을 사용하여 코드의 다른 부분을 손상시키지 않으면서 코드 변경이나 리팩터링을 더 안전하게 수행할 수 있습니다.
- **데이터 조작**data manipulation : 더 적은 복잡성으로 효율적인 데이터 조작 파이프라인을 구축합니다.
- **성능**performance : 불변성과 예측 가능성을 통해 큰 고민 없이 병렬로 수평 확장이 가능합니다.

여러분의 코드를 완전히 함수형 프로그래밍으로 전환하지 않아도, 이 책에서 소개하는 개념과 관용구를 적용하면 코드를 개선할 수 있습니다. 그리고 자바뿐만 아니라 다른 프로그래밍 언어에서도 함수형 사고방식을 적용하여 프로그래밍 스킬을 향상시킬 수 있습니다.

안드로이드는?

자바에 대해 이야기할 때 안드로이드를 빼놓을 수 없죠. 안드로이드 애플리케이션은 자바로 개발할 수 있지만 사용되는 기본 API와 런타임은 다릅니다. 그렇다면 안드로이드 앱을 함수형으로 접근한다는 것은 어떤 의미를 가질까요? 이를 이해하기 위해서는, 먼저 '일반적인' 자바와 안드로이드를 위한 자바의 차이점을 살펴볼 필요가 있습니다.

안드로이드는 자바 플랫폼 마이크로 에디션Java Platform Micro Edition (자바 ME)[13]과 같은 소형 기기에 최적화된 경량 JVM에서 직접 자바 바이트 코드를 실행하지 않는 대신, 재컴파일하여 사용합니다. 이때 덱스 컴파일러DEX Compiler는 달빅Dalvik 바이트 코드를 생성하며 안드로이드 런타임Android Runtime (ART) 환경 또는 달빅 가상 머신에서 실행됩니다.[14]

자바 바이트 코드를 달빅 바이트 코드로 다시 컴파일하면 최적화된 코드를 실행하기 때문에 하드웨어가 가진 제약 조건을 최대한 활용할 수 있습니다. 표면적으로는 코드가 자바처럼 보이더라도, JDK와 안드로이드 SDK 간에는 기능적인 동일성이 보장되지 않습니다. 예를 들어 이 책의 주요 내용인 람다 표현식과 스트림은 오랜 시간 동안 안드로이드에서 지원하지 않았습니다.

안드로이드 Gradle 플러그인은 3.0.0 버전부터 람다 표현식Lambda expression, 메서드 참조method reference, 인터페이스에서의 기본default 및 정적static 메서드와 같은 기능들을 디슈가링desugaring[15]을 통해 지원하기 시작했습니다. 디슈가링이란 컴파일러가 바이트 코드를 변환하여 새로운

---

13 자바 플랫폼 마이크로 에디션은 ME(자바 ME), J2ME 등으로도 알려져 있으며, 제한된 자원을 가진 휴대전화, PDA, 셋톱박스 등에서 자바 프로그래밍 언어를 지원하기 위해 만들어진 경량화된 JVM입니다(*https://oreil.ly/H0slD*).

14 안드로이드 오픈 소스 프로젝트에서는 안드로이드 런타임에 대한 기능과 개요를 제공합니다(*https://oreil.ly/_iVa4*).

15 옮긴이_ 문법 설탕은 동일한 기능을 제공하지만 문법적으로 더 간결하게 표현할 수 있는 문법을 말합니다. 디슈가링은 문법 설탕이 적용된 코드를 하위 버전의 기기에서도 해석할 수 있게 하는 기능입니다.

구문을 지원하거나 런타임 자체에서 구현하지 않고도 해당 기능을 내부적으로 복제하는 기능입니다.

다음 메이저 버전인 4.0.0에서는 스트림, Optional, `java.util.function` 패키지와 같은 더 많은 함수형 기능이 추가되었습니다. 이 책을 통해 안드로이드 개발자들도 함수형 패러다임과 기능들을 활용할 수 있습니다.

CAUTION JDK의 대부분 기능은 안드로이드에서도 사용 가능하지만, 완전히 동일하지는 않습니다.[16] 지원하는 기능들은 자바 8+ 공식 문서에서 확인할 수 있습니다.[17]

안드로이드의 함수형 접근 방식

코틀린Kotlin[18]은 2019년에 안드로이드 개발자들 사이에서 주류 언어로 인기를 얻어 자바를 대체했습니다. 코틀린은 주로 JVM을 대상으로 하지만, 자바스크립트JavaScript와 여러 네이티브 플랫폼에서도 컴파일 가능한 멀티 플랫폼 언어입니다.[19] '현대적이고 보다 간결한' 자바를 지향하는 코틀린은 자바의 단점들을 해결하면서 자바의 모든 프레임워크나 라이브러리와 호환됩니다. 즉, 동일한 프로젝트에서도 자바와 코틀린을 쉽게 혼용하여 사용할 수 있으며 100% 상호 운용이 가능합니다.

---

16 안드로이드 개발자인 제이크 와튼(Jake Wharton)은 안드로이드가 현대적인 자바 코드를 어떻게 디슈가링하는지에 대해 자세히 설명합니다(*https://oreil.ly/l6yJU*).

17 *https://oreil.ly/1XTsQ*

18 *https://oreil.ly/HxrtK*

19 지원 가능한 플랫폼에 대한 정보는 코틀린 공식 문서를 참고하세요(*https://oreil.ly/W4-FG*).

코틀린이 갖고 있는 명백한 장점 중 하나는, 함수형 프로그래밍 개념과 관용구가 언어 자체에 이미 내장되어 있다는 것입니다. 그러나 코틀린은 자바와 서로 다른 언어라서 코틀린 고유의 관용구와 문법을 가지고 있습니다. 람다lambda를 생성할 때처럼, 생성되는 바이트 코드도 다를 수 있습니다.[20] 코틀린의 가장 큰 장점은 자바에 비해 간결하고 범용 가능한 언어를 만든다는 것입니다. 안드로이드 프로젝트에서도 코드 전체를 코틀린으로 사용하지 않고, 코틀린의 기능을 차용할 수 있습니다. 즉, 자바와 코틀린을 혼용하여 두 언어의 장점을 모두 활용할 수 있습니다.

이 책은 자바와 JDK를 중심으로 쓰였습니다. 이 책에서 배운 내용은 코틀린을 사용하더라도 안드로이드 개발에 적용할 수 있습니다. 하지만 안드로이드나 코틀린에 대한 전반적인 주의 사항은 소개하지 않습니다.

책의 구성

이 책은 2부로 구성되어 있습니다.

Part I

1부에서는 함수형 프로그래밍의 핵심 개념과 역사를 소개하고, 자바에서 이러한 개념을 구현하는 방법과 사용 가능한 기능에 대해 소개합니다.

20 각 람다는 함수 타입 스펙에 설명된대로 `kotlin.jvm.internal.FunctionImpl`을 상속하는 익명 클래스로 컴파일됩니다(*https://oreil.ly/C2qnh*).

Part II

2부에서는 일반적인 프로그래밍 개념을 포함하여 함수형 원칙과 새로 도입된 기능들을 어떻게 활용할 수 있는지에 대해 소개합니다. 레코드와 스트림처럼 주요 기능들은 예제와 사용 사례를 통해 배워봅니다.

각 장들은 서로 연관이 있기 때문에 순서대로 읽는 것이 가장 좋습니다. 그러나 책에서 언급된 내용을 교차로 참조하며 이해할 수도 있으므로 흥미가 있는 부분을 먼저 읽어도 좋습니다.

소스 코드

이 책의 소스 코드는 깃허브[21]에서 확인할 수 있습니다. 컴파일 가능한 자바 코드 이외에도, 코드를 더 쉽게 실행할 수 있는 JShell 스크립트를 제공합니다.

---

21 https://github.com/benweidig/a-functional-approach-to-java

CONTENTS

PART 01

함수형 기초

함수형 프로그래밍은 명령형 코딩 스타일을 주로 사용하는 객체 지향 프로그래밍에 비해 덜 복잡합니다. 함수형과 명령형은 단지 같은 문제를 다루는 다른 접근 방식일 뿐이며, 여러분이 명령형으로 해결할 수 있는 문제라면 함수형으로도 해결할 수 있습니다.

수학은 함수형 프로그래밍의 기반이 되는데, 이로 인해 객체 지향 사고방식에 비해 더 어렵게 느껴질 수 있습니다. 하지만 외국어를 배우는 것과 같이 시간이 지나면서 기존 프로그래밍 언어들 간의 유사성과 공통된 근원을 점점 더 명확하게 이해하게 될 것입니다.

자바의 람다 표현식 없이도 앞으로 소개할 대부분의 기능들을 구현할 수 있지만, 다른 언어들과 비교했을 때 그 결과는 그다지 우아하거나 간결하지 않을 수 있습니다. 자바에서 제공하는 함수형 도구들을 활용하면 이러한 개념과 함수형 관용구를 더 간결하고 효율적으로 표현할 수 있습니다.

PART 01

함수형 기초

CHAPTER

01

함수형 프로그래밍 소개

자바에 함수형 프로그래밍 스타일을 적용하기 위해서는 먼저 함수형 언어의 의미와 기본 개념에 대해 이해할 필요가 있습니다.

이 장에서는 여러분의 프로젝트에 함수형 프로그래밍을 보다 적절하게 사용하기 위해 알아야 할 함수형 프로그래밍의 근원에 대해 설명합니다.

1.1 어떤 것이 언어를 '함수형'으로 만드는가?

프로그래밍 패러다임은 다양한 프로그래밍 언어를 분류하고 특정한 스타일로 프로그램을 설계하며 문제를 해결하기 위한 다양한 방법론을 제시하는 포괄적인 개념입니다. 이러한 프로그래밍 패러다임의 종류에는 객체 지향object-oriented, 절차 지향procedural, 함수형functional 프로그래밍 등이 있습니다. 대부분의 패러다임처럼, 함수형 프로그래밍에 대한 공식적인 정의는 존재하지 않습니다. 실제로도 어떤 프로그래밍 언어를 '함수형'으로 분류해야 하는지에 대해서도 논쟁의 여지가 있습니다. 이 책에서는 개인적인 정의를 제시하는 대신, 언어를 '함수형'으로 규정하는 데 어떤 요소들이 필요한지에 대해 살펴보겠습니다.

프로그래밍 언어가 추상 함수abstract function를 생성하고 조합함으로써 논리 연산을 표현할 수 있을 때 함수형 언어로 간주됩니다. 이 개념은 1930년대 논리학자인 알론조 처치Alonzo Church가 창안한 람다 대수Lambda calculus에 뿌리를 두고 있습니다.[1] 람다 대수는 추상 함수를 이용하여 수학 연산을 표현하고, 이를 변수에 바인딩하는 방법을 의미합니다. '람다 대수'라는 명칭은 기호로 사용된 그리스 문자 '람다(λ)'에서 유래되었습니다.

람다 대수

람다 대수에는 세 가지 구성 요소가 있습니다.

추상화abstraction

단일 입력을 받는 익명 함수. 즉, 람다를 의미합니다.

응용application

값에 추상화가 적용되어 결과를 생성합니다. 개발자의 관점에서는 함수나 메서드 호출을 의미합니다.

베타 축약β-reduction

추상화된 변수를 적용된 인수로 대체합니다.

$$f = \lambda x.E$$

수학적 함수 선언식을 의미합니다. 각 항의 의미는 다음과 같습니다.

x

값을 나타내는 변수나 인수를 의미합니다.

1 Alonzo Church, "An Unsolvable Problem of Elementary Number Theory," American Journal of Mathematics, Vol. 58 (1936): 345–363(https://oreil.ly/a8qUg).

$\underline{E}$

논리를 포함하는 표현식 또는 용어입니다.

$\underline{\lambda x.E}$

단일 입력(x)을 받는 추상화된 익명 함수입니다.

$\underline{f}$

추상화에 인수를 적용하는 결과 함수입니다.

이러한 부분들은 자바의 새로운 함수형 프로그래밍 스타일의 핵심인 람다와 구현 방식이 거의 유사합니다. 예를 들어 이차 함숫값을 계산하기 위한 함수의 추상화인 $\lambda x.x^*x$는 자바 버전과 거의 동일하게 표현됩니다.

```
Function<Integer, Integer> quadratic =
  value -> value * value;
```

람다 문법에 대해서는 2장에서 더 자세히 설명하겠습니다.

객체 지향 개발자로서, 여러분은 대부분 명령형 프로그래밍에 익숙할 것입니다. 명령형 프로그래밍이란 일련의 문장을 정의함으로써 컴퓨터에게 특정 작업을 수행하기 위해 무엇을 해야 하는지 명령해서 문장의 순서대로 작업을 수행합니다. 함수형 프로그래밍 언어가 되기 위해서는 제어 흐름이나 알고리즘을 설명하지 않고, 연산의 논리를 선언적 문장으로 표현할 수 있어야 합니다. 이러한 선언적 프로그래밍 스타일에서는 문장이 아닌 표현식을 사용하여 결과와 프로그램이 작동하는 방식을 설명합니다. 즉, 무엇을 해야 하는지가 아닌 **무엇을 원하는지를 표현합니다.**

자바의 표현식expression은 연산자, 피연산자, 메서드 호출로 구성되며 연산을 정의하고 결괏값을 계산합니다.

```
x * x
2 * Math.PI * radius
value == null ? true : false
```

반면에 **문장**statement은 코드가 수행하는 동작을 기술한 독립적인 실행 단위를 말하며 리턴값이 없는 메서드 호출을 포함합니다. 변수에 값을 할당 또는 변경하거나 리턴값이 없는 메서드를 호출할 때 또는 if-else와 같은 제어문을 사용하는 경우에 문장statement을 사용합니다. 일반적으로 표현식과 함께 사용합니다.

```
int totalTreasure = 0; ❶
int newTreasuresFound = findTreasure(6); ❷

totalTreasure = totalTreasure + newTreasuresFound; ❸

if (totalTreasure > 10) { ❹
  System.out.println("You have a lot of treasure!"); ❺
} else {
  System.out.println("You should look for more treasure!"); ❺
}
```

❶ 변수에 초기값을 할당하여 프로그램에 상태를 대입합니다.

❷ findTreasure(6) 함수 호출은 함수형 표현식이지만 newTreasuresFound는 문장statement입니다.

❸ 오른쪽 표현식의 결과를 totalTresure의 값에 대입합니다.

❹ if-else 문은 (totalTresure > 10) 표현식의 결과에 따라 어떤 동작을 수행해야 하는지 전달합니다.

❺ 함수 호출 이후 반환값이 없기 때문에 System.out으로 출력합니다.

표현식과 문장의 기본적인 차이는 값의 반환 유무입니다. 자바와 같은 다중 패러다임 언어에서는 종종 이들 사이의 경계가 모호합니다.

1.2 함수형 프로그래밍의 개념

함수형 프로그래밍은 주로 추상 함수에 기반을 두고 있으며 이 패러다임을 구성하는 많은 개념은 선언적 스타일로 '무엇을 해결할 것인가'에 초점을 맞추고 있습니다. 이는 '어떻게 해결할 것인가'를 고민하는 명령형 접근 방식과 상반됩니다.

우리는 함수형 프로그래밍의 기본 원리 중 가장 일반적이고 중요한 개념들을 살펴볼 것입니다. 이러한 내용이 함수형 패러다임에만 한정되는 것은 아닙니다. 함수형 프로그래밍의 많은 아이디어는 다른 프로그래밍 패러다임에도 적용할 수 있습니다.

1.2.1 순수 함수와 참조 투명성

함수형 프로그래밍에서는 함수를 **순수 함수**pure function와 **불순 함수**impure function로 분류합니다.

순수 함수는 다음 두 가지 조건을 만족해야 합니다.

동일한 입력에 대해 항상 동일한 출력을 반환합니다

순수 함수의 리턴값은 함수 호출 시 입력되는 인수에 의존합니다.

어떠한 사이드 이펙트 없이 자기 충족적 성질을 가집니다

코드는 인수값을 변경하거나, I/O를 사용하는 등 글로벌 상태에 영향을 미치지 않습니다.

이 두 가지 조건을 만족한다면 어떤 환경에서도 순수 함수를 안전하게 사용할 수 있습니다. 다음 코드는 외부 영향을 주지 않고 인수를 받는 순수 함수의 예시를 보여줍니다.

```
public String toLowercase(String str) {
  return str;
}
```

이 두 가지 조건 중 하나라도 위반하면 불순 함수로 간주됩니다. 다음 코드는 현재 시간을 사용하여 로직을 수행하는 불순 함수의 예시를 보여줍니다.

```
public String buildGreeting(String name) {
  var now = LocalTime.now();
  if (now.getHour() < 12) {
    return "Good morning " + name;
  } else {
    return "Hello " + name;
  }
}
```

순수 함수와 불순 함수라는 용어에 오해의 소지가 있을 수 있습니다. 이 두 용어는 단지 코딩 스타일과 패러다임에 따라 다른 방식으로 사용할 뿐, 순수 함수가 불순 함수보다 기능적으로 더 우수하다는 의미는 아닙니다.

사이드 이펙트side effect[2]가 발생하지 않는 표현식이나 순수 함수는 결정론적deterministic이며 **참조 투명성**referentially transparent의 특징을 가집니다. 이는 다른 프로그램을 작성할 때도 여러분의 코드를 변경하지 않고 재사용할 수 있다는 것을 의미합니다.

함수식

$f(x) = x * x$

계산된 표현식

$$
\begin{aligned}
result &= f(5) + f(5) \\
&= 25 + f(5) \\
&= 25 + 25
\end{aligned}
$$

2 옮긴이_ 프로그래밍에서 사이드 이펙트(side effect)란 프로그램 실행 환경 상태를 변경하는 것을 의미합니다. 전역 변수 수정, I/O 발생, 네트워크 통신 등을 예로 들 수 있습니다. 이는 부수 효과 또는 부작용이라는 용어로도 사용됩니다.

이 모든 변형은 동일하며 여러분의 프로그램을 변경시키지 않습니다. 순수성과 참조 투명성은 서로 연결되어 있으며 이는 코드를 이해하고 추론하기 쉽도록 합니다.

1.2.2 불변성

객체 지향 프로그래밍에서는 프로그램의 상태가 '변경 가능하다'라는 전제를 가집니다. 객체는 생성 후 **setter**를 통해 변형될 수 있는데, 이 가변성이라는 특징은 종종 예기치 못한 사이드 이펙트를 일으킬 수 있습니다. 이러한 문제는 단순히 자료 구조나 객체 지향 프로그래밍에만 국한되는 것은 아닙니다. 메서드 내의 지역 변수도 변경될 수 있으며, 이러한 변경은 해당 컨텍스트 내에서 문제를 일으킬 수도 있습니다.

불변성immutability을 갖는 경우 초기화된 이후에는 자료 구조를 더 이상 변경할 수 없습니다. 그 결과 일관성을 보장하고 예측 가능하며 이해하기 쉬워집니다. 불변 자료 구조는 순수 함수와 마찬가지로 비동기적이고 병렬적인 환경에서 안정적으로 작동하며 동기화 문제나 범위를 벗어난 상태 변경과 같은 문제를 초래하지 않습니다.

만일 자료 구조가 초기화된 이후에 절대 변경되지 않는다면 프로그램은 그다지 유용하지 않을 수 있습니다. 그래서 자료 구조를 직접 변경하는 대신에 변경된 상태를 포함하는 업데이트된 새로운 버전을 생성해야 합니다.

매번 데이터가 변경될 때마다 새로운 자료 구조를 생성하는 것은 번거로울 뿐만 아니라 데이터를 매번 복사해야 해서 비효율적일 수 있습니다. 많은 프로그래밍 언어에서는 **구조 공유**structure sharing를 사용하여 효율적인 복사 메커니즘을 제공하고 있어서 데이터 변경에 대한 비효율성을 최소화합니다. 이렇게 함으로써 자료 구조의 다른 인스턴스들은 불변 데이터를 공유하게 됩니다. 4장에서는 사이드 이펙트가 없는 자료 구조를 갖는 것이 왜 추가 작업을 하는 것보다 더 나은 선택인지에 대해 자세히 설명합니다.

1.2.3 재귀

재귀recursion는 동일한 형태의 문제를 부분적으로 해결하고 그 결과를 조합하여 최종적으로 원래의 문제를 해결하는 문제 해결 기법입니다. 일반적인 용어로 설명하면 재귀 함수는 스스로를 호출합니다. 이때 입력하는 인수에 약간의 변화를 주어 종료 조건에 도달하도록 합니다. 그리고 결괏값을 반환할 때까지 자기 자신을 반복해서 호출합니다. 재귀에 대한 더 자세한 내용은 12장에서 다룹니다.

간단한 예로 입력된 인수보다 작거나 같은 모든 양의 정수의 곱을 뜻하는 팩토리얼factorial이 있습니다. [그림 1-1]과 같이 이 함수에서는 중간 상태를 관리하지 않고 감소된 입력 변수로 자기 자신을 호출합니다.

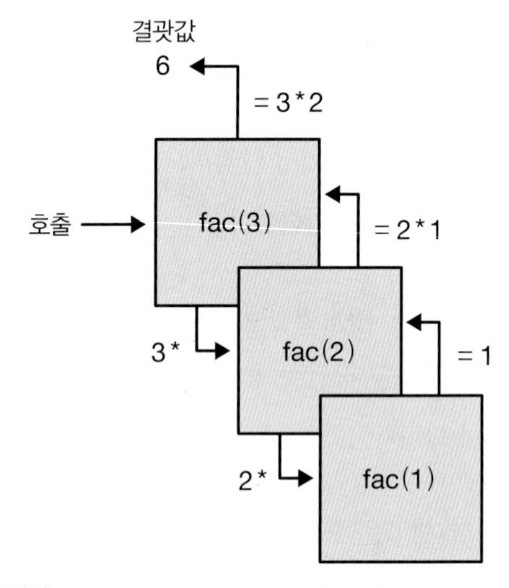

그림 1-1 재귀로 구현한 팩토리얼

순수 함수형 프로그래밍은 종종 반복문loop이나 반복자iterator 대신에 재귀를 선호하는 경향이 있습니다. 한 걸음 더 나아가서 하스켈Haskell과 같은 일부 언어는 `for`나 `while`과 같은 반복문을 전혀 사용하지 않습니다.

반복적으로 함수를 호출하는 것은 비효율적일 수 있으며 스택 오버플로의 위험성을 갖습니다. 이러한 이유로 많은 함수형 언어는 스택 프레임stack frame을 줄이기 위해 **꼬리 물기 최적화**tail call optimization 또는 **루프 언롤링**loop unrolling과 같은 최적화 기법을 활용합니다.

자바는 이러한 최적화 기술을 지원하지 않습니다. 이 내용에 대해서는 12장에서 더 자세히 소개합니다.

1.2.4 일급 함수와 고차 함수

이전에 배운 다양한 개념들은 함수형 프로그래밍 스타일을 지원하기 위해 반드시 깊게 통합된 언어[3] 기능으로 제공될 필요는 없습니다. 하지만 **일급 함수**first-class function와 **고차 함수**higher-order function의 개념은 반드시 이해해야 합니다.

일급 함수는 프로그래밍 언어에서 함수를 소위 '일급 객체first-class citizen'로 대우하는 것을 의미합니다. 간단히 말하면 함수 자체를 다른 함수에 인수argument로 전달하거나 반환값으로 사용할 수 있으며 변수에 할당할 수 있는 함수를 지칭합니다.

고차 함수는 이 일급 객체의 특성을 바탕으로 함수를 인수로 받거나, 반환하거나 또는 두 가지 모두를 가능하게 합니다. 이는 다음 개념인 **함수 합성**functional composition을 이해하기 위해 꼭 필요합니다.

1.2.5 함수 합성

순수 함수를 결합하여 더 복잡한 표현식을 만들어낼 수 있습니다. [그림 1-2]에서 확인할 수 있듯이, $f(x)$와 $g(y)$를 $h(x) = g(f(x))$로 결합할 수 있습니다.

---

3 옮긴이_ 이 책에서 통합된 언어(Integrated language)는 프로그래밍 언어와 관련된 용어로, 이 책에서는 특정 기능이나 개념이 프로그래밍 언어의 다른 부분과 긴밀하게 연결되어 있음을 의미합니다. 예를 들어 객체 지향 프로그래밍 언어에서 클래스의 상속 같은 개념이 통합된 언어의 특징이라고 할 수 있습니다.

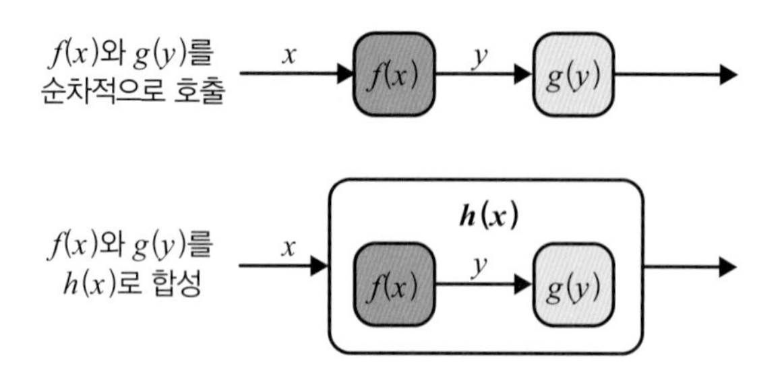

그림 1-2 함수 합성

이렇게 하면 함수들을 가능한 한 작고 명확하게 만들 수 있어서 재사용하기가 더 쉬워집니다. 더 복잡하고 완전한 작업을 위해 필요에 따라 이러한 함수들을 빠르게 조합하여 사용합니다.

1.2.6 커링

커링 함수currying function는 여러 개의 인수를 받는 함수들을 분리하여 인수를 하나씩만 받는 함수의 체인으로 변환합니다.

> **NOTE** 커링 기법은 수학자이자 논리학자인 하스켈 브룩스 커리Haskell Brooks Curry의 이름에서 유래되었습니다. 그는 함수형 프로그래밍 기법인 커링뿐만 아니라, 그의 이름을 딴 프로그래밍 언어인 하스켈Haskell[4], Brook[5], Curry[6]를 만들었습니다.

세 개의 인수를 받는 함수가 있다고 가정해봅니다. 이를 커링 함수로 변환하면 다음과 같습니다.

$$x = f(a, b, c)$$

4 https://oreil.ly/xd-ZC

5 https://oreil.ly/RGwNw

6 https://oreil.ly/EFbC4

커링 함수:

$$h = g(a)$$
$$i = h(b)$$
$$x = i(c)$$

커링 함수 나열:

$$x = g(a)(b)(c)$$

일부 함수형 프로그래밍 언어에서는 이러한 커링 개념을 기본적으로 지원하고 있습니다. 하스켈과 같은 언어에서는 다음과 같이 표현됩니다.

```
add :: Integer -> Integer -> Integer ❶
add x y = x + y ❷
```

❶ 함수 add는 정수(Integer)를 입력받고 또 다른 정수(Integer)를 입력받는 함수를 반환합니다. 그리고 이 함수는 다시 정수(Integer)를 반환합니다.

❷ 실제 정의는 선언을 반영합니다. 두 개의 입력 매개변수와 바디의 결과가 반환값이 됩니다.

언뜻 보기에 이 개념은 객체 지향 또는 명령형 개발자들에게는 다소 낯설게 느껴질 수 있습니다. 마치 수학적 원리를 기반으로 한 원칙처럼요. 그래도 이 개념은 한 개의 함수가 두 개 이상의 인수를 갖는 함수들의 함수로 표현될 수 있다는 것을 완벽하게 설명합니다. 다음으로 학습할 개념들을 뒷받침 하는 데 필수 개념이기도 합니다.

1.2.7 부분 적용 함수 애플리케이션

부분 적용 함수 애플리케이션partial function application은 기존 함수의 인수 중 일부만 제공하여 새로운 함수를 생성하는 과정을 말합니다. 이는 종종 커링과 혼동되지만 부분 적용된 함수에 대한 호출은 결과를 반환하며 커링 체인의 또 다른 함수를 반환하지 않습니다.

이전 절의 커링 예제에 부분 함수를 적용하여 더 구체적인 함수를 생성할 수 있습니다.

```
add :: Integer -> Integer -> Integer ❶
add x y = x + y

add3 = add 3 ❷

add3 5 ❸
```

❶ add 함수는 이전과 같이 두 개의 인수를 받는 형태로 선언됩니다.

❷ add 함수를 첫 번째 인수 x에 대한 값만 사용하여 호출하면 이름이 add3으로 바인딩된 Integer → Integer 형태의 부분 함수를 반환합니다.

❸ add3 5라는 호출은 add 3 5와 동일합니다.

부분 함수 적용을 통해 코드의 현재 문맥과 요구 사항에 맞게 새롭고 간결한 함수를 즉석에서 생성하거나 더 일반적인 함수 집합에서 특수화된 함수를 생성할 수 있습니다.

1.2.8 느긋한 계산법

느긋한 계산법lazy evaluation은 표현식의 계산을 그 결과가 실제로 필요한 시점까지 지연시키는 계산 전략으로, 표현식을 어떻게 생성하는지와 해당 표현식을 언제 사용하는지에 대한 문제를 분리하는 개념입니다. 이 역시 함수형 프로그래밍에 국한된 개념은 아니지만 다른 함수형 개념과 기술을 사용하는 데 필수적인 개념입니다.

자바를 포함한 많은 비함수형 언어는 주로 문법에 엄격하고, 즉시 연산을 수행하는 특징을 가지고 있습니다. 이러한 언어들은 여전히 if-else 문이나 반복문과 같은 몇 가지 느긋한lazy 구조를 갖고 있으며, 논리적인 단축 평가 연산자도 그중 하나입니다. if-else 문의 경우 모든 분기를 즉시 계산하는 것은 의미가 없습니다. 마찬가지로 반복문의 경우에도 모든 반복을 미리 계산하는 것은 적절하지 않습니다. 따라서 런타임 중에는 필요한 분기와 반복만 계산합니다.

느긋함laziness은 무한한 자료 구조나 일부 알고리즘의 효율적인 구현과 같이, 다른 방식으로는 불가능한 구조들을 가능하게 합니다. 또한 참조 투명성과 아주 잘 어울립니다. 표현식과 그 결과물 간에 차이가 없다면 결과에 영향을 주지 않고 연산을 지연할 수 있습니다. 그러나 지연된 평가는 프로그램의 성능에 여전히 영향을 미칠 수 있습니다. 연산의 정확한 시기를 모를 수 있기 때문입니다.

11장에서는 자바에서 사용 가능한 도구를 활용하여 느긋한 접근 방식을 어떻게 달성할 수 있는지 그리고 직접 만드는 방법에 대해 논의하겠습니다.

1.3 함수형 프로그래밍의 장점

함수형 프로그래밍의 가장 일반적이고 핵심적인 개념을 통해 함수형 접근 방식이 제공하는 장점에 대해 알아보겠습니다.

간결성simplicity

가변 상태에서 사이드 이펙트가 없는 경우 함수는 보통 더 작아지며 '해야 할 일만 수행합니다.'

일관성consistency

불변 자료 구조는 신뢰성과 일관성이 있습니다. 예상치 못하거나 의도하지 않은 프로그래밍 상태에 대해 걱정할 필요가 없습니다.

(수학적) 정확성(mathematical) correctness

일관된 자료 구조를 갖춘 더 간결한 코드는 자동으로 더 '정확한' 코드를 만들며 버그를 발생시킬 수 있는 부분이 줄어듭니다. 코드가 '순수'할수록 논리적 추론이 더 쉬워지므로 디버깅과 테스팅이 간단해집니다.

안전한 동시성safer concurrency

동시성은 전통적인 자바에서 제대로 처리하기 가장 어려운 작업 중 하나입니다. 함수형 개념을 활용함으로써 다양한 문제를 해결하고, (거의) 비용 없이 안전한 병렬 처리의 이점을 누릴 수 있습니다.

모듈성modularity

작고 독립적인 함수는 간단한 재사용성과 모듈성을 제공합니다. 함수형 합성과 부분 적용이 결합되어 이러한 작은 부분을 쉽게 통합하여 더 복잡한 작업을 할 수 있게 하는 강력한 도구를 제공합니다.

테스트 용이성testability

순수 함수, 참조 투명성, 불변성, 역할 분리와 같은 많은 함수형 개념은 테스트와 검증을 더 쉽게 만듭니다.

1.4 함수형 프로그래밍의 단점

함수형 프로그래밍에 어떤 함정이 있는지 아는 것도 중요합니다.

학습 곡선learning curve

함수형 프로그래밍은 고급 수학 용어와 개념을 기반으로 하기 때문에 다소 어렵게 느껴질 수 있습니다. 하지만 자바 코드를 보완하기 위해서 '모나드monad는 endofunctor라는 카테고리에 속한 한 monoid에 불과하다'[7]와 같은 개념을 꼭 알 필요는 없습니다. 이처럼 여러 분이 함수형 프로그래밍을 학습하는 동안에는 새롭고 낯선 용어와 개념에 직면하게 될 수 있습니다.

고수준 추상화 higher level of abstraction

객체 지향 프로그래밍(OOP)이 객체를 사용하여 추상화를 모델링하는 반면, 함수형 프로그래밍은 더 높은 추상화 수준을 사용하여 자료 구조를 표현합니다. 그만큼 우아하게 만들어질 수 있다는 것을 의미하지만 종종 이해하기 어려울 수 있습니다.

상태 처리 dealing with state

상태 처리는 어떤 패러다임을 선택하더라도 결코 쉬운 작업이 아닙니다. 함수형 프로그래밍(FP)의 불변성 접근 방식은 많은 버그 가능성을 제거하지만, 자료 구조를 실제로 변경해야 하는 경우 상태를 변경하는 것이 어려울 수 있습니다. 특히 객체 지향 코드에서 setter를 사용하던 것과 비교하면 더 어렵게 느껴질 수 있습니다.

성능 영향도 performance implication

함수형 프로그래밍은 동시성 환경에서 사용하기가 더 쉽고 안전하지만, 이는 다른 패러다임과 비교했을 때 반드시 빠르다는 것은 아닙니다. 특히 단일 스레드 환경에서는 더욱 그렇습니다. 함수형 프로그래밍의 많은 이점에도 불구하고, 불변성이나 재귀와 같은 많은 함수형 기술은 오버헤드로 인해 성능이 저하될 수 있습니다. 이러한 이유로 많은 함수형 프로그래밍 언어는 복사를 최소화하는 특수화된 자료 구조나 재귀[8]에 대해 컴파일러 최적

---

7 제임스 아이리(James Iry)는 「A Brief, Incomplete, and Mostly Wrong History of Programming Languages」(*https://oreil.ly/FUnJM*)에서 이 구문을 사용하여 하스켈의 복잡성을 설명했습니다. 이는 프로그래밍 기술의 모든 수학적인 세부 사항을 알지 않아도 해당 기술을 이해할 수 있는 좋은 예시입니다. 실제로 이 문장이 무엇을 의미하는지 궁금하다면 이 문장이 처음 사용된 「Categories for the working Mathematician」(Springer, 1998)을 참고하세요.

8 자바 매거진의 「Curly Braces #6: Recursion and tail-call optimization」(*https://oreil.ly/UivsD*)에서는 재귀 코드에서 꼬리 물기 최적화의 중요성에 대해 자세히 설명합니다.

화 같은 다양한 최적화 기법을 도입하고 있습니다.

최적의 문제 상황 optimal problem context

모든 문제 상황이 함수형 접근에 적합한 것은 아닙니다. 고성능 컴퓨팅, I/O 중심의 문제 또는 저수준 시스템 및 임베디드 컨트롤러와 같은 도메인은 데이터 지역성과 명시적 메모리 관리와 같은 세부 사항에 민감하기 때문에 함수형 프로그래밍과는 어울리지 않을 수도 있습니다.

여러분들은 개발자로서 패러다임과 프로그래밍 접근 방식의 장점과 단점 사이에서 균형을 찾아야 합니다. 이 책은 자바의 함수형 진화의 가장 좋은 부분을 선택하고 객체 지향 자바 코드를 보완하는 방법을 보여줍니다.

핵심 요약

- 함수형 프로그래밍은 '람다 대수'라는 수학적 원리를 기반으로 합니다.
- 함수형 프로그래밍에는 문장보다 표현식을 기반으로 하는 선언적 코딩 스타일이 필수입니다.
- 많은 프로그래밍 개념은 본질적으로 함수형인 것처럼 느껴지지만, 언어나 코드를 완전히 '함수형'으로 만들 필요는 없습니다. 비함수형 코드도 함수형의 기본적인 아이디어와 사고방식을 활용하여 장점을 얻을 수 있습니다.
- 순수성, 일관성, 간결성은 함수형 접근 방식을 최대한 활용하기 위해 코드에 적용해야 하는 필수적인 속성입니다.
- 함수형 개념과 실제 적용 사이에는 타협이 필요합니다. 그러나 함수형 개념의 장점은 단점을 능가하거나 어떠한 형태로든 완화할 수 있습니다.

CHAPTER

02

함수형 자바

람다 표현식은 자바에서 함수형 프로그래밍 접근 방식의 핵심 요소입니다. 2장에서는 자바에서 람다를 활용하는 방법, 중요성, 효과적인 사용법과 작동 원리에 대해 살펴보겠습니다.

2.1 자바 람다란?

람다 표현식은 자바 코드가 한 줄 또는 블록 단위로 이루어져 있으며 0개 이상의 매개변수를 갖고 값을 반환할 수 있습니다. 간단히 말해 람다는 다음 예시와 같이 어떠한 객체에도 속하지 않는 익명 메서드와 비슷합니다.

```
() -> System.out.println("Hello, lambda!")
```

이제부터는 구문에 대한 자세한 내용과 자바에서 람다가 어떻게 구현되어 있는지에 대해 살펴보겠습니다.

2.1.1 람다 문법

자바에서 **람다 문법**Lambda syntax은 1장에서 배운 람다 대수Lambda calculus의 수학적 표기와 매우 유사합니다.

```
(<parameters>) -> { <body> }
```

이 문법은 세 가지 부분으로 구성됩니다.

매개변수

람다 문법의 매개변수는 메서드의 인수argument와 마찬가지로 쉼표(,)로 구분합니다. 그러나 메서드의 인수와는 다르게 컴파일러가 매개변수의 타입을 추론할 수 있는 경우 매개변수의 타입을 생략할 수 있습니다. 묵시적으로 타입이 지정된 매개변수와 명시적으로 타입이 지정된 매개변수를 혼용하는 것은 허용되지 않습니다. 또한 매개변수가 하나인 경우에는 괄호를 생략할 수 있지만 매개변수가 없거나 둘 이상인 경우에는 괄호를 사용해야 합니다.

화살표

->(화살표)는 람다의 매개변수와 람다 바디Lambda body를 구분하기 위해 사용합니다. 이는 람다 대수의 λ와 동일합니다.

바디

람다 바디는 단일 표현식single expression 또는 코드 블록으로 구성됩니다. 한 줄의 코드로만 작성된 표현식은 중괄호를 사용하지 않아도 되며 계산된 결과는 암시적으로 return 문 없이 반환됩니다. 하나 이상의 표현식으로 작성되는 경우에는 일반적인 자바 코드 블록을 사용합니다. 이때 중괄호로 감싸져 있으며 값을 반환할 경우 명시적으로 return 문을 사용해야 합니다.

자바의 람다 구문에 대한 정의는 이것이 전부입니다. [예제 2-1]에서 볼 수 있듯이 다양한 람다 선언 방법을 사용할 수 있습니다.

예제 2-1 동일한 람다를 다양한 방법으로 작성하는 방법

```
(String input) -> { ❶
  return input != null;
}

input -> { ❷
  return input != null;
}

(String input) -> input != null ❸

input -> input != null ❹
```

❶ 가장 기본적인 방식은 괄호 안에 명시적으로 타입이 지정된 매개변수와 바디 블록으로 구성됩니다.

❷ 첫 번째로 혼합된 변형 방식은 매개변수에 대한 타입 추론type inference을 통해 명시적 타입을 생략할 수 있으며 단일 매개변수에는 괄호가 필요하지 않습니다.

❸ 두 번째로 혼합된 변형 방식은 괄호 안에 명시적 타입이 지정된 매개변수를 사용합니다. 하지만 중괄호 대신에 단일 표현식으로 이루어진 바디를 사용하며 별도의 중괄호나 return 문이 필요하지 않습니다.

❹ 바디를 단일 표현식으로 구성할 수 있으며 가장 간단하게 표현할 수 있는 방식입니다.

어떤 방식을 사용할지는 문맥context과 개발자의 선호도에 따라 다릅니다. 일반적으로 컴파일러는 매개변수의 타입이 생략되어도 빠르게 타입을 유추할 수 있지만 사람은 컴파일러처럼 최단 코드를 이해하는 데 능숙하지 않습니다.

개발자는 항상 깔끔하고 더 간결한 코드를 추구해야 합니다. 그렇다고 해서 가장 짧은 코드를 작성해야 한다는 의미는 아닙니다. 어느 정도의 장황함은 여러분을 포함한 모든 개발자가 코드의 의미를 이해하고 코드의 멘탈 모델mental model을 쉽게 이해할 수 있도록 합니다.

2.1.2 함수형 인터페이스

지금까지는 람다의 일반적인 개념에 대해서만 살펴보았습니다. 그러나 람다는 여전히 자바의 개념과 문법 안에 존재합니다.

하위 호환성 또한 자바의 중요한 특징 중 하나입니다. 람다 문법은 자바 문법에 획기적인 변화를 가져왔지만, 기존의 인터페이스를 기반으로 하위 호환성을 유지하고 있습니다. 따라서 어떤 자바 개발자라도 람다를 비교적 쉽게 이해하고 사용할 수 있도록 설계되었습니다.

람다 표현식이 자바에서 일급 객체로 취급받기 위해서는 기존의 객체와 비슷한 표현 방식을 갖추어야 합니다. 1.2.4절에서 **일급 함수**first-class function와 **고차 함수**higher-order function를 살펴본 것처럼, 람다 표현식은 특화된 인터페이스의 하위 타입으로 표현됩니다. 이렇게 특화된 인터페이스를 **함수형 인터페이스**functional interface라고 합니다.

자바 인터페이스

인터페이스 선언은 인터페이스 이름과 선택적으로 사용되는 제네릭 바운드generic bound, 상속 인터페이스inherited interface와 인터페이스의 바디로 구성됩니다. 이러한 바디는 다음 내용을 포함합니다.

메서드 시그니처method signature

인터페이스에는 반드시 구현되어야 하는 추상 메서드abstract method 시그니처가 포함됩니다. 이러한 메서드 시그니처는 함수형 인터페이스의 단일 추상 메서드 제약에 부합합니다.

기본 메서드default method

메서드 시그니처가 'default' 키워드와 바디 블록으로 구현되어 있는 메서드를 말합니다. 인터페이스를 구현하는 모든 클래스가 이를 재정의할 수 있지만 필수는 아닙니다.

정적 메서드static method

클래스 레벨에서 필수적으로 구현되어야 하는 메서드입니다. 그러나 기본 메서드와는 달리 상속되지 않으며 오버라이딩할 수 없습니다.

상수

public, static, final 속성을 갖는 상숫값입니다.

함수형 인터페이스에는 별도의 문법이나 키워드(**문법을 구별하기 위해 사용되는 단어**)가 없습니다. 함수형 인터페이스는 다른 인터페이스들처럼 확장되거나 확장할 수 있으며, 클래스에 의해 상속될 수 있습니다. 그렇다면 인터페이스를 '함수형 인터페이스'로 만드는 조건은 무엇일까요? 바로, SAMSingle Abstract Method이라는 특성을 만족해야 한다는 점입니다.

이름에서 알 수 있듯이, SAM은 추상 메서드 한 개를 가진 인터페이스의 특성을 의미합니다. 기본(default) 메서드나 정적(static) 메서드는 추상 메서드가 아니기 때문에, 여러 개 존재해도 괜찮습니다. 이러한 SAM은 람다의 기능을 보완하는 데 자주 사용됩니다.

TIP JDK의 대부분 함수형 인터페이스는 기본 메서드와 정적 메서드를 제공합니다. 함수형 인터페이스의 인터페이스 선언declaration을 살펴보면 숨겨진 다양한 기능을 확인할 수 있습니다.

[예제 2-2]를 참조하면 함수형 인터페이스 java.util.function.Predicate<T>의 요약된 버전[1]을 확인할 수 있습니다. Predicate는 조건을 테스트하기 위한 함수형 인터페이스로, 3.1절에서 자세히 알아보겠습니다. Predicate 인터페이스에서는 boolean test(T, t)라는 추상 메서드 외에도 다섯 가지의 다른 메서드(기본 메서드 3개, 정적 메서드 2개)를 제공합니다.

1 LTS 버전 17+35의 소스 코드를 기반으로 한 java.util.function.Predicate의 요약된 버전입니다. 전체 소스 코드를 확인하려면 공식 레포지토리를 참조하세요(*https://oreil.ly/Amx25*).

예제 2-2 간단한 `java.util.function.Predicate<T>`

```
package java.util.function;

@FunctionalInterface ❶
public interface Predicate<T> {
  boolean test(T t); ❷

  default Predicate<T> and(Predicate<? super T> other) { ❸
    // ...
  }

  default Predicate<T> negate() { ❸
    // ...
  }

  default Predicate<T> or(Predicate<? super T> other) { ❸
    // ...
  }

  static <T> Predicate<T> isEqual(Object targetRef) { ❹
    // ...
  }

  static <T> Predicate<T> not(Predicate<? super T> target) { ❹
    // ...
  }
}
```

❶ `@FunctionalInterface` 어노테이션을 사용하고 있지만 필수는 아닙니다.

❷ 단일 추상 메서드입니다.

❸ 일부 기본 메서드는 함수 합성을 지원합니다.

❹ 정적 메서드는 편리하게 람다를 생성하거나 기존 람다를 래핑wrapping하는 데 사용됩니다.

단 하나의 추상 메서드를 가진 모든 인터페이스는 자동으로 함수형 인터페이스가 되며, 모두 람다로 표현할 수 있습니다.

자바 8에서는 SAM 요구 사항을 충족하기 위해 `@FunctionalInterface`라는 마커 어노테이션marker annotation을 도입했습니다. 이 어노테이션은 꼭 필요한 것은 아니지만, 컴파일러와 다른 어노테이션 기반 도구에게 해당 인터페이스가 함수형 인터페이스임을 알려주고 SAM 요구 사항을 반드시 따라야 한다는 것을 알려줍니다. 만약 다른 추상 메서드를 여러분의 코드에 추가하려고 한다면 자바 컴파일러는 해당 코드를 더 이상 컴파일하지 않을 것입니다. 이러한 이유로 함수형 인터페이스를 정의할 때는 `@FunctionalInterface` 어노테이션을 사용하는 것을 추천합니다. 이렇게 함으로써 코드와 인터페이스의 의도를 명확히 표현하며, 추후에 의도하지 않은 변경으로부터 코드를 보호하는 역할을 합니다.

`@FunctionalInterface` 어노테이션은 기존 인터페이스의 하위 호환성을 보장합니다. 인터페이스가 SAM 요구 사항을 충족한다면, 해당 인터페이스는 람다로 표현할 수 있습니다. 나중에 JDK의 함수형 인터페이스에 대해서도 다뤄보도록 하겠습니다.

2.1.3 람다와 외부 변수

'순수 함수와 참조 투명성'은 1.2.1절에서 소개했으며 외부 상태에 영향을 주지 않는 순수한 (독립적이고 사이드 이펙트가 없는) 함수의 개념을 알아보았습니다. 비록 람다도 이와 같은 핵심 개념을 따르지만, 유연성을 위해 어느 정도의 불순성을 허용합니다. 람다는 '캡처capture'를 통해 람다가 정의된 생성 스코프 내의 상수와 변수를 획득할 수 있습니다. [예제 2-3]처럼 원래의 스코프가 더 이상 존재하지 않더라도 이러한 변수들을 사용할 수 있습니다.

예제 2-3 람다 변수 캡처

```
void capture() {
  var theAnswer = 42; ❶
```

```
    Runnable printAnswer =
      () -> System.out.println("the answer is " + theAnswer); ❷

    run(printAnswer); ❸
  }

  void run(Runnable r) {
    r.run();
  }

  capture();
  // 출력:
  // the answer is 42
```

❶ 변수 theAnswer는 capture 메서드의 스코프 내에서 선언되었습니다.

❷ 람다 표현식 printAnswer는 그 변수를 바디 내에서 캡처합니다.

❸ 이 람다 표현식은 다른 메서드와 스코프에서 실행될 수 있지만 변수 theAnswer에도 여전히 접근할 수 있습니다.

캡처 람다와 논캡처 람다의 주요 차이점은 JVM 최적화 전략에 있습니다. JVM은 실제 사용 패턴에 기반하여 다양한 전략으로 람다를 최적화합니다. 변수가 캡처되지 않은 경우 람다는 내부적으로 간단한 정적 메서드가 될 수 있으며, 익명 클래스와 같은 대안적인 접근 방식의 성능을 능가할 수 있습니다. 그러나 변수 캡처가 성능에 미치는 영향은 명확하지 않습니다.

변수를 캡처하는 상황에서 JVM은 다양한 방식으로 코드를 변환할 수 있습니다. 이로 인해 추가적인 객체 할당이 발생하며, 이는 성능 및 가비지 컬렉터garbage collector 시간에 영향을 줄 수 있습니다. 그렇다고 변수 캡처가 본질적으로 나쁜 설계 방식이라는 것을 의미하지는 않습니다. 더 함수적인 접근 방식의 주요 목표는 생산성 향상, 더 직관적인 추론, 코드의 간결성을 추구하는 것입니다. 그럼에도 불구하고 최소한의 객체 할당 또는 최고의 성능이 필요한 경우에는 불필요한 캡처 사용을 피하는 것이 좋습니다.

변수 캡처를 피해야 하는 또 다른 이유 중 하나는 해당 변수가 'Effectively final'[2]이어야 한다는 필요성이 있기 때문입니다.

Effectively final

JVM은 캡처된 변수를 안전하게 사용하고 최상의 성능을 얻기 위해 반드시 지켜야 하는 본질적인 요구 사항이 있습니다. 바로 캡처되는 변수는 반드시 Effectively final이어야 한다는 것입니다.

간단히 말해서, 캡처된 어떤 변수든 초기화된 이후에 값이 한 번도 변경되지 않았다면 Effective final이라고 할 수 있습니다. 이러한 변수는 final 키워드를 명시적으로 사용하거나 초기화된 이후에 상태가 변경되지 않도록 유지해야 합니다.

이 요구 사항은 실제로 변수를 참조하기 위한 것이며 자료 구조에는 해당되지 않는다는 것을 명심하세요. List<String>에 대한 참조는 final로 선언되어 람다 내에서 사용할 수 있지만 여전히 새로운 항목을 추가할 수 있습니다. 이는 [예제 2-4]에서 확인할 수 있습니다. 단지 변수의 재할당만이 제한됩니다.

예제 2-4 final 변수 데이터 변경하기

```
final List<String> wordList = new ArrayList<>(); ❶

// 컴파일 성공
Runnable addItemInLambda = () -> wordList.add("adding is fine");❷

// 컴파일 실패
wordList = List.of("assigning", "another", "List", "is", "not");❸
```

❶ 변수 wordList는 명시적으로 final로 선언해서 값을 변경할 수 없습니다.

2 옮긴이_ Effectively final은 주로 자바 프로그래밍 언어에서 사용되는 용어로, 변수가 선언된 후 그 값이 변경되지 않음을 의미합니다. 명시적으로 final 키워드를 사용하지 않아도 코드상에서 그 값이 처음 할당된 후 변경되지 않을 때 사용합니다.

❷ 변수를 캡처하여 람다 내에서 사용하는 것은 문제없이 동작합니다. 그러나 final 키워드는 List<String> 자체에 영향을 주지 않으며 항목을 추가하는 데도 문제가 없습니다.

❸ final 키워드로 인해 변수 재할당이 금지되어 컴파일할 수 없습니다.

변수가 effectively final인지 확인하는 가장 간단한 방법은 해당 변수를 명시적으로 final로 선언하는 것입니다. final 키워드를 추가한 후에도 컴파일이 가능하다면 해당 키워드 없이도 컴파일됩니다. 그렇다면 왜 모든 변수를 무조건 final로 선언하지 않을까요? 그 이유는 컴파일러가 외부에서 참조되는 부분을 effectively final로 처리해주기 때문에 실제 불변성에는 큰 도움이 되지 않습니다. 모든 변수를 무조건 final로 선언하면 코드의 가독성만 떨어집니다. final과 같은 수정자modifier를 추가하는 것은 항상 의도를 갖고 신중하게 결정해야 합니다.

CAUTION jshell에서 제공하는 effectively final 관련 예제를 실행하면 여러분의 예상과는 다르게 동작할 수도 있습니다. 이는 jshell이 최상위 표현식과 선언에 대한 특별한 의미론을 가지고 있기 때문입니다. 이러한 의미론은 최상위 수준[3]에서 final 또는 effectively final 값 영향을 미칩니다. 어떤 참조든 재할당하여 효과적으로 non-effectively final로 만들 수 있지만 최상위 수준 스코프가 아닌 한 여전히 해당 참조를 람다에서 사용할 수 있습니다.

참조를 다시 final로 만들기

간혹 참조가 Effective final이 아닐 수 있지만 여전히 해당 참조를 람다 내에서 사용해야 할 수도 있습니다. 코드를 리팩터링하는 것이 불가능한 경우 이러한 참조를 다시 final로 만드는 간단한 트릭이 있습니다. 요구 사항은 단지 참조 자체에 해당하며 기존의 하위 자료 구조 자체가 아님을 기억하세요.

non-effectively final 변수에 대해 원본 변수를 참조하고 더 이상 변경하지 않는 방식으로 새로운 effectively final 참조를 만듭니다. 이는 [예제 2-5]에서 확인할 수 있습니다.

3 공식 문서(*https://oreil.ly/dvmJp*)에서는 최상위 표현식과 선언에 대한 특수한 의미론과 요구 사항을 자세히 설명합니다.

예제 2-5 Re-finalizea reference

```
var nonEffectivelyFinal = 1_000L; ❶

nonEffectivelyFinal = 9_000L; ❷

var finalAgain = nonEffectivelyFinal; ❸

Predicate<Long> isOver9000 = input -> input > finalAgain;
```

❶ 이 시점에서 nonEffectivelyFinal은 여전히 effectively final입니다.

❷ 변수를 초기화한 후 변수를 변경하면 해당 변수를 람다에서 사용할 수 없게 됩니다.

❸ 새 변수를 선언하고 해당 변수를 초기화한 후 변경하지 않으면 기존 자료 구조에 대한 참조를 다시 final로 만드는 효과를 냅니다.

참조를 다시 final로 바꾸는 것은 임시 방편일 뿐이라는 것을 기억하세요. 임시 방편이 필요하다는 것은 이미 어딘가 문제가 발생했다는 신호입니다. 그러므로 최선의 접근 방식은 그런 상황이 발생하지 않도록 노력하는 것입니다. 코드를 리팩터링하거나 재설계하는 것이 참조를 다시 final로 만드는 등의 트릭을 사용하는 것보다 항상 더 나은 선택지가 될 것입니다.

effectively final과 같은 람다 내 변수 사용에 대한 보호 장치는 처음에는 부담스러울 수 있습니다. 그러나 외부 영역 변수를 캡처하는 대신 람다는 자체적으로 필요한 모든 데이터를 인수로 요청해야 합니다. 이렇게 하면 더 합리적인 코드가 자동으로 생성되며 재사용성이 높아지고, 리팩터링과 테스트가 더 쉬워집니다.

2.1.4 익명 클래스는 무엇인가?

람다와 함수형 인터페이스를 학습하고 나면 아마도 여러분은 익명 내부 클래스와의 유사성을 떠올릴 것입니다. 둘 다 별도의 자바 클래스 없이도 인터페이스나 상속을 즉시 구현할 수 있습니다. 구체적인 인터페이스를 구현해야 할 경우 람다 표현식과 익명 클래스anonymous class

에는 어떤 차이점이 있을까요?

표면적으로 익명 클래스에 의해 구현된 함수형 인터페이스는 람다 표현식과 꽤 유사해 보이지만, 불필요한 부분이 있다는 점이 다릅니다. 이는 [예시 2-6]에서 확인할 수 있습니다.

예제 2-6 익명 클래스와 람다 표현식 비교

```
// 함수형 인터페이스
interface HelloWorld {
  String sayHello(String name);
}

// 익명 클래스
var helloWorld = new HelloWorld() {
  @Override
  public String sayHello(String name) {
    return "hello, " + name + "!";
  }
};

// 람다
HelloWorld helloWorldLambda = name -> "hello, " + name + "!";
```

람다 표현식이 함수형 인터페이스를 익명 클래스로 구현하는 것의 **문법 설탕**syntactic sugar일 뿐이라는 뜻일까요?

문법 설탕

문법 설탕은 프로그래밍 언어의 부가 기능으로, 개발자의 일상을 더욱 '달콤하게' 만들기 위해 도입되었습니다. 문법 설탕은 특정 구조를 더 간결하고 명확하게 표현할 수 있는 대안을 제시합니다.

피터 랜딘Peter J. Landin은 1964년[4]에 이 용어를 만들었는데, 'where' 키워드가 ALGOL과 유사한 언어에서 어떻게 λ를 대체하는지에 대해 설명했습니다.

예를 들어 자바의 `import` 문은 정규화된 이름 없이도 해당 형식을 사용할 수 있게 해줍니다. 또 다른 예로는 `var`를 사용한 타입 추론이나 제네릭 타입에 대한 <>(다이아몬드) 연산자가 있습니다. 이러한 기능들은 코드를 '인간이 이해하기 쉽도록' 간소화시킵니다. 컴파일러는 코드를 '디슈가링(문법 설탕을 제거)'하고, 그 '쓴 맛'을 직접 다룹니다.

람다 표현식은 문법 설탕처럼 보일 수 있지만 실제로는 그 이상의 기능을 갖습니다. 실제 차이점은 가독성 외에도 생성된 바이트 코드와 런타임 처리 방식에 있습니다. 이는 [예제 2-7]에서 확인할 수 있습니다.

예제 2-7 익명 클래스와 람다의 바이트 코드 차이점

```
// 익명 클래스
0: new #7 // class HelloWorldAnonymous$1 ❶
3: dup
4: invokespecial #9 // Method HelloWorldAnonymous$1."<init>":()V ❷
7: astore_1
8: return

// 람다
0: invokedynamic #7, 0 // InvokeDynamic #0:sayHello:()LHelloWorld; ❸
5: astore_1
6: return
```

❶ 익명 내부 클래스 `HelloWorldAnonymous$1`의 새로운 객체가 주변 클래스인 `HelloWorldAnonymous` 내에서 생성됩니다.

❷ 익명 클래스의 생성자가 호출됩니다. 객체 생성은 JVM에서 두 단계로 이루어지는 프로세스입니다.

4 Peter J. Landin, "The Mechanical Evaluation of Expressions," The Computer Journal, Vol. 6, Issue 4 (1964):308–320 (*https://oreil.ly/Ee6kW*)

❸ invokedynamic 명령 코드는 전체적인 람다의 생성 로직을 숨깁니다.

두 버전 모두 공통적으로 astore_1를 호출로 사용하여 참조를 로컬 변수에 저장하고, return 호출을 사용합니다. 따라서 두 경우 모두 바이트 코드 분석에 포함되지 않습니다.

익명 클래스 버전은 익명 타입인 HelloWorldAnonymous$1의 새로운 객체를 생성하며, 이로 인해 세 개의 명령 코드를 생성합니다.

new

초기화되지 않은 새로운 인스턴스를 생성합니다.

dup

값을 스택 맨 위에 복제합니다.

invokespecial

새로 생성된 객체의 생성자 메서드constructor method를 호출하여 초기화를 완료합니다.

람다 버전은 스택에 사용해야 하는 인스턴스를 생성할 필요가 없습니다. 그대신 람다의 생성 전체 작업을 단일 명령 코드인 invokedynamic을 사용하여 JVM에 위임합니다.

invokedynamic 명령어

자바 7은 동적 언어인 Groovy[5]나 JRuby[6]와 같은 동적 언어를 지원하고, 더 유연한 메서드 호출을 가능하게 하기 위해서 invokedynamic[7] JVM 명령 코드를 도입했습니다. 이 명령 코

5 https://oreil.ly/Db9Q4

6 https://oreil.ly/gW1Uh

7 자바 매거진(Java Magazine)에서는 자바 권위자인 벤 에반스의 글(https://oreil.ly/KrkQo)을 통해 동적 호출 방법을 보다 자세히 설명합니다.

드는 메서드 호출이나 람다 바디와 같이, 클래스 로드 시에 실제 대상을 알 수 없기 때문에 보다 더 유연한 호출 변형으로 사용됩니다. 이 대상을 컴파일 시 연결하는 대신 JVM은 실제 대상 메서드와 동적 호출 사이트를 연결합니다.

런타임은 첫 번째 invokedynamic 호출에 '부트스트랩 메서드bootstrap method'[8]를 사용하여 실제로 호출할 메서드를 결정합니다.

invokedynamic 명령 코드는 JVM에서 리플렉션reflection을 활용한 람다 생성 기법으로 볼 수 있습니다. 이러한 방식으로 JVM은 동적 프록시, 익명 내부 클래스 또는 java.lang.invoke.MethodHandle과 같은 다양한 전략을 사용하여 생성 작업을 최적화할 수 있습니다.

람다와 익명 내부 클래스 간의 또 다른 중요한 차이점은 각각의 스코프scope입니다. 내부 클래스는 자체 스코프를 생성하고 해당 범위 내의 로컬 변수를 외부로부터 감춥니다. 이로 인해 키워드 this는 내부 클래스의 인스턴스 자체를 참조하며 주변의 스코프를 참조하지 않습니다. 반면에 람다는 자신이 속한 스코프 범위 내에 존재합니다. 변수는 동일한 이름으로 재선언될 수 없으며 정적이지 않은 경우 this는 람다가 생성된 인스턴스를 참조합니다.

보시다시피 람다 표현식은 문법 설탕이 전부가 아닙니다.

2.2 람다의 실전 활용

앞서 언급한대로 람다는 단순한 문법 설탕을 넘어서 이전 방식보다 더 많은 기능을 갖춘 자바의 함수형 프로그래밍 능력 강화 도구입니다. 게다가 람다는 다른 변수들과 마찬가지로 정적으로 타입이 지정되며 익명성을 허용하고 간결합니다. 화살표 구문이 다소 새롭게 느껴질 수 있지만 전반적인 사용 패턴은 모든 프로그래머에게 익숙할 것입니다. 이번 절에서는 실제로 람다를 활용한 작동 방식을 자세히 알아보겠습니다.

8 java.lang.invoke.LambdaMetafactory 클래스는 부트스트랩 메서드를 생성합니다.

2.2.1 람다 생성

람다 표현식을 만들기 위해서는 단일 함수형 인터페이스를 표현해야 합니다. 메서드에서 수신에 필요한 인수의 타입을 지정하거나 가능한 경우에 컴파일러가 추론할 수 있기 때문에 실제 타입은 명확하지 않을 수 있습니다.

이 점을 더 자세히 설명하기 위해 Prediate<T>를 다시 살펴보겠습니다.

새 인스턴스를 생성하려면 왼쪽에 타입이 정의되어야 합니다.

```
Predicate<String> isNull = value -> value == null;
```

인수에 명시적인 타입을 사용하는 경우에도 여전히 함수형 인터페이스 타입이 필요합니다.

```
//컴파일 실패
var isNull = (String value) -> value == null;
```

Predicate<String> SAM 메서드 시그니처는 추론 가능합니다.

```
boolean test(String input)
```

여전히 자바 컴파일러는 참조에 구체적인 타입을 요구하며 메서드 시그니처만으로는 충분하지 않습니다. 요구 사항은 앞서 언급한 바와 같이 자바의 하위 호환 특성에서 비롯됩니다. 기존의 정적 타입 시스템을 사용함으로써 람다는 자바에 완벽하게 적합하며 람다도 다른 타입이나 접근 방식과 마찬가지로 컴파일 시간 안전성을 제공받습니다.

그러나 타입 시스템을 준수하는 것으로 인해 자바 람다는 다른 언어의 람다보다 덜 동적입니다. 두 람다가 동일한 SAM 시그니처를 공유한다고 해서 서로 교환할 수 있는 것은 아닙니다.

예를 들어 다음과 같은 함수형 인터페이스를 살펴보겠습니다.

```
interface LikePredicate<T> {
  boolean test(T value);
}
```

비록 이 인터페이스의 SAM이 Predicate<T>와 동일하더라도 이러한 유형들은 교환하여 사용할 수 없습니다. 아래 코드에서 보이는 것처럼요.

```
LikePredicate<String> isNull = value -> value == null; ❶

Predicate<String> wontCompile = isNull; ❷
// 에러:
// 호환되지 않는 타입: LikePredicate<java.lang.String>은
// java.util.function.Predicate<java.lang.String>으로 변환될 수 없음
```

❶ 람다가 생성됩니다.

❷ 동일한 SAM을 사용하여 함수형 인터페이스에 할당하려고 해도 컴파일되지 않습니다.

이처럼 호환성에 문제가 발생합니다. 따라서 상호 운용성을 최대화하기 위해 3장에서 다룰 java.util.function 패키지의 인터페이스를 활용하는 것이 좋습니다. 그러나 여전히 java.util.concurrent.Callable<V>와 같은 자바 8 이전의 인터페이스를 마주하게 될 것입니다. 이 경우 해당 인터페이스는 자바 8+의 java.util.function.supplier<T>와 동일합니다. 이런 상황이 발생한다면 람다를 다른 동일 타입으로 전환할 수 있는 다른 방법이 있습니다. 이에 대해 자세한 내용은 3.2.3절을 참조하세요.

다음과 같이 메서드 인수와 리턴 타입으로써 임의로 생성된 람다는 타입 호환성이 없습니다.

```
List<String> filter1(List<String> values, Predicate<String> predicate) {
  // ...
}
```

```java
List<String> filter2(List<String> values, LikePredicate<String> predicate) {
  // ...
}

var values = Arrays.asList("a", null, "c");

var result1 = filter1(values, value -> value != null);

var result2 = filter2(values, value -> value != null);
```

컴파일러는 메서드 시그니처에서 직접 람다의 타입을 추론하므로 람다로 얻고자 하는 결과에 집중할 수 있습니다. 리턴 타입에 대해서도 마찬가지입니다.

```java
Predicate<Integer> isGreaterThan(int value) {
  return compareValue -> compareValue > value;
}
```

이제 람다를 생성하는 방법을 살펴봤으니 그 람다를 호출하는 방법에 대해서도 알아보겠습니다.

2.2.2 람다 호출

람다는 효과적인 함수형 인터페이스의 구체적인 구현체입니다. 다른 함수형 언어들은 보통 람다를 더 동적으로 사용하기도 합니다. 그래서 자바에서의 람다 사용 패턴은 다른 언어들과 다소 다를 수 있습니다.

예를 들어 자바 스크립트에서는 다음 코드와 같이 람다를 호출하여 인수를 직접 전달할 수 있습니다.

```
let helloWorldJs = name => "hello, " + name + "!"

let resultJs = helloWorldJs("Ben")
```

그러나 자바에서는 람다가 인터페이스의 다른 인스턴스와 마찬가지로 동작하기 때문에 람다의 SAM을 명시적으로 호출해야 합니다. 다음의 예시를 통해 알아보겠습니다.

```
Function<String, String> helloWorld = name -> "hello, " + name + "!";

var result = helloWorld.apply("Ben");
```

단일 추상 메서드를 호출하는 것은 다른 언어처럼 간결하지 않을 수 있지만 자바의 하위 호환성이 지속된다는 이점이 있습니다.

2.2.3 메서드 참조

자바 8에서는 람다 외에도 새로운 기능을 소개했습니다. 바로 람다 표현식을 생성하는 새로운 방법인 **메서드 참조**method reference입니다. 새로운 연산자인 :: (이중 콜론)을 사용하여 기존의 메서드를 참조하는 간결한 문법 설탕으로, 기존의 메서드로부터 람다 표현식을 생성하는 대신 기존의 메서드를 참조하여 함수형 코드를 보다 간소화하는 역할을 합니다.

[예제 2-8]에서는 람다를 메서드 참조로 변환하여 스트림 파이프라인의 가독성을 개선하는 방법을 보여줍니다. 스트림에 대한 더 자세한 내용은 6장에서 살펴봅니다. [예제 2-8]에서는 람다를 호출하는 방법에만 집중합니다.

예제 2-8 메서드 참조와 스트림

```
List<Customer> customers = ...;
```

```java
// 람다
customers.stream()
        .filter(customer -> customer.isActive())
        .map(customer -> customer.getName())
        .map(name -> name.toUpperCase())
        .peek(name -> System.out.println(name))
        .toArray(count -> new String[count]);

// 메서드 참조
customers.stream()
        .filter(Customer::isActive)
        .map(Customer::getName)
        .map(String::toUpperCase)
        .peek(System.out::println)
        .toArray(String[]::new);
```

람다를 메서드 참조로 대체하면 코드의 가독성이나 이해성을 저해하지 않으면서 코드를 간소화할 수 있습니다. 입력되는 인수가 실제 이름이나 타입을 가지거나 메서드 참조를 명시적으로 호출할 필요도 없습니다. 또한 최신 IDE는 일반적으로 람다를 메서드 참조로 자동 리팩터링할 수 있도록 지원합니다.

람다 표현식을 대체하려는 내용과 참조하려는 메서드 종류에 따라 네 가지 메서드 참조 방법을 사용할 수 있습니다.

- 정적 메서드 참조static method reference
- 바운드 비정적 메서드 참조bound non-static method reference
- 언바운드 비정적 메서드 참조unbound non-static method reference
- 생성자 참조constructor reference

자, 그럼 이제부터 각각의 종류를 살펴보고 어떻게 그리고 언제 사용해야 하는지 알아보겠습니다.

정적 메서드 참조

정적 메서드 참조static method reference는 특정 타입의 정적 메서드를 가리킵니다. 예를 들어 Integer에서 사용 가능한 toHexString 메서드가 있습니다.

```
// java.lang.Integer 인용
public class Integer extends Number {
  public static String toHexString(int i) {
    // ..
  }
}

// 람다
Function<Integer, String> asLambda = i -> Integer.toHexString(i);

// 정적 메서드 참조
Function<Integer, String> asRef = Integer::toHexString;
```

정적 메서드 참조는 일반적으로 ClassName::staticMethodName 모양으로 사용됩니다.

바운드 비정적 메서드 참조

이미 존재하는 객체의 비정적 메서드를 참조하려면, 바운드 비정적 메서드 참조bound non-static method reference가 필요합니다. 람다 인수는 그 특정 객체의 메서드 참조의 인수로 전달됩니다.

```
var now = LocalDate.now();

// 기존 객체를 기반으로 한 람다
Predicate<LocalDate> isAfterNowAsLambda = date -> $.isAfter(now);

// 바운드 비정적 메서드 참조
Predicate<LocalDate> isAfterNowAsRef = now::isAfter;
```

다른 메서드 호출 또는 필드 접근의 반환값을 직접 ::(이중 콜론) 연산자와 함께 결합할 수 있어서 중간 변수조차 필요하지 않습니다.

```
// 반환값 바인딩
Predicate<LocalDate> isAfterNowAsRef = LocalDate.now()::isAfter;

// 정적 필드 바인딩
Function<Object, String> castToStr = String.class::cast;
```

또한 현재 인스턴스에서 메서드를 this::로 참조하거나 상위 구현을 super::로 참조할 수도 있습니다.

```
public class SuperClass {
  public String doWork(String input) {
    return "super: " + input;
  }
}

public class SubClass extends SuperClass {

  @Override
  public String doWork(String input){
    return "this: " + input;
  }

  public void superAndThis(String input) {
    Function<String, String> thisWorker = this::doWork;
    var thisResult = thisWorker.apply(input);
    System.out.println(thisResult);

    Function<String, String> superWorker = SubClass.super::doWork;
    var superResult = superWorker.apply(input);
    System.out.println(superResult);
```

```java
    }
}

new SubClass().superAndThis("hello, World!");

// 출력:
// this: hello, World!
// super: hello, World!
```

바운드 메서드 참조는 변수, 현재 인스턴스 또는 super에 이미 존재하는 메서드를 사용하는 훌륭한 방법입니다. 이를 통해 복잡한 람다 표현식을 메서드로 리팩터링하고, 그 결과로 메서드 참조를 사용할 수 있습니다. 특히 6장에서 배울 스트림이나 9장의 Optional과 같은 파이프라인은 메서드 참조의 가독성을 개선시켜줍니다.

바운드 비정적 메서드 참조의 일반 구문은 다음과 같은 패턴으로 사용됩니다.

```
objectName::instanceMethodName
```

언바운드 비정적 메서드 참조

언바운드 비정적 메서드 참조unbound non-static method reference는 이름에서 알 수 있듯이 특정 객체에 바운딩되지 않습니다. 대신 타입의 인스턴스 메서드를 참조합니다.

```java
// java.lang.String 인용
public class String implements ... {
  public String toLowerCase() {
    // ...
  }
}

// 람다
```

```
Function<String, String> toLowerCaseLambda = str -> str.toLowerCase();

// 언바운드 비정적 메서드 참조
Function<String, String> toLowerCaseRef = String::toLowerCase;
```

언바운드 비정적 메서드 참조의 일반적인 구문들은 다음과 같은 패턴을 따릅니다.

```
ClassName::instanceMethodName
```

이런 종류의 메서드 참조는 정적 메서드 참조와 혼동될 수 있습니다. 그러나 언바운드 정적 메서드 참조의 경우 ClassName은 참조된 인스턴스 메서드가 정의된 인스턴스 유형을 나타냅니다. 또한 람다 표현식의 첫 번째 인수입니다. 이 방법으로 참조된 메서드는 그 유형의 명시적으로 참조된 인스턴스가 아닌 들어오는 인스턴스에서 호출됩니다.

생성자 참조

마지막으로 설명할 메서드 참조는 타입의 생성자를 가리킵니다. 생성자 참조constructor reference는 다음과 같이 확인할 수 있습니다.

```
// 람다
Function<String, Locale> newLocaleLambda = language -> new Locale(language);

// 생성자 참조
Function<String, Locale> newLocaleRef = Locale::new
```

생성자 참조는 처음에는 정적 또는 언바운드 정적 메서드 참조와 유사해 보입니다. 참조된 메서드는 실제 메서드가 아닌 new 키워드를 통해 생성자를 참조합니다.

생성자 참조는 일반적으로 ClassName::new로 사용합니다.

2.3 자바의 함수형 프로그래밍 개념

1장에서는 주로 이론적인 관점에서 프로그래밍 언어가 '함수형'이 되기 위한 핵심 개념을 다루었습니다. 이제 자바 개발자의 관점에서 이 개념을 다시 살펴보겠습니다.

2.3.1 순수 함수와 참조 투명성

순수 함수의 특징은 다음과 같습니다.

- 어떠한 종류의 사이드 이펙트도 발생시키지 않는 함수 로직을 가지고 있습니다.
- 항상 같은 입력에 대해 같은 결과를 반환합니다. 따라서 반복 호출은 초기 결과로 대체되고 호출이 참조 투명성을 갖게 됩니다.

이 두 가지 원칙은 명령형 코드에서도 의미가 있습니다. 코드를 독립성이 보장된 형태로 작성하면 예측 가능성이 높아지면서 더 간결해집니다. 그렇다면 자바 관점에서 유용한 특성을 어떻게 얻을 수 있을까요?

첫째, 불확실성을 점검하세요. 입력 인수에 의존하지 않는 예측 불가능한 로직이 있는지 살펴보세요. 대표적인 예로는 난수 생성기나 현재 날짜가 있습니다. 이러한 데이터를 함수 내에서 사용하면 함수의 예측 가능성이 사라지며 결과적으로 함수가 불순해집니다.

그다음으로 사이드 이펙트와 가변 상태를 찾아보세요.

- 함수가 함수 외부의 상태에 영향을 미치는지, 인스턴스나 전역 변수에 변화를 줄 수 있는지 확인해보세요.
- 함수가 입력된 인수의 내부 데이터를 변경하는지, 새로운 요소를 컬렉션에 추가하거나 객체의 속성을 변경하는지 확인해보세요.
- 함수가 입출력(I/O)과 같은 다른 불순한 작업을 수행하는지 확인해보세요.

그러나 사이드 이펙트는 가변 상태에만 국한되지 않습니다. 예를 들어 간단한 `System.out.println` 호출도 사이드 이펙트입니다. 비록 무해해 보일지라도 파일 시스템 접근이나 네트워크 요청과 같은 모든 종류의 입출력은 사이드 이펙트입니다. 이유는 간단합니다. 동일한 인수를 사용한 반복적인 호출은 첫 번째 반환 결과로 대체될 수 없습니다. 불순한 메서드의 좋은 지표는 void 반환 타입입니다. 메서드가 아무것도 반환하지 않는다면 그것이 하는 일이 모두 사이드 이펙트이거나 아예 아무것도 수행하지 않는 메서드입니다.

순수 함수는 본질적으로 참조 투명성을 갖습니다. 따라서 동일한 인수를 사용하여 이루어진 후속 호출은 모두 이전에 계산된 결과로 대체할 수 있습니다. 이러한 상호 교환 가능성은 **메모이제이션**memoization이라는 최적화 기법을 가능하게 합니다. 'memorandum(기억되어야 할 것)'이라는 라틴어 단어에서 유래한 이 기법은 이전에 계산한 표현식을 '기억'하는 것을 의미합니다. 이 기법은 계산 시간을 절약하기 위해 메모리 공간을 사용합니다.

시공간 트레이드 오프

알고리즘에는 두 가지 중요한 특징이 있습니다. 바로, **공간**space(메모리)과 **시간**time(계산 또는 응답 시간)입니다. 비록 현대에는 이 두 가지 자원을 모두 충분하게 사용할 수 있지만 여전히 한정된 자원입니다.

시공간 트레이드 오프space-time trade-off는 한 요소를 감소시키기 위해 다른 요소를 증가시킵니다. 시간을 절약하려면 결과를 저장할 추가 메모리가 필요합니다. 반면에 영구적으로 메모리를 절약하기 위해서는 항상 필요한 메모리를 계속 재계산해야 합니다.

여러분은 아마도 이미 코드에서 참조 투명성을 캐시cache 형태로 사용하고 있을 것입니다. Ehcache[9]와 같이 특화된 캐시 라이브러리부터 간단한 HashMap 기반의 조회 테이블까지 모두 입력 인수 집합에 대한 값을 '기억'하기 위한 것입니다.

자바 컴파일러는 람다 표현식이나 메서드 호출의 자동 메모이제이션을 지원하지 않습니다. 그러나 일부 프레임워크는 스프링Spring의 @Cacheable[10]이나 Apache Tapestry의 @Cached[11]

9 Ehcache(*https://oreil.ly/5E0BT*)는 널리 사용되는 자바 캐시 라이브러리입니다.

10 @Cacheable의 공식 문서(*https://oreil.ly/30P7w*)는 내부 동작 및 키 메커니즘을 설명합니다.

11 Tapestry 주석(*https://oreil.ly/taX6J*)은 키 기반 캐시를 지원하지는 않지만 대신 필드에 바인딩될 수 있습니다.

와 같은 주석을 제공합니다. 이러한 주석을 사용해 내부에서 필요한 코드를 자동으로 생성합니다.

자바 8 이후에 새로운 기능들이 추가되면서 직접 람다 표현식 캐시를 만드는 것이 쉬워졌습니다. 그럼 지금부터 같이 실습해보겠습니다.

'온디맨드on-demand' 조회 테이블을 만들어 자체 메모이제이션을 구축하는 것은 두 가지 질문에 답을 필요로 합니다.

- 어떻게 함수와 그 입력 인수를 고유하게 식별할 수 있는가?
- 계산된 결과를 어떻게 저장하는가?

함수나 메서드 호출이 상수 hashCode나 다른 결정론적인 값을 가진 단일 인수만 있는 경우 간단한 Map 기반의 조회 테이블을 생성할 수 있습니다. 다중 인수 호출의 경우 먼저 조회 키를 어떻게 생성할지 정의해야 합니다.

자바 8은 Map 타입에 여러 가지 함수형 기능을 추가로 도입했습니다. 이러한 추가 기능 중 하나인 computeIfAbsent 메서드는 [예제 2-9]에서 보여주는 것처럼 메모이제이션을 쉽게 구현하는 데 큰 도움이 됩니다.

예제 2-9 Map#ComputeIfAbsent로 구현한 메모이제이션

```
Map<String, Object> cache = new HashMap<>(); ❶

<T> T memoize(String identifier, Supplier<T> fn) { ❷
  return (T) cache.computeIfAbsent(identifier, key -> fn.get());
}

Integer expensiveCall(String arg0, int arg1) { ❸
  // …
}
```

```
Integer memoizedCall(String arg0, int arg1) { ❹
  var compoundKey = String.format("expensiveCall:%s-%d", arg0, arg1);
  return memoize(compoundKey, () -> expensiveCall(arg0, arg1));
}

var calculated = memoizedCall("hello, world!", 42); ❺

var cached = memoizedCall("hello, world!", 42); ❻
```

❶ 결과는 HashMap<String, Object>에 캐싱되므로 식별자에 기반한 모든 종류의 호출을 캐싱할 수 있습니다. 요구 사항에 따라 웹 응용 프로그램에서 요청별로 결과를 캐싱하거나 'time-to-live' 개념을 필요로 할 수 있는 특별한 고려 사항이 있을 수 있습니다. 이 예제는 가장 간단한 형태의 조회 테이블을 보여줍니다.

❷ memoize 메서드는 캐시에 아직 결과가 없는 경우를 위해서 식별자와 Supplier<T>를 인수로 받습니다.

❸ expensiveCall은 메모이제이션되는 메서드입니다.

❹ 편의상 전용 memoizedCall 메서드가 존재하여 memoize를 호출할 때마다 수동으로 식별자를 작성할 필요가 없습니다. 이 메서드는 계산 메서드와 동일한 인수를 갖고 실제 메모이제이션 프로세스를 위임합니다.

❺ 이 편의 메서드를 사용하면 원본 대신 메모이제이션된 버전을 사용하여 호출할 메서드의 이름을 교체할 수 있습니다.

❻ 두 번째 호출은 추가 계산 없이 바로 캐싱된 결과를 반환합니다.

이 구현은 매우 단순하며 일반적인 해결책이 될 수는 없습니다. 그럼에도 불구하고 실제 메모이제이션을 수행하는 중간 메서드를 통해 호출 결과를 저장하는 개념을 배울 수 있습니다.

Map에 대한 함수적인 추가 기능은 여기서 끝나지 않습니다. 즉시 연결을 생성할 수 있는 도구를 제공하며 값의 존재 여부에 대한 더 정교한 제어도 가능하게 합니다. 이에 대해서는 11장에서 더 자세히 알아보도록 하겠습니다.

2.3.2 불변성

전통적인 자바의 객체 지향 프로그래밍(OOP) 접근 방식은 가변 프로그램 상태를 기반으로 하며, JavaBean과 POJO를 통해서도 확인할 수 있습니다. 이에 관해서는 4장에서 알아보겠습니다. OOP에는 프로그램 상태를 어떻게 처리해야 하는지에 대해 명확한 정의는 없으며, 불변성은 함수형 프로그래밍(FP)의 사전 조건이나 독특한 특징은 아닙니다. 그럼에도 가변 상태는 많은 함수형 프로그래밍 개념에 있어서 문제점으로 여겨지고 있습니다. 이 개념들은 데이터 무결성과 안전한 사용성을 보장하기 위해 불변 자료 구조를 필요로 합니다.

> **NOTE** POJO(Plain Old Java Object)는 자바 언어의 특성으로 인한 제약 이외에는 별다른 제한이 없습니다. JavaBean은 특별한 유형의 POJO입니다. 4.1절에서 더 자세히 알아보도록 하겠습니다.

다른 프로그래밍 언어와 비교하면 자바는 불변성에 대한 지원이 비교적 제한적입니다. 따라서 `effectively final`과 같은 구조를 강제로 사용해야 합니다. 완전 불변성을 가지려면 처음부터 자료 구조를 불변으로 설계해야 하지만 이는 번거롭고 오류가 발생하기 쉽습니다. 보통은 제3자의 라이브러리를 활용하여 보일러플레이트 코드를 최소화하는 등 검증된 구현된 방식을 활용합니다. 마지막으로 자바 14+ 에서는 불변 데이터 클래스인 레코드record가 도입되어 이러한 격차를 줄이는 데 도움이 되었습니다. 레코드에 대한 자세한 내용은 5장에서 다룹니다.

불변성은 꽤 복잡한 주제이므로 중요성과 적절한 활용 방법에 대해서는 4장에서 더 자세히 배워보겠습니다.

2.3.3 일급 객체

자바 람다는 함수형 인터페이스의 구체적인 구현이기 때문에 일급 객체를 얻게 되어 변수, 인수 및 반환값으로 사용할 수 있습니다. 이는 [예제 2-10]에서 볼 수 있습니다.

예제 2-10 일급 객체를 갖는 자바 람다

```
// 변수 할당

UnaryOperator<Integer> quadraticFn = x -> x * x; ❶
quadraticFn.apply(5); ❷
// => 25

// 메서드 인수

public Integer apply(Integer input, UnaryOperator<Integer> operation) {
  return operation.apply(input); ❸
}

// 반환값

public UnaryOperator<Integer> multiplyWith(Integer multiplier) {
  return x -> multiplier * x; ❹
}

UnaryOperator<Integer> multiplyWithFive = multiplyWith(5);
multiplyWithFive.apply(6);
// => 30
```

❶ 자바 람다를 변수 quadraticFn에 할당합니다.

❷ 다른 일반적인 자바 변수와 마찬가지로 사용될 수 있으며 해당 인터페이스의 apply 메서드를 호출하여 사용합니다.

❸ 람다는 다른 타입과 마찬가지로 인수로 사용합니다.

❹ 람다를 반환하는 것은 다른 자바 변수를 반환하는 것과 동일하게 사용됩니다.

람다를 함수의 인수로 받고, 다시 람다를 결괏값으로 반환하는 것은 다음에 배울 함수의 합성function composition에서 필수적인 개념입니다.

2.3.4 함수 합성

여러분이 어떤 패러다임을 선택하는지에 관계없이 작은 컴포넌트들을 조합하여 복잡한 시스템을 만드는 것은 프로그래밍의 기본 원리입니다. 객체 지향 프로그래밍(OOP)에서는 더 작은 객체들로 구성되어 더 복잡한 API를 설계할 수 있습니다. 함수형 프로그래밍(FP)에서는 두 함수가 결합되어 새로운 함수를 구현한 후 다른 함수들과 다시 결합할 수 있습니다.

아마 함수 합성은 함수형 프로그래밍 사고방식 중 가장 핵심적인 개념입니다. 작고 재사용 가능한 함수들을 더 큰 체인으로 조합하여 더 복잡한 작업을 수행하는 시스템을 구축합니다. 이 내용은 [그림 2-1]에 자세히 나와 있습니다.

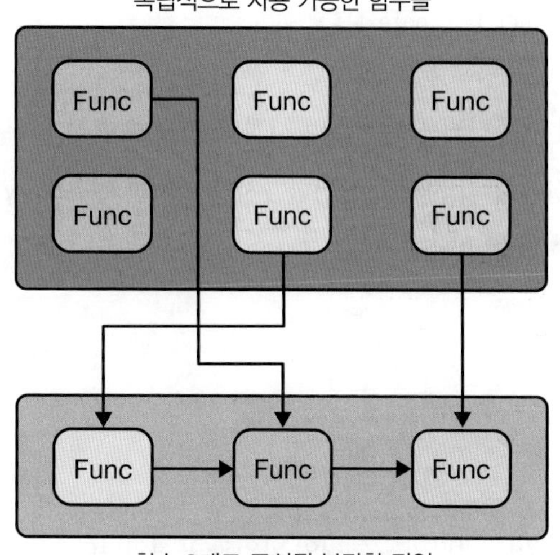

그림 2-1 여러 함수를 조합하여 복잡한 작업을 구현하는 방법

자바에서 함수 합성은 연관된 타입에 의존합니다. 2.3.4절에서 JDK에서 제공하는 다양한 함수형 인터페이스를 어떻게 조합하는지에 대해 이야기합니다.

느긋한 계산법

원칙적으로 자바는 느긋하지 않고 엄격하고 열성적인 언어[12]이지만 여러 가지 느긋한lazy 구조를 지원합니다.

- 논리적 단축 계산 연산자logical short-circuit operation
- if-else 및 :? (삼항) 연산자
- for 및 while 루프 연산자

논리적 단축 계산 연산자는 느긋한 계산법의 간단한 예시입니다.

```
var result1 = simple() && complex();
var result2 = simple() || complex();
```

복잡한 메서드를 계산하는 방법은 클래스의 결과와 전체 표현식에서 사용된 논리 연산자에 따라 달라집니다. 11장에서 더 자세히 설명하겠지만 이러한 이유로 JVM은 계산이 필요하지 않은 표현식을 버릴 수 있습니다.

핵심 요약

- 함수형 인터페이스는 자바 람다의 구체적인 타입과 표현입니다.
- 자바 람다 문법은 람다 미적분학의 기초 수학적 표기법에 가깝습니다.
- 람다는 주변의 맥락과 요구 사항에 따라 짧게도, 길게도 표현할 수 있습니다. 더 짧은 것이 항상 좋은 코드를 의미하는 것은 아닙니다. 특히 다른 사람이 여러분의 코드를 읽을 때 더욱 그렇습니다.

12 옮긴이_ 자바는 컴파일 시점에 엄격한 검사를 수행하여 프로그램 실행 시 발생할 수 있는 문제를 예방합니다. 더불어, 연산을 즉시 실행하는 특성이 있습니다(1.2.8 느긋한 계산법).

- 람다 표현식은 JVM이 명령 코드Opcode인 `invokedynamic`을 사용하므로 단순한 문법 설탕이라고 할 수는 없습니다. 익명 클래스보다 더 나은 성능을 얻기 위한 여러 최적화 기술을 허용합니다.

- 람다에서 외부 변수를 사용하려면 `effectively final`이어야 합니다. 그러나 이 방법은 참조만 불변으로 만들 뿐 기본 자료 구조는 아닙니다.

- 메서드 참조는 메서드 시그니처와 람다 정의를 일치시키는 간결한 대안입니다. 심지어 '동일하지만 호환되지 않는' 함수형 인터페이스 타입을 사용하는 간단한 방법도 제공합니다.

CHAPTER 03

JDK의 함수형 인터페이스

많은 함수형 프로그래밍 언어는 람다의 인수, 반환 타입 또는 실제 사용 사례와 관계없이 '함수'의 단일하고 동적인 개념만 사용하여 설명합니다. 그러나 자바는 모든 것에 구체적인 타입을 필요로 하는 엄격한 언어입니다. 이러한 이유로 JDK는 함수형 도구를 시작하는 데 도움이 되도록 `java.util.function` 패키지를 통해 40개 이상의 함수형 인터페이스를 제공합니다.

이 장에서는 가장 중요한 함수형 인터페이스를 소개하고 변형이 왜 여러 가지 존재하는지에 대해 설명합니다. 먼저, 여러분의 코드를 더 함수적으로 확장할 수 있는 방법에 대해 함께 살펴봅시다.

3.1 네 가지 함수형 인터페이스

`java.util.function` 패키지의 40개 이상의 함수형 인터페이스는 네 가지 주요 카테고리로 나뉩니다. 각 카테고리는 함수형 사용 사례를 나타냅니다.

- **`Function`**: 인수를 받고 결과를 반환합니다.
- **`Consumer`**: 인수만 받고 결과를 반환하지 않습니다.
- **`Supplier`**: 인수를 받지 않고 결과만 반환합니다.

- **Predicate**: 인수를 받아서 표현식에 대해 테스트하고 boolean 값을 결과로 반환합니다.

이 네 가지 카테고리는 다양한 사용 사례를 다루며 각각은 함수형 인터페이스 타입과 그 변형과 관련이 있습니다.

이제 네 가지 주요 함수형 인터페이스 카테고리를 살펴보겠습니다.

3.1.1 Function

Function은 java.util.function.Function<T, R> 인터페이스와 함께 가장 중요한 함수형 인터페이스 중 하나입니다. 이들은 하나의 입력과 출력을 가진 전통적인 함수를 의미합니다. [그림 3-1]에서 볼 수 있듯이 Function은 하나의 입력값을 받아 하나의 결괏값을 반환합니다.

그림 3-1 java.util.function<T, R>

Function<T, R>의 단일 추상 메서드는 apply로 T 타입의 인수를 받아 R 타입의 결과를 생성합니다.

```
@FunctionalInterface
public interface Function<T, R> {
  R apply(T t);
}
```

다음 코드는 문자열을 null 체크하고 길이를 Integer로 변환하는 예시입니다.

```
Function<String, Integer> stringLength = str -> str != null ? str.length() : 0;
Integer result = stringLength.apply("Hello, Function!");
```

입력 타입 T와 출력 타입 R은 동일할 수도 있습니다. 그러나 3.2.1절에서는 동일한 타입을 가진 특수화된 함수형 인터페이스 변형에 대해 설명합니다.

3.1.2 Consumer

이름에서 알 수 있는 것처럼 Consumer(소비)는 입력 파라미터를 소비하지만 아무것도 반환하지 않습니다. 중심이 되는 Consumer 함수형 인터페이스는 java.util.function.Consumer<T>입니다(그림 3-2).

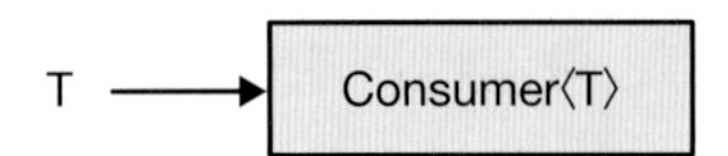

그림 3-2 java.util.function.Consumer<T>

Consumer<T>의 단일 추상 메서드는 accept로, T 타입의 인수를 필요로 합니다.

```
@FunctionalInterface
public interface Consumer<T> {
  void accept(T t);
}
```

다음 코드는 String을 소비하여 출력합니다.

```
Consumer<String> println = str -> System.out.println(str);
println.accept("Hello, Consumer!");
```

비록 값의 소비만이 '순수한' 함수형 개념에 완벽하게 부합하지 않을 수 있지만, 자바에서 함수형 코딩 스타일을 적용하는 데 중요한 구성 요소입니다. 이는 비함수형 코드와 고차 함수 사이의 많은 간극을 극복하는 역할을 합니다.

Consumer<T> 인터페이스는 java.util.concurrent 패키지의 자바 5+ Callable<V>와 유사합니다. 다만, 후자는 checked Exception을 던집니다. 자바에서 체크 예외checked Exception와 언체크 예외Unchecked Exception, 함수형 코드에 대한 의미론적인 측면에 대해서는 10장에서 자세히 다룹니다.

3.1.3 Supplier

Supplier는 Consumer의 반대이며, 함수형 인터페이스인 java.util.function.Supplier<T>를 기반으로 합니다. 다양한 Supplier 변형들은 어떠한 입력 파라미터도 받지 않지만, T 타입의 단일값을 반환합니다. [그림 3-3]에서 볼 수 있습니다.

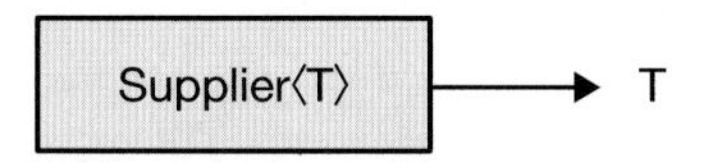

그림 3-3 java.util.function.Supplier<T>

Supplier<T>의 단일 추상 메서드는 get으로 정의됩니다.

```
@FunctionalInterface
public interface Supplier<T> {
  T get();
}
```

다음 Supplier<Double>은 get()을 호출할 때마다 새로운 랜덤값을 제공합니다.

```
Supplier<Double> random = () -> Math.random();
Double result = random.get();
```

Supplier는 종종 지연 실행deferred execution에 사용됩니다. 예를 들어 비용이 많이 드는 작업을

Supplier로 래핑하고 필요할 때에만 get을 호출하는 경우가 있습니다. 이에 대해서는 11장에서 더 자세히 설명합니다.

3.1.4 Predicate

Predicate는 단일 인수를 받아 그것을 로직에 따라 테스트하고 true 또는 false를 반환하는 함수입니다. 주요 함수형 인터페이스인 java.util.function.Predicate<T>의 구문은 [그림 3-4]에서 설명합니다.

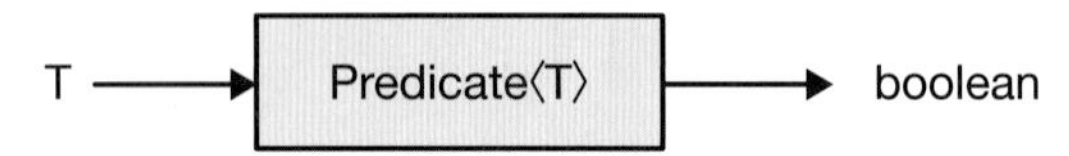

그림 3-4 java.util.function.Predicate<T>

Predicate<T>의 단일 추상 메서드는 test로, T 타입의 인수를 받아 boolean 타입을 반환합니다.

```
@FunctionalInterface
public interface Predicate<T> {
  boolean test(T t);
}
```

Predicate는 필터filter 메서드와 같이 의사 결정에 주로 사용됩니다. 함수형 패턴인 map/filter/reduce는 6장에서 더 자세히 살펴봅니다.

다음 코드는 Integer가 9000을 초과하는지를 테스트합니다.

```
Predicate<Integer> over9000 = i -> i > 9_000;
boolean result = over9000.test(12_345);
```

3.2 함수형 인터페이스 변형이 많은 이유

앞에서 살펴본 네 가지 함수형 인터페이스로도 다양한 사용 사례를 충분히 다룰 수 있습니다. 하지만 이보다 더 특화된 변형도 존재합니다. 이런 다양한 타입은 자바가 람다를 도입하는 과정에서 하위 호환성을 유지하기 위해 필수적입니다. 이로 인해 자바에서 람다를 사용하는 것은 다른 언어에 비해 약간 더 복잡해 보일 수 있습니다. 그러나 다양한 라이브러리와의 하위 호환성을 해치지 않으면서 자바에서 람다를 통합한 것은 매우 가치 있는 일입니다.

다양한 함수형 인터페이스들 간의 연결 방법이 달라서 각각의 상황에 따라 최적의 방법으로 사용해야 합니다. 처음에는 이렇게 다양한 타입들을 다루는 것이 어려워 보일 수 있으나 함수형 접근 방식에 익숙해지면 어떤 상황에서 어떤 타입을 사용하는 것이 좋은지 자연스럽게 습득하게 됩니다.

3.2.1 함수 아리티

함수의 인수 개수를 나타내는 아리티arity는 함수가 받아들이는 피연산자의 수를 의미합니다. 예를 들어 아리티가 1인 경우 람다는 단일 인수를 받아들이는 것을 의미합니다.

```
Function<String, String> greeterFn = name -> "Hello " + name;
```

자바 메서드의 인수 개수와 마찬가지로, SAMSingle Abstract Method에는 각 아리티에 대한 명시적인 함수형 인터페이스가 있어야 합니다.[1] JDK에는 더 높은 아리티를 지원하기 위해 주요 함수형 인터페이스 범주에서 인수를 받아들이는 특수한 변형이 포함되어 있습니다. 요약하면 [표 3-1]과 같습니다.

1 String...과 같은 가변 인수(varargs) 메서드는 고정되지 않은 수의 인수를 허용하기 때문에 동적 인수를 갖는 것으로 보입니다. 그러나 배후에서 인수는 배열로 변환되어 실제 인수의 수를 1로 만듭니다.

표 3-1 아리티 기반 함수형 인터페이스

인수가 1개인 경우	인수가 2개인 경우
Function<T, R>	BiFunction<T, U, R>
Consumer<T>	BiConsumer<T, U>
Predicate<T>	BiPredicate<T, U>

자바의 기본적인 인터페이스들은 인수를 최대 2개까지 지원합니다. 자바의 함수형 API와 사용 사례를 살펴보면 아리티가 1개 또는 2개인 것이 가장 일반적입니다. 아마도 자바 언어 설계자들이 여기에 더 많은 아리티를 추가하지 않기로 결정한 이유일겁니다.

더 높은 아리티를 추가하는 것은 다음 코드처럼 매우 간단합니다.

```
@FunctionalInterface
public interface TriFunction<T, U, V, R> {
  R accept(T t, U u, V, v);
}
```

하지만 이런 방식을 사용하지 않는 것을 권합니다. 함수형 인터페이스는 정적 및 기본 메서드를 통해 추가 기능을 많이 제공합니다. 따라서 이러한 기능을 사용하는 것이 최상의 호환성과 이해하기 쉬운 사용 패턴을 보장합니다.

함수형 연산자의 개념은 가장 일반적으로 사용되는 두 아리티를 간소화하여 동일한 제네릭 타입을 가진 함수형 인터페이스를 제공합니다. 예를 들어 두 개의 `String` 인수를 받아 새로운 `String` 값을 생성하는 함수가 필요한 경우 `BiFunction<String, String, String>`의 타입 정의는 다소 반복적입니다. 대신 `BinaryOperator<String>`를 사용할 수 있으며 다음과 같이 정의됩니다.

```
@FunctionalInteface
interface BinaryOperator<T> extends BiFunction<T, T, T> {
```

```
    // ...
}
```

공통된 슈퍼 인터페이스 구현을 통해 더 의미 있는 유형으로 간결한 코드를 작성할 수 있습니다. 사용 가능한 Operator 함수형 인터페이스는 [표 3-2]에 나열되어 있습니다.

표 3-2 Operator 함수형 인터페이스

아리티	연산자	슈퍼 인터페이스
1	UnaryOperator<T>	Function<T, T>
2	BinaryOperator<T>	BiFunction<T, T, T>

하지만 연산자operator 타입과 해당 상위 인터페이스는 상호 교환할 수 없다는 점을 염두에 두어야 합니다. 이는 특히 API를 설계할 때 중요합니다.

예를 들어 어떤 메서드 시그니처가 UnaryOperator<String>을 인수로 요구하는 경우 Function<String, String>과 호환되지 않을 수 있습니다. 그러나 그 반대의 경우는 가능합니다. [예제 3-1]에서는 이러한 상황을 보여줍니다.

예제 3-1 자바 아리티 호환성

```
UnaryOperator<String> unaryOp = String::toUpperCase;
Function<String, String> func = String::toUpperCase;

void acceptsUnary(UnaryOperator<String> unaryOp) { ... };
void acceptsFunction(Function<String, String> func) { ... };

acceptsUnary(unaryOp); // OK
acceptsUnary(func); // 컴파일 오류

acceptsFunction(func); // OK
acceptsFunction(unaryOp); // OK
```

이 예제에서는 메서드 인수에 가장 일반적인 타입, 즉 Function<String, String>을 선택하는 것이 호환성을 가장 높이는 방법입니다. 이렇게 함으로써 메서드 시그니처의 가독성은 높아지지만 사용성을 극대화하고 특화된 함수형 인터페이스에 인수를 제한하는 것이 아니기 때문에 권장하고 싶습니다. 반면 람다를 생성할 때 특화된 타입을 사용하면 코드가 더 간결해지며, 개발자의 본래 의도를 유지할 수 있습니다.

3.2.2 원시 타입

지금까지 만난 대부분의 함수형 인터페이스는 제네릭 타입 정의를 가지고 있었지만 항상 그렇지 않습니다. 원시 타입primitive type은 아직까지 제네릭 타입으로 사용될 수 없습니다. 그래서 원시 타입에 대해 특화된 함수형 인터페이스가 존재합니다.

객체 래퍼 타입object wrapper type에 대해서는 어떤 제네릭 함수형 인터페이스든 사용할 수 있으며 오토박싱autoboxing이 나머지를 처리하도록 담당할 수 있습니다. 하지만 오토박싱은 무료로 처리되지 않기 때문에 성능에 영향을 미칠 수 있습니다.

> **NOTE** 오토박싱과 언박싱unboxing은 기본값primitive value 타입과 객체 기반 상대 타입object-based counterpart 사이의 자동 변환을 의미합니다. 이로써 이들을 자유롭게 혼용할 수 있게 됩니다. 예를 들어 int를 Integer로 자동으로 박싱하는 것을 오토박싱이라고 하며, 그 반대로 Integer를 int로 변환하는 것은 언박싱이라고 합니다.

이것이 JDK에서 제공하는 많은 함수형 인터페이스가 오토박싱을 피하기 위해 원시 타입을 사용하는 이유입니다. 이러한 원시 함수형 인터페이스들은 주로 int, long, double과 같은 숫자형 원시 타입을 중심으로 제공되지만 모든 원시 타입을 사용할 수 있는 것은 아닙니다. [표 3-3]은 int를 대상으로 사용 가능한 함수형 인터페이스만 나열했으며 long과 double에 대해서도 유사한 인터페이스가 제공됩니다.

표 3-3 원시 타입 정수에 대한 함수형 인터페이스

함수형 인터페이스	박싱된 변형
Function	
IntFunction<R>	Function<Integer, R>
IntUnaryOperator	UnaryOperator<Integer>
IntBinaryOperator	BinaryOperator<Integer>
ToIntFunction<T>	Function<T, Integer>
ToIntBiFunction<T, U>	BiFunction<T, U, Integer>
IntToDoubleFunction	Function<Integer, Double>
IntToLongFunction	Function<Integer, Long>
Consumer	
IntConsumer	Consumer<Integer>
ObjIntConsumer<T	BiConsumer<T, Integer>
Supplier	
IntSupplier	Supplier<Integer>
Predicate	
IntPredicate	Predicate<Integer>

boolean 원시 타입은 BooleanSupplier라는 하나의 특수화된 함수형 인터페이스만 갖습니다.

원시 타입을 처리하기 위해 새로운 자바의 함수형 부분에서 특별히 고려해야 할 부분은 함수형 인터페이스뿐만 아니라 다른 부분에도 존재합니다. 이 책에서 나중에 배우게 되는 Stream과 Optional도 원시 타입을 처리하기 위해 특수화된 타입을 제공합니다. 이로 인해 오토박싱을 사용할 때 발생하는 불필요한 오버헤드를 줄일 수 있습니다.

프로젝트 발할라와 특수 제네릭

OpenJDK 프로젝트 발할라OpenJDK Project Valhalla[2]는 자바 언어에 대한 여러 변경 사항을 개발하기 위한 실험적인 JDK 프로젝트입니다. 이 프로젝트를 통해 람다를 간소화하기 위한 '특수 제네릭'을 개발하고 있습니다.

현재 제네릭 타입 인수는 `java.lang.Object`를 확장하는 타입으로 제한되어 있으며 원시 타입과 호환되지 않습니다. 따라서 `java.lang.Integer`과 같은 오토박싱된 타입을 사용해야 합니다. 이는 원시 타입을 직접 사용하는 것과 비교했을 때 성능 문제를 포함한 다른 사이드 이펙트가 발생할 수 있습니다.

이 프로젝트는 2014년에 시작되었으며 2020년 3월에는 관련된 문제들을 해결하기 위해 다섯 가지 다른 프로토타입을 미리 선보였습니다. 현재 이 책을 집필한 시점(2022년)에서 아직 공식적인 릴리스 날짜가 발표되지 않았습니다.

3.2.3 함수형 인터페이스 브리징

함수형 인터페이스는 이름 그대로 인터페이스이며 람다 표현식은 이러한 인터페이스들의 구체적인 구현체입니다. 타입 추론으로 인해 종종 이들을 서로 교환하거나 관련 없는 인터페이스들 사이에서 간단히 형변환할 수 있는 것을 잊어버릴 수도 있습니다. 심지어 메서드 시그니처가 동일하더라도 이러한 시도는 예외가 발생할 수 있습니다. 이에 대해서는 2.2.1절에서 살펴봤습니다.

```
interface LikePredicate<T> {
  boolean test(T value);
}

LikePredicate<String> isNull = str -> str == null;
```

---

2 *https://oreil.ly/KzoGD*

```java
Predicate<String> wontCompile = isNull;
// 에러:
// 호환되지 않는 타입 : LikePredicate<java.lang.String>을
// java.util.function.Predicate<java.lang.String>로 변환할 수 없음

Predicate<String> wontCompileEither = (Predicate<String>) isNull;
// 예외 java.lang.ClassCastException: 클래스 LikePredicate을
// java.util.function.Predicate로 형변환 할 수 없음
```

람다 시점에서 보면 두 개의 SAM은 동일합니다. 둘 다 문자열 인수를 받고 boolean 결과를 반환합니다. 자바의 타입 시스템에서는 이들 간에 아무런 연결이 없으므로 형변환을 할 수 없습니다. 그러나 2.2.3절에서 논의된 기능을 사용하여 '람다와는 호환되지만 타입은 호환되지 않는' 함수형 인터페이스 간의 간극을 해소할 수 있습니다.

'동일하지만 호환되지 않는' 함수형 인터페이스 간에 형변환을 하는 대신 메서드 참조를 사용하면 코드를 컴파일할 수 있도록 SAM을 참조할 수 있습니다.

```java
Predicate<String> thisIsFine = isNull::test;
```

메서드 참조를 사용하면 함수형 인터페이스를 묵시적 또는 명시적으로 형변환하는 대신, 새로운 동적 호출 지점이 생성되어 바이트 코드의 invokedynamic 명령 코드를 통해 호출됩니다.

2.1.3절에서 이미 학습했듯이 함수형 인터페이스를 메서드 참조와 연결하는 것은 코드를 다른 방식으로 리팩터링하거나 재설계할 수 없는 경우에 사용할 수 있는 방법입니다. 그러나 이것은 불가피한 상황에 사용하는 임시 방편으로 특히 레거시 코드베이스에서 함수형 접근 방식으로 전환하거나 서드파티thrid party 코드에서 제공하는 함수형 인터페이스를 활용할 때 유용하게 사용될 수 있습니다.

3.3 함수 합성

함수 합성functional composition은 작은 함수들을 결합하여 더 크고 복잡한 작업을 처리하는 함수형 프로그래밍의 주요 접근 방식으로, 자바도 이를 지원합니다. 그러나 자바는 이전 버전과의 하위 호환성을 보장하기 위해 전형적인 자바 스타일로 수행합니다. 새로운 키워드를 도입하거나 언어의 의미를 변경하는 대신 자바의 글루 메서드를 사용합니다. 이 글루glue 메서드는 기본적으로 함수형 인터페이스 자체에 직접 구현되며, 이를 통해 네 가지 카테고리의 함수형 인터페이스를 쉽게 합성할 수 있습니다. 이러한 글루 메서드는 결합된 기능을 가진 새로운 인터페이스를 반환함으로써 두 함수형 인터페이스 사이의 연결고리를 만듭니다.

Function<T, R>의 경우 두 가지 기본 메서드를 사용할 수 있습니다.

- <V> Function<V, R> compose(Function<? super V, ? extends T> before)
- <V> Function<T, V> andThen(Function<? super R, ? extends V> after)

이 두 메서드는 인수 이름과 반환되는 Function, 그리고 제네릭 타입으로 나타나는 함수의 합성 방식에 있습니다. 첫 번째 compose 메서드는 before 인수를 입력하고 결과를 이 함수에 적용하여 합성된 함수를 만듭니다. 두 번째 andThen은 compose에 반대되는 메서드로 함수를 실행한 후에 이전 결과에 after를 적용합니다.

compose 메서드 또는 andThen 메서드 중 어떤 방향의 함수형 합성을 선택할지는 문맥과 개인의 선호도에 따라 다릅니다. fn1.compose(fn2) 호출은 fn1(fn2(input))과 동등한 호출로 이어집니다. andThen 메서드로 동일한 흐름을 달성하기 위해 합성 순서를 [그림 3-5]에 표현한 것처럼 역순으로 변경하여 fn2.andThen(fn1(input)) 호출로 수행해야 합니다.

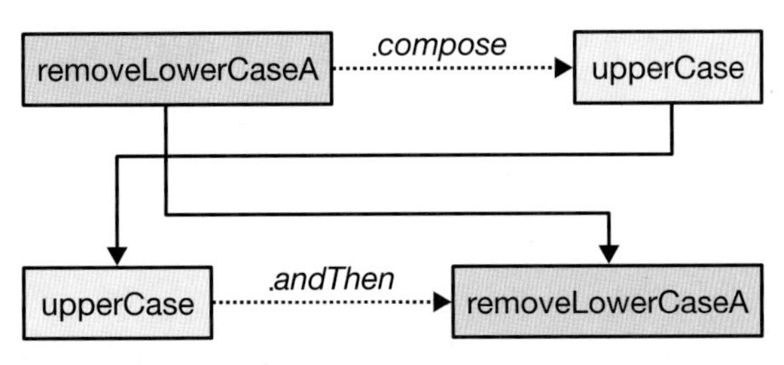

그림 3-5 Function<T, R> 합성 순서

개인적으로 필자는 andThen 메서드를 선호합니다. 완성된 하나의 문장과 같은 순서로 메서드 호출 체인을 구성하는 것은 함수의 논리적 흐름과 유사하여 함수형 프로그래밍 네이밍 규칙에 익숙하지 않은 사람이 쉽게 이해할 수 있는 방법입니다.

예를 들어 어떤 문자열에서 소문자 'a'의 모든 발생을 제거하고 그 결과를 대문자로 바꾸는 작업을 생각해보세요. 이 작업은 두 개의 Function<String, String>이 수행하는 작은 작업으로 구성됩니다. 두 가지 방법 모두 사용하여 합성을 수행할 수 있으며 최종 결과에는 차이가 없습니다. 이는 적절한 glue 메서드를 사용하는 경우에 해당합니다. 이를 [예제 3-2]에서 확인할 수 있습니다.

예제 3-2 함수형 합성 방향

```
Function<String, String> removeLowerCaseA = str -> str.replace("a", "");
Function<String, String> upperCase = String::toUpperCase;

var input = "abcd";

removeLowerCaseA.andThen(upperCase)
                .apply(input);
// => "BCD"

upperCase.compose(removeLowerCaseA)
         .apply(input);
// => "BCD"
```

유의해야 할 점은 모든 함수형 인터페이스가 이러한 '글루 메서드glue method'를 제공하는 것은 아닙니다. 이어서 함수 합성을 지원하는 네 가지 주요 인터페이스를 알아보겠습니다.

Function<T, R>

Function<T, R> 및 UnaryOperator<T>와 같은 특수화된 아리티는 양방향으로 합성을 지원합니다. 그러나 -Bi 변형들은 andThen만 지원합니다.

Predicate<T>

Predicate는 일반적인 연산을 수행하는 새로운 Predicate를 합성하기 위한 다양한 메서드(and, or, negate)를 지원합니다.

Consumer<T>

andThen만 지원하며 두 개의 Consumer를 순차적으로 합성하여 값을 받아들입니다.

특수화된 기본형 함수형 인터페이스

기본형을 위한 특수화된 함수형 인터페이스들 사이의 합성 지원은 일관성이 없습니다. 심지어 기본형 간에도 지원 수준이 다릅니다.

하지만 걱정하지 마세요! 직접 함수형 합성 헬퍼를 작성하는 것은 간단합니다. 이어지는 절에서 이에 대해 논의하겠습니다.

3.4 함수형 지원 확장

대부분의 함수형 인터페이스는 람다 시그니처를 정의하는 단일 추상 메서드뿐만 아니라 기본 메서드도 제공합니다. 일반적으로 함수형 합성과 같은 개념을 지원하거나 해당 타입의 공통 사용 사례를 단순화하는 데 도움이 되는 정적 헬퍼static helper도 제공합니다.

JDK의 타입을 변경할 수는 없지만 JDK에서 사용하는 세 가지 접근 방식과 마찬가지로 여전히 직접 만든 타입을 더 함수적으로 만들 수 있습니다.

- 기존 타입을 더 함수적으로 만들기 위해 인터페이스에 기본 메서드를 추가합니다.
- 함수형 인터페이스를 명시적으로 구현합니다.
- 공통 함수형 작업을 제공하기 위해 정적 헬퍼를 생성합니다.

3.4.1 기본 메서드 추가

인터페이스에 새로운 기능을 추가할 때는 항상 모든 구현에 새로운 메서드를 구현해야 합니다. 작은 프로젝트에서는 모든 구현을 업데이트하는 것이 괜찮을 수도 있지만 프로젝트의 크기가 크고 여러 명이 공유하는 경우에는 쉽지 않을 때가 많습니다. 라이브러리 코드의 경우 해당 라이브러리를 사용하는 사람들의 코드를 망가뜨릴 수 있기 때문에 더 심각한 상황이 발생할 수 있습니다. 이런 상황에서 기본 메서드default method를 사용하면 시간을 절약하는 데 도움이 됩니다.

인터페이스의 계약을 변경하고 이를 구현하는 모든 타입에 새로운 메서드를 추가하는 대신 기본 메서드를 사용하여 '상식적인' 구현을 제공할 수 있습니다. 이렇게 하면 의도된 로직의 일반적인 변형을 모든 타입에 적용하여 `UnsupportedOperationException`을 사용할 필요가 없게 됩니다.

이렇게 하면 코드의 하위 호환성을 유지할 수 있습니다. 인터페이스 자체만 변경되었기 때문에 인터페이스를 구현하는 모든 타입은 필요한 경우에 자체적으로 더 적합한 구현을 생성할 수 있습니다. 이것이 바로 JDK가 `java.util.Collection<E>` 인터페이스를 구현하는 모든 타입에 `Stream` 기능을 추가하는 방법입니다.

다음은 Collection 기반 타입에 대해 기본 메서드를 사용하여 추가 비용 없이 Stream 기능을 제공하는 실제 기본 메서드의 예시입니다.

```
public interface Collection<E> extends Iterable<E> {

  default Stream<E> stream() {
    return StreamSupport.stream(spliterator(), false);
  }
  default Stream<E> parallelStream() {
    return StreamSupport.stream(spliterator(), true);
  }

  // ...
}
```

이 두 개의 기본 메서드는 static helper StreamSupport.stream과 기본 메서드 spliterator를 호출하여 새로운 Stream<E> 인스턴스를 생성합니다. spliterator 메서드는 처음에는 java.util.Iterable<E>에서 정의되었지만 [예제 3-3]에서 보여지듯이 필요에 따라 재정의됩니다.

예제 3-3 기본 메서드 계층

```
public interface Iterable<T> {  ❶
  default Spliterator<T> spliterator() {
    return Spliterators.spliteratorUnknownSize(iterator(), 0);  ❶
  }
  // ...
}
public interface Collection<E> extends Iterable<E> {
  @Override
  default Spliterator<E> spliterator() {
    return Spliterators.spliterator(this, 0);  ❷
  }
```

```
  // ...
}
public class ArrayList<E> extends AbstractList<E> implements List<E>, ... {
  @Override
  public Spliterator<E> spliterator() {
      return new ArrayListSpliterator(0, -1, 0); ❸
  }
  // ...
}
```

❶ spliterator 메서드는 해당 타입에 대한 모든 가능한 정보를 기반으로 상식적인 구현을 제공합니다.

❷ Collection 인터페이스는 더 많은 정보를 활용하여 모든 구현에서 사용 가능한 더 구체적인 Spliterator<E>를 생성할 수 있습니다.

❸ 구체적인 구현체인 ArrayList<E>는 List<E>를 통해 Collection<E>를 구현하며 더욱 특화된 Spliterator<E>를 제공합니다.

기본 메서드의 계층 구조를 통해 인터페이스에 새로운 기능을 추가합니다. 이렇게 하면 기존의 구현을 깨뜨리지 않고 새로운 메서드의 상식적인 변형을 제공할 수 있습니다. 특정 타입이 더 구체적인 변형을 구현하지 않더라도 기본 메서드에서 제공하는 로직을 활용할 수 있습니다.

3.4.2 함수형 인터페이스 명시적으로 구현하기

함수형 인터페이스는 람다나 메서드 참조를 통해 묵시적으로 구현될 수 있지만, 더 높은 차수의 함수에서 사용할 수 있도록 명시적으로 구현하여 사용할 수도 있습니다. 이미 여러분이 사용하는 타입 중 일부가 java.util.Comparator<T> 또는 java.lang.Runnable과 같이 회귀적으로 함수형 인터페이스를 구현하고 있을 수 있습니다.

함수형 인터페이스를 직접 구현하는 것은 이전에 '비함수형non-functional'이었던 타입을 함수형

코드에서 쉽게 사용할 수 있도록 합니다. 예시로는 객체 지향 명령 디자인 패턴이 있습니다.[3]

> **NOTE** 명령 패턴은 동작 또는 명령과 그것을 실행하기 위해 필요한 모든 데이터를 객체에 캡슐화합니다. 이 접근 방식은 명령을 생성하는 부분과 실행하는 부분을 분리하여 서로 독립적으로 동작하게 만듭니다.

일반적으로 명령command은 이미 해당하는 전용 인터페이스를 갖고 있습니다. 예를 들어 텍스트 편집기에는 파일을 열거나 저장하는 등의 일반적인 명령이 있습니다. 이러한 명령 사이에서 공유할 수 있는 인터페이스는 다음과 같이 간단합니다.

```
public interface TextEditorCommand {
  String execute();
}
```

구체적인 명령 클래스들은 필요한 인수를 받지만 실행된 명령은 단순히 업데이트된 편집기 내용만을 반환합니다. 자세히 살펴보면 이 인터페이스는 Supplier<String>과 동일합니다.

3.2.3절에서 논의한 것처럼, 함수형 인터페이스 간의 논리적 동등성만으로는 호환성을 만들 수 없습니다. 그러나 TextEditorCommand를 Supplier<String>로 확장함으로써 기본 메서드를 통해 이것들 사이의 격차를 메꿔줄 수 있습니다. 예를 들면 다음과 같습니다.

```
public interface TextEditorCommand extends Supplier<T> {
  String execute();

  default String get() {
    return execute();
  }
}
```

---

3 명령 패턴(command pattern)은 『GoF의 디자인 패턴』(프로텍미디어, 2015)에서 설명한 많은 디자인 패턴 중 하나입니다.

인터페이스는 다중 상속을 허용하기 때문에 함수형 인터페이스를 추가하는 것은 문제가 되지 않습니다. 함수형 인터페이스의 SAM은 실제 작업을 수행하는 메서드를 호출하는 간단한 기본 메서드입니다. 이렇게 함으로써 어떤 커맨드도 변경할 필요 없이 모든 커맨드들이 Supplier<String>를 인수로 받는 어떤 고차 함수higher-order function와도 호환성을 갖추게 됩니다. 이 경우 메서드 참조를 브리지bridge로 사용하지 않아도 됩니다.

예를 들어 이전에 정의한 TextEditorCommand를 Supplier<String>로 확장한 경우 TextEditorCommand를 인수로 받는 고차 함수에 쉽게 전달할 수 있습니다. 이렇게 하면 함수형 스타일을 활용하여 명령들을 더 쉽게 사용하고 조합할 수 있습니다. 또한 기존의 명령들에게는 아무런 영향을 주지 않고 더 유연하고 향상된 사용성을 제공합니다.

CAUTION 기존 인터페이스가 함수형 인터페이스를 구현하고 있는지 확인하여 기존의 인터페이스를 실수로 덮어쓰지 않도록 주의하세요.

하나 이상의 함수형 인터페이스를 구현하는 것은 여러분의 타입에 함수형 시작점을 제공하는 훌륭한 방법이며, 함수형 인터페이스에서 사용 가능한 모든 추가 기본 메서드도 포함됩니다.

3.4.3 정적 헬퍼 생성하기

함수형 인터페이스는 일반적인 작업을 위한 기본 메서드와 정적 헬퍼로 다양성을 확장합니다. 그러나 JDK 자체에서 제공하는 함수형 인터페이스와 같이 타입을 직접 제어할 수 없는 경우 정적 메서드를 모으는 헬퍼 타입을 만들 수 있습니다.

3.3절에서는 크게 네 가지 인터페이스 기본 메서드를 활용하여 함수의 합성에 대해 설명했습니다. 가장 일반적인 사용 사례를 주로 다루기 때문에 일부 다른 함수형 인터페이스는 다루지 않았습니다. 하지만 여러분은 직접 그것들을 만들어볼 수 있습니다. Function<T, R>이

어떻게 compose 메서드를 구현하는지 [예제 3-4]에서 보고,[4] 다른 타입도 받아들일 수 있는 컴포지터 헬퍼 타입을 개발해보겠습니다.

예제 3-4 간단한 Function<T, R> 인터페이스

```
@FunctionalInterface
public interface Function<T, R> {

    default <V> Function<V, R> compose(Function<V, T> before) {   ❶
        Objects.requireNonNull(before);  ❷

        return (V v) -> {  ❸
          T result = before.apply(v);  ❹
          return apply(result);  ❺
        };
    }
    // ...
}
```

❶ 합성된 함수는 원래의 타입 T에 바인딩되지 않으며 메서드 시그니처에 V를 도입합니다.

❷ null 검사 헬퍼는 반환된 람다가 처음 사용될 때뿐만 아니라, 합성 단계에서도 NullPointerException을 발생시킵니다.

❸ 반환된 람다는 새롭게 도입된 타입 V의 값을 받아들입니다.

❹ 먼저 before 함수가 연산됩니다.

❺ 그 후 원래의 Function<T, R>에 적용됩니다.

새로운 합성 메서드를 만들려면 먼저 어떤 목표를 달성하고자 하는지 정확히 생각해야 합니다. 관련된 함수형 인터페이스와 합성 순서는 메서드 시그니처가 반영해야 할 전체 타입 체인을 결정합니다. 이에 대한 목록은 [표 3-4]에서 확인할 수 있습니다.

4 예제의 Function<T, R> 인터페이스는 가독성을 높이기 위해 JDK에 있는 실제 소스 코드(*https://oreil.ly/QfW6N*)를 단순화했습니다.

표 3-4 Function<T, R>의 함수 합성 타입 체인

메서드 시그니처	타입 체인
Function<V, R> compose(Function<V, T>	V → T → R
Function<T, V> andThen(Function<R, V>)	T → R → V

Function<T, R>와 Supplier/Consumer에 대한 컴포지터를 만들어봅시다.

Supplier는 인수를 받지 않기 때문에 Function<T, R>의 결과를 연산할 수 없으므로 두 가지 조합만 가능합니다. 반대로 Supplier의 경우에도 동일한 이유가 적용됩니다. 직접적으로 Function<T,R> 인터페이스를 확장할 수 없어서 간접적인 컴포지터가 필요하며 정적 헬퍼 형태로 제공됩니다. 이로 인해 아래와 같은 메서드 시그니처가 생성되며, 합성 순서는 인수 순서로 표현됩니다.

- Supplier<R> compose(Supplier<T> before, Function<T, R> fn)
- Consumer<T> compose(Function<T, R> fn, Consumer<R> after)

[예제 3-5]에서는 JDK의 동등 메서드 구현과 와 크게 다르지 않은 간단한 컴포지터 구현을 보여줍니다.

예제 3-5 함수형 컴포지터

```
public final class Compositor {

  public static <T, R> Supplier<R> compose(Supplier<T> before,
                                           Function<T, R> fn) {
    Objects.requireNonNull(before);
    Objects.requireNonNull(fn);

    return () -> {
      T result = before.get();
      return fn.apply(result);
    };
```

```
  }

  public static <T, R> Consumer<T> compose(Function<T, R> fn,
                                           Consumer<R> after) {
    Objects.requireNonNull(fn);
    Objects.requireNonNull(after);

    return (T t) -> {
      R result = fn.apply(t);
      after.accept(result);
    };
  }

  private Compositor() {
    // 기본 생성자 생략
  }
}
```

[예제 3-6]을 통해서 보여지듯이, 이전에 학습한 [예제 3-2]를 통해 문자열 작업과 Consumer <String>을 합성하여 결과를 출력하는 것이 쉬워졌습니다.

예제 3-6 함수형 컴포지터 활용

```
// 단일 문자열 함수
Function<String, String> removeLowerCaseA = str -> str.replace("a", "");
Function<String, String> upperCase = String::toUpperCase;

// 합성된 문자열 함수
Function<String, String> stringOperations =
  removeLowerCaseA.andThen(upperCase);

// 문자열 함수와 Comsumer 합성
Consumer<String> task = Compositor.compose(stringOperations,
                                           System.out::println);
```

```
// 실행
task.accept("abcd");
// => BCD
```

함수형 합성의 주요 사례에는 값을 함수형 인터페이스 간에 전달하는 간단한 컴포지터가 있습니다. 다른 사용 사례에도 유용합니다. 예를 들어 [예제 3-7]에서 확인할 수 있는 것처럼 특정한 수준의 논리와 결정을 추가할 수 있습니다. [예제 3-7]과 같이 Consumer를 Predicate로 래핑하는 것이 그런 예입니다.

예제 3-7 개선된 함수형 컴포지터

```
public final class Compositor {
  public static Consumer<T> acceptIf(Predicate<T> predicate,
                                     Consumer<T> consumer) {
    Objects.requireNonNull(predicate);
    Objects.requireNonNull(consumer);
    return (T t) -> {
      if (!predicate.test(t)) {
        return;
      }
      consumer.accept(t);
    }
  }
  // ...
}
```

필요한 경우 타입에 새로운 정적 헬퍼를 적용하여 JDK가 남긴 빈 공간을 채울 수 있습니다. 개인적인 경험으로는 미리 빈 공간을 채우는 대신 필요할 때만 헬퍼를 추가하는 것이 좋습니다. 여러분이 현재 필요한 것만 먼저 구현해보세요. 미래에 필요한 것을 예측하는 것은 어려울 수 있습니다. 지금 사용하지 않는 추가 코드라도 시간이 지나면 유지보수가 필요하며, 실제로 필요한 요구 사항이 명확해지면 변경이나 리팩터링이 필요할 수 있습니다.

핵심 요약

- JDK는 40개 이상의 함수형 인터페이스를 제공합니다. 이는 자바의 타입 시스템이 다양한 사례에 맞는 구체적인 인터페이스를 필요로 하기 때문입니다. 이러한 함수형 인터페이스는 Function, Consumer, Supplier, Predicate로 나뉩니다.
- 특화된 함수형 인터페이스 변형은 최대 두 개의 인수를 지원합니다. 그러나 메서드 시그니처는 최대한 호환성을 극대화하기 위해 해당하는 슈퍼 인터페이스를 사용하는 것이 좋습니다.
- 원시 타입은 `int`, `long`, `double`, `boolean`에 대한 함수형 인터페이스 변형 또는 오토박싱을 통해 지원됩니다.
- 함수형 인터페이스는 다른 인터페이스와 마찬가지로 동작하며 서로 교환 가능하게 사용하기 위해 공통된 조상이 필요합니다. 그러나 '동일하지만 호환되지 않는' 함수형 인터페이스 사이의 격차를 극복하기 위해 SAM의 메서드 참조를 사용할 수 있습니다.
- 사용자 정의 타입에 함수형 지원을 추가하는 것은 간단합니다. 인터페이스에 기본 메서드를 사용하여 구현을 변경하지 않고도 함수형 사용 사례를 다룰 수 있습니다.
- 일반적인 또는 누락된 함수형 작업은 정적 메서드가 있는 헬퍼 타입에 누적될 수 있습니다.

PART

02

함수형 접근 방식

자바는 다중 패러다임 언어임에도 불구하고 객체 지향 및 명령형 코딩 스타일을 권장합니다. 통합된 언어적 지원이 부족하더라도 다양한 함수형 관용구와 개념, 기술을 활용할 수 있습니다.

JDK는 일반적인 문제를 함수형 접근 방식으로 우아하게 해결하며, 코드를 완벽히 함수형으로 전환하지 않더라도 함수형 프로그래밍의 이점을 활용할 수 있는 다양한 도구를 제공합니다.

PART 02

함수형 접근 방식

CHAPTER

04 불변성

자료 구조를 다룬다는 것은 데이터의 값을 저장하고 조직화하는 핵심 작업을 의미합니다. 객체 지향 프로그래밍(OOP)에서는 일반적으로 객체에 캡슐화된 가변 프로그램 상태를 다루는 것을 의미하지만, 함수형 접근 방식에서는 **불변성**immutability이 데이터를 처리하는 주요 방법이며 다양한 개념의 전제 조건이기도 합니다.

하스켈과 같은 함수형 프로그래밍 언어나 스칼라와 같은 함수 지향적인 다중 패러다임 언어에서는 불변성이 주요한 기능으로 다루어집니다. 이러한 언어에서는 불변성이 필수적이며 종종 엄격하게 시행되는 경우도 있습니다. 불변성은 이 책에서 소개된 다른 원칙과 마찬가지로 함수형 프로그래밍에 제한되지 않으며 선택한 패러다임에 관계없이 많은 이점을 제공합니다.

이 장에서는 JDK에서 이미 제공하는 불변 타입과 도구 또는 제3자 라이브러리의 도움을 받아 사이드 이펙트를 최소화하기 위해 자료 구조를 불변하게 만드는 방법에 대해 배웁니다.

NOTE 이 장에서 언급되는 '자료 구조'라는 용어는 컬렉션 또는 사용자 정의 데이터 타입과 같이 데이터를 저장하고 구조화하는 모든 타입을 포괄적으로 지칭합니다.

4.1 객체 지향 프로그래밍의 가변성과 자료 구조

객체 지향 언어인 자바에서는 객체의 상태를 가변 형태로 캡슐화합니다. 일반적으로 'setter' 메서드를 사용하여 상태를 변화시킵니다. 이러한 접근 방식은 프로그램 상태를 일시적인 것으로 만들어 기존 자료 구조의 변경된 내용이 해당 상태를 업데이트합니다. 또한 이를 참조하는 다른 모든 사용자에게도 영향을 미치며 이전 상태는 소멸됩니다.

2장에서 배운 것처럼, 객체 지향 자바 코드에서 가변 상태를 다루는 가장 일반적인 형태인 JavaBean과 POJO에 대해 살펴보겠습니다. 어떤 면에서 보면, 이들은 컴포넌트 간의 재사용성을 향상시키기 위해 상태값을 캡슐화하도록 설계된 일반적인 자바 객체들입니다. 비슷한 목적을 가지고 있지만, 각자의 설계 철학과 규칙은 다릅니다.

POJO는 설계에 대해 어떠한 제한도 없습니다. 비즈니스 로직 상태를 '단지' 캡슐화하는 것이 목적이며, 불변성을 갖도록 설계할 수도 있습니다. 어떻게 구현할지는 여러분에게 달려 있으며 여러분이 처한 상황과 환경에 따라 어떤 방식을 선택할지 결정할 수 있습니다. 일반적으로 POJO는 가변 상태를 가진 객체 지향적인 컨텍스트에서 더 유연하게 작동하도록 필드에 'getter'와 'setter'를 제공합니다.

반면에 JavaBean은 내부 검사introspection와 재사용성을 가능하게 해주며 이를 위해서 특정 규칙을 따르도록 되어 있습니다. JavaBean이 처음에 IDE[1]의 UI 위젯과 같이 컴포넌트 간 표준화된 기계 판독 가능한 상태로 디자인되었기 때문에 이러한 규칙이 필요합니다. POJO와 JavaBean 간의 차이점은 [표 4-1]에 나열되어 있습니다.

---

1 JavaBean에 대한 규정은 공식 JavaBeans API 명세서 1.01(*https://oreil.ly/jL1K3*)에서 상세하게 설명하고 있습니다. 이는 100페이지가 넘는 분량이며 이 책에서 다루는 내용을 이해하기 위해 모든 내용을 알 필요는 없지만 다른 자료 구조와의 차이점들에 대해서는 익숙해져야 합니다.

표 4-1 POJO VS JavaBean

	POJO	JavaBean
일반 제한	자바 규칙에 따름	JavaBean API 사양에 따름
직렬화	선택적	java.io.Serializable를 상속해야 함
필드 가시성	제한 없음	private만 가능
필드 접근	제한 없음	getter와 setter를 통해서만 접근 가능
생성자	제한 없음	인수가 없는 생성자가 존재해야 함

컬렉션 프레임워크collection framework[2] 같은 JDK에 있는 자료 구조들은 대부분 가변 상태와 (데이터 구조나 객체 내에서) 직접 변경이 가능한 방식을 기반으로 설계되었습니다. List<E>를 예로 들어봅시다. add(E value)나 remove(E value) 같은 가변 메서드는 변경이 발생했음을 나타내기 위해 boolean을 반환합니다. 이러한 변경 작업은 Collection을 그 자리에서 바로 변경하며 이로 인해 이전 상태가 손실됩니다. 지역 컨텍스트에서는 이에 대해 고민할 필요가 없습니다. 하지만 자료 구조가 지역 컨텍스트의 직접적인 영향력을 벗어나면 현재 상태를 유지하는 것이 보장되지 않을 수 있습니다.

가변 상태는 복잡성과 불확실성을 유발합니다. 코드를 이해하려면 언제든지 변경 가능한 모든 상태를 멘탈 모델에 포함시켜야 합니다. 이는 단일 컴포넌트에만 해당되는 것은 아닙니다. 가변 상태를 공유하는 것은 공유된 상태에 액세스하는 컴포넌트의 수명을 포함하여 복잡성을 증가시킵니다. 특히 동시성 프로그래밍은 공유된 상태의 복잡성에 영향을 받으며 많은 문제가 가변성에서 발생합니다. 이 때문에 액세스 동기화 또는 원자 참조와 같이 복잡하고 종종 잘못 사용되기도 하는 문제들에 대해 해결책이 필요합니다.

코드의 정확성과 공유 상태를 보장하기 위해서는 끊임없는 단위 테스트와 상태 검증 작업이 필요합니다. 그리고 가변 상태가 더 많이 발생하는 가변 컴포넌트와 상호작용하는 경우 그들의 동작을 더 많이 검증해야 하기 때문에 추가 작업이 늘어납니다.

2 자바 1.2부터 Java Collections 프레임워크는 List<E>, Set<E> 등과 같은 다양한 재사용 가능한 자료 구조를 제공합니다. 오라클 자바 문서(*https://oreil.ly/nQjAL*)에는 프레임워크에 포함된 다양한 타입에 대한 개요가 제공됩니다.

여기서 불변성은 자료 구조를 처리하고 합리적인 접근 방식을 사용하기 위한 또 다른 접근법을 제공합니다.

4.2 함수형 프로그래밍의 불변성

불변성의 기본 원칙은 단순합니다. 자료 구조는 생성 후에 변경할 수 없어야 합니다. 이 원칙은 함수형 프로그래밍 언어에서 기본으로 지원합니다. 이는 함수형 프로그래밍에만 국한되지 않으며 어떤 패러다임에서도 많은 장점을 가져다줍니다.

> **NOTE** 불변성은 다양한 문제들에 세련된 해결책을 제시하며 프로그래밍 외에도 여러 분야에서 중요한 역할을 합니다. 예를 들어 분산 버전 관리 시스템인 깃Git[3]은 기본적으로 불변한 블롭blob과 차이점의 포인터 트리를 사용하여 변경 이력을 안정적으로 기록합니다. 이를 통해 변경 사항을 효율적으로 관리할 수 있습니다.

불변 자료 구조는 데이터에 대한 지속적인 뷰를 제공하지만 직접 데이터를 변경할 수는 없습니다. 이러한 자료 구조를 변경mutate하려면 의도한 변경 사항을 반영한 새로운 복사본을 생성해야 합니다. 자바에서 데이터를 직접 변경할 수 없다는 점은 처음에는 조금 어색하게 느껴질 수 있습니다. 객체 지향 디자인 패턴은 특정 분야의 일반적인 문제들을 해결하는 방법으로 정형화되었습니다. 이 패턴들은 보통 다양한 타입들을 활용하여 특정 도메인에서 자주 발생하는 문제의 해결책을 제시합니다.

처음에는 데이터를 직접 변경할 수 없으며 오버헤드를 발생시킨다는 점에 대해 이상함을 느낄 수 있습니다. 하지만 불변성은 함수형 접근 방식을 넘어 자바에서는 충분한 가치가 있습니다.

---

3 깃은 무료이며, 오픈 소스의 분산 버전 관리 시스템입니다. 해당 웹사이트(*https://oreil.ly/-67zg*)에서 내부 동작에 대해 상세히 설명합니다.

예측 가능성predictability

자료 구조는 여러분이 모르는 사이에 변경되지 않습니다. 자료 구조를 참조하는 한, 생성된 시점과 동일한 상태임을 알 수 있습니다. 그 참조를 공유하거나 동시에 사용하더라도, 아무도 그 복사본을 변경할 수 없습니다.

유효성validity

초기화한 후, 자료 구조는 완전한 상태가 됩니다. 단 한 번의 검증만 필요하며 유효(또는 무효) 상태로 유지됩니다. 여러 단계에서 자료 구조를 구축해야 하는 경우 5.2.3절의 '단계별 생성'에서 소개할 빌더 패턴을 사용하면 자료 구조의 구축과 초기화를 분리할 수 있습니다.

숨겨진 사이드 이펙트 없음no hidden side effect

네이밍과 캐시 무효화 외에도 사이드 이펙트를 다루는 것은 프로그래밍에서 매우 어려운 문제입니다. 불변 자료 구조는 항상 그대로이기 때문에, 사이드 이펙트가 발생하지 않습니다. 여러분이 코드를 직접 변경하거나 제어할 수 없는 타사 라이브러리에서 사용할 때도, 값을 변경하지 않으며 의도하지 않은 사이드 이펙트를 발생시키지 않습니다.

스레드 안전성thread safety

사이드 이펙트가 발생하지 않는 불변 자료 구조는 스레드 경계를 자유롭게 이동할 수 있습니다. 어떤 스레드도 자료 구조를 변경할 수 없으므로 프로그램에 대한 추론이 보다 간단해지며 예기치 않은 변경 또는 경합 조건 없이 프로그램을 이해할 수 있습니다.

캐시 가능성 및 최적화cacheability and optimization

자료 구조가 생성 직후부터 변경되지 않았기 때문에, 불변 자료 구조를 신뢰하고 캐싱할 수 있습니다. 메모이제이션memoization과 같은 최적화 기술은 2장에서 배운 것처럼, 불변 자료 구조에서만 가능합니다.

변경 추적change tracking

모든 변경이 새로운 자료 구조를 생성한다면, 이전 참조를 저장함으로써 이전 상태를 추적할 수 있습니다. 되돌리기 기능을 지원하기 위해 단일 속성 변경 이력을 더 이상 복잡하게 추적할 필요가 없습니다. 이전 상태를 복원하는 것은 이전 자료 구조에 대한 이전 참조를 사용하는 것만큼 간단합니다.

이 모든 이점은 선택한 프로그래밍 패러다임과는 독립적이라는 것을 기억하세요. 만약 함수형 접근 방식이 여러분의 코드에 맞지 않다고 하더라도, 여전히 데이터 처리에서 불변성을 통해 큰 이점을 얻을 수 있습니다.

4.3 자바 불변성 상태

자바의 초기 디자인은 언어 기능으로써 불변성을 포함하지 않았으며, 다양한 불변 자료 구조를 제공하지 않았습니다. 언어와 그 타입들의 특정 부분은 항상 불변성을 가졌지만, 다른 함수형 언어들이 제공하는 수준에는 훨씬 못 미칩니다. 그러나 자바 14가 출시되면서 불변 자료 구조인 레코드record를 도입함으로써 모든 것이 바뀌었습니다.

여러분은 인지하고 있지 못할 수도 있지만, 이미 자바 프로그램에서 불변 타입을 사용하고 있습니다. 런타임 최적화나 올바른 사용을 보장하는 것과 같이, 불변성을 사용하는 이유는 다를 수 있습니다. 그러나 의도와는 관계없이 코드를 더 안전하고 오류를 적게 발생시키도록 만들어줍니다.

이제부터 현재 JDK에서 사용 가능한 여러 불변성 특징들을 살펴보겠습니다.

4.3.1 java.lang.String

모든 자바 개발자가 처음에 배우는 타입 중에 String 타입이 있습니다. 문자열은 어디에서나 사용되기 때문에, String 타입에는 높은 최적화와 안전성이 필요합니다. 이러한 최적화 방법 중에는 '불변성'이 있습니다.

String은 int나 char과 같은 원시 타입은 아닙니다. 그럼에도 불구하고 String은 +(더하기) 연산자를 사용하여 서로 다른 문자열끼리 연결할 수 있습니다.

```
String first = "hello, ";
String second = "world!";
String result = first + second;
// => "hello, world!"
```

다른 표현식들과 마찬가지로 문자열을 연결하면, 그 결과로 새로운 String 객체가 생성됩니다. 그래서 자바 개발자들은 지속적으로 문자열 연결을 사용하는 것을 피하도록 교육받습니다. +(더하기) 연산자를 사용하여 문자열을 연결할 때마다 메모리의 힙 영역에 새로운 String 인스턴스가 생성되어 메모리를 차지하게 되는데, 이는 [그림 4-1]에 나타나 있습니다. 이렇게 새로 생성된 인스턴스들은 특히 for나 while과 같은 루프문에서 연결 작업을 반복할 때 빠르게 늘어납니다.

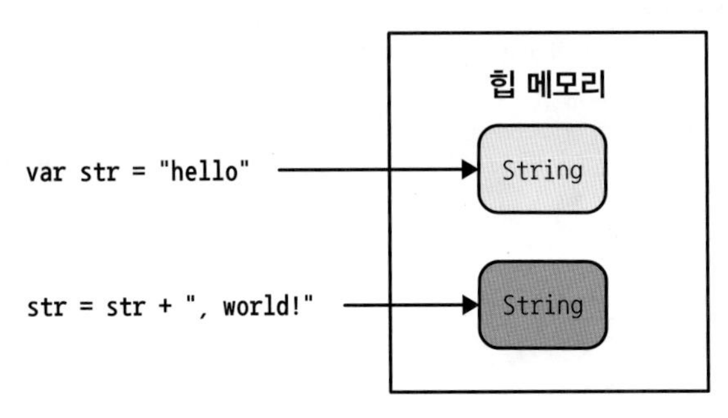

그림 4-1 문자열 메모리 할당

물론 JVM에서는 필요 없어진 인스턴스를 가비지 컬렉션을 통해 정리하지만, 끊임없이 생성되는 String 객체로 인한 메모리 오버헤드는 실제 런타임에 부담이 될 수 있습니다. 따라서 JVM은 문자열 연결을 java.lang.String Builder로 대체하거나, invokedynamic 명령 코드를 활용하는 등 여러 최적화 전략[4]을 내부적으로 사용합니다.

String 타입은 자바 프로그래밍에서 가장 기본적으로 널리 사용되는 타입이기 때문에 다양한 이유로 불변성을 유지하는 것이 합리적입니다.[5] 따라서 이러한 타입이 스레드에 안전하게 설계된다면, 동기화 문제처럼 동시성과 관련된 여러 문제들을 미리 예방할 수 있습니다. 동시성은 이미 복잡한 작업인데, 문자열이 예고 없이 변경되는 상황이 발생한다면 훨씬 부담이 될 것입니다. 불변성을 유지함으로써 경쟁 상태, 사이드 이펙트 또는 예기치 않은 변경 위험이 제거됩니다.

또한, 문자열 리터럴literal도 JVM에서 특별한 관리를 받습니다. 문자열 풀링 덕분에 동일한 리터럴은 한 번만 저장되어 재사용되므로 힙 메모리 공간 절약에 도움이 됩니다. 만약 문자열이 변경된다면, 풀에서 해당 문자열을 참조하는 모든 곳에 영향을 줄 수 있습니다. 리터럴을 생성하는 대신, 명시적으로 생성자 중 하나를 호출하여 새로운 String을 할당하는 것으로 풀링을 우회할 수도 있습니다. 반대로, 인스턴스에서 intern 메서드를 호출하여 문자열 풀에서 동일한 내용의 문자열을 반환할 수도 있습니다.

> **NOTE String equality**
>
> String 인스턴스와 리터럴의 특수한 처리 방식 때문에 문자열을 비교할 때 동등성 연산자 == (이중 등호)를 사용해서는 안 됩니다. 그래서 항상 equals 또는 equalsIgnoreCase 메서드를 사용하여 동등성을 테스트해야 합니다.

그러나 기술적인 관점에서 보면 String 타입은 '완전히' 불변하지 않습니다. 성능 고려로 인

---

4 JDK 개선 제안(JEP) 280, 'Indify String Concatenation'(*https://oreil.ly/Xx2v5*)에서는 invokedynamic을 사용하는 방법에 대해 심층적으로 설명합니다.

5 옮긴이_ 자바의 원시 타입(primitive type)에는 byte, int, double, char, boolean 등이 있습니다. 참조 타입(reference type)에는 String, Integer와 같은 클래스와 인터페이스, 배열, 레코드 등이 있습니다.

해 String은 hashCode를 지연해서 계산합니다. 전체 문자열을 읽어야 하기 때문이죠. 그럼에도 불구하고 이것은 순수한 함수입니다. 동일한 String은 항상 동일한 hashCode를 생성합니다.

비용이 많이 들고 빠르게 처리할 수 있는 방식을 숨기면서 느긋한 계산법을 사용하여 논리적 불변성을 지키려면, 타입을 설계하고 구현할 때 스레드 안전성과 예측 가능성을 보장하기 위해 추가적인 주의가 필요합니다.

이러한 특성들로 인해 String은 최소한 사용성 관점에서는 원시 타입과 객체 타입 사이에 놓여있다고 볼 수 있습니다. 성능 최적화와 안전성을 보장하기 위해 불변성을 채택했을 수 있지만, 불변성이 가지는 암묵적인 이점들도 이러한 기본적인 타입을 보완해줄 수 있습니다.

4.3.2 불변 컬렉션

불변성이 주는 혜택을 가장 잘 누릴 수 있는 주요한 타입에는 Set, List, Map 같은 컬렉션 그룹이 있습니다. 자바의 컬렉션 프레임워크는 불변성을 중심으로 설계되지는 않았지만, 아래 세 가지 방법을 통해 어느 정도의 불변성을 제공하고 있습니다.

- 변경 불가능한 컬렉션unmodifiable collection[6]
- 불변 컬렉션 팩토리 메서드 (자바 9+)
- 불변 복제 (자바 10+)

이 모든 옵션들은 new 키워드를 사용하여 직접 인스턴스화할 수 있는 public 타입은 아닙니다. 대신, 이러한 유형은 필요한 인스턴스를 생성하기 위한 정적 편의 메서드static convenience method를 제공합니다. 또한, 이들은 얕은 불변성만을 갖고 있어, 요소를 추가하거나 제거하는

6 옮긴이_ 불변 컬렉션(immutable collection)과 변경 불가능한 컬렉션(unmodifiable collection)은 유사해보일 수 있지만, 주요한 차이점이 있습니다. 불변 컬렉션은 생성 후 그 상태가 절대로 변경되지 않습니다. 즉, 컬렉션에 요소를 추가, 삭제 또는 변경할 수 없습니다. 반면에 변경 불가능한 컬렉션은 특정 컬렉션 뷰에 대해 수정 작업을 실행할 수 없도록 합니다. 이 뷰를 통해서는 데이터를 변경할 수 없지만, 원본 컬렉션 자체는 참조를 통해 변경될 수 있습니다.

것은 불가능하고 요소 자체의 불변성을 보장하지 않습니다. 요소에 대한 참조를 보유한 모든 사람은 해당 컬렉션이 아닌 다른 곳에서도 해당 요소를 변경할 수 있습니다.

> **CAUTION** 얕은 불변성
>
> 얕은 불변성shallow immutable을 가진 자료 구조는 최상위 계층에서만 불변성을 유지합니다. 즉, 자료 구조 자체의 참조는 변경되지 않지만, 컬렉션과 같이 참조된 자료 구조 구조의 요소들은 변경될 수 있습니다.

완전한 불변성을 지닌 컬렉션을 구현하기 위해서는 모든 요소 또한 불변해야 합니다. 그럼에도 불구하고, 이 세 가지 옵션은 의도치 않은 변경을 방지하는 유용한 도구를 제공합니다.

변경 불가능한 컬렉션

첫 번째 옵션으로 제공되는 변경 불가능한 컬렉션은 java.util.Collections 클래스의 일반 정적 메서드 중 하나를 호출하여 기존 컬렉션에서 생성합니다.

- Collection<T> unmodifiableCollection(Collection<? extends T> c)
- Set<T> unmodifiableSet(Set<? extends T> s)
- List<T> unmodifiableList(List<? extends T> list)
- Map<K, V> unmodifiableMap(Map<? extends K, ? extends V> m)
- SortedSet<T> unmodifiableSortedSet(SortedSet<T> s)
- SortedMap<K, V> unmodifiableSortedMap(SortedMap<K, ? extends V> m)
- NavigableSet<T> unmodifiableNavigableSet(NavigableSet<T> s)
- NavigableMap<K, V> unmodifiableNavigableMap(NavigableMap<K, V> m)

각 메서드는 인수로 받은 타입과 같은 타입을 반환합니다. 원본 인스턴스와 반환된 인스턴스 간의 차이점은 반환된 인스턴스를 수정할 때 UnsupportedOperationException이 발생한다는 것입니다.

```java
List<String> modifiable = new ArrayList<>();
modifiable.add("blue");
modifiable.add("red");

List<String> unmodifiable = Collections.unmodifiableList(modifiable);
unmodifiable.clear();
// UnsupportedOperationException 발생
```

'변경 불가능한 뷰'의 명백한 단점은 기존 컬렉션에 대한 추상화에 불과하다는 것입니다. 다음 코드는 기본 컬렉션이 여전히 변경될 수 있으며, 이 변경이 '변경 불가능한 뷰'에 어떤 영향을 미치는지를 보여줍니다.

```java
List<String> original = new ArrayList<>();
original.add("blue");
original.add("red");

List<String> unmodifiable = Collections.unmodifiableList(original);

original.add("green");

System.out.println(unmodifiable.size());
// 출력:
// 3
```

[그림 4-2]에서 볼 수 있듯이, 원본 참조를 통해 데이터를 여전히 수정할 수 있습니다. 데이터 구조가 메모리에 저장되는 방식 때문이죠. 변경되지 않은 버전은 원본 리스트의 '뷰'에 불과하므로 원본에 직접적인 변경이 이루어질 경우에는 뷰가 추구하는 '변경 불가능한 특성'을 우회하게 됩니다.

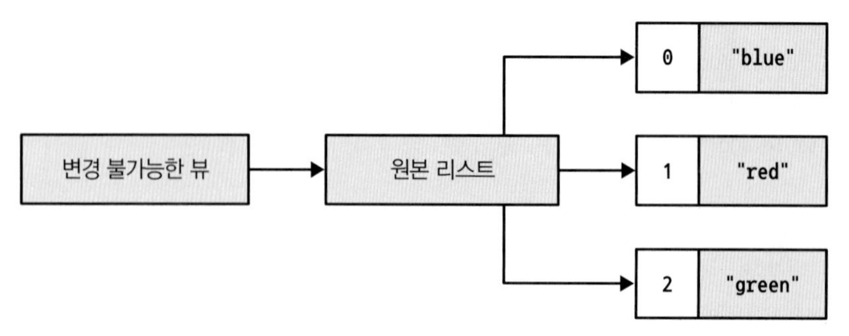

그림 4-2 변경 불가능한 컬렉션의 메모리 구조

'변경 불가능한 뷰'는 주로 반환값으로 사용될 컬렉션에 대해 원치않는 변경을 막기 위해 사용됩니다.

불변 컬렉션 팩토리 메서드

두 번째 옵션인 '불변 컬렉션 팩토리 메서드'는 자바 9에서 도입되었으며, 기존 컬렉션을 기반으로하지 않습니다. 대신, 원하는 요소들은 직접 해당 컬렉션 타입의 정적 편의 메서드를 통해 직접 전달해야 합니다.

- `List<E> of(E e1, …)`
- `Set<E> of(E e1, …)`
- `Map<K, V> of(K k1, V v1, …)`

각 팩토리 메서드는 0개 이상의 요소를 받아들일 수 있으며, 제공된 요소의 개수에 따라 최적의 내부 컬렉션 타입을 사용합니다

불변 복제

세 번째 옵션인 '불변 복제immutable copy'는 자바 10+에서 사용 가능하고, 다음 세 가지 유형의 `static` 메서드 `copyOf`를 호출하여 더 깊은 수준의 불변성을 제공합니다.

- `Set<E> copyOf(Collection<? extends E> coll)`
- `List<E> copyOf(Collection<? extends E> coll)`
- `Map<K, V> copyOf(Map<? extends K, ? extends V> map)`

단순히 뷰를 제공하는 것이 아니라, copyOf 메서드는 새로운 컨테이너를 생성하여 요소들의 참조를 독립적으로 유지합니다.

```
// 원본 리스트 설정
List<String> original = new ArrayList<>();
original.add("blue");
original.add("red");

// 복사본 생성
List<String> copiedList = List.copyOf(original);

// 원본 리스트에 새 항목 추가
original.add("green");

// 내용 확인
System.out.println(original);
// [blue, red, green]
System.out.println(copiedList);
// [blue, red]
```

복사된 컬렉션은 원본 리스트에 요소를 추가하거나 제거하는 것을 방지하지만, 실제 요소 자체는 여전히 공유되며 변경 가능합니다.

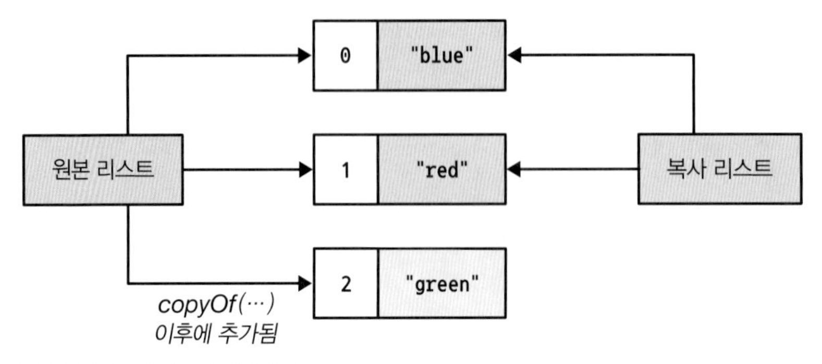

그림 4-3 복사된 컬렉션의 메모리 레이아웃

불변 컬렉션의 어떤 옵션을 선택할지는 상황과 목표에 따라 다를 수 있습니다. for 루프처럼, 한 번의 호출로 모든 컬렉션을 생성하기 어려운 경우라면, 변경 불가능한 뷰unmodifiable view나 불변 복제immutable copy가 더 합리적인 접근 방식일 수 있습니다. 로컬에서는 변경 가능한 컬렉션을 사용하되, 데이터가 그 범위를 넘어설 때 변경 불가능한 뷰로 반환하거나 복사본을 생성해 '고정'시킬 수 있습니다. 불변 컬렉션 팩토리 메서드는 중간 컬렉션intermediary Collection을 지원하지 않아 모든 요소를 미리 알고 있어야 합니다.

4.3.3 원시 타입과 원시 래퍼

지금까지 여러분들은 주로 불변 객체 타입에 대해 알아보았습니다. 그러나 자바에서는 모든 것이 객체로 이루어진 것은 아닙니다. 자바에서는 원시 타입(byte, char, short, int, long, float, double, boolean)이 존재하며, 이들은 객체와는 다르게 동작합니다. 원시 타입은 리터럴 또는 표현식을 통해 초기화되는 단순한 값을 나타냅니다. 이들은 각자 하나의 값을 표현하며, 사실상 불변의 특성을 갖습니다.

자바는 원시 타입 외에도, Byte나 Integer와 같은 객체 래퍼 타입을 제공합니다. 이러한 래퍼 타입들은 원시 타입을 구체적인 객체 타입으로 캡슐화하여, 제네릭처럼 원시 타입이 아직 허용되지 않는 경우에도 사용할 수 있게 합니다. 그렇지 않으면 객체 래퍼 타입과 그에 해당하는 원시 타입 간의 자동 변환인 '오토박싱'이 예측하기 어려운 동작을 유발합니다.

4.3.4 불변 수학

자바에서 대부분의 간단한 계산은 int나 long과 같은 원시 타입을 사용하여 정수를 처리하며, float나 double은 부동 소수점 계산에 사용됩니다. 그러나 java.math 패키지에는 정수와 소수점 계산을 더욱 안전하고 정확하게 처리하기 위한 java.math.BigInteger와 java.math.BigDecimal 불변 클래스가 제공됩니다.

> **NOTE** 이러한 맥락에서 'integer'는 소수점 이하 부분이 없는 숫자를 의미하며, 자바의 int 또는 Integer 타입을 의미하지 않습니다. 'integer'이라는 단어는 라틴어에서 비롯되었으며, 수학에서는 $-\infty$에서 $+\infty$까지의 범위에 있는 0을 포함한 정수를 나타내는 일반적인 용어로 사용됩니다.

String과 마찬가지로 왜 코드에 불변성이라는 부담을 가져와야 할까요? 그 이유는 더 넓은 범위와 높은 정밀도로 사이드 이펙트가 없는 계산을 수행할 수 있기 때문입니다.

하지만 불변 수학 객체를 사용하는 데에는 함정이 있습니다. 바로, 계산의 실제 결과를 사용하는 것을 잊어버릴 수 있다는 점입니다. add나 subtract과 같은 메서드 이름들은 최소한 객체 지향적 맥락에서는 값의 수정을 의미할 것 같지만, java.math 타입에서는 새로운 결과를 가진 새로운 객체를 반환한다는 것을 기억해야 합니다. 코드로 표현하면 다음과 같습니다.

```
var theAnswer = new BigDecimal(42);

var result = theAnswer.add(BigDecimal.ONE);

// 계산 결과
System.out.println(result);
// 출력:
// 43

// 원본값이 변경되지 않음
System.out.println(theAnswer);
// 출력:
```

불변 수학 타입은 여전히 일반적인 오버헤드를 동반하는 객체이지만, 그들의 높은 정밀도를 달성하기 위해서는 추가 메모리가 필요합니다. 계산 속도가 제한 조건이 아닌 경우, 부동 소수점 산술에는 임의의 정밀도를 제공하는 BigDecimal 타입을 사용하는 것이 좋습니다.[7]

BigInteger 타입은 BigDecimal의 정수 버전으로, 불변성을 내장하고 있습니다. 이 타입의 또 다른 장점으로는 $-2^{2,147,483,647}$에서 $2^{2,147,483,647}$까지의 광대한 범위를 제공한다는 것이며, 이는 int의 범위인 -2^{31}에서 2^{31}보다 넓습니다.[8]

4.3.5 자바 시간 API (JSR-310)

자바 8에서는 불변성을 핵심 원칙으로 하는 자바 시간 API(JSR-310)를 도입했습니다.[9] 이 API가 출시되기 전에는 java.util 패키지에서 Date, Calendar, TimeZone 세 가지 타입[10]만 사용할 수 있었습니다. 이 타입들을 사용하여 계산을 수행하는 것은 번거롭고 오류가 발생하기 쉬웠습니다. 계산을 수행하는 것은 귀찮은 작업이었으며 오류가 발생할 가능성이 있었습니다. 그래서 자바 8 이전에는 Joda Time 라이브러리[11]가 날짜 및 시간 클래스의 사실상 표준이 되었고, 이후에 JSR-310의 개념적 기반이 되었습니다.

> **NOTE** 불변성 수학과 마찬가지로 plus나 minus와 같은 메서드로 수행되는 모든 계산은 해당 메서드가 호출된 객체에 영향을 미치지 않습니다. 대신에 반환값을 사용해야 합니다.

이제 java.util를 사용하는 대신, java.time 패키지를 통해 다양한 정밀도를 가진 여러 날

7 큰 수 산술, 다중 정밀도 산술, 또는 무한 정밀도 산술로 알려져 있는 임의 정밀도 산술은 계산을 수행할 때 사용 가능한 메모리에만 제한되는 정밀도의 숫자로 계산합니다. 고정된 숫자로 제한되지 않습니다.

8 공식 문서에 따르면 BigInteger의 실제 범위는 JDK의 구현에 따라 다릅니다(*https://oreil.ly/0x5wo*).

9 *https://oreil.ly/NKu-y*

10 기술적으로는 JDBC 지원을 위한 래퍼인 java.sql.Date도 있습니다.

11 *https://oreil.ly/PYr6_*

짜 및 시간 관련 타입들을 사용할 수 있습니다. 이들은 모두 불변성을 가지며 동시 환경에서도 안전하게 사용할 수 있습니다.

4.3.6 enum

자바 열거형enum은 상수로 구성된 특별한 타입이며, 불변한 값이라는 특징을 가지고 있습니다. 열거형에는 상숫값 이외에도 필드가 추가로 포함될 수 있습니다. 이러한 필드는 암시적으로 상수가 아닐 수 있습니다. 일반적으로 이러한 필드에는 `final` 또는 `String`이 사용되지만, 가변 객체 타입이나 setter를 사용할 수도 있습니다. 이러한 접근 방식은 문제를 일으킬 가능성이 높으며, 권장하지 않습니다. 또한, 이는 코드 품질에 대한 **코드 스멜**로 간주됩니다.[12]

4.3.7 final 키워드

자바의 초기부터 `final` 키워드를 도입하여, 특정 상황에서의 불변성을 보장했습니다. 그러나 모든 상황에서 자료 구조를 불변하게 만드는 마법 같은 키워드는 아닙니다. 그렇다면 `final`이 사용된 참조, 메서드 또는 클래스는 어떤 의미를 가질까요?

`final` 키워드는 프로그래밍 언어 C의 `const` 키워드와 유사하며 클래스, 메서드, 필드 또는 참조에 적용되면 여러 가지 영향을 미칩니다.

- `final` 클래스는 하위 클래스화될 수 없습니다.
- `final` 메서드는 오버라이딩될 수 없습니다.
- `final` 필드는 생성자 내부에나 선언될 때 정확히 한 번 할당되어야 하며 재할당할 수 없습니다.
- `final` 변수 참조는 필드처럼 동작하며 선언 시에 정확히 한 번만 할당할 수 있습니다. 이 키워드는 참조 자체

12 코드 스멜(Code smell)은 더 심각한 문제를 나타낼 수 있는 코드 특성을 일컫습니다. 그 자체로 버그나 오류는 아니지만, 장기적으로 문제를 일으킬 수 있습니다. 프로그래밍 언어, 개발자, 패러다임에 따라 다르게 해석됩니다. 지속적인 코드 품질과 보안을 위한 오픈 소스 소프트웨어 기업인 Sonar(*https://oreil.ly/ldteU*)에서는 가변 열거형을 RSPEC-3066(*https://oreil.ly/VGsgP*) 규칙으로 명시하고 있습니다.

에만 영향을 미치며 참조된 변수의 내용에는 영향을 주지 않습니다.

final 키워드는 필드와 변수에 특정 형태의 불변성을 부여합니다. 하지만 예상하는 것과는 다르게 참조 자체는 불변이 되지만 기저 자료 구조는 불변하지 않습니다. 즉, 참조를 재할당할 수 없지만 자료 구조를 여전히 변경할 수 있다는 것을 의미합니다. 이는 [예제 4-1]에서 확인할 수 있습니다.

예제 4-1 컬렉션과 final 참조

```
final List<String> fruits = new ArrayList<>(); ❶

System.out.println(fruits.isEmpty());
// 결과:
// true

fruits.add("Apple"); ❷

System.out.println(fruits.isEmpty());
// 결과:
// false

fruits = List.of("Mango", "Melon");  3
// => 컴파일 실패
```

❶ final 키워드는 실제로 참조하는 ArrayList가 아니라 참조 fruits에만 영향을 미칩니다.

❷ ArrayList 자체는 불변성의 개념을 가지고 있지 않기 때문에 참조가 final이더라도 새로운 항목을 자유롭게 추가할 수 있습니다.

❸ final 참조를 재할당하는 것은 금지되어 있습니다.

'effectively final'에 설명된대로 람다 표현식에는 effectively final인 참조가 필요합니다. 코드의 모든 참조를 final로 만드는 것은 선택 사항이지만, 권장하지 않습니다. 컴파일러는 명시적인 키워드를 추가하지 않아도 참조가 effectively final인지 자동으로 감지합니다. 불변성 부족으로 인해 발생하는 대부분의 문제는 기저 자료 구조 자체에서 나오며 재할당된 참조와는 관련이 없습니다. 사용 중인 동안 자료 구조가 예상치 못하게 변경되지 않도록 보장하려면 처음부터 불변 자료 구조를 선택해야 합니다. 이 목표를 달성하기 위한 자바의 최신 추가 기능은 레코드record입니다.

4.3.8 레코드

2020년에 출시된 자바 14에서 POJO와 JavaBean를 보완하고, 특정 상황에 대체할 수 있는 새로운 클래스 타입인 레코드를 도입했습니다

레코드는 '기본 데이터'의 집합체이며, POJO나 Java Bean에 비해 간결하고 목표지향적입니다.

```
public record Address(String name,
                      String street,
                      String state,
                      String zipCode,
                      Country country) {
  // 바디 생략
}
```

레코드는 주로 상태 선언으로 구성된 얕은 불변성을 가진 데이터 운반체입니다. 추가 코드 없이도 Address 레코드는 컴포넌트에 대한 자동으로 생성된 getter, 동등성 비교, toString 및 hashCode 메서드 등을 제공합니다.

5장에서 레코드에 대해 좀 더 깊이 다루면서 다양한 시나리오에서 레코드를 어떻게 생성하고 사용하는지에 대해 알아보겠습니다.

4.4 불변성 만들기

지금까지 JVM이 제공하는 불변성에 대해 알아보았으니, 이제부터 프로그램의 상태를 어떻게 불변하게 유지할 수 있을지 살펴보겠습니다. 타입을 불변하게 만드는 가장 쉬운 방법은, 처음부터 데이터를 수정할 수 없도록 설계하는 것입니다. 설정자setter가 없는 경우에, `final` 필드를 가진 자료 구조는 처음 생성되면 그 후로는 변경이 불가능합니다. 하지만 실제 코드에서는 이 방법을 항상 적용할 수 있는 것은 아닙니다.

데이터의 불변성은 새로운 사고방식을 요구합니다. 공유 자료 구조는 보통 한 번에 전부 생성되지 않습니다. 시간이 흐름에 따라 자료 구조를 변경하는 대신, 가능한 한 불변한 구조를 중간 단계에서 사용하고, 마지막에 'final' 불변 자료 구조를 완성합니다. [그림 4-4]에서는 여러 데이터 컴포넌트가 어떻게 함께 작용하여 '최종적으로' 불변한 레코드를 만드는지 보여줍니다. 개별 컴포넌트들이 불변하지 않을 수 있지만, 항상 불변한 셸(Record 또는 다른 방식)로 감싸려고 노력해야 합니다.

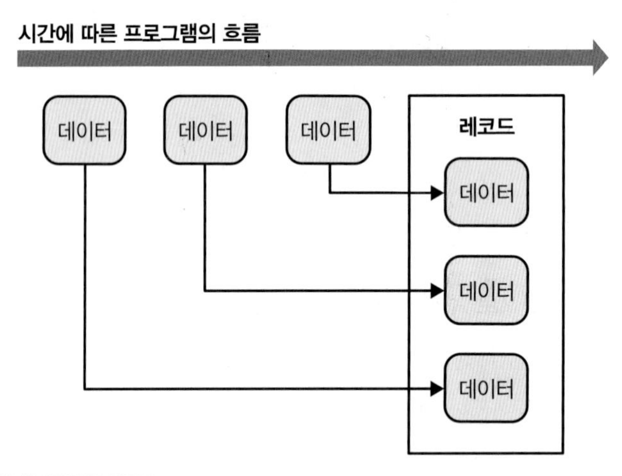

그림 4-4 데이터 집계자로써의 레코드

복잡한 자료 구조를 다룰 때, 어떤 컴포넌트가 필요한지 그리고 그 요소들의 유효성을 어떻게 관리할지 고민하는 것은 어려울 수 있습니다. 5장에서는 이러한 과정을 보다 쉽게 만들어

주는 도구와 기술에 대해 알아보도록 하겠습니다.

4.4.1 일반적인 관행

함수형 접근 방식처럼 불변성도 항상 절대적이지 않아도 괜찮습니다. 불변성의 이점으로 인해, 항상 불변한 자료 구조만을 사용하는 것이 매력적으로 보일 수 있습니다. 이들의 주요 목표는 불변 자료 구조와 불변 참조를 기본 접근 방식으로 사용하는 것입니다. 그러나 기존의 가변 자료 구조를 불변 자료 구조로 전환하는 것은 많은 리팩터링이나 개념적 재설계가 필요한 복잡한 작업일 수 있습니다. 대신, 아래와 같은 일반적인 관행을 따라 점진적으로 불변성을 도입하고 이미 불변한 것처럼 데이터를 처리할 수 있습니다.

기본적인 불변성

데이터 전송 객체, 값 객체 또는 어떠한 종류의 상태와 같은 새로운 자료 구조는 불변하도록 설계되어야 합니다. JDK나 다른 프레임워크 또는 라이브러리에서 불변성을 가진 대안을 제공한다면, 가변 타입보다 그것을 우선적으로 고려해야 합니다. 새로운 타입으로 처음부터 불변성을 다루면 그것을 사용하는 모든 코드에 영향을 줍니다.

항상 불변성을 고려하기

특별히 다르게 명시되지 않았거나, 여러분이 직접 생성하지 않은 경우에 모든 자료 구조는 불변이라고 가정합니다. 특히 컬렉션과 같은 타입을 다룰 때 이렇게 하는 것이 좋습니다. 하나를 변경해야 한다면 기존의 것을 기반으로 새로운 것을 만드는 것이 더 안전합니다.

기존 타입 수정하기

기존 타입이 불변하지 않더라도, 가능하다면 새롭게 추가되는 사항들은 불변해야 합니다. 가변성을 부여해야 하는 이유가 있을 수 있지만, 불필요한 가변성은 버그 가능성을 높이며 불변성의 장점을 해칩니다.

필요한 경우 불변성 깨기

여러분의 코드와 불변성이 맞지 않는다면, 강제로 바꾸려고 하지 마세요. 특히 레거시 코드베이스에서는 더욱 그렇습니다. 불변성의 주요 목표는 안전하고 합리적인 자료 구조를 제공하는 것이며, 이를 위해서는 개발 환경이 적절히 뒷받침돼야 합니다(여기서 환경은 개발에 필요한 기술적인 도구나 프로젝트 환경 등을 의미합니다).

외부 자료 구조 불변 처리하기

여러분의 스코프가 아닌 모든 자료 구조는 불변하다고 가정하세요. 예를 들어 메서드 인수로 받은 컬렉션과 유사한 타입은 불변하다고 가정해야 합니다. 직접 조작하는 대신 변경을 위한 가변 래퍼 뷰를 만들고, 수정할 수 없는 컬렉션 타입을 반환하세요. 이 방법은 메서드를 순수하게 유지하고 호출자가 예상하지 못한 의도치 않은 변경을 방지합니다.

이러한 일반적인 관행을 따르면 처음부터 불변한 자료 구조를 만드는 것이 더 쉬워지고, 더 불변한 프로그램 상태로 전환하는 것이 더 쉬워집니다.

핵심 요약

- 불변성은 간단한 개념으로 보이지만, 데이터와 그 변화를 다루는 새로운 접근 방식이 필요합니다.
- 이미 JDK에는 불변성을 고려하여 설계된 다양한 타입이 있습니다.
- 레코드는 불변 자료 구조를 생성하기 위해 의도적으로 유연성을 포기하여, 가능한 한 명료하고 직관적인 방식을 제안합니다.

- JDK만으로도 충분히 불변성을 달성할 수 있지만, 외부 라이브러리를 통해 누락된 부분을 보완할 수도 있습니다.
- 코드에 불변성을 도입하는 것은 반드시 '전부'를 또는 '아무것도 아닌 것' 중 하나를 선택하는 것이 아닙니다. 일반적인 불변성의 원칙을 기존 코드에 점진적으로 적용하여 상태와 관련 버그를 줄이고 리팩터링 작업을 더 쉽게 할 수 있습니다.

CHAPTER 05

레코드

자바 14에서는 미리보기[1] 기능으로 새로운 데이터 타입인 **레코드**record를 소개했으며, 이후 두 번의 릴리스를 거치며 최종 버전으로 출시되었습니다. 레코드는 단순히 일반적인 자바 타입이나 기술을 의미하는 것이 아니라, 간단한 구문으로도 다양한 형태의 데이터를 집계할 수 있는 완전히 새로운 기능입니다.

5.1 데이터 집계 유형

일반적인 관점에서 **데이터 집계**data aggregation는 다양한 소스로부터 데이터를 수집하고 의도한 목적에 부합하도록 표현하는 과정입니다. 가장 잘 알려진 데이터 집계 유형으로는 **튜플**tuple이 있습니다.

5.1.1 튜플

수학적으로, 튜플tuple은 '요소element의 유한하며 순서가 있는 집합'입니다. 프로그래밍 언어에

1 JDK의 미리보기 기능은 디자인, 사양, 구현이 완료되었지만 영구적이지 않은 기능입니다. 이는 커뮤니티로부터 피드백을 수용하여 더욱 발전시키기 위함이며, 향후 릴리스에서 다른 형태로 제공되거나 사라질 수 있습니다.

서의 튜플은 여러 값 또는 객체를 모은 자료 구조를 말합니다.

튜플에는 두 가지 종류가 있습니다. **구조적 튜플**structural tuple은 요소들의 순서에만 의존하므로 인덱스를 통해서만 접근이 가능합니다. 다음의 파이썬[2] 코드를 통해 확인할 수 있습니다.

```
apple = ("apple", "green")
banana = ("banana", "yellow")
cherry = ("cherry", "red")

fruits = [apple, banana, cherry]

for fruit in fruits:
  print "The", fruit[0], "is", fruit[1]
```

명목상 튜플nominal tuple은 데이터에 접근하기 위한 방법으로 인덱스를 사용하지 않고 컴포넌트명을 사용합니다. 다음의 스위프트 코드에서 확인할 수 있습니다.

```
typealias Fruit = (name: String, color: String)

let fruits: [Fruit] = [
  (name: "apple", color: "green"),
  (name: "banana", color: "yellow"),
  (name: "cherry", color: "red")]

for fruit in fruits {
  println("The \(fruit.name) is \(fruit.color)")
}
```

레코드가 제공하는 기능을 설명하기 위해 먼저 전통적인 POJO를 불변 객체로 만드는 과정을 살펴보겠습니다. 그리고 레코드를 사용하여 동일한 기능을 구현해보도록 하겠습니다.

2 파이썬에는 여러 시퀀스 기반 유형을 가지고 있으며 문서(*https://oreil.ly/Taf1Y*)를 통해 자세하게 확인할 수 있습니다.

5.1.2 간단한 POJO

먼저 레코드가 제공하는 기능을 더 잘 파악하기 위해 자바의 데이터 집계에서의 레코드가 되기 이전의 상태를 살펴보겠습니다. 예를 들어, 간단히 'user' 클래스를 전통적인 POJO로 만들고, '불변의' POJO로 개선한 뒤에 레코드로 만들어보겠습니다. [예제 5-1]에서 볼 수 있듯이 사용자 이름, 사용 여부, 마지막으로 로그인한 시간과 보일러플레이트boilerplate[3]가 포함됩니다.

예제 5-1 간단한 User POJO

```
public final class User {
  private String username;
  private boolean active;
  private LocalDateTime lastLogin;

  public User() { } ❶

  public User(String username,
              boolean active,
              LocalDateTime lastLogin) { ❶
    this.username = username;
    this.active = active;
    this.lastLogin = lastLogin;
  }

  public String getUsername() { ❷
    return this.username;
  }

  public void setUsername(String username) { ❸
    this.username = username;
  }
```

3 옮긴이_ 보일러플레이트는 컴퓨터 프로그래밍에서 상용구 코드를 뜻하며, 대표적으로는 자바에서 클래스의 getter, setter, toString 메서드 등이 있습니다.

```
public boolean isActive() { ❷
  return this.active;
}

public void setActive(boolean active) { ❸
  this.active = active;
}

public LocalDateTime getLastLogin() { ❷
  return this.lastLogin;
}

public void setLastLogin(LocalDateTime lastLogin) { ❸
  this.lastLogin = lastLogin;
}

@Override
public int hashCode() { ❹
  return Objects.hash(this.username, this.active, this.lastLogin);
}

@Override
public boolean equals(Object obj) { ❺
  if (this == obj) {
    return true;
  }

  if (obj == null || getClass() != obj.getClass()) {
    return false;
  }

  User other = (User) obj;
  return Objects.equals(this.username, other.username)
         && this.active = = other.active
```

```
            && Objects.equals(this.lastLogin, other.lastLogin);
    }

    @Override
    public String toString() { ❺
        return new StringBuilder().append("User [username=")
                                  .append(this.username)
                                  .append(", active=")
                                  .append(this.active)
                                  .append(", lastLogin=")
                                  .append(this.lastLogin)
                                  .append("]").toString();
    }
}
```

❶ 생성자 정의가 필수는 아니지만 편의를 위해 추가했습니다. 만약 인수를 갖는 생성자가 있다면 반드시 빈 인수를 갖는 생성자도 정의해야 합니다.

❷ 일반적으로 POJO는 전역 변수 대신에 getter 메서드를 사용합니다.

❸ User 클래스의 데이터는 setter 메서드를 통해 변경 가능합니다.

❹ hashcode와 equals 메서드는 유형에 따라 개별적으로 작성해야 하며, 변경 사항이 생기는 경우에는 두 메서드를 모두 수정해야 합니다.

❺ toString 메서드는 반드시 필요한 것은 아니지만 편의를 위해 추가했습니다. 다른 메서드들과 마찬가지로 유형이 변경될 때마다 수정해야 합니다.

자바에서 가장 불편한 점은 기본적인 작업을 수행하려면 형식적인 코드가 과도하게 많이 필요하다는 것입니다. 실제로 3개의 데이터 필드를 갖는 클래스를 작성할 때도 빈 라인과 중괄호를 포함하여 무려 70줄 이상이 사용됩니다.

이제 불변 POJO로 개선해보도록 하겠습니다.

5.1.3 불변 POJO 만들기

User POJO를 불변하게 만들면 더 이상 setter 메서드가 필요하지 않아서 보일러플레이트 코드가 약간 줄어듭니다. 이는 [예시 5-2]에서 볼 수 있습니다.

예제 5-2 간단한 불변 User 타입

```
public final class User {
  private final String username; ❶
  private final boolean active;
  private final LocalDateTime lastLogin;

  public User(String username,
              boolean active,
              LocalDateTime lastLogin) { ❷
    this.username = username;
    this.active = active;
    this.lastLogin = lastLogin;
  }

  public String getUsername() { ❸
    return this.username;
  }

  public boolean isActive() { ❸
    return this.active;
  }

  public LocalDateTime getLastLogin() { ❸
    return this.lastLogin;
  }

  @Override
  public int hashCode() { ❹
    // 변경되지 않음
```

```
    }

    @Override
    public boolean equals(Object obj) { ❹
      // 변경되지 않음
    }

    @Override
    public String toString() { ❹
      // 변경되지 않음
    }
}
```

❶ setter 메서드 없이 필드들이 선언되었습니다.

❷ 필드는 반드시 객체가 생성될 때 선언되어야 하므로, 완전한 '통과' 생성자만 사용 가능합니다.[4]

❸ getter 메서드는 변경 불가능한 상태로 유지됩니다.

❹ 부가적으로 생성된 메서드는 변경되지 않습니다.

타입을 변형할 수 없게 하면 setter 메서드와 빈 생성자 코드를 작성하지 않아도 되지만, 그 외의 모든 코드는 여전히 필요합니다. 추가 기능이 거의 없는 3개의 필드를 보유하기 위해서 여전히 많은 양의 코드가 필요합니다. 물론 불필요한 코드를 제거하고 3개의 public final 필드와 생성자만 가진 간단한 클래스를 사용할 수도 있습니다. 요구 사항에 따라서 이러한 방법이 충분할 수도 있지만, 동등성equality 비교, Set 또는 HashMap에서 사용할 수 있는 올바른 해시코드 생성, 적절한 toString 출력 기능 등은 모두 필요한 기능들입니다.

5.1.4 POJO를 레코드로 만들기

마지막으로 레코드를 활용하여 보다 더 많은 기능을 제공하지만 더 쉽고 간단한 버전을 알아

4 옮긴이_ 클래스의 생성자가 다른 생성자를 호출하는 경우, 이 생성자가 전달 받은 인수들을 다른 생성자에게 그대로 전달하면서 중복 코드를 최소화할 수 있는 방법 중 하나입니다.

보겠습니다.

```
public record User(String username,
                   boolean active,
                   LocalDateTime lastLogin) {
  // 바디 생략
}
```

User 레코드는 불변 POJO와 동일한 기능을 갖추고 있습니다. 어떻게 하면 이렇게 적은 양의 코드로 많은 일을 처리할 수 있는지에 대해서는 이어지는 절에서 자세하게 설명하겠습니다.

5.2 도움을 주기 위한 레코드

레코드는 명목상 튜플과 같이 이름으로 데이터 컴포넌트에 접근하는 단순한 데이터 집계 타입을 정의하는 방법입니다. 레코드는 명목상 튜플과 마찬가지로, 순서대로 정렬된 값의 시퀀스를 집계하여 인덱스 대신 이름을 통해 데이터에 접근할 수 있습니다. 다른 데이터 클래스들이 가지고 있는 전형적인 보일러플레이트 코드는 일반적인 접근자와 데이터를 다루는 equals, hashCode와 같은 메서드를 생성함으로써 대폭 줄어들었습니다. JEP 395[5]의 최종 버전에서는 '보일러플레이트와의 전쟁'이 목표가 아니라고 언급했지만, 레코드의 등장으로 불필요한 보일러플레이트를 줄일 수 있게 되었습니다.

'일반plain' 데이터 집계 유형은 다른 옵션에 비해 누락된 기능들이 있습니다. 이번 절에서는 누락된 기능과 이를 완화하는 방법에 대해 다루고, 레코드를 데이터 집계 솔루션으로 활용하는 방법을 소개하겠습니다.

4.3.8절에서 볼 수 있듯이, 레코드는 다른 클래스 및 열거형enum과 구분하기 위해 새로운 키

5 https://oreil.ly/ftGGN

워드인 record를 사용합니다. 데이터 컴포넌트는 레코드의 이름 바로 다음에 생성자나 메서드 인수처럼 선언할 수 있습니다.

```
public record User(String username,
                   boolean active,
                   LocalDateTime lastLogin) {
  // 바디 생략
}
```

레코드의 일반적인 구문은 두 가지로 나뉩니다. 첫 번째는 다른 유형과 동일한 속성을 정의하는 **헤더**header이고, 두 번째는 추가 생성자와 메서드를 지원하기 위한 **바디**body로 구분됩니다.

```
// 헤더
[visibility] record [Name][<optional generic types>]([data components]) {
  // 바디
}
```

헤더는 클래스나 인터페이스의 헤더와 유사하며, 다음과 같은 구성 요소로 이루어져 있습니다.

가시성visibility

class, enum, interface의 정의와 마찬가지로, 레코드는 자바의 접근 제한자 키워드(public, private, protected)를 지원합니다.

record 키워드record keyword

record 키워드는 헤더를 다른 타입의 class, enum, interface와 구분합니다.

이름 name

네이밍 규칙은 **자바 언어 명세서** Java Language Specification (JLS)에 정의된 다른 식별자와 동일합니다.[6]

제네릭 타입 generic type

제네릭 타입은 자바에서의 다른 타입과 마찬가지로 지원됩니다.

데이터 컴포넌트 data component

이름 다음에는 레코드의 컴포넌트를 포함하는 한 쌍의 괄호가 따릅니다. 각 컴포넌트는 내부적으로 `private final` 필드와 `public` 접근자 메서드로 변환되며, 컴포넌트 목록은 레코드의 생성자를 통해 확인할 수 있습니다.

바디 body

다른 `class`나 `interface`처럼 레코드도 일반적인 자바 바디를 가질 수 있습니다.

컴파일러에 의해 한 줄의 코드가 [예제 5-2]와 유사한 클래스로 변환합니다. 이 클래스는 `java.lang.Object`가 아닌 `java.lang.Record`를 명시적으로 상속합니다. 이는 열거형이 `java.lang.Enum`을 상속하는 방식과 유사합니다.

5.2.1 내부 동작

레코드를 활용하면 부가적으로 코드를 작성하지 않아도 생성된 클래스가 제공하는 다양한 기능을 활용할 수 있습니다. 실제로 어떻게 동작되는지 더 자세히 살펴보겠습니다.

---

6 자바에 대한 식별자 정의는 *https://oreil.ly/zjrfS*의 '3.8. Identifiers'를 참고하세요.

JDK에는 javap 명령어를 통해 .class 파일을 디스어셈블하여 자바 코드를 바이트 코드로 확인할 수 있습니다. 이를 통해 데이터 집계 유형에서 POJO의 레코드 버전과, User 타입의 실제 차이를 쉽게 비교할 수 있습니다. 두 가지 결과의 차이점은 [예제 5-3]에서 확인할 수 있습니다.

예제 5-3 디스어셈블된 User.class POJO와 레코드 비교하기

```
// 불변 POJO
public final class User {
  public User(java.lang.String, boolean, java.time.LocalDateTime);
  public java.lang.String getUsername();
  public boolean isActive();
  public java.time.LocalDateTime getLastLogin();

  public int hashCode();
  public boolean equals(java.lang.Object);
  public java.lang.String toString();
}

// 레코드
public final class User extends java.lang.Record {
  public User(java.lang.String, boolean, java.time.LocalDateTime);
  public java.lang.String username();
  public boolean active();
  public java.time.LocalDateTime lastLogin();

  public final int hashCode();
  public final boolean equals(java.lang.Object);
  public final java.lang.String toString();
}
```

위 예제에서 볼 수 있듯이 접근자 메서드의 차이만 있을 뿐, 결과적으로 두 클래스는 기능적으로 동일합니다. 이런 메서드들이 어디서 나온 것일까요? 이것이 바로 레코드의 '마법magic'

입니다. 레코드는 필요에 따라 코드를 더 작성하지 않고도 완전한 데이터 집계 유형을 제공합니다.

5.2.2 레코드의 특징

레코드는 특별히 보장된 속성들과 명확하게 정의된 동작들을 마치 '마법처럼automagically'[7] 제공합니다. 이로 인해 반복적으로 보일러플레이트를 작성할 필요 없이 효율적인 기능을 제공할 수 있도록 하며, 데이터 집계자로써의 역할을 합니다.

- 컴포넌트 접근자
- 세 가지 종류의 생성자
- 객체 식별 및 설명 메서드

레코드 선언 외에 추가적인 코드 없이 많은 기능이 제공됩니다. 누락된 부분은 필요에 따라 이러한 기능을 확장하거나 재정의하여 해결할 수 있습니다.

이제 레코드의 자동 기능과 제네릭, 어노테이션annotation, 리플렉션reflection이 어떻게 사용되는지 살펴보겠습니다.

컴포넌트 접근자

모든 레코드 컴포넌트는 `private` 필드로 저장되며, 레코드 내부에서는 필드에 직접적으로 접근할 수 있습니다. 그러나 외부에서는 `public` 접근자 메서드를 통해서만 접근 가능합니다. 이 접근자 메서드의 이름은 일반적인 **getter**의 접두사인 `get` 없이 해당 컴포넌트의 이름과 일치합니다. 아래의 코드 예제에서 확인할 수 있습니다.

---

7 사용자에게 공개되지 않고 자동으로 구현되는 과정을 마법과 같다고 묘사했습니다. 레코드는 어노테이션 프로세서나 컴파일러 플러그인과 같은 추가 도구 없이도 자동으로 기능을 제공합니다.

```java
public record User(String username,
                   boolean active,
                   LocalDateTime lastLogin) {
    // 바디 생략
}

var user = new User("ben", true, LocalDateTime.now());

var username = user.username();
```

접근자 메서드는 해당 필드의 값을 그대로 반환합니다. 접근자 메서드를 재정의할 수 있지만, 다음 코드처럼 작성하는 것은 추천하지 않습니다.

```java
public record User(String username,
                   boolean active,
                   LocalDateTime lastLogin) {

  @Override
  public String username() {
    if (this.username == null) {
      return "n/a";
    }

    return this.username;
  }
}

var user = new User(null, true, LocalDateTime.now());

var username = user.username();
// => "n/a"
```

레코드는 불변한 데이터를 보관하도록 설계되었습니다. 따라서 그 데이터에 접근하면서 어떠한 처리나 판단을 하는 것은 코드 스멜code smell로 간주될 수 있습니다. 레코드가 생성될 때 그 데이터는 이미 정의되어 있어야 하며 유효성 검증이나 기타 로직을 통한 데이터 조작은 이어서 살펴보겠습니다.

표준, 간결, 사용자 정의 생성자

레코드의 각 컴포넌트에 따라 자동으로 생성되는 생성자를 **표준 생성자**canonical constructor라고 부릅니다. 레코드의 컴포넌트들은 그대로 해당 필드에 매칭되어 할당됩니다. 컴포넌트에 대한 접근자 메서드와 마찬가지로, 기본 생성자는 입력값의 유효성을 검사하거나 필요에 따라 데이터를 약간 조정하기 위해 재정의될 수 있습니다.

```
public record User(String username,
                   boolean active,
                   LocalDateTime lastLogin) {

  public User(String username,
              boolean active,
              LocalDateTime lastLogin) {

    Objects.requireNonNull(username);
    Objects.requireNonNull(lastLogin);

    this.username = username;
    this.active = active;
    this.lastLogin = lastLogin;
  }
}
```

실제로 두 개의 null 검사를 수행하기 위해 생성자 시그니처를 다시 선언하고, 보이지 않는 필드[8]에 컴포넌트를 할당하는 등 추가로 많은 코드를 작성해야 합니다.

8 옮긴이_ 보이지 않는 필드(invisible field)란, 일반적으로 접근할 수 없거나 클래스 외부에서 볼 수 없는 필드를 의미합니다. 예를 들어

하지만 다행히도, **간결하게**compact 디자인된 특별한 형태가 제공됩니다. 이는 아래 예제에서도 확인할 수 있는데, 이 형태를 사용하면 불필요한 보일러플레이트 코드를 반복하여 작성할 필요가 없습니다.

```
public record User(String username,
                   boolean active,
                   LocalDateTime lastLogin) {

  public User { ❶
    Objects.requireNonNull(username);
    Objects.requireNonNull(lastLogin);
    username = username.toLowerCase(); ❷

      ❸
  }
}
```

❶ 생성자에서는 괄호를 포함하여 모든 인수를 생략합니다.

❷ 컴팩트 생성자에서는 직접 필드에 값을 할당할 수 없지만, 할당되기 전에 데이터를 사용자 정의하거나 정규화하는 것은 가능합니다.

❸ 각 컴포넌트는 자동으로 해당 필드에 매핑되기 때문에 코드가 추가로 필요하지 않습니다.

처음에는 괄호를 포함한 모든 인수를 생략하기 때문에 문법이 조금 특이하게 느껴질 수 있습니다. 그러나 이렇게 하면 인수가 없는 생성자와 명확하게 구분할 수 있습니다.

컴팩트 생성자는 유효성 검사를 수행하기에 완벽한 지점입니다. 이 내용은 5장의 '레코드 유효성 검사 및 데이터 정제'에서 자세히 설명하겠습니다.

클래스와 마찬가지로 추가 생성자를 선언할 수 있습니다. 하지만 모든 사용자 정의 생성자는 첫 번째 구문을 통해 표준 생성자를 명시적으로 호출해야 합니다. 이는 클래스와 비교했을

외부에 노출되지 않는 private 필드가 있습니다.

때 꽤 제한적인 요구 사항처럼 보이지만 5장의 '컴포넌트의 기본값과 컴팩트 생성자'에서 다룰 중요한 기능을 제공하기 위한 것입니다.

객체 식별과 설명

레코드는 데이터 동등성을 기반으로 하는 hashCode와 equals 메서드의 '표준standard' 구현을 제공합니다. 2개의 객체 식별 메서드를 명시적으로 구현하지 않으면 레코드의 컴포넌트가 변경되더라도 코드를 업데이트할 필요가 없습니다. 레코드 타입의 두 인스턴스는 컴포넌트의 데이터가 동일하면 동일하다고 간주됩니다.

객체 설명 메서드 toString() 역시 컴포넌트에서 자동 생성되며, 합리적으로 기본 출력 기능을 제공합니다.

```
User[username=ben, active=true, lastLogin=2023-01-11T13:32:16.727249646]
```

객체 식별 및 설명 메서드도 컴포넌트 접근자, 생성자와 마찬가지로 재정의할 수 있습니다.

제네릭

레코드는 일반적인 규칙을 따르는 제네릭generic을 지원합니다.

```
public record Container<T>(T content, String identifier) {
  // 바디 생략
}

Container<String> stringContainer = new Container<>("hello, String!",
                                                    "a String container");
String content = stringContainer.content();
```

개인적으로는 제네릭 레코드를 과도하게 사용하는 것을 권장하지 않습니다. 도메인 모델을 더 정확하게 나타내는 구체적인 레코드를 사용하면 표현력이 더 높아지고, 실수로 오용하는 경우를 줄일 수 있습니다.

어노테이션

레코드의 컴포넌트에 어노테이션annotation을 사용할 경우 여러분의 예상과는 조금 다른 동작을 보일 수 있습니다.

```
public record User(@NonNull String username,
                   boolean active,
                   LocalDateTime lastLogin) {
  // 바디 생략
}
```

처음에는 username이 매개변수처럼 보이므로, ElementType.PARAMETER와 관련된 어노테이션만 가능해야 한다는 합리적인 결론을 내릴 수 있습니다.[9] 하지만 레코드와 자동으로 생성되는 필드, 컴포넌트 접근자로 인해 추가적인 고려 사항이 필요합니다. 어노테이션을 지원하기 위해서 대상 **필드**(FIELD), **파라미터**(PARAMETER) 또는 **메서드**(METHOD)가 있는 어노테이션은 컴포넌트에 적용되는 경우 해당 위치로 전파됩니다.

기존 대상 외에도, 레코드에서 더 세밀한 어노테이션을 제어하기 위해 ElementType.RECORD_COMPONENT가 새롭게 도입되었습니다.

리플렉션

자바 16에서는 기존의 리플렉션 기능을 보완하기 위해 java.lang.Class에 getRecordComponents 메서드를 추가했습니다. 레코드 기반 타입의 경우 이 호출은 java.lang.reflect.

9 일반적인 어노테이션에 대해 더 알고 싶거나 어떻게 사용하는지 학습하고 싶다면 필자가 작성한 'Java Annotations Explained (https://oreil.ly/GHWWC)'을 참고하세요.

RecordComponent 객체의 배열을 반환하며 다른 타입의 Class에 대해서는 null을 반환합니다. 이 컴포넌트들은 레코드 헤더에 선언된 순서대로 반환되며, 레코드 클래스의 getDeclaredConstructors 메서드를 통해 표준 생성자를 찾을 수 있도록 합니다.

5.2.3 누락된 기능

레코드는 단순하고 투명하며 얕은 **불변성을 가진 데이터 수집기**immutable data aggregator입니다. 레코드 정의 외에 어떠한 코드도 작성하지 않고도 다양한 기능을 제공합니다. 사용 가능한 다른 데이터 수집기와 비교할 때 다음과 같은 기능이 빠져있을 수도 있습니다.

- 추가적인 상태
- 상속
- (간단한) 기본값
- 단계별 생성

이번 절에서는 어떤 기능이 누락되었는지 살펴보고, 이를 완화할 수 있는 방법을 알아봅니다.

추가적인 상태

레코드는 투명한 상태를 나타내는 데이터 집합체로 간주하기 때문에, 불투명한 상태를 추가로 허용하는 기능은 누락되어 있습니다. 그렇기 때문에 바디에 필드가 추가되는 경우에는 컴파일러 오류가 발생합니다.

TIP 레코드의 기본 컴포넌트보다 더 많은 필드가 필요한 경우 레코드가 원하는 자료 구조가 아닐 수 있으며 사용자 정의 POJO가 더 나은 선택일 수 있습니다.

어떤 경우에는 레코드에 새로운 메서드를 추가함으로써 기존 컴포넌트를 기반으로 한 **파생 상태**derived state를 만들 수 있습니다.

```java
public record User(String username,
                   boolean active,
                   LocalDateTime lastLogin) {

  public boolean hasLoggedInAtLeastOnce() {
    return this.lastLogin != null;
  }
}
```

메서드는 필드와는 달리 상태 관리를 하지 않기 때문에 추가될 수 있습니다. 메서드는 private 필드에 접근할 수 있으므로, 컴포넌트 접근자가 재정의된 경우에도 데이터 접근성을 보장합니다. 필드 또는 접근자 중 어떤 것을 선택할지에 대해서는 여러분이 레코드를 어떻게 설계하는지와 개인의 선호도에 따라 결정됩니다.

상속

레코드는 이미 내부적으로 java.lang.Record를 상속한 final 타입입니다. [예제 5-3]에서 본 것처럼, 자바는 하나 이상의 타입을 상속할 수 없기 때문에 레코드는 상속을 사용할 수 없습니다. 그렇다고 해서 레코드가 인터페이스를 구현할 수 없다는 의미는 아닙니다. 인터페이스를 사용하여 레코드 템플릿을 정의하고 default 메서드를 통해 공통 기능을 공유할 수 있습니다.

[예제 5-4]에서는 원점과 면적이라는 공통 개념을 가진 여러 도형의 레코드를 만드는 방법을 보여줍니다.

예제 5-4 템플릿으로 레코드와 인터페이스 사용하기

```java
public interface Origin {

  int x(); ❶
  int y(); ❶
```

```
  default String origin() { ❷
    return String.format("(%d/%d)", x(), y());
  }
}

public interface Area {
  float area(); ❸
}

// 인터페이스를 구현한 다양한 레코드 타입
public record Point(int x, int y) implements Origin {
  // 바디 생략
}

public record Rectangle(int x, int y, int width, int height)
  implements Origin, Area {

  public float area() { ❸
    return (float) (width() * height());
  }
}

public record Circle(int x, int y, int radius)
  implements Origin, Area {

  public float area() { ❸
    return (float) Math.PI * radius() * radius();
  }
}
```

❶ 인터페이스는 레코드를 구현하는 컴포넌트를 올바른 이름을 가진 간단한 메서드로 정의합니다.

❷ 공유 기능은 `default` 메서드를 통해 추가됩니다.

❸ 인터페이스의 메서드 시그니처는 어떠한 레코드 타입과도 충돌하지 않아야 합니다.

모든 구현체가 인터페이스 계약을 공유하는 한, 인터페이스와 default 메서드를 통해 동작을 공유하는 것은 간단한 접근 방식일 수 있습니다. 인터페이스는 상속에서 몇 가지 누락된 부분을 제공할 수 있으며, 레코드 간에 복잡한 계층 구조와 상호의존성을 만들고 싶을 수 있습니다. 하지만 이런 식으로 레코드 타입을 설계하면 레코드의 원래 취지인 단순한 데이터 수집기로써의 역할에서 벗어나게 됩니다. 이 예시는 다양한 인터페이스의 가능성을 보다 뚜렷하게 보여주기 위해 과도할 정도로 복잡하게 설계되었습니다. 실제로는 동일한 기능을 구현하기 위해 Origin을 레코드로 설정하고 조합과 추가 생성자를 활용하는 것이 더 자연스럽습니다.

컴포넌트의 기본값과 컴팩트 생성자

자바는 다른 프로그래밍 언어들과는 달리 생성자나 메서드 인수에 대한 기본값을 지원하지 않습니다. 레코드는 모든 요소를 갖는 표준 생성자만을 가지고 있을 뿐이며, 복합 자료 구조에서는 이를 다루기 어려울 수 있습니다. 다음의 [예제 5-5]에서 볼 수 있습니다.

예제 5-5 복합 자료 구조에서의 표준 생성자

```
public record Origin(int x, int y) {
  // 바디 생략
}

public record Rectangle(Origin origin, int width, int height) {
  // 바디 생략
}

var rectangle = new Rectangle(new Origin(23, 42), 300, 400);
```

복합 자료 구조에서 생성자 호출을 더 간결하게 하기 위해, [예제 5-6]과 같이 합리적인 기본값을 갖는 사용자 정의 생성자를 도입할 수 있습니다.

예제 5-6 기본값에 대한 사용자 정의 생성자

```
public record Origin(int x, int y) {
  public Origin() {
    this(0, 0);
  }
}

public record Rectangle(Origin origin, int width, int height) {
  public Rectangle(int x, int y, int width, int height) { ❶
    this(new Origin(x, y), width, height);
  }

  public Rectangle(int width, int height) { ❷
    this(new Origin(), width, height);
  }

  // ...
}

var rectangle = new Rectangle(23, 42, 300, 400);
// => Rectangle[origin=Origin[x=23, y=42], width=300, height=400]
```

❶ 첫 번째 추가된 생성자는 `Origin`의 컴포넌트를 참고하여 `Rectangle`을 더 편리하게 생성하는 방법을 제공합니다.

❷ 두 번째 생성자는 `Origin`을 제공할 필요성을 없애서 편의성을 제공합니다.

자바의 네이밍 규칙에 따라 기본값의 모든 조합이 허용되지 않을 수도 있습니다. 예를 들어 다음 생성자 시그니처를 참고하세요.

```
Rectangle(int x, float width, float height)

Rectangle(int y, float width, float height)
```

두 시그니처는 컴포넌트 이름만 다를 뿐, 타입은 같으므로 동일하게 취급됩니다. 따라서 두 개의 시그니처를 구별할 수 없어서 자바의 오버로딩 규칙에 위배되어 사용할 수 없습니다.

이런 경우 정적 팩토리 메서드를 사용하여 사용자가 원하는 조합을 쉽게 만들 수 있습니다.

```
public record Rectangle(Origin origin, int width, int height) {

  public static Rectangle atX(int x, int width, int height) {
    return new Rectangle(x, 0, width, height);
  }

  public static Rectangle atY(int y, int width, int height) {
    return new Rectangle(0, y, width, height);
  }

  // ...
}

var xOnlyRectangle = Rectangle.atX(23, 300, 400);
// => Rectangle[origin=Origin[x=23, y=0], width=300, height=400]
```

정적 팩토리 메서드는 사용자 정의 생성자보다 더 직관적이며 중복되는 시그니처에 대한 최선의 해결책이 될 수 있습니다.

인수가 없는 생성자의 경우 상수를 활용하는 것이 더 적절합니다.

```
public record Origin(int x, int y) {

    public static Origin ZERO = new Origin(0, 0);
}
```

첫째, 의미 있는 상수 이름을 사용하면 코드가 더 명확하게 보입니다. 둘째, 단 하나의 인스턴스만 생성되고, 기본 자료 구조는 불변하므로 어디서든 그 상수는 동일하게 유지됩니다.

단계별 생성

불변 자료 구조에서는 '하프 초기화half-initialized'[10] 상태의 객체가 없습니다. 모든 자료 구조가 동시에 초기화되는 것은 아닙니다. 이런 상황에서는 변경 가능한 자료 구조 대신 **빌더 패턴**builder pattern을 활용하여 변경 가능한 중간 단계의 변수를 사용하고, 최종적으로는 불변한 결과를 생성할 수 있습니다. 빌더 패턴은 원래 객체 지향 프로그래밍에서 자주 발생하는 객체 생성 문제의 해결책으로 등장했지만, 함수형 접근 방식을 강조하는 자바 환경에서도 불변 자료 구조를 효과적으로 생성하는 데 큰 도움이 됩니다.

빌더 디자인 패턴

빌더 디자인 패턴builder design pattern은 'Gang of Four'로 알려진 에릭 감마Erich Gamma, 리차드 헬름Richard Helm, 랄프 존슨Ralph Johnson, 존 블리사이드스John Vlissides에 의해 저술된 『GoF의 디자인 패턴』(프로텍미디어, 2015)에서 소개되었습니다.

이 디자인 패턴은 복잡한 자료 구조의 빌드 과정과 자료 구조의 표현을 분리하여, 유연하게 자료 구조를 설계하는 것을 목표로 합니다.

이 패턴의 가장 큰 장점은 필요한 데이터가 준비될 때까지 처리를 연기하여, 단계적으로 자료 구조를 설계할 수 있다는 점입니다. 또한 모든 클래스나 모듈, 함수가 하나의 명확한 목적과 책임을 가져야 한다는 객체 지향 설계의 **단일 책임 원칙**single responsibility principle[11]에도 부합합니다. 여기서 빌더 클래스는 복잡한 자료 구조를 생성하는 것만을 담당하며, 구조 자체는 데이터의 표현하는 것에만 집중합니다.

자료 구조의 생성과 표현을 명확하게 구분함으로써 자료 구조를 가능한 한 단순하게 유지할

10 옮긴이_ 하프 초기화(half-initialized) 상태란 일반적으로 객체나 시스템이 완벽하게 초기화되지 않은 상태를 가리킵니다. 예를 들어 객체의 필수 속성이나 변수 중 일부가 아직 할당되지 않은 경우가 있습니다.

11 단일 책임 원칙은 객체 지향 프로그래밍의 SOLID 중 첫 번째 원칙입니다. 이 다섯 가지 원칙은 객체 지향 설계를 한층 더 유연하고, 유지보수 하기 쉬우며, 간단하게 만들기 위해 존재합니다.

수 있습니다. 이로 인해 이 패턴은 레코드와 매우 잘 어울립니다. 필요한 로직이나 유효성 검사는 (멀티스텝) 빌더로 캡슐화됩니다.

이전에 사용했던 User 레코드는 [예제 5-7]과 같이 간단한 빌더로 보완될 수 있습니다.

예제 5-7 User 빌더

```
public final class UserBuilder {

  private final String username;
  private boolean active;
  private LocalDateTime lastLogin;

  public UserBuilder(String username) {
    this.username = username;
    this.active = true;  ❶
  }

  public UserBuilder active(boolean isActive) {  ❷
    if (this.active == false) {  ❸
      throw new IllegalArgumentException();
    }

    this.active = isActive;
    return this;  ❹
  }

  public UserBuilder lastLogin(LocalDateTime lastLogin) {  ❺
    this.lastLogin = lastLogin;
    return this;
  }

  public User build() {  ❻
    return new User(this.username, this.active, this.lastLogin);
  }
```

```
}

var builder = new UserBuilder("ben").active(false) ❼
                                    .lastLogin(LocalDateTime.now());

// ...

var user = builder.build(); ❽
```

❶ 명시적인 기본값을 통해 생성에 필요한 코드를 간결하게 만들 수 있습니다.

❷ 생성 중에 변경될 수 있는 필드는 setter와 유사한 방식의 메서드가 필요합니다.

❸ 유효성 검사 로직은 특정 setter와 유사한 메서드에 바인딩되어 있으며, 어떠한 생성자에도 중복되지 않습니다.

❹ this를 반환하면 빌더에 대한 유연한 API가 생성됩니다.

❺ Optional 필드는 명시적인 타입을 사용할 수 있고 build 메서드 호출 중에만 Optional로 변경될 수 있습니다.

❻ 빌드가 완료되면 build 메서드를 통해 실제 불변인 User 레코드가 생성됩니다. 일반적으로 빌더는 필요에 따라 유효성 검사를 수행합니다.

❼ 빌드 프로세스는 자연스럽게 진행되며 빌더를 다른 변수처럼 전달할 수 있습니다.

❽ 마지막으로 build 메서드를 호출하여 불변 객체를 완성합니다.

[예제 5-8]처럼 해당 타입 내부에 빌더 클래스를 정적 중첩 클래스로 직접 배치하는 것이 타입과 빌더간의 결합성을 강화하는 좋은 방법입니다.

예제 5-8 중첩 빌더

```
public record User(long id,
                   String username,
                   boolean active,
                   Optional<LocalDateTime> lastLogin) {

  public static final class Builder {
```

```
    // ...
  }
}

var builder = new User.Builder("ben");
```

레코드를 사용하여 간결성과 불변성을 추구하면서도, 빌더의 복잡성을 도입하는 것은 모순적으로 보일 수 있습니다. 왜 굳이 완전한 빈bean을 사용하지 않고 이런 방법을 사용할까요? 그 이유는 바로 빌더의 복잡성을 갖더라도 데이터의 생성과 사용은 서로 독립적이기 때문입니다. 빌더가 없어도 여전히 레코드를 사용할 수 있지만 빌더는 레코드 인스턴스를 더 다양하고 유연하게 생성하는 방법들을 제공합니다.

5.3 사용 사례와 일반적인 관행

레코드는 반복적인 코드를 크게 줄여주며, 몇 가지 추가 기능을 통해 더 유연하고 효과적으로 사용할 수 있습니다.

5.3.1 레코드 유효성 검사 및 데이터 정제

5장의 '표준, 간결, 사용자 정의 생성자'에서 언급된 것처럼, 레코드는 일반적인 생성자와 달리 **컴팩트 생성자**compact constructor를 지원합니다. 해당 생성자는 표준 생성자의 모든 컴포넌트에 접근할 수 있지만, 별도의 인수가 필요하지 않습니다. 이를 통해 초기화 과정에 요구되는 추가적인 코드를 배치할 수 있으며, 이는 유효성 검사 및 데이터 정제 로직을 넣기에 이상적입니다.

```
public record NeedsValidation(int x, int y) {
```

```
  public NeedsValidation {
    if (x < y) {
      throw new IllegalArgumentException("x must be equal or greater than y");
    }
  }
}
```

예외를 발생시키는 것도 한 방법이지만, 다른 선택으로는 데이터를 **정제**scrub하고, 적절한 값을 조정하여 유효한 레코드를 만드는 것도 가능합니다.

```
public record Time(int minutes, int seconds) {

  public Time {
    if (seconds >= 60) {
      int additionalMinutes = seconds / 60;
      minutes += additionalMinutes;
      seconds -= additionalMinutes * 60;
    }
  }
}

var time = new Time(12, 67);
// => Time[minutes=13, seconds=7]
```

데이터 범위를 초과하는 값을 정규화하는 등의 특정 로직을 레코드 내부로 이동시키면, 원본 데이터에 상관 없이 일관된 데이터 표현을 확보할 수 있습니다. 또 다른 방법으로는 데이터 정제를 미리 요구하고, 레코드가 적절한 예외를 처리하는 등 엄격한 유효성 검사만을 수행하도록 제한하는 것입니다.

빈 API를 활용한 레코드 검증

레코드의 또 다른 유효성 검사 방법은 **빈 검증 API**Bean Validation API(JSR-380[12])입니다. 레코드는 기술적으로 JavaBean이 아니지만, 기존의 유효성 검증 개념을 활용하여 큰 이점을 얻을 수 있습니다. 빈 검증 API는 `@NonNull`, `@Positive` 등과 같은 다양한 어노테이션을 통해 제약 조건을 명시하고 검증하는 도구를 제공합니다.

JSR-380 호환 제약 조건을 구현하려면 프로젝트에 여러 종속성을 추가해야 합니다. 그렇지만 검증은 자동으로 수행되지 않습니다. 이러한 문제를 해결하기 위해 종종 바이트 코드 수정이 필요합니다. 빈 검증 API를 사용하는 방법의 세부 사항은 이 책의 범위를 벗어나지만, 공식 Java Magazine에는 JSR-380을 이용한 기초적인 레코드 검증 구현에 대한 훌륭한 글[13]이 있습니다.

5.3.2 불변성 강화

4장의 '불변 컬렉션'에서는 컬렉션의 얕은 불변성shallow immutability 문제에 대해 다루었습니다. 얕은 불변성 자료 구조는 외부적으로 변경이 불가능한 참조를 갖지만, 실제로 참조하는 데이터는 여전히 변경 가능합니다. 본질적으로 불변이 아닌 레코드 컴포넌트에도 예기치 않은 변경과 같은 기본적인 문제들을 고려해야 합니다. 레코드 컴포넌트에서 변경 가능성을 줄이는 간단한 방법은 해당 컴포넌트를 복사하거나 래핑하여 불변성 수준을 강화하는 것입니다.

표준 생성자를 이용하면 컴포넌트의 불변 복사본을 만들 수 있습니다.

```
public record IncreaseImmutability(List<String> values) {

  public IncreaseImmutability {
    values = Collections.unmodifiableList(values);
```

12 *https://oreil.ly/fBVJy*

13 *https://oreil.ly/W8hVy*

```
    }
}
```

Collections.unmodifiableList는 원본 리스트에 대한 메모리를 효율적으로 활용하면서도 변경 불가능한 뷰를 생성합니다. 이를 통해 레코드의 컴포넌트를 변경하는 것을 방지할 수 있으나, 원본 참조를 통한 기본 리스트의 변경은 제어할 수 없습니다. 자바 10 이후의 List.copyOf(Collection<? extends E> coll)를 활용하면 원본 참조와는 독립적인 복사본을 만들어 더욱 강화된 불변성을 보장할 수 있습니다.

5.3.3 변형된 복사본 생성

레코드 선언은 꽤 간결하지만 JDK의 도움 없이 변형된 복사본을 생성하기 위해서는 수작업이 필요합니다.

완전히 수동 작업을 하길 원치 않는다면 변형된 복사본을 생성하는 다양한 방법들이 존재합니다.

- wither 메서드
- 빌더 패턴builder pattern
- 도구 지원 빌더tool-assisted builder

wither 메서드

wither 메서드는 with[컴포넌트 이름]([타입] 값)와 같은 형식의 네이밍 규칙을 따릅니다. 이들은 일반적인 setter와 유사하지만 기존 인스턴스를 변경하는 대신 새 인스턴스를 반환합니다.

```
public record Point(int x, int y) {

  public Point withX(int newX) {
    return new Point(newX, y());
  }

  public Point withY(int newY) {
    return new Point(x(), newY);
  }
}

var point = new Point(23, 42);
// => Point[x=23, y=42]

var newPoint = point.withX(5);
// => Point[x=5, y=42]
```

중첩 레코드는 원래 레코드에서 변경 로직을 깔끔하게 분리하는 데 유용합니다.

```
public record Point(int x, int y) {

  public With with() {
    return new With(this);
  }

  public record With(Point source) {

    public Point x(int x) {
      return new Point(x, source.y());
    }

    public Point y(int y) {
      return new Point(source.x(), y);
    }
```

```
  }
}

var sourcePoint = new Point(23, 42);
// => Point[x=23, y=42]

var modifiedPoint = sourcePoint.with().x(5);
// => Point[x=5, y=42]
```

기본 레코드에는 하나의 추가 메서드만 있고 모든 mutator/copy 메서드는 with 타입으로 캡슐화됩니다.

wither 메서드의 한계는 5장의 '컴포넌트의 기본값과 컴팩트 생성자'에서 설명한 것처럼, 각 컴포넌트마다 메서드를 작성해야 한다는 점입니다. 코드는 일반적인 시나리오에 초점을 맞추는 것이 바람직하며, 필요에 따라서 새로운 메서드를 추가하는 것을 권장합니다.

빌더 패턴

5장의 '단계별 생성'에서 소개된 빌더 패턴은 복제 생성자를 도입하여 변경을 보다 쉽게 관리할 수 있습니다. 이러한 생성자를 사용하고 기존 레코드로 빌더를 초기화한 후, 필요한 변경을 수행하고 새로운 레코드를 생성할 수 있습니다.

```
public record Point(int x, int y) {

  public static final class Builder {

    private int x;
    private int y;

    public Builder(Point point) {
      this.x = point.x();
      this.y = point.y();
```

```
    }

    public Builder x(int x) {
      this.x = x;
      return this;
    }

    public Builder y(int y) {
      this.y = y;
      return this;
    }

    public Point build() {
      return new Point(this.x, this.y);
    }
  }
}

var original = new Point(23, 42);
// => Point[x=23, y=42]

var updated = new Point.Builder(original)
                        .x(5)
                        .build();
// => Point[x=5, y=42]
```

이 방식은 wither 메서드와 유사한 문제점을 가지고 있습니다. 컴포넌트와 레코드 복제에 필요한 코드 사이에 강한 응집도로 인하여 리팩터링이 어려워집니다. 이를 완화하기 위해 도구 지원 접근법tool-assisted approach을 사용할 수 있습니다.

도구 지원 빌더

레코드가 변경될 때마다 빌더 클래스를 매번 업데이트하는 수고를 덜기 위해, 어노테이션 프로세서를 활용하는 방법이 있습니다. RecordBuilder[14] 같은 도구를 활용하면 다양한 레코드에 대한 빌더를 편리하게 생성할 수 있고, 사용자는 단순히 어노테이션만 추가하면 됩니다.

```
@RecordBuilder
public record Point(int x, int y) {
  // 바디 생략
}

// 일반 빌더
var original = PointBuilder.builder()
                           .x(5)
                           .y(23)
                           .build();
// => Point[x=5, y=23]

// 복사 빌더
var modified = PointBuilder.builder(original)
                           .x(12)
                           .build();
// => Point[x=12, y=23]
```

레코드 컴포넌트의 변경 사항은 자동으로 생성된 빌더에 반영됩니다. wither 기반 접근 방식도 선택할 수 있지만, 이 경우에는 레코드가 별도로 생성된 인터페이스를 추가로 구현해야 합니다.

```
@RecordBuilder
public record Point(int x, int y) implements PointBuilder.With {
  // 바디 생략
}

var original = new Point(5, 23);
```

14 *https://oreil.ly/0a35z*

```
// => Point[x=5, y=23]

// 단일 변경
var modified1 = original.withX(12);
// => Point[x=12, y=23]

// 빌더를 통한 다중 변경
var modified2 = original.with()
                        .x(12)
                        .y(21)
                        .build();
// => Point[x=12, y=21]

// Consumer를 통한 다중 변경 (build() 호출이 필요하지 않음)
var modified3 = original.with(builder -> builder.x(12).y(21));
// => Point[x=12, y=21]
```

외부 도구를 활용하여 레코드나 기타 코드를 보완하면 타이핑 작업을 크게 줄일 수 있지만, 몇 가지 주의할 점이 있습니다. 프로젝트의 중요 부분에서 특정 도구에 과하게 의존하는 경우 해당 도구 없이는 프로그램이 작동하지 않을 수 있어서 서로 강한 의존성을 갖게 됩니다. 버그나 보안 이슈, 큰 변경 사항은 종종 예기치 않은 방식으로 코드에 영향을 줄 수 있고 대부분 사용자가 직접 수정하기 어렵습니다. 어노테이션 프로세서가 빌드 도구에 결합됨으로써 둘 사이의 연결이 더 깊어집니다. 이러한 종속성을 프로젝트에 도입하기 전에 신중하게 고려하는 것이 중요합니다.[15]

5.3.4 명목상 튜플로써의 로컬 레코드

많은 함수형 프로그래밍 언어에서 널리 사용되지만, 자바에서는 지원되지 않는 타입이 있습니다. 바로 **동적 튜플**dynamic tuple입니다. 프로그래밍 언어들은 일반적으로 명시적인 타입이 필

15 필자의 블로그(*https://oreil.ly/vqCGu*)에서 종속성을 평가하는 방법에 대한 글을 참고하세요.

요 없는 동적 데이터 애그리게이터로 동적 튜플을 사용합니다. 자바에서의 레코드는 간단한 데이터 집계이며, **명목상 튜플**nominal tuple로 볼 수 있습니다. 대부분의 튜플 구현과 가장 큰 차이점은, 자바의 타입 시스템으로 인해 포함된 데이터가 umbrella 타입으로 유지된다는 것입니다. 레코드는 다른 언어의 튜플 구현만큼 유연하거나 상호 호환이 가능하지 않습니다. 그러나 자바 15에서 소개된 로컬 레코드local record를 활용하면 즉각적인 로컬 데이터 집계에 사용할 수 있습니다.

컨텍스트에서 로컬 레코드는 데이터 처리를 단순화하고 형식화하는 데 도움이 됩니다. 다음과 같이 1990년대의 음악 앨범 제목의 목록을 연도별로 그룹화한 Map<Integer, List<String>>이 있다고 상상해보세요.

```
Map<Integer, List<String>> albums =
Map.of(1990, List.of("Bossanova", " Listen Without Prejudice"),
       1991, List.of("Nevermind", "Ten", "Blue lines"),
       1992, List.of("The Chronic", "Rage Against the Machine"),
       1993, List.of("Enter the Wu-Tang (36 Chambers)"),
       ...
       1999, List.of("The Slim Shady LP", "Californication", "Play"));
```

이렇게 중첩되고 특정하지 않은 자료 구조로 작업하는 것은 상당히 번거롭습니다. Map을 반복 처리하려면 entrySet 메서드를 사용해야 하며, 이 경우에는 Map.Entry<Integer, List<String>> 인스턴스를 반환합니다. 이 경우 모든 데이터에 접근할 수 있지만 직관적이지 않습니다.

다음 코드는 스트림 파이프라인을 사용하여 음악 앨범 제목에 대한 필터 메서드를 생성합니다. 스트림에 대해서는 6장에서 자세히 설명할 예정입니다. 여러분이 6장을 읽지 않더라도 대부분의 코드는 직관적으로 이해할 수 있습니다.

```
public List<String> filterAlbums(Map<Integer, List<String>> albums, int minimumYear) {
  return albums.entrySet()
```

```
                .stream()
                .filter(entry -> entry.getKey() >= minimumYear)    ❶
                .sorted(Comparator.comparing(Map.Entry::getKey)) ❷
                .map(Map.Entry::getValue)  ❸
                .flatMap(List::stream)  ❹
                .toList();   ❺
}
```

❶ 최소 년도 이상의 앨범에 대한 항목을 필터링합니다.

❷ 해당 연도별로 제목 목록을 정렬합니다.

❸ 항목을 실제값으로 반환합니다.

❹ flatMap 호출은 파이프라인의 단일 요소로, 연도별 제목을 포함하는 List<String> 요소를 평탄화하는 데 사용됩니다.

❺ 요소를 List<String>으로 수집합니다.

각 스트림 연산에서는 실제 데이터를 나타내는 직관적인 이름 대신에, getKey 또는 getValue 같은 메서드를 사용해야 합니다. 이런 문제를 해결하기 위해 중간 자료형을 활용하면 스트림 파이프라인과 같은 복잡한 데이터 처리 작업에서 직관성을 향상시킬 수 있습니다. 사실 어떠한 데이터 처리 과정에서도 직관성을 높일 수 있습니다. 심지어 로직의 일부를 레코드에 포함시켜 각 작업마다 메서드 참조나 단일 호출을 이용할 수도 있습니다.

여러분이 보유하고 있는 데이터의 형식과 표현 방식을 깊게 고민한 후, 그 기준에 맞게 레코드를 설계해야 합니다. 이후에는 복잡한 데이터 처리 작업을 레코드 메서드로 리팩터링합니다.

스트림 연산에서 아래의 방법으로 데이터를 더 명확하게 표현하고 관리할 수 있습니다.

- Map.Entry 인스턴스로부터 레코드 생성
- 연도별 필터링
- 연도별 정렬

다음 레코드 코드를 살펴보겠습니다.

```
public record AlbumsPerYear(int year, List<String> titles) { ❶

  public AlbumsPerYear(Map.Entry<Integer, List<String>> entry) { ❷
    this(entry.getKey(), entry.getValue());
  }

  public static Predicate<AlbumsPerYear> minimumYear(int year) { ❸
    return albumsPerYear -> albumsPerYear.year() >= year;
  }

  public static Comparator<AlbumsPerYear> sortByYear() { ❹
    return Comparator.comparing(AlbumsPerYear::year);
  }
}
```

❶ 레코드 컴포넌트를 사용할 때는 의미 있는 이름을 정하여 컴포넌트의 용도를 더 명확히 해야 합니다.

❷ 추가 생성자를 활용하면 새로운 인스턴스 생성을 위해 메서드 참조를 사용할 수 있습니다.

❸ 특정 작업이 스코프 밖의 변수에 의존하는 경우 정적 헬퍼로 정의되어야 합니다.

❹ 데이터 정렬을 위해서는 `Comparator`를 반환하는 정적 헬퍼 메서드를 생성합니다. 단일 정렬만 지원하는 경우에는 레코드가 `Comparable` 인터페이스를 구현할 수도 있습니다.

레코드 `AlbumsPerYear`은 특히 `filterAlbums` 메서드의 스트림 파이프라인에 최적화되어 설계되었으며, 해당 스코프 내에서만 사용 가능합니다. 로컬 컨텍스트는 레코드를 제한하여, 주변 변수에 대한 접근을 차단합니다. 모든 중첩 레코드는 주변 클래스를 통해 상태가 유출되지 않도록 방지하기 위해, `static`으로 설정됩니다. [예제 5-9]에서는 레코드가 메서드 내에서 어떻게 작동하는지, 그리고 레코드가 코드의 품질을 어떻게 개선하는지를 보여줍니다.

예제 5-9 로컬 레코드를 사용한 스트림 파이프라인

```
public List<String> filterAlbums(Map<Integer, List<String>> albums, int minimumYear)
{

  record AlbumsPerYear(int year, List<String> titles) { ❶
    // ...
  }

  return albums.entrySet()
               .stream()
               .map(AlbumsPerYear::new) ❷
               .filter(AlbumsPerYear.minimumYear(minimumYear)) ❸
               .sorted(AlbumsPerYear.sortByYear())❸
               .map(AlbumsPerYear::titles)❸
               .flatMap(List::stream)❹
               .toList();
}
```

❶ 로컬 레코드는 메서드 내부에서 직접 선언되어 스코프를 제한합니다. 가독성을 위해 실제 구현은 생략했습니다.

❷ 스트림 파이프라인의 첫 번째 작업은 Map.Entry 인스턴스를 로컬 레코드 타입으로 변환합니다.

❸ 각 후속 연산은 명시적인 람다 표현식 대신 로컬 레코드의 직관적인 메서드 또는 메서드 참조로 사용합니다.

❹ flatMap과 같은 몇몇 연산들은 리팩터링하기 어려울 수 있습니다. 이는 스트림의 전체 처리 로직의 영향을 받기 때문입니다.

보시다시피 로컬 레코드를 활용하는 것은 선언적 스트림 파이프라인의 사용성과 명료성을 향상시키는 탁월한 방식입니다. 해당 타입을 스코프 외부에 노출시키지 않는다는 점에서 매우 유용합니다.

5.3.5 Optional 데이터 처리

Optional 데이터와 잠재적인 null[16]을 다루는 것은 모든 자바 개발자의 골칫거리입니다. 한 가지 해결책은 5장의 '레코드의 검증 및 데이터 정제'에서 소개된 빈 유효성 검사 API를 활용하여 각 항목을 @NonNull 및 @Nullable 어노테이션으로 표시하는 것입니다. 이 방식에는 의존성이 필요합니다. JDK만을 사용하기 원한다면 자바 8의 Optional<T> 타입을 도입하여 null 처리의 부담을 덜 수 있습니다. 9장에서는 이에 대한 자세한 내용을 다룰 예정입니다. 지금 기억해야 할 내용은 값이 null일지라도 NullPointerException을 발생시키지 않고 컨테이너와 안전하게 상호작용이 가능하다는 점입니다.

Optional 타입은 컴포넌트가 필수가 아님을 명확하게 나타내지만, 효과적으로 사용하기 위해서는 단순한 타입 변경 이상의 코드 작성이 추가로 필요합니다. 앞서 다룬 User 타입 예제에 Optional 그룹을 추가해보겠습니다.

```
public record User(String username,
                   boolean active,
                   Optional<String> group,
                   LocalDateTime lastLogin) {
  // 바디 생략
}
```

사용자의 그룹 정보를 저장하기 위해 Optional<String>을 사용하더라도, 여전히 컨테이너 자체에 대해 null 값을 받을 가능성에 대비해야 합니다. 더 우아한 방법은, 값 자체에 대해서는 null을 허용하는 동시에 Optional<String> 항목을 유지하는 것입니다. 레코드는 접근자에 대한 정의를 1:1로 반영하고 있으므로, 레코드를 Optional 기반 컴포넌트를 안전하고 편리하게 사용하기 위해서는 두 가지 추가 조치가 필요합니다.

16 옮긴이_ 잠재적인 null은 특정 변수나 객체가 null 값을 가질 가능성이 있다는 것을 의미합니다.

null이 아닌 컨테이너 확보

Optional을 기반으로 하는 컴포넌트를 사용할 때 레코드를 더 안전하고 편리하게 사용하기 위한 첫 번째 단계는 Optional<String>이 null이 되지 않도록 보장하는 것입니다. 그렇게 하면 Optional을 사용하는 본래의 목적을 해치지 않게 됩니다. 가장 쉬운 방법은 컴팩트 생성자로 유효성을 검사하는 것입니다.

```
public record User(String username,
                   boolean active,
                   Optional<String> group,
                   LocalDateTime lastLogin) {

  public User {
    Objects.requireNonNull(group, "Optional<String> group must not be null");
  }
}
```

NullPointerException 문제를 컴포넌트 접근자를 사용하는 시점에서 레코드 생성 시점으로 이동시킴으로써, 레코드를 더 안전하게 사용할 수 있습니다.

컴팩트 생성자 추가

레코드를 더 안전하고 편리하게 사용하기 위한 두 번째 방법은 Non-Optional<T> 기반의 인수들로 추가 생성자를 제공하고, 컨테이너 타입을 직접 생성하는 것입니다.

```
public record User(String username,
                   boolean active,
                   Optional<String> group,
                   LocalDateTime lastLogin) {

  public User(String username,
              boolean active,
```

```
                String group,
                LocalDateTime lastLogin) {
        this(username,
             active,
             Optional.ofNullable(group),
             lastLogin);
    }

    // ...
}
```

코드 자동 완성 기능은 `group` 컴포넌트의 옵션을 나타내는 두 생성자를 모두 보여줍니다.

레코드 생성 시의 유효성 검사와 편의성 생성자를 함께 사용하는 것은 레코드 생성자와 사용자 모두에게 유연성을 제공하면서 안전성을 보장해줍니다.

5.3.6 레코드의 진화된 직렬화

레코드는 클래스처럼 `java.io.Serializable`이라는 비어있는 마커 인터페이스를 상속하면 자동으로 직렬화됩니다. 하지만 레코드는 클래스와 달리 더욱 유연하고 안전한 직렬화 방식을 제공하며, 추가적인 코드가 필요하지 않습니다.

> **NOTE** 직렬화serialization의 전체 과정은 객체를 바이트 스트림으로 변환하는 직렬화와 바이트 스트림에서 객체를 복구하는 역직렬화deserialization로 구성됩니다. 특별히 언급하지 않는 한, 직렬화는 이 두 과정을 모두 포괄하는 용어로 사용됩니다.

일반적인 비레코드non-record 객체의 직렬화는 `private` 상태에 접근하기 위해 고비용[17]의 리플

17 리플렉션과 관련된 '비용(cost)'이라는 단어는 성능 오버헤드와 보안 문제로 인한 위험을 나타냅니다. 리플렉션은 동적으로 결정된 타입 정보를 활용하기 때문에, JVM이 모든 최적화 기법을 적용하기 어렵게 만듭니다. 따라서 리플렉션은 비리플렉션 버전에 비해 다소 성능이 느립니다.

렉션을 사용합니다. 이 과정은 타입 내에서 readObject와 writeObject라는 private 메서드를 통해 커스터마이징할 수 있습니다. 이 메서드들은 명시적인 인터페이스에 포함되어있지는 않지만, '자바 객체 직렬화 명세서 Java Object Serialization Specification'[18]에는 포함되어 있습니다. 이 방법들은 올바르게 구현하기 어려우며 과거에는 다양한 취약점을 초래했습니다.[19]

레코드는 그들의 컴포넌트로 표현되는 불변 상태로만 정의됩니다. 생성 후에 상태에 영향을 주는 어떠한 코드도 없기 때문에 직렬화 과정은 꽤 간단합니다.

- 직렬화는 레코드의 컴포넌트만을 기반으로 합니다.
- 역직렬화는 리플렉션 대신 기본 생성자만을 필요로 합니다.

JVM이 레코드의 직렬화된 형태를 파생하면 해당 인스턴스 생성자는 캐싱될 수 있습니다. 이 과정을 커스터마이징하는 것은 불가능하며, JVM에 레코드의 직렬화된 표현에 제어권을 부여함으로써 더 안전한 직렬화 과정을 수행할 수 있게 합니다. 이러한 특성 덕분에 모든 레코드 타입은 새로운 컴포넌트를 추가하여 계속 발전할 수 있으며, 과거에 직렬화된 데이터로부터도 성공적으로 역직렬화가 가능합니다. 역직렬화 과정 중에 값이 없거나, 알려지지 않은 컴포넌트를 발견하면 기본값이 자동으로 적용됩니다(예: 객체의 경우 null, boolean의 경우 false 등).

> **CAUTION** JShell을 사용할 때 직렬화에 대한 예제 코드가 예상대로 작동하지 않을 수 있습니다. 레코드를 재정의하면 내부 클래스 이름이 일치하지 않게 되어 타입이 일치하지 않습니다.

예를 들어 직렬화하려는 2차원 레코드 Point(float x, float y)가 있다고 가정해보겠습니다. 이에 관한 다음 코드는 아주 평범합니다.

---

18 *https://oreil.ly/S2YiO*

19 readObject 메서드는 객체를 단순히 읽는 대신, 임의의 코드를 실행할 수 있습니다. 다음의 CVE들을 참고하세요. CVE-2019-6503(*https://oreil.ly/-nsaI*), CVE-2019-12630(*https://oreil.ly/dEFRd*), CVE-2018-1851(*https://oreil.ly/F8LFk*).

```java
public record Point(int x, int y) implements Serializable {
// 바디 생략
}

var point = new Point(23, 42);

try (var out = new ObjectOutputStream(new FileOutputStream("point.data"))) {
  out.writeObject(point);
}
```

요구 사항이 변경되면서 레코드에 세 번째 차원인 z를 포함해야 합니다. 다음 코드에서 확인할 수 있습니다.

```java
public record Point(int x, int y, int z) implements Serializable {
// 바디 생략
}
```

변경된 레코드로 point.data 파일을 역직렬화하려고 할 때 무슨 일이 발생할까요? 함께 알아봅시다.

```java
var in = new ObjectInputStream(new FileInputStream("point.data"));

var point = in.readObject();
// => Point[x=23, y=42, z=0]
```

정상적으로 잘 작동합니다.

새로운 컴포넌트는 points.data의 직렬화된 표현에서 누락되었기 때문에, 레코드의 표준 생성자에 값을 제공하지 못합니다. 따라서 해당 타입에 대한 기본값(여기서는 int형에 대한 기본값 0)으로 초기화됩니다.

5장에서 언급한대로, 레코드는 기본적으로 명목상 튜플이므로 컴포넌트의 이름과 타입에만 의존하고 순서에는 의존하지 않습니다. 이러한 이유로 컴포넌트의 순서를 변경하더라도 역직렬화 기능에는 영향을 주지 않습니다.

```
public record Point(int z, int y, int x) implements Serializable {
// 바디 생략
}

var in = new ObjectInputStream(new FileInputStream("point.data"));

var point = in.readObject();
// => Point[z=0, y=42, x=23]
```

역직렬화 과정에서 누락된 컴포넌트는 무시되므로 컴포넌트를 제거하는 것 역시 가능합니다.

여기서 주의해야 할 점이 있습니다.

바로, 레코드는 자신의 컴포넌트들에 의해서만 정의된다는 것입니다. 그러나 자바의 직렬화 과정을 살펴보면 직렬화된 대상의 타입도 중요한 요소가 됩니다. 따라서 두 레코드가 동일한 컴포넌트를 가지고 있어도 서로 상호 교환해서 사용할 수 없습니다. 동일한 컴포넌트를 다른 타입으로 역직렬화하려고 시도하면 ClassCastException이 발생합니다.

```
public record Point(int x, int y) implements Serializable {
// 바디 생략
}

try (var out = new ObjectOutputStream(new FileOutputStream("point.data"))) {
  out.writeObject(new Point(23, 42));
}

public record IdenticalPoint(int x, int y) implements Serializable {
```

```
    // 바디 생략
}

var in = new ObjectInputStream(new FileInputStream("point.data"));
IdenticalPoint point = in.readObject();
// 에러:
// 호환되지 않는 유형: java.lang.Object를 IdenticalPoint로 변환할 수 없음
```

레코드에 사용되는 '더 간단하지만 더 안전한' 직렬화 방식의 사이드 이펙트로, 서로 다른 타입을 동일한 컴포넌트로 직렬화할 수 없습니다. 전통적인 자바 객체가 할 수 있듯이 직렬화 과정에 수동으로 개입하는 것이 불가능할 때 이미 직렬화된 데이터를 이전해야 할 수도 있습니다. 가장 간단한 방법은 이전 데이터를 이전 타입으로 역직렬화하여 새로운 타입으로 변환하고 새로운 타입을 직렬화하는 것입니다.

5.3.7 레코드 패턴 매칭(자바 19+)

이 책은 주로 자바 11을 대상으로 하고 있지만 몇 가지 새로운 기능들을 소개하고자 합니다. 이 책이 쓰이는 시점에서 아직 개발 중인 **레코드 기반 패턴 매칭**record-based pattern matching (JEP 405)[20]에 대해 소개합니다.

> **NOTE** JDK 미리보기 기능은 자바 언어, JVM 또는 자바 API의 새로운 기능으로 완벽하게 기술되고 구현되어 있지만, 아직은 일시적인 기능입니다. 이러한 기능들은 피드백을 통해 향후 버전에서 정식 기능에 포함될 수 있습니다.

자바 16에서는 instanceof 연산자[21]에 대한 패턴 매칭을 소개했습니다. 이를 통해 연산자를 사용한 후 별도의 형변환을 해야 할 필요성이 사라졌습니다.

---

20 *https://oreil.ly/68o_a*

21 insteadof 연산자의 패턴 매칭 확장은 JEP 394(*https://oreil.ly/noIWq*)에 자세히 설명되어 있습니다.

```
// 이전 방식
if (obj instanceof String) {
  String str = (String) obj;
  // ...
}

// 자바 16+
if (obj instanceof String str) {
    // ...
}
```

자바 17과 자바 18은 switch 표현식[22]에 대한 패턴 매칭을 미리보기 기능으로 도입했습니다.

```
// 기존의 스위치 패턴 매칭이 없는 경우
String formatted = "unknown";
if (obj instanceof Integer i) {
  formatted = String.format("int %d", i);
} else if (obj instanceof Long l) {
  formatted = String.format("long %d", l);
} else if (obj instanceof String str) {
  formatted = String.format("String %s", str);
}

// 스위치 패턴 매칭을 적용한 경우
String formatted = switch (obj) {
  case Integer i -> String.format("int %d", i);
  case Long l -> String.format("long %d", l);
  case String s -> String.format("String %s", s);
  default -> "unknown";
};
```

22 스위치에 대한 패턴 매칭은 JEP 406(*https://oreil.ly/dckrm*) 및 JEP 420(*https://oreil.ly/noIWq*)에서 자세히 다룹니다.

자바 19 버전 이후에서는 레코드도 위와 같은 기능들을 포함하게 되었습니다. 특히, 구조분해destructuring[23] 기능이 포함되어 레코드의 컴포넌트들이 해당 범위 내에서 변수로 직접 사용할 수 있게 되었습니다.

```
record Point(int x, int y) {
  // 바디 생략
};

var point = new Point(23, 42);

if (point instanceof Point(int x, int y)) {
  System.out.println(x + y);
  // => 65
}

int result = switch (anyObject) {
  case Point(var x, var y) -> x + y;
  case Point3D(var x, var y, var z) -> x + y + z;
  default -> 0.0;
};
```

레코드는 패턴 매칭과 같은 신기술을 도입하여 계속해서 발전하고 있습니다. 이러한 발전은 레코드를 더욱 다재다능하고 유연하게 만들어, 코드를 더욱 단순하게 작성할 수 있도록 도와줍니다.

5.4 레코드를 마무리하며

자바의 새로운 데이터 집계자 타입인 레코드는 가능한 한 적은 코드로 많은 극도의 간결성을

23 레코드에 대한 패턴 매칭은 JEP 405(*https://oreil.ly/FDBQZ*)에서 상세히 설명합니다.

제공합니다. 이는 특정한 규칙과 제한을 따르면서 달성되는데, 처음에는 임의적이고 제한적으로 보일 수 있지만 더 안전하고 일관된 사용성을 제공합니다. 레코드는 데이터 저장과 상태에 대한 일률적인 해결책이 되어 모든 POJO나 기존의 데이터 집계자 타입을 완전히 대체하려는 것은 아닙니다. 레코드는 단순히 더 함수적이고 불변한 접근 방식에 적합한 새로운 옵션을 제공합니다.

제공되는 기능들은 상태를 표현하는 새로운 타입을 만들기 위해 신중하게 선정되었으며, 오직 상태만을 나타냅니다. 새로운 레코드를 정의하는 것은 새롭고, 더 적합한 추상 타입을 만드는 것보다 훨씬 편리하기 때문에, 추상 타입의 재사용성을 저해합니다.

레코드가 POJO나 사용자 정의 타입만큼 유연하지 않을 수는 있지만, 유연성이 높을수록 복잡성도 증가하게 되어 이로 인해 발생할 수 있는 버그의 위험도 증가합니다. 복잡성을 효율적으로 관리하는 방법은 그 영역을 최대한 줄이는 것이며, 레코드는 그 컴포넌트가 발전하더라도 안정성을 보장하며 기능을 제공합니다.

핵심 요약

- 레코드는 컴포넌트에 의해서만 정의되는 투명한 데이터 애그리게이터 타입입니다.
- 클래스에서 사용하는 인터페이스 구현, 제네릭, 어노테이션 등과 같은 대부분의 기능도 레코드에서 사용할 수 있습니다.
- 레코드 타입은 표준 생성자, 컴포넌트 접근자, 객체 식별 및 객체 설명과 같은 전형적인 보일러플레이트 코드 없이, 모든 레코드 타입에서 사용할 수 있습니다. 필요한 경우 각각을 오버라이딩할 수 있습니다.
- 레코드는 안전성과 간결성을 보장하기 위해 특별한 제약 사항을 가지고 있습니다. POJO나 JavaBean과 같은 더 유연한 방법들과 비교했을 때, 일부 빠진 기능들은 JDK 코드나 어

노테이션 처리와 같은 도구들을 추가적으로 구현할 수 있습니다.

- 검증과 변형된 복사본에 대한 체계적인 접근과 같은 일반적인 관행을 준수하면, 사용자에게 더 일관된 경험을 제공할 수 있습니다.
- 레코드는 기존의 클래스 기반 방식에 비해 더 안전하고 유연한 직렬화 방법을 제공합니다.

CHAPTER

06 스트림을 이용한 데이터 처리

대부분의 프로그램은 데이터를 처리하는 작업이 필요합니다. 그리고 이는 주로 컬렉션 형태로 처리됩니다. 명령형 접근법imperative approach은 각 요소를 순서대로 반복하여 처리하는 루프loop에 의존합니다. 반면 함수형 언어는 선언적 접근법declarative approach을 선호하며 때로는 전통적인 반복문 자체를 사용하지 않기도 합니다.

자바 8에서 도입된 **스트림 API**Stream API는 데이터 처리에 대한 선언적이고 지연 평가된 접근법을 제공합니다. 이는 고차 함수를 활용함으로써 자바의 함수형 기능을 적극적으로 활용합니다.

이 장에서는 데이터 처리에 있어서 명령형 방식과 선언적 방식의 차이에 대해 깊이 알아봅니다. 그다음 스트림의 기본 개념과 데이터 처리에 대한 함수형 접근 방식에 대해 배워보겠습니다.

6.1 반복을 통한 데이터 처리

데이터 처리는 우리가 이미 무수히 많이 경험한 평범한 작업입니다. 그리고 앞으로도 여러분에게 계속 필요할 작업이죠.

넓은 관점에서 보면 모든 데이터 처리는 파이프라인 방식으로 작동합니다. 컬렉션과 같은 자료 구조는 요소들을 제공하며, 필터링이나 변환과 같은 다양한 작업을 거쳐 결과를 제공합니다. 그 결과는 하나의 자료 구조가 될 수도 있고, 혹은 다른 작업을 실행하는 데 사용될 수도 있습니다.

간단한 예제를 통해 데이터 처리에 대해 알아봅시다.

6.1.1 외부 반복

예를 들어 Book 인스턴스 목록에서 1970년 이전에 출간된 책의 제목 순으로 정렬하여 세 편의 과학 소설을 찾아야 한다고 가정해봅시다. [예제 6-1]은 for-loop를 이용하여 전통적인 명령형 접근법으로 이를 구현하는 방식을 보여줍니다.

예제 6-1 for-loop를 사용하여 책 찾기

```
record Book(String title, int year, Genre genre) {
  // 바디 생략
}

// 데이터 준비

List<Book> books = ...; ❶

Collections.sort(books, Comparator.comparing(Book::title)); ❷

// FOR-LOOP

List<String> result = new ArrayList<>();

for (var book : books) {
    if (book.year() >= 1970) { ❸
        continue;
```

```
        }

        if (book.genre() != Genre.SCIENCE_FICTION) { ❸
            continue;
        }

        var title = book.title(); ❹
        result.add(title);

        if (result.size() == 3) { ❺
            break;
        }
    }
```

❶ 정렬되지 않은 책들의 컬렉션입니다. 이 컬렉션은 다음 단계에서 정렬될 수 있도록 변경 가능해야 합니다.

❷ List<Book>은 처음에 정렬되어야 합니다. 그렇지 않으면 결과에서 나타나는 첫 세 권의 책이 알파벳 순서대로 나열되지 않을 것입니다.

❸ 1970년 이전에 출판되지 않았거나 과학 소설이 아닌 책들은 제외합니다.

❹ 책의 title을 추출합니다.

❺ 찾은 제목은 최대 세 개로 제한합니다.

이 코드는 정상적으로 작동하지만 다른 접근법과 비교하면 여러 단점들이 존재합니다. 가장 명확한 단점은 반복 기반 루프에 필요한 보일러플레이트 코드의 양입니다.

반복문인 for-loop나 while-loop는 각 반복에 대한 새로운 범위를 생성하기 위해 반복문 내에서 데이터 처리 로직을 포함합니다. 요구 사항에 따라 루프의 바디에는 continue와 break의 형태로 반복 과정에 대한 의사 결정은 물론, 여러 문장까지 포함할 수 있습니다. 전반적으로 이런 보일러플레이트 코드로 인해 데이터 처리 코드가 눈에 잘 띄지 않게 되고, 특히 이전 예제보다 복잡한 반복문의 경우에는 더욱 그렇습니다.

이러한 문제의 근본적인 원인은 '무엇을 하느냐(데이터 처리)'와 '어떻게 수행하는가(요소를 반복)'를 혼용하는 것에 있습니다. 이러한 반복을 '외부 반복'이라고 합니다. 이 경우 for-loop의 변형인 for-each를 통해 java.util.Iterator<E>를 사용하여 컬렉션을 순회합니다. 이 과정은 hasNext와 next 호출을 통해 반복을 제어합니다. 이는 [그림 6-1]에서 설명합니다.

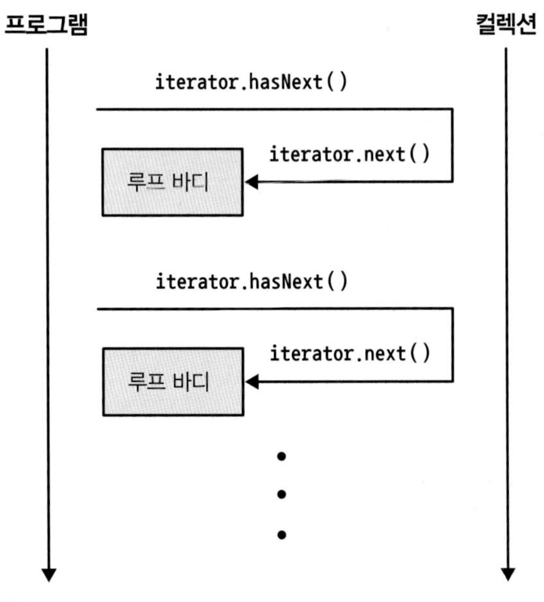

그림 6-1 외부 반복의 원리

전통적인 for-loop에서는 Iterator<E>의 hasNext와 next 메서드와 비슷한 원리로, 종료 조건에 도달할 때까지 요소들을 순회해야 합니다.

[표 6-1]을 보면 우리가 '무엇을 하기 위해' 코드를 작성하는지와 '어떻게' 코드를 작성하는지를 비교했을 때 데이터 처리보다는 순회를 관리하는 데 더 많은 코드 라인이 소요되는 것을 알 수 있습니다.

표 6-1 작업별 데이터 처리의 코드 라인 수

작업	코드 라인 수
데이터 준비 초기 데이터의 정렬 및 결과 컬렉션 준비	2
순회 과정 반복 실행과 `continue` 및 `break`를 사용한 제어	4
데이터 처리 적절한 요소와 데이터의 선택, 변형 및 수집	4

외부 반복에는 보일러플레이트 코드가 많이 필요한 것 외에도 다른 단점들이 있습니다. 가장 큰 문제 중 하나는 연속적인 순회 과정이 필요하다는 것입니다. 병렬 데이터 처리가 필요한 경우 전체 루프 구조를 재작성해야 하며, 그 과정에서 `ConcurrentModificationException`과 같은 복잡한 문제들을 해결해야 합니다.

6.1.2 내부 반복

외부 반복의 반대 접근법으로는 **내부 반복**internal iteration이 있습니다. 내부 반복을 통해 개발자가 순회 과정을 직접 제어하는 것을 포기하고, 데이터 소스 자체가 '어떻게 수행되는지'를 담당하도록 합니다. 이 과정은 [그림 6-2]에 자세히 나와있습니다.

순회를 직접 제어하기 위해 반복자iterator를 사용하는 대신, 데이터 처리 로직은 스스로 반복을 수행하는 파이프라인을 사전에 구성합니다. 이로 인해 반복 과정이 더 불투명해지지만 로직이 어떤 요소들이 파이프라인을 순회하는지에 영향을 줍니다. 이러한 방식을 통해 '무엇을 하고 싶은지'에 집중할 수 있으며, '어떻게 수행되는지'에 대한 반복적이고 지루한 부분은 걱정할 필요가 없어집니다.

스트림은 이러한 내부 반복을 가진 데이터 파이프라인의 예시입니다.

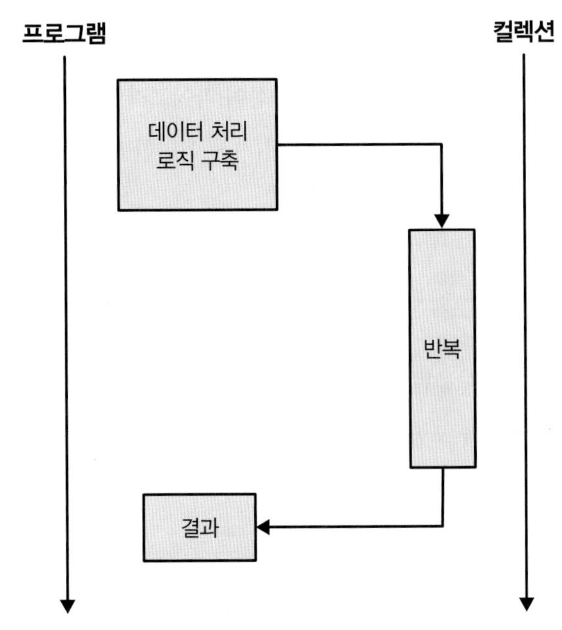

그림 6-2 내부 반복의 표현

6.2 함수형 데이터 파이프라인으로써의 스트림

스트림은 다른 데이터 처리 방식처럼 작업을 수행하지만 내부 반복자internal iterator라는 장점이 있습니다. 이 장점은 함수형 관점에서 유리합니다. 주요 장점은 다음과 같습니다.

선언적 접근법declarative approach

단일 호출 체인을 통해 간결하고 명료한 다단계multistep 데이터 파이프라인을 구축합니다.

조합성composability

스트림의 연산들은 데이터 처리 로직을 위한 고차 함수로 이루어져 있으며, 필요에 따라 이를 조합하여 사용할 수 있습니다. 함수형으로 로직을 설계하면 조합성을 비롯한 다양한 장점을 자연스럽게 누릴 수 있습니다.

지연 처리 laziness

모든 요소를 일일이 순회하는 대신, 마지막 연산이 파이프라인에 연결된 이후에 각 요소가 하나씩 순차적으로 파이프라인을 통해 처리됩니다. 이러한 방식으로 필요한 연산의 수를 줄일 수 있습니다.

성능 최적화 performance optimization

스트림은 데이터 소스와 사용된 연산의 종류에 따라 순회 방식을 자동으로 최적화합니다. 가능하면 짧은 회로 연산을 포함합니다.

병렬 데이터 처리 parallel data processing

스트림은 내장된 병렬 처리 기능을 가지고 있어, 호출 체인에서 단일 호출을 간단히 변경해서 활용할 수 있습니다.

개념적으로 보면 스트림은 데이터 처리를 위한 전통적인 루프 구조에 대한 또 다른 대안으로 볼 수 있습니다. 하지만 실제로 스트림은 데이터 처리 기능을 제공하는 방식입니다.

스트림의 전반적인 작업 흐름을 고려할 때 스트림은 **'느긋한 순차 데이터 파이프라인'**으로 간단히 설명될 수 있습니다. 이 파이프라인은 순차 데이터를 순회하기 위한 고수준 추상화로 볼 수 있습니다. 이러한 파이프라인은 연속된 고차 함수로 구성되어 표현력 있으며, 함수적인 방식으로 각 요소를 처리합니다. 일반적인 작업 흐름은 [그림 6-3]에서 볼 수 있고 다음 세 단계로 설명됩니다.

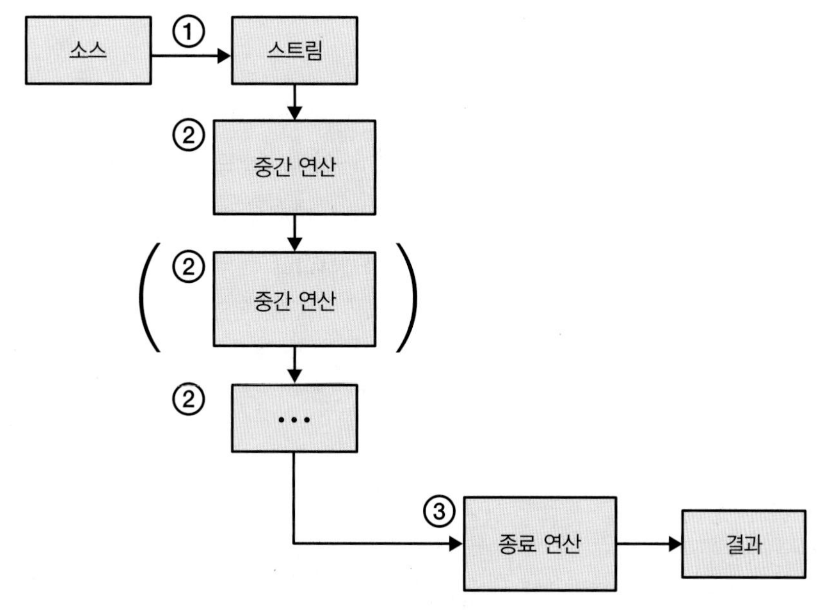

그림 6-3 자바 스트림의 기본 개념

(1) 스트림 생성하기

첫 번째 단계는 기존의 데이터 소스에서 스트림을 생성하는 것입니다. 스트림은 컬렉션과 같은 특정한 타입에만 국한되는 것은 아닙니다. 어떠한 데이터 소스이든, 연속적인 요소를 제공할 수 있다면 스트림으로 변환할 수 있습니다.

(2) 작업 수행하기

소위 중간 연산이라 불리는 것들은 `java.util.stream.Stream<T>`의 메서드로 제공되는 고차 함수들로, 파이프라인을 통과하는 요소들을 대상으로 하여 필터링, 매핑, 정렬 등 여러 작업을 수행합니다. 각 연산은 새로운 스트림을 반환하며, 이를 통해 원하는 만큼의 다양한 중간 연산과 연결될 수 있습니다.

(3) 결과 얻기

데이터 처리 파이프라인을 완료하기 위해 스트림 대신 결과를 반환하는 마지막 종료 연산이 필요합니다. 이러한 종료 연산은 스트림 파이프라인 설계를 완료하고 실제 데이터 처리를 시작합니다.

1970년 이전에 나온 세 권의 과학 소설 책 제목을 찾아보던 예제를 다시 살펴봅시다. 이번에는 [예제 6-1]에서 사용했던 for-loop 대신 [예제 6-2]에서 스트림 파이프라인을 활용합니다. 스트림 코드가 어렵게 느껴질 수 있겠지만 걱정하지 마세요. 곧 다양한 메서드에 대해 자세히 알려드리겠습니다. 먼저 전체적인 흐름을 파악해봅니다.

예제 6-2 스트림을 활용한 책 찾기

```
List<Book> books = ...; ❶

List<String> result =
  books.stream()
       .filter(book -> book.year() < 1970)  ❷
       .filter(book -> book.genre() == Genre.SCIENCE_FICTION) ❸
       .map(Book::title) ❹
       .sorted() ❺
       .limit(3L)  ❻
       .collect(Collectors.toList()); ❼
```

❶ 정렬되지 않은 책 컬렉션입니다.

❷ 1970년 이전에 출간된 책만 선택합니다.

❸ 과학 소설 책만 선별합니다.

❹ Book의 전체 정보에서 제목만 추출하여 변환합니다.

❺ 제목을 정렬합니다.

❻ 검색된 제목 중 상위 3개만 선택합니다.

❼ 제목들을 새로운 List<String>에 저장합니다.

큰 그림에서 보면 [예제 6-1]과 [예제 6-2] 모두 여러 요소가 순회하는 파이프라인을 구현하고 있습니다. 그러나 이제는 여러 문장으로 구성된 for-loop의 로직을 간결한 스트림 호출로 압축되었습니다.

스트림이 요소들의 흐름을 어떻게 효율적으로 최적화하는지에 대한 접근 방식을 보여줍니다. 연속continue이나 중단break을 직접 지정할 필요가 없습니다. 각 요소는 해당 연산의 결과에 따라 파이프라인을 순회할 것이기 때문입니다. [그림 6-4]는 [예제 6-2]의 각 스트림 연산이 요소 흐름에 어떻게 영향을 미치는지에 대해 보여줍니다.

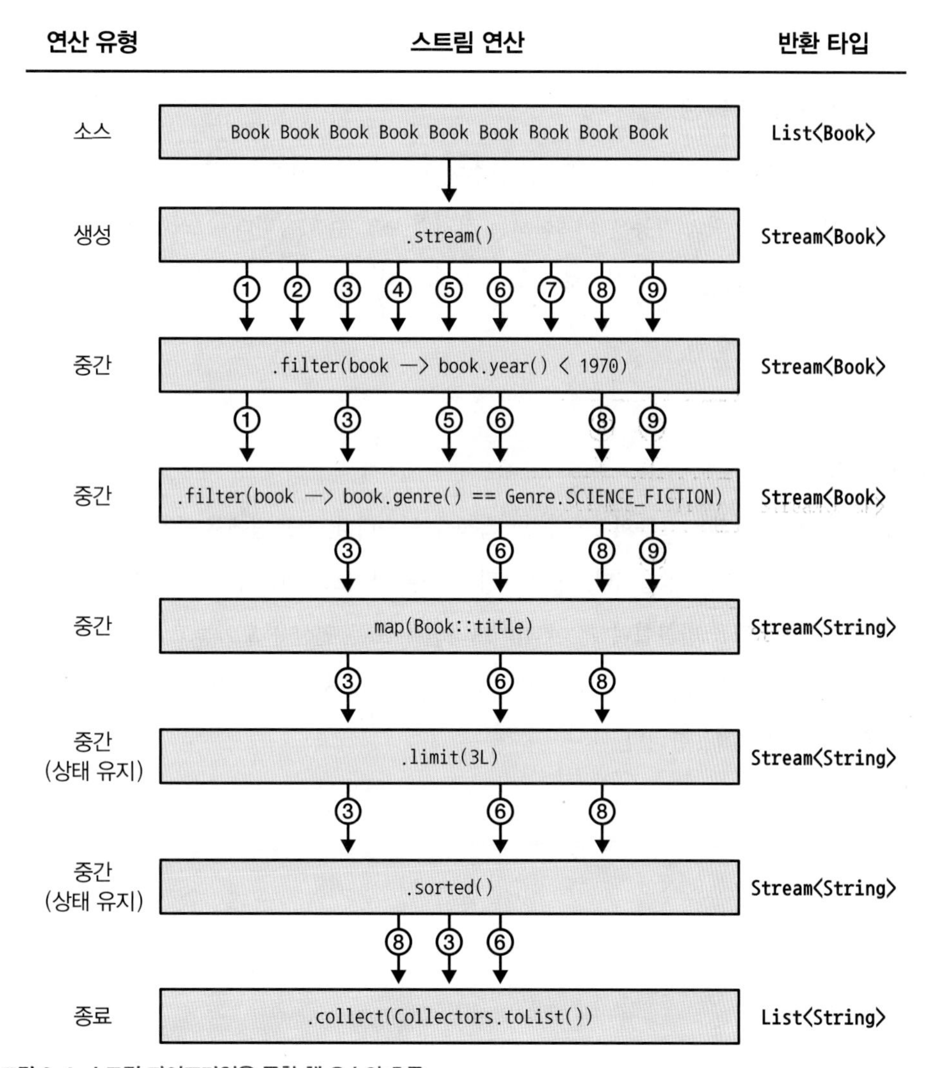

그림 6-4 스트림 파이프라인을 통한 책 요소의 흐름

요소들은 데이터 처리에 필요한 최소한의 양으로 스트림을 통해 하나씩 통과합니다.

스트림은 데이터를 미리 준비하거나 루프문의 바디에 처리 로직을 래핑할 필요 없이 여러 처리 단계를 깔끔하게 연결한 클래스로 이루어져 있습니다. 다른 함수형 접근 방식과 마찬가지로, 스트림 코드는 '어떻게' 실행되는지 복잡한 설명 없이 '무엇'이 발생하는지를 보다 표현력 있고 선언적인 방식으로 나타냅니다.

6.2.1 스트림의 특성

스트림은 특정한 동작과 예상치가 내장된 함수형 API입니다. 전통적인 루프의 빈 캔버스canvas와 비교했을 때 스트림의 가능성을 제한하는 것처럼 보일 수 있습니다. 그러나 비어있지 않은 캔버스로써, 스트림은 다른 방식으로 직접 생성해야 할 수많은 사전 정의된 컴포넌트와 보장된 속성들을 제공합니다.

느긋한 계산법

스트림의 주요한 장점은 그들의 느긋한lazy 특성에 있습니다. 스트림에서 중간 연산을 수행할 때 즉각적으로 실행되지 않습니다. 대신 해당 호출은 파이프라인을 단순히 '확장'하고 새롭게 지연 평가된 스트림을 반환합니다. 이 파이프라인은 모든 연산을 모아놓고, 종료 연산을 호출하기 전까지 아무런 작업도 시작하지 않습니다. [그림 6-5]에서 볼 수 있듯이, 실제 요소의 순회에서 트리거로 작용합니다.

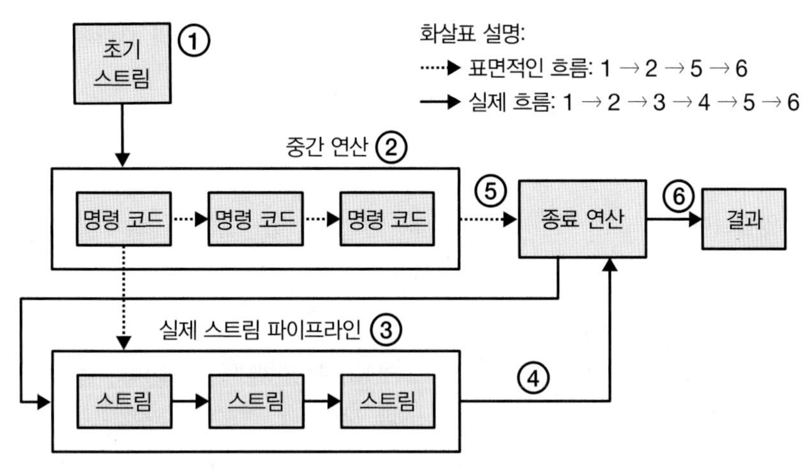

그림 6-5 스트림의 느긋한 계산법

스트림은 루프처럼 모든 요소를 코드 블록에 바로 제공하지 않습니다. 종료 연산은 필요한 만큼의 데이터를 요청하고, 스트림은 이를 수용하기 위해 노력합니다. 스트림은 데이터 소스로써, 누군가 더 많은 요소를 요청하지 않는 한 요소를 '과도하게 제공'하거나 버퍼링할 필요가 없습니다. [그림 6-4]를 다시 보면, 모든 요소가 각 연산을 모두 거치는 것이 아니라는 것을 알 수 있습니다.

스트림 요소의 흐름은 '깊이 우선depth-first' 방식을 따르며, 이를 통해 필요한 CPU 주기, 메모리 사용량, 그리고 스택의 깊이를 줄일 수 있습니다. 이렇게 하면 파이프라인이 필요한 요소를 요청하고 스트림을 종료하는 역할을 하기 때문에 무한한 데이터 소스도 가능합니다.

함수형 프로그래밍에서 느긋한 계산이 얼마나 중요한지에 대해서는 11장에서 더 자세히 다루도록 하겠습니다.

(대부분) 상태 및 간섭 없음

4장에서 배운 것처럼, 변경 불변한 상태는 함수형 프로그래밍의 핵심적인 개념이며 스트림은 이 원칙을 따르고 있습니다. 중간 연산의 대부분은 상태를 갖지 않고 파이프라인의 다른 부분과 독립적으로 작동하며 현재 처리 중인 요소에만 접근합니다. 그러나 `limit`나 `skip`과 같이 특별한 중간 연산들은 그 목적을 수행하기 위해 어느 정도의 상태값을 관리해야 합니다.

스트림의 또 다른 장점은 데이터 소스와 요소들이 분리되어 있다는 것입니다. 이로 인해 연산들은 소스 데이터에 어떠한 방식으로도 영향을 주지 않으며, 스트림 자체도 어떠한 요소를 저장하지 않습니다.

> **CAUTION** 자바에서는 상태를 가진 람다를 만들 수 있지만, 데이터 조작 파이프라인에서 사용되는 동작 인수들은 상태가 없고 순수한 함수로 설계하는 것이 좋습니다. 범위를 벗어난 상태에 의존하는 것은 안전성과 성능에 큰 영향을 끼칠 수 있으며, 의도하지 않은 사이드 이펙트로 인해 전체 파이프라인이 제대로 작동하지 않을 수 있습니다. 한 가지 예외는 '사이드 이펙트를 위한 코드'를 수행하는 종료 연산이며, 함수형 스트림 파이프라인을 기존 명령형 디자인에 적합하게 만들어주는 데 큰 도움이 됩니다.

스트림은 간섭하지 않고 **통과**하는 파이프라인으로, 꼭 필요한 경우가 아니라면 해당 요소들이 가능한 한 자유롭게, 간섭 없이 통과해야 합니다.

최적화

스트림의 내부 반복 및 고차 함수의 기본적인 설계는 스트림 자체를 매우 효율적으로 최적화할 수 있게 합니다. 스트림은 성능 향상을 위해 여러 전략을 활용합니다.

- (무상태의) 연산 융합[1]
- 불필요한 연산 제거
- 단축 파이프라인 경로

하지만 반복에 대한 코드 최적화는 스트림에만 국한되는 것은 아닙니다. 가능하다면 전통적인 루프문에서도 JVM에 의해 최적화가 가능합니다.[2]

---

1 오라클의 자바 아키텍트인 브라이언 게츠(Brian Goetz)는 스택 오버플로에서 연산 융합에 대해 설명했습니다(*https://oreil.ly/vza0A*).

2 크리스 뉴랜드(Chris Newland)와 벤 에반스(Ben Evans)는 'Loop Unrolling'라는 주제로 Java Magazine(2019)에 기고했습니다(*https://oreil.ly/Qo7wk*).

또한 for나 while 같은 루프는 프로그래밍 언어의 기능으로, 더 높은 정도로 최적화될 수 있습니다. 스트림은 사용하는 데 비용이 드는 일반적인 타입입니다. 여전히 데이터 소스를 래핑해야 하며, 파이프라인은 각 호출마다 새로운 스택 프레임을 필요로 합니다. 대부분의 실제 상황에서는, 내장된 for와 while 문과 비교했을 때 스트림의 이러한 오버헤드의 단점을 초월하는 장점이 있습니다.

보일러플레이트 최소화

[예제 6-2]에서 확인할 수 있듯이, 스트림은 데이터 처리를 하나의 유연한 메서드 호출 체인으로 단순화합니다. 이러한 호출은 filter, map, findFirst와 같이 간결하면서도 직관적인 연산으로 이루어져, 데이터 처리 로직의 복잡성을 명료하고 표현력 있게 풀어냅니다. 이 호출 체인call chain은 시각적으로나 개념적으로 쉽게 이해할 수 있어야 합니다. 그 결과, 스트림 파이프라인은 필요한 만큼의 시각적인 부담과 인지적인 부담을 최소화합니다.

재사용 불가능

스트림 파이프라인은 단 한 번만 사용할 수 있습니다. 스트림 파이프라인은 데이터 소스에 연결되어 있으며, 종료 연산이 호출된 후 정확히 한 번만 전달됩니다.

스트림을 다시 사용하려고 시도하면 IllegalStateException이 발생하지만, 스트림이 이미 사용되었는지에 대해서는 확인할 수 없습니다.

스트림은 소스 데이터를 변경하거나 영향을 주지 않기 때문에 항상 동일한 소스 데이터로부터 다른 스트림을 생성할 수 있습니다.

원시 스트림

2장에서 소개한 함수형 인터페이스와 마찬가지로, 스트림 API는 원시 타입 처리의 특수화된 변형을 통하여 오토박싱 오버헤드를 줄입니다.

스트림과 그 변형(IntStream, LongStream, DoubleStream)들은 모두 BaseStream이라는 기본 인터페이스를 기반으로 합니다. 이 구조는 [그림 6-6]에서 자세하게 보여주고 있습니다. 원시 스트림 연산들은 변형된 버전과 유사하지만, 모든 기능이 같은 것은 아닙니다.

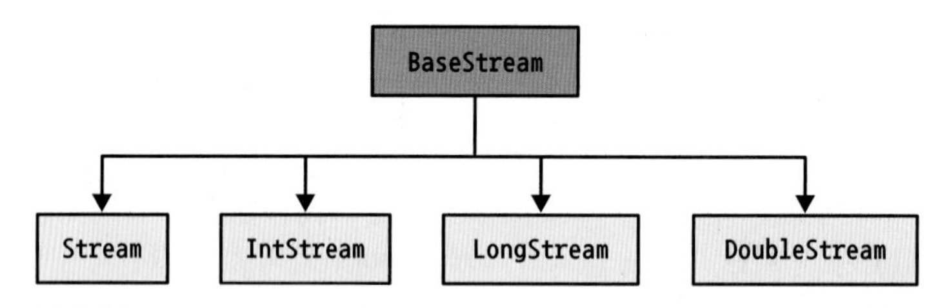

그림 6-6 스트림의 계층 구조

따라서 7장에서는 언제 원시 스트림을 사용해야 하는지, 그리고 단일 연산으로 원시 타입과 비원시 타입 스트림을 어떻게 전환해야 하는지에 대해 심층적으로 다룰 예정입니다.

쉬운 병렬화

전통적인 루프 구조를 사용한 데이터 처리는 기본적으로 순차적입니다. 동시성을 올바르게 처리하는 것은 어려우며, 특히나 직접 구현해야 할 경우 쉽게 잘못될 수 있습니다. 스트림은 처음부터 병렬 실행을 효율적으로 지원하도록 설계되었고, 자바 7에서 도입된 Fork/Join 프레임워크[3]를 기반으로 합니다.

스트림의 병렬화는 파이프라인 내에서 단순히 parallel 메서드를 호출하는 것만으로 가능합니다. 그렇지만 모든 스트림 파이프라인이 병렬 처리에 적합한 것은 아닙니다. 스트림 원본은 충분한 데이터를 포함해야 하며, 연산이 여러 스레드의 오버헤드를 수용할 만큼의 비용을 감당할 수 있어야 합니다. 스레드를 전환하는 것, 즉 컨텍스트 스위치context switch는 상당한 비

3 https://oreil.ly/fTN30

용이 드는 작업입니다.[4]

8장에서는 병렬 스트림 처리와 동시성에 대해 더 자세히 알아보겠습니다.

예외 처리의 한계

스트림은 데이터 처리에 함수형 접근 방식을 도입하여 코드를 더 간결하게 만들어줍니다. 그러나 이것이 스트림 연산 중 발생하는 예외 처리에서 자유롭다는 것을 의미하지는 않습니다.

람다 표현식과 그에 따른 스트림 연산 로직은 예외를 처리하기 위해 특별한 고려 사항이나 문법 설탕syntactic sugar을 제공하지 않습니다. 즉, `try-catch`보다 더 간결하게 예외 처리를 다룰 수 없습니다. 함수형 자바 코드에서 일반적인 예외 상황과, 이를 다양한 방법으로 어떻게 처리하는지에 대해서는 10장에서 더 깊게 알아보겠습니다.

6.2.2 스트림의 핵심, Spliterator

전통적인 `for-each` 루프에서 `Iterator<T>` 타입을 기반으로 요소들을 순회하는 것처럼, 스트림도 자체적인 반복 인터페이스인 `java.util.Spliterator<T>`를 사용합니다.

반복자iterator 타입은 몇 가지 메서드만으로 '다음next'이라는 기본 개념에 집중하기 때문에, 자바의 Collection API에 대한 범용 반복자로 사용됩니다. 그와 달리, `Spliterator`는 특정 특성을 기반으로 요소의 일부를 다른 `Spliterator`로 분리할 수 있습니다. 이러한 독특한 성질로 인해 `Spliterator`는 스트림 API의 핵심 요소가 되며, 스트림은 이러한 부분적인 시퀀스들을 병렬로 처리하면서도 자바의 Collection API 타입을 순회할 수 있게 합니다.

[예제 6-3]은 `java.util.Spliterator`의 간략한 버전을 소개합니다.

---

4 *https://oreil.ly/kwBFq*

예제 6-3 java.util.Spliterator 인터페이스

```
public interface Spliterator<T> {

  // 특성
  int characteristics();
  default boolean hasCharacteristics(int characteristics) {
    // ...
  }

  // 반복
  boolean tryAdvance(Consumer<? super T> action);
  default void forEachRemaining(Consumer<? super T> action) {
    // ...
  }

  // 스플릿
  Spliterator<T> trySplit();

  // 크기
  long estimateSize();
  default long getExactSizeIfKnown() {
    // ...
  }

  // 비교
  default Comparator<? super T> getComparator() {
    // ...
  }
}
```

반복 과정에서 boolean tryAdvance(Consumer action) 메서드와 Spliterator<T> trySplit() 메서드는 핵심적인 역할을 합니다. 그러나 Spliterator의 각 특성은 연산의 능력을 좌우합니다.

스트림에서의 Spliterator 특성들은 스트림이 내부적으로 어떻게 반복을 수행하는지와 어떠한 최적화 기능을 지원하는지를 결정합니다. Spliterator 타입에서는 8개의 결합 가능한 특성이 static int 상수로 정의되어 있으며 [표 6-2]에서 확인할 수 있습니다. 이 특성들은 스트림의 예상된 동작과 일치하는 것처럼 보이지만 모든 특성이 실제로 스트림 구현에서 사용되지는 않습니다.

표 6-2 Spliterator의 특성

특성	설명
동시성 (CONCURRENT)	기본 데이터 소스는 순회 중에 안전하게 동시 수정이 가능합니다. 이는 오직 데이터 소스 자체에만 영향을 미치며, 스트림의 동작에는 영향을 주지 않습니다.
고유성 (DISTINCT)	데이터 소스에는 Set<E>처럼 고유한 요소만 포함합니다. 스트림 내의 모든 요소 쌍은 x.equals(y) == false가 보장됩니다.
불변성 (IMMUTABLE)	데이터 소스 자체는 변경 불가능합니다. 순회 중에는 어떠한 요소도 추가, 교체 또는 제거될 수 없습니다. 이는 오직 데이터 소스 자체에만 영향을 미치며 스트림의 동작에는 영향을 주지 않습니다.
널 아님 (NONNULL)	기본 데이터 소스는 null 값을 포함하지 않는다는 것을 보장합니다. 이는 오직 데이터 소스 자체에만 영향을 미치며, 스트림 동작에는 영향을 주지 않습니다.
순서 (ORDERED)	데이터 소스의 요소에는 약속된 순서가 있습니다. 순회 중에 만난 요소는 특정 순서대로 정렬됩니다.
정렬 (SORTED)	Spliterator<T>가 정렬된 상태인 경우 getComparator() 메서드는 Comparator<T>를 반환하고, 데이터 소스가 자연스럽게 정렬이 되었을 경우 null을 반환합니다. SORTED 상태인 Spliterator 또한 ORDERED 상태여야 합니다.
크기 (SIZED)	데이터 소스는 정확한 크기를 알고 있습니다. estimateSize() 메서드는 추정치가 아닌, 실제 크기를 반환합니다.
부분 크기 (SUBSIZED)	trySplit() 호출 후에 분할되는 모든 Spliterator는 SIZED의 특성을 갖습니다. 이는 오직 데이터 소스 자체에만 영향을 미치며, 스트림의 동작에는 영향을 주지 않습니다.

스트림의 특성은 고정되지 않아도 되며, 기본 데이터 소스에 따라 달라질 수 있습니다. HashSet은 동적 특성을 가진 Spliterator의 예시입니다. 이는 실제 데이터에 따라 HashMap.KeySplieterator 내부 클래스를 사용하는데, 이는 [예제 6-4]에서 확인할 수 있습니다.

예제 6-4 HashSet의 Spliterator 특성

```
public int characteristics() {
    return (fence < 0 || est == map.size ? Spliterator.SIZED : 0) |
            Spliterator.DISTINCT;
}
```

HashSet이 KeySpliterator를 생성하는 방식은 Spliterator가 주변 컨텍스트를 사용하여 그 정보에 대한 결정을 내릴 수 있음을 보여줍니다.

대부분의 경우 스트림의 특성에 대해 크게 고민할 필요는 없습니다. 대개 데이터 소스의 기본적인 기능들은 스트림을 순회하더라도 갑자기 변하지는 않습니다. for-loop 또는 스트림과 함께 Set<E>를 사용하더라도, 여전히 순서에 구애 받지 않고 고유한 요소를 제공합니다. 따라서 사용되는 순회의 방식에 관계없이 여러분의 작업에 가장 적합한 데이터 소스를 선택하세요.

스트림을 활용할 때, 보통 Spliterator를 직접 만들 필요가 없습니다. 다음 장에서 설명할 메서드들이 백그라운드에서 이를 대신 처리해줍니다. 사용자 정의 자료 구조에 Spliterator가 필요하다면 직접 인터페이스를 구현하는 것이 아니라 java.util.Spliterator의 다양하고 편리한 메서드를 활용할 수 있습니다. 가장 간단한 방법은 다음과 같은 메서드를 사용하는 것입니다.

```
<T> Spliterator<T> spliterator(Iterator<? extends T> iterator,
                               long size,
                               int characteristics)
```

그 결과로 생성된 Spliterator는 병렬 지원이 제한적이기 때문에 최적화된 Spliterator가 아닐 수도 있지만, 기존의 Iterator와 호환 가능한 자료 구조를 사용하는 가장 간단한 방법입니다.

java.util.Spliterators 타입이 제공하는 20개 이상의 편의 메서드에 대한 자세한 정보는

공식 문서[5]를 참고하세요.

6.3 스트림 파이프라인 구축하기

스트림 API는 매우 광범위하며 각 연산과 사용 사례에 대한 설명만으로도 책의 전체 내용을 쉽게 채울 수 있습니다. 본서에서는 고차 함수를 사용하여 스트림 파이프라인을 구축하는 더 상위 수준의 관점을 살펴보겠습니다. 이번 학습을 통해 여러분의 코드에서 **map/filter/reduce** 원리를 따르는 많은 데이터 처리 작업을 스트림 파이프라인으로 교체하는 데 도움이 될 것입니다.

Map/Filter/Reduce

대부분의 데이터 처리는 동일한 체계를 따르며 기본적인 세 가지 연산 유형으로 축약됩니다.

- 맵map: 데이터 변환
- 필터filter: 데이터 선택
- 리듀스reduce: 결과 도출

많은 함수형 언어에서는 위의 세 단계가 더 명확한 의미를 갖습니다. 이들은 Collection 타입에서 쉽게 사용할 수 있는 함수들이며, 모든 데이터 처리의 기본적인 구성 요소입니다.

map/filter/reduce 패턴은 요소의 연속을 하나의 단위로 취급합니다. 이러한 접근 방식은 순수하고 독립적인 함수들을 조합하여 더 큰 연산 체인을 만들어냄으로써 내부 반복을 활용하여 제어문을 제거할 수 있게 합니다.

설명에서 짐작할 수 있듯이 자바 스트림은 이 패턴에 잘 어울립니다. 모든 단일 스트림 연산은 세 가지 유형 중 하나에 속합니다. 중간 연산은 맵과 필터 단계를 나타내며 최종 연산은 리듀스 단계를 나타냅니다.

5 https://oreil.ly/OPDTT

실제로 스트림 API는 map, filter, reduce라는 연산을 가지고 있습니다. 그러나 그것보다는 훨씬 더 많은 연산을 제공합니다. 이러한 추가적인 연산들의 로직 대부분은 기본적으로 세 가지 연산을 통해 재현할 수 있으며, 실제로 내부에서도 종종 그렇게 처리되곤 합니다. 이 추가 연산들은 흔히 사용되는 사용 사례들을 직접 구현할 필요 없이 다양하고 특화된 연산을 즉시 활용할 수 있도록 도와줍니다.

6.3.1 스트림 생성하기

각각의 스트림 파이프라인은 기존의 데이터 소스로부터 새로운 스트림 인스턴스를 생성하는 것으로 시작합니다. 가장 흔히 사용되는 데이터 소스는 Collection 타입입니다. 자바 8에서 스트림이 도입될 때 Stream<E> stream( ), Stream<E> parallelStream( ), Spliterator <E> spliterator( )라는 세 가지 메서드가 java.util.Collection에 추가되었습니다. 이 내용은 아래의 [예제 6-5]에서 볼 수 있습니다.

예제 6-5 Collection<E> 타입을 위한 간소화된 스트림 생성

```
public interface Collection<E> extends Iterable<E> {

  default Stream<E> stream() {
    return StreamSupport.stream(spliterator(), false);
  }

  default Stream<E> parallelStream() {
    return StreamSupport.stream(spliterator(), true);
  }

  @Override
  default Spliterator<E> spliterator() {
    return Spliterators.spliterator(this, 0);
  }
```

```
    // ...
}
```

stream 메서드는 List나 Set과 같은 Collection 기반의 자료 구조에서 새로운 스트림 인스턴스를 생성하는 가장 간단한 방법입니다. 이 방법은 기본 구현으로 IMMUTABLE과 CONCURRENT Spliterator를 사용합니다. 그러나 많은 Collection 타입들은 그들만의 최적화된 특성과 동작을 가진 자체 기능을 제공합니다.

Collection에서의 stream 메서드가 스트림을 생성하는 가장 편리한 방법일 수 있지만, JDK는 Stream.of(T… values) 같은 정적 편의 메서드를 통해 스트림을 생성하는 다른 방법들도 제공합니다. 7장에서는 무한 스트림이나 I/O 작업과 같은 다양한 사용 사례를 통해 스트림을 생성하는 더 많은 방법에 대해 학습합니다.

6.3.2 실습하기

이제 스트림에 대한 기본을 익혔으니 그 요소들을 실제로 활용하는 방법을 알아보겠습니다.

스트림의 요소를 다루는 것은 중간 연산을 통해서 이루어집니다. 이 연산들은 크게 세 가지로 구분됩니다. 요소의 변환(**map**), 요소의 선택(**filter**), 또는 일반적인 스트림 동작 수정을 수정하는 것입니다.

> **NOTE** 모든 스트림 연산은 적절한 이름으로 지정되어 있으며 상세한 설명과 예제가 문서화되어 있습니다.[6] 여러 메서드들은 아직 표준화되지 않은 JavaDoc[7]의 @implSpec을 통해 구현 별 동작을 참조하기도 합니다. IDE가 모든 문서를 올바르게 참조하지 못하는 경우에는 온라인 문서나 JavaDoc을 참고하는 것이 좋습니다.

6 *https://oreil.ly/uj3YQ*

7 자바 8 버전 이후의 JavaDoc에는 다양하고 새로운 어노테이션이 도입되었지만, 이 책을 집필한 시기에는 아직 공식 표준이 아니었습니다. 해당 비공식 제안은 JDK-8068562(*https://oreil.ly/1xIaS*)에서 OpenJDK의 버그 추적기를 통해 확인할 수 있습니다.

이번 절에서는 여러 가지 실습을 위해 [예제 6-6]에서 간단한 Shape 레코드를 활용하겠습니다.

예제 6-6 간단한 Shape 타입

```
public record Shape(int corners) implements Comparable<Shape> {

  // 헬퍼 메서드

  public boolean hasCorners() {
    return corners() > 0;
  }
  public List<Shape> twice() {
    return List.of(this, this);
  }
  @Override
  public int compareTo(Shape o) {
    return Integer.compare(corners(), o.corners());
  }

  // 팩토리 메서드

  public static Shape circle() {
    return new Shape(0);
  }

  public static Shape triangle() {
    return new Shape(3);
  }

  public static Shape square() {
    return new Shape(4);
  }
}
```

모든 연산에 대한 예제 코드를 제공하는 것은 아니지만, 각 연산과 요소의 흐름을 그림 자료를 통해 자세히 살펴보겠습니다.

요소 선택

데이터 처리의 가장 기본적인 작업은 특정 조건에 따라 요소를 선택하는 것입니다. 이는 Predicate를 이용한 필터링 혹은 요소의 개수를 기반으로 선택함으로써 이루어집니다.

`Stream filter(Predicate<? super T> predicate)`

요소 필터링의 가장 직관적인 방식입니다. Predicate의 결과가 true일 경우 해당 요소는 후속 처리를 위해 선택됩니다. `Predicate.not(Predicate<? super T> target)` 정적 메서드는 메서드 참조의 장점을 유지하면서도 Predicate를 쉽게 부정할 수 있게 도와줍니다. `java.util.Objects` 클래스를 통해 제공되는 null 검사와 같은 기본 작업들은 메서드 참조 형태로 활용할 수 있습니다. 자세한 내용은 [그림 6-7]을 참고해주세요.

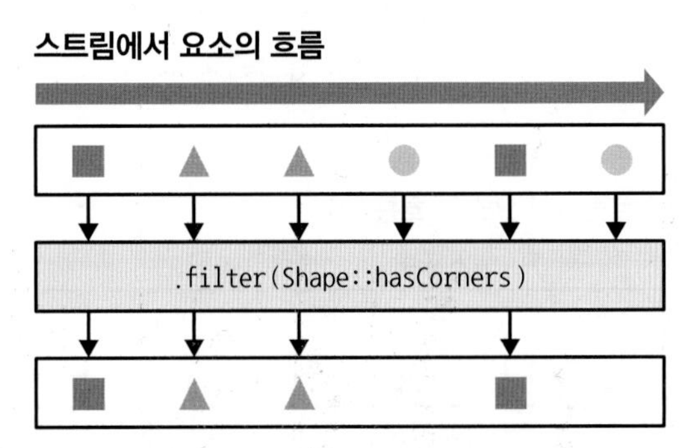

그림 6-7 `Stream<T> filter(Predicate<? super T> predicate)`

`Stream dropWhile(Predicate<? super T> predicate)`

Predicate가 true가 될 때까지 통과하는 모든 요소를 폐기합니다. 이 기능은 ORDERED(순서가 정해진) 스트림을 위해 설계되었습니다. 스트림이 ORDERED 상태가 아니라면 제거된 요소들이 결정론적이지 않을 것입니다. 순차 스트림일 때 필요하지 않은 요소를 버리는 것은 경제적입니다. 그러나 병렬 스트림에서는 여러 스레드 사이의 조정이 필요하므로 연산에 필요한 비용이 많이 들 수 있습니다. 이 기능은 자바 9에서 도입되었습니다. 자세한 내용은 [그림 6-8]을 확인해주세요.

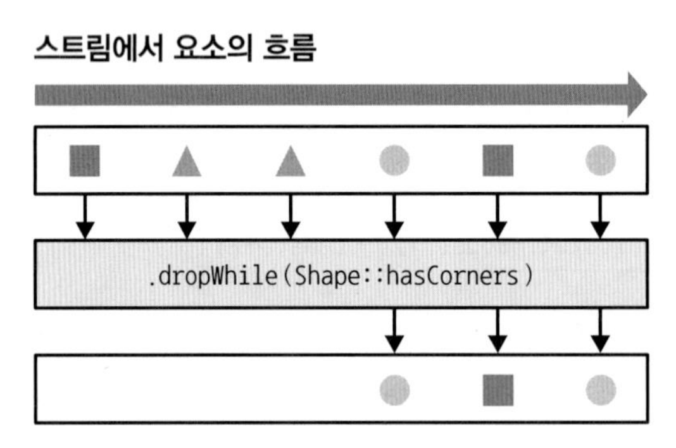

그림 6-8 `Stream dropWhile(Predicate<? super T> predicate)`

`Stream takeWhile(Predicate<? super T> predicate)`

dropWhile의 반대 개념으로 Predicate가 false가 될 때까지 요소를 선택합니다. 이 연산은 자바 9에서 도입되었습니다. [그림 6-9]를 참고해주세요.

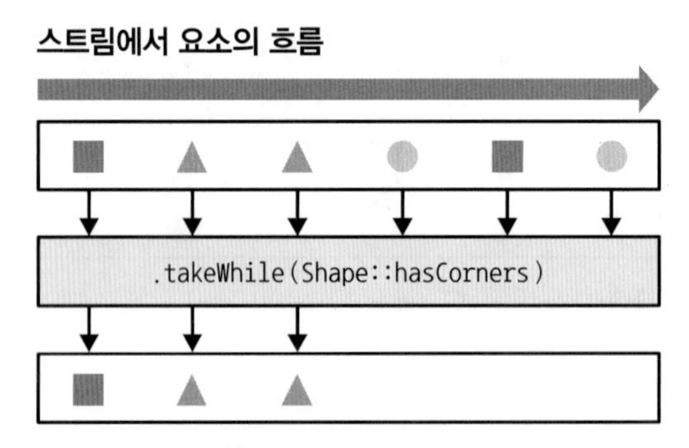

그림 6-9 `Stream takeWhile(Predicate<? super T> predicate)`

Stream<T> limit(long maxSize)

이 연산을 통과하는 요소의 최대 개수를 maxSize로 제한합니다. [그림 6-10]을 확인해주세요.

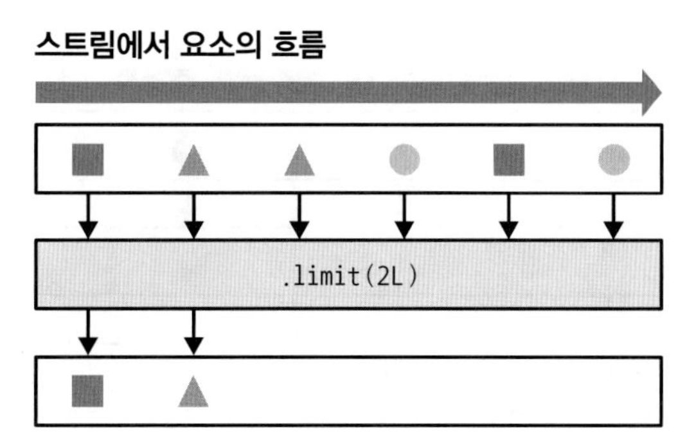

그림 6-10 Stream<T> limit(long maxSize)

Stream<T> skip (long n)

limit의 반대 개념으로, 앞에서부터 n개의 요소를 건너뛰고 나머지 요소들을 다음 스트림 연산으로 전달합니다. 다음 [그림 6-11]를 확인해주세요.

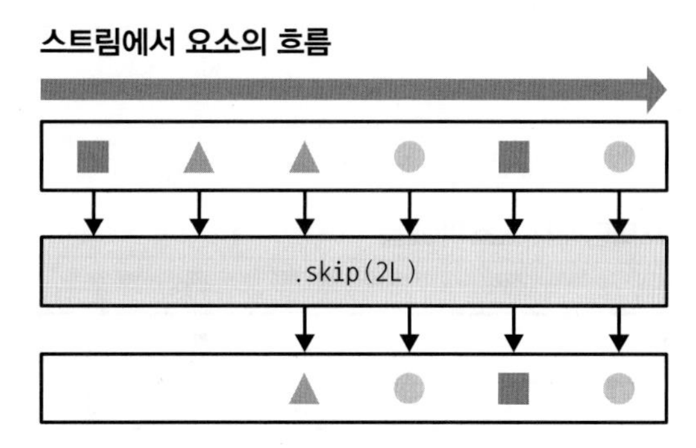

그림 6-11 Stream<T> skip (long n)

Stream<T> distinct()

Object#equals(Object)를 통해 요소들을 비교하며 중복되지 않은 요소만 반환합니다.

이 연산은 요소를 비교하기 위해 모든 요소를 버퍼에 저장합니다. 중복 여부를 판단하기 위한 커스텀 Comparator<T>를 제공하는 별도의 내장된 기능은 존재하지 않습니다. 상세 내용은 [그림 6-12]에서 확인할 수 있습니다.

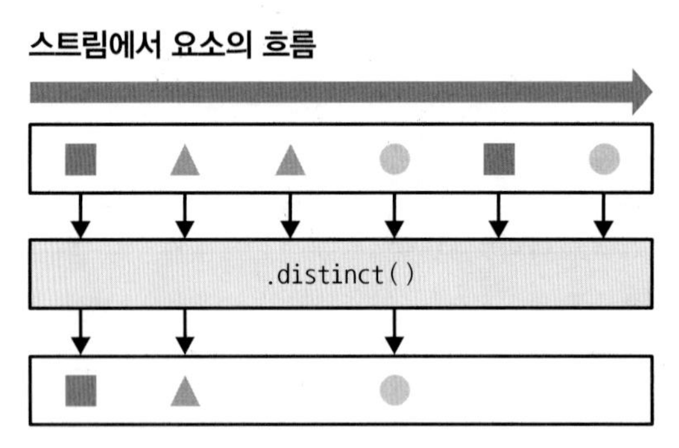

그림 6-12 Stream<T> distinct()

Stream<T> sorted()

요소들이 java.util.Comparable에 부합하는 경우 자연스럽게 정렬됩니다. 만약 그렇지 않다면 스트림을 사용할 때 java.lang.ClassCastException이 발생합니다. [그림 6-13]에서는 도형의 모서리 수를 기준으로 도형을 자연스럽게 정렬한다고 가정합니다. 이 작업은 요소들을 정렬하기 위해 모든 요소를 버퍼에 저장해야 합니다. 다음 [그림 6-13]을 참조하세요.

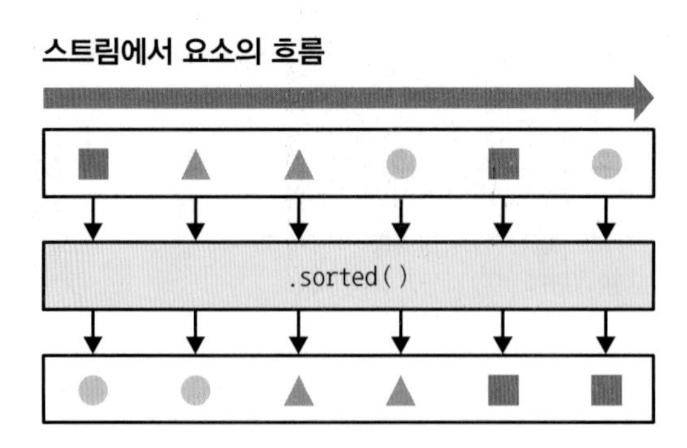

그림 6-13 Stream<T> sorted()

`Stream<T> sorted(Comparator<? super T> comparator)`

sorted 메서드는 사용자 정의 comparator를 사용하여 정렬하는 더 유연한 방식도 제공합니다.

요소 매핑

요소를 **매핑**mapping하거나 변환하는 것은 연산의 또 다른 주요 기능입니다. 원하는 형식으로 시작하는 스트림과 요소는 그리 많지 않을 것입니다. 때로는 다른 표현이 필요하거나 요소의 일부 속성에만 관심이 있는 경우도 있습니다.

초기에는 스트림에서 사용 가능한 매핑 작업이 두 가지뿐이었습니다.

`Stream<R> map(Function<? super T, ? extends R> mapper)`

mapper 함수가 요소에 적용되고 새로운 요소가 스트림으로 반환됩니다. [그림 6-14]를 참고해주세요.

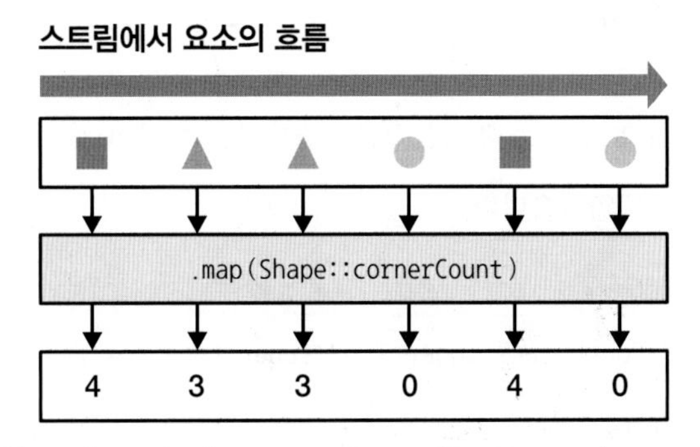

그림 6-14 Stream<R> map(Function<? super T, ? extends R> mapper)

`Stream<R> flatMap(Function<? super T, ? extends Stream<? extends R>> mapper)`

mapper 함수는 여전히 요소에 적용됩니다. 그러나 새로운 요소를 반환하는 대신에

Stream<R>을 반환해야 합니다. map을 사용하는 경우 결과는 중첩된 Stream<Stream<R>>이 되며, 이는 아마도 여러분이 원하는 결과는 아닐 것입니다. flatMap 연산은 컬렉션 또는 Optional과 같은 컨테이너 형태의 요소를 '펼쳐서' 새로운 다중 요소를 포함하는 새로운 스트림으로 만듭니다. 이러한 요소들은 후속 작업에서 사용됩니다. [그림 6-15]를 참조하세요.

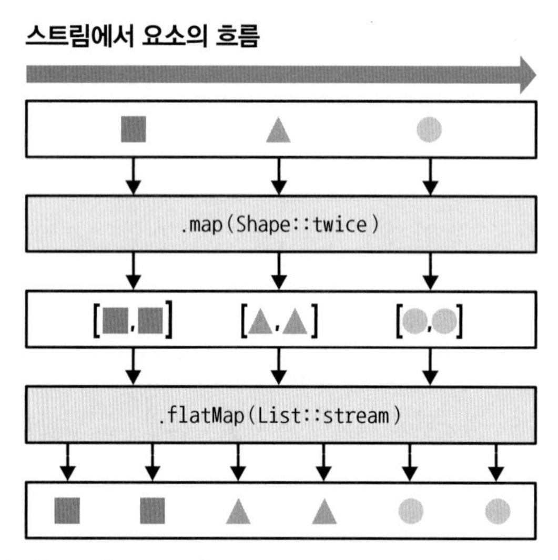

그림 6-15 Stream<R> flatMap(Function<? super T, ? extends Stream<? extends R>> mapper)

자바 16에서는 flatMap과 유사한 역할을 하는 추가적인 매핑 메서드(및 그에 해당하는 세 가지 기본형 메서드)를 도입했습니다.

Stream mapMulti(BiConsumer<? super T, ? super Consumer<R>> mapper)

mapMulti 연산은 매퍼가 스트림 인스턴스를 반환할 필요가 없습니다. 대신 Consumer<R>가 요소를 스트림을 통해 더 아래로 전달합니다.

현재의 Shape 타입은 mapMulti 연산을 사용할 때 코드를 더 깔끔하게 만들지 못하는 것으로 보입니다. 이는 [예제 6-7]에서 볼 수 있습니다.

예제 6-7 flatMap과 mapMulti 비교

```
// FLATMAP
Stream<Shape> flatMap =
  Stream.of(Shape.square(), Shape.triangle(), Shape.circle())
        .map(Shape::twice)
        .flatMap(List::stream);

// MAPMULTI
Stream<Shape> mapMulti =
Stream.of(Shape.square(), Shape.triangle(), Shape.circle())
      .mapMulti((shape, downstream) -> shape.twice()
      .forEach(downstream::accept));
```

flatMap이 간결성과 가독성 측면에서 확실히 우세합니다. 그러나 multiMap의 주요 장점은 map과 flatMap의 두 연산을 하나로 압축한다는 점입니다.

mapMulti의 기본 구현에서는 실제로 새로운 스트림을 생성하기 위해 flatMap을 사용합니다. 따라서 매핑된 요소들은 스트림을 어떻게 생성하는지 알 필요가 없습니다. 다운스트림 Consumer를 직접 호출함으로써 어떤 매핑된 요소들이 새로운 스트림에 속하는지 스스로 결정하게 되며 파이프라인은 이를 생성하는 역할을 담당합니다.

multiMap 연산은 flatMap을 대체하기 위한 것은 아닙니다. 단순히 스트림의 연산 중 하나로서 추가 보완 사항일 뿐입니다. 그러나 mapMulti가 flatMap보다 더 선호되는 사용 사례도 있습니다.

- 스트림 파이프라인에 매핑되는 요소의 수가 매우 적거나 전혀 없는 상황에서는 mapMulti의 사용이 권장됩니다. 이를 통해 flatMap이 각 매핑된 요소 그룹에 대해 새 스트림을 생성하는 오버헤드를 피할 수 있습니다.
- 매핑된 결과를 제공하는 반복적인 접근 방식이 새 스트림 인스턴스를 생성하는 것보다 더 효율적인 경우입니다. mapMulti는 요소를 Consumer에 공급하기 전에 매핑 과정에 대해 더 많은 유연성을 보장합니다.

스트림에서 Peek 사용

중간 연산 중에서도 map/filter/reduce 철학에 맞지 않는 연산이 하나 있습니다. 바로 peek입니다.

스트림의 간결함은 많은 기능을 하나의 호출로 묶을 수 있게 해줍니다. 이는 주요한 장점 중 하나이지만, 이를 디버깅하는 것은 전통적인 명령형 루프 구조보다 훨씬 더 어렵습니다. 이러한 문제점을 완화하기 위해 스트림 API에서는 특별한 연산인 peek(Consumer<? super T> action)을 포함하고 있는데, 이 연산은 스트림의 요소에 개입하지 않고 스트림을 살짝 들여다봅니다[peek]. 이는 [예제 6-8]에서 볼 수 있습니다.

예제 6-8 스트림에서 peek 사용하기

```
List<Shape> result =
  Stream.of(Shape.square(), Shape.triangle(), Shape.circle())
        .map(Shape::twice)
        .flatMap(List::stream)
        .peek(shape -> System.out.println("current: " + shape))
        .filter(shape -> shape.corners() < 4)
        .collect(Collectors.toList());

// 출력:
// current: Shape[corners=4]
// current: Shape[corners=4]
// current: Shape[corners=3]
// current: Shape[corners=3]
// current: Shape[corners=0]
// current: Shape[corners=0]
```

peek 연산은 주로 디버깅을 지원하기 위해 설계되었습니다. 예를 들어 요소를 세는 것과 같이 연산이 최종 결과에 필수적이지 않은 경우 스트림의 최적화를 위해 peek를 생략할 수 있으며 파이프라인을 간소화할 수 있습니다.

연산의 최적화에 대해서는 6.3.4절에서 더 자세히 설명하겠습니다.

6.3.3 스트림 종료하기

최종terminal 연산은 요소를 실제로 처리하여 결과나 사이드 이펙트를 생성하기 위한 스트림 파이프라인의 마지막 단계입니다. 중간 연산과 그들의 지연된 특성과는 달리 최종 연산은 즉시 계산됩니다.

사용 가능한 최종 연산은 다음과 같이 네 가지 그룹으로 나뉩니다.

- 축소
- 집계
- 찾기 및 매칭시키기
- 소비

요소 축소

축소 연산reduction operation은 **fold** 연산이라고도 하며, **누적** 연산자를 반복적으로 적용하여 스트림의 요소들을 하나의 결괏값으로 만듭니다. 이 연산자는 이전의 결과를 현재의 요소와 결합하여 새로운 결과를 만들어냅니다. 이 과정은 [그림 6-16]에서 확인할 수 있습니다. 여기서 중요한 점은 누적자가 중간 자료 구조를 필요로 하지 않으며 항상 새로운 값을 반환해야 한다는 것입니다.

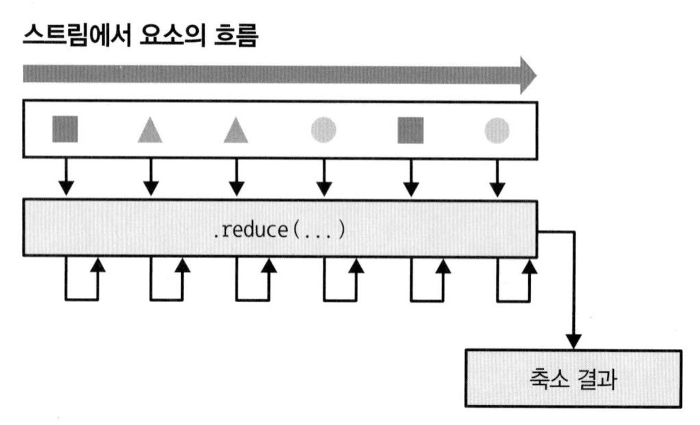

그림 6-16 도형들을 나란히 조합하여 축소하기

축소를 처음 접할 때는 많은 함수형 도구와 마찬가지로 낯설게 느껴질 수도 있습니다. 이 도구들의 핵심 개념을 더 잘 이해하기 위해서는 이것들이 더 익숙한 형태에서 어떻게 작동하는지를 살펴보는 것이 도움이 됩니다.

축소는 다음 세 가지로 구분됩니다.

요소

데이터 처리의 핵심은 데이터 요소를 처리하는 것입니다. 이때 컬렉션 타입은 스트림과 유사합니다.

초기값

모든 데이터의 축적은 특정 지점에서 시작됩니다. 이 시작점을 '초기값'이라고 합니다. 때때로 이 초기값이 명시적으로 주어지지만 특정 축소 변형에서는 첫 번째 요소로 초기값을 대체하며 데이터 요소가 없는 경우에는 선택적 결과를 허용함으로써 생략하기도 합니다.

누적 함수

축소 로직은 현재 요소와 이전의 결과 또는 초기값만으로 작동합니다. 새로운 값을 생성하기 위해 입력에만 의존하기 때문에 이를 '순수 함수'라고 할 수 있습니다.

여러분의 이해를 돕기 위해 Collection<Integer>에서 가장 큰 값을 찾는 과정을 살펴보겠습니다. 각 요소를 순회하면서 다음 요소와의 비교를 통해 각 단계마다 더 큰 값을 반환합니다. [예제 6-9]에서는 축소의 세 가지 주요 부분이 모두 나타나있습니다.

예제 6-9 Collection<Integer>에서 가장 큰 숫자 찾기

```
Integer max(Collection<Integer> numbers) {
  int result = Integer.MIN_VALUE; ❶

  for (var value : numbers) { ❷
    result = Math.max(result, value); ❸
  }

  return result; ❹
}
```

❶ 초기값은 필요한 연산에 따라 다르게 설정할 수 있습니다. 이 경우 가장 큰 값을 찾기 위해 가장 작은 int 값을 초기값으로 선택하는 것이 합리적입니다.

❷ 모든 요소에 축소 로직이 적용되어야 합니다.

❸ 누적 함수를 대표하는 실제 로직입니다.

❹ 최종적으로 축소된 결괏값입니다.

이전 예제를 통해 우리는 일반적인 축소 연산의 본질을 파악할 수 있습니다. 이를 기반으로 [예제 6-10]에서는 이러한 축소 연산의 일반적인 패턴을 명확하게 제시하고 있습니다.

예제 6-10 Reduce와 유사한 for-loop

```
<T> T reduce(Collection elements,
             T initialValue,
             BinaryOperator accumulator) {
  T result = initialValue;
```

```
  for (T element : elements) {
    result = accumulator.apply(result, element);
  }

  return result;
}
```

일반적인 변형을 통해 함수형 접근 방식은 연산이 **어떻게** 수행되는지와 실제로 **무엇을** 하는지를 명확하게 구분한다는 사실을 재확인할 수 있습니다. 이러한 관점에서 볼 때 최댓값을 찾는 이전의 예제는 일반적인 변형을 활용하여 단일 메서드 호출로 간단히 나타낼 수 있습니다.

```
Integer max(Collection<Integer> numbers) {
  return reduce(elements,
                Integer.MIN_VALUE,
                Math::max);
}
```

max 메서드는 스트림 API에서 reduce 메서드만 제공하는 것을 넘어 일반적인 사용 사례를 효과적으로 다루기 위한 전문화된 기능을 제공합니다.

특화된 스트림 연산들은 세 가지 reduce 메서드 중 하나로 구현될 수 있으며 실제로 일부 연산은 reduce를 기반으로 작성되어 있습니다. 그러나 특화된 변형들은 전형적인 축소 연산에 대해 더 표현력 있는 스트림 호출을 생성하기도 합니다.

스트림 API는 세 가지 기본 reduce 연산을 제공합니다.

`T reduce(T identity, BinaryOperator<T> accumulator)`

이 메서드에서 identity는 accumulator 연산을 시작할 때의 초기값, 즉 '시드'값 입니다. [예제 6-10]에서 볼 수 있는 것처럼 이 메서드에서는 for-loop의 순차적 특성에 제한되지 않습니다.

`Optional<T> reduce(BinaryOperator<T> accumulator)`

이 연산은 초기값을 필요로 하지 않습니다. 대신 스트림의 첫 번째 요소가 초기값으로 사용됩니다. 그 결과로 Optional<T>를 반환하는데 이에 대한 상세한 설명은 9장에서 확인할 수 있습니다. 스트림이 어떠한 요소도 포함하고 있지 않다면 반환값은 비어있는 Optional<T>가 됩니다.

`U reduce(U identity, BiFunctional<U, ? super T, U> accumulator, BinaryOperator<U> combiner)`

이 메서드는 map과 reduce를 결합한 변형입니다. 스트림에는 T 타입의 요소가 포함되어 있지만 최종적으로 원하는 축소 결과가 U 타입인 경우에 이 메서드를 사용합니다. 혹은 map과 reduce를 각각 명시적으로 사용할 수도 있습니다. 예를 들어 Stream<String> 내의 모든 문자의 합계를 구하는 [예제 6-11]의 경우 이러한 방식으로 연산을 구분하여 사용하는 것이 결합된 reduce 메서드보다 더 간결하게 느껴질 수 있습니다.

예제 6-11 인수 3개를 활용하는 reduce 연산 vs map과 인수 2개를 가진 reduce

```
var reduceOnly = Stream.of("apple", "orange", "banana")
                       .reduce(0,
                               (acc, str) -> acc + str.length(),
                                Integer::sum);

var mapReduce = Stream.of("apple", "orange", "banana")
                      .mapToInt(String::length)
                      .reduce(0, (acc, length) -> acc + length);
```

단일 reduce 메서드를 사용할지, 아니면 map과 reduce를 따로 사용할지는 개인의 취향이나 람다 표현식의 일반화 및 리팩터링 가능성에 따라 결정됩니다. 특정 상황에서는 람다 대신 메서드 참조를 활용하는 것이 더 효율적일 수 있습니다.

앞서 언급했듯이, 일부 전형적인 축소 작업들은 특화된 연산으로 제공됩니다. 이러한 연산은 원시 스트림에 대한 다양한 변형을 제공하며, 이에 대한 자세한 내용은 [표 6-3]에서 확인할 수 있습니다. 이 표에 기재된 메서드들은 주로 IntStream에 속하지만, 해당하는 타입으로 LongStream과 DoubleStream에서도 동일하게 활용될 수 있습니다.

표 6-3 전형적인 축소 연산

축소 연산	설명
Stream<T>	
Optional<T> min(Comparator<? super T> comparator)	스트림 내의 요소 중에서 제공된 Comparator에 따라 최소 또는 최대 요소를 반환합니다. 연산을 수행할 요소가 없다면 빈 Optional<T>를 반환합니다.
Optional<T> max(Comparator<? super T> comparator)	
long count()	스트림 파이프라인의 마지막에서 요소의 총 개수를 반환합니다. 스트림의 특성에 SIZED가 포함되어 있거나 파이프라인에 필터링이 없는 등, 스트림 자체에서 개수가 결정되는 경우 모든 중간 연산을 실행하지 않습니다.
원시 스트림	
int sum()	스트림에 있는 모든 요소의 합을 반환합니다.
OptionalDouble average()	스트림 내 요소의 평균값을 계산합니다. 스트림에 아무 요소가 없을 때 빈 OptionalDouble을 반환합니다.
IntSummaryStatistics summaryStatistics()	스트림의 요소에 대한 요약을 제공하며, 이는 개수, 합계, 최솟값, 최댓값을 포함합니다.

여러분의 코드를 함수형으로 전환한 후에도, 스트림을 종료할 때 축소 연산이 우선적으로 떠오르지 않을 수도 있습니다. 우리에게 더 익숙하게 느껴지는 다른 축소 연산, 즉 '**집계 연산** aggregation operation'이 있기 때문입니다.

컬렉터를 활용한 요소 집계

스트림이든 루프를 사용하는 명령형 접근법이든, 모든 데이터 처리 작업에 공통적으로 필요한 단계는 결과 요소를 새로운 자료 구조로 집계하는 것입니다. 대부분의 경우 결과 요소들을 새로운 List에 담거나, 중복이 없는 Set에 저장하거나, 다양한 Map 형태로 구성하고 싶을 것입니다.

이러한 맥락에서 요소들을 컬렉션과 유사한 타입의 새로운 값으로 변환하는 것은 축소 연산의 특성을 따릅니다. 이는 [예제 6-12]에 나타나 있습니다.

예제 6-12 reduce 연산으로 요소 집계하기

```
var fruits = Stream.of("apple", "orange", "banana", "peach")
                   ...
                   .reduce(new ArrayList<>(), ❶
                           (acc, fruit) -> {
                            var list = new ArrayList<>(acc); ❷
                            list.add(fruit);
                            return list;
                   },
                   (lhs, rhs) -> { ❸
                    var list = new ArrayList<>(lhs);
                    list.addAll(rhs);
                    return list;
                   });
```

❶ 결과 타입이 스트림 요소와 동일하지 않기 때문에 인수 3개를 가진 reduce 연산이 사용됩니다.

❷ 축소 작업은 새로운 값을 반환해야 하므로, 요소를 집계하기 위해 공유 ArrayList 대신, 각 누적 단계마다 새로운 ArrayList를 생성합니다.

❸ 병렬 처리를 할 경우 병합기combiner로 새로운 인스턴스를 생성하여 여러 ArrayList 인스턴스를 병합합니다.

스트림을 단순한 List로 축소하기 위해서 각 요소에 대해 ArrayList의 새 인스턴스를 반복적으로 생성하고, 병렬 처리 시 ArrayList 인스턴스를 추가로 생성하는 것은 상당히 번거로

운 일입니다.

여러분은 누적 함수 내에서 새로운 것을 생성하고 반환하는 대신, 기존의 ArrayList acc 변수를 재활용하는 방법을 고민할 수도 있습니다. 그러나 이 방법은 reduce 연산이 불변성을 가져야 한다는 기본 원칙을 위반합니다. 그래서 더 효율적이고 우아한 방법인 집계 연산aggregation operation을 사용하는 것이 좋습니다.

> **NOTE** 이 책에서는 해당 연산을 '집계 연산'이라고 지칭하지만, 일반적으로는 '불변 축소 연산immutable reduction operation'과 구분하기 위해 '가변 축소 연산mutable reduction operation'이라는 용어로 알려져 있습니다.

Stream의 종료 연산인 collect는 요소들을 집계할 때 Collector를 사용합니다. 스트림 요소들을 단일 결과로 합치기 위해 **누적** 연산자를 반복적으로 적용하는 대신, 이 연산들은 **가변 결과 컨테이너**mutable result container를 중간 자료 구조로 활용합니다. 이 내용은 [그림 6-17]에서 확인할 수 있습니다.

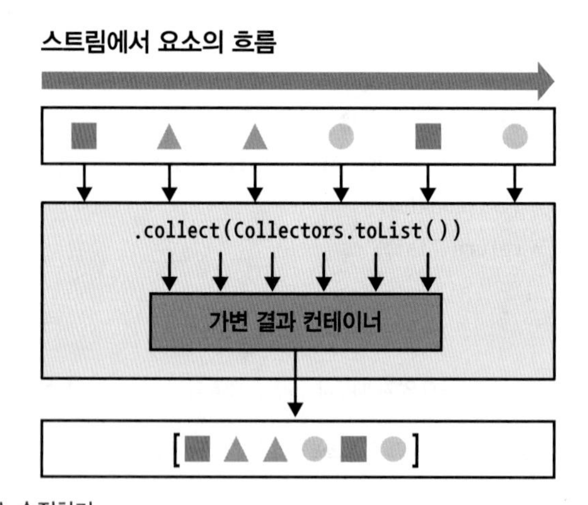

그림 6-17 스트림 요소 수집하기

스트림의 요소들은 java.util.stream.Collector<T, A, R> 타입의 도움을 받아 집계되거나 수집됩니다. 인터페이스의 제네릭 타입들은 수집 과정에 관여하는 다양한 부분들을 대표

합니다.

- T: 스트림 요소들의 타입
- A: 가변 결과 컨테이너의 타입
- R: 수집 과정의 최종 결과 타입으로 중간 컨테이너 타입과 다를 수 있습니다.

Collector는 [그림 6-18]에서 보여지는 것처럼 인터페이스 정의[8]와 완벽하게 일치하는 단계로 구성됩니다.

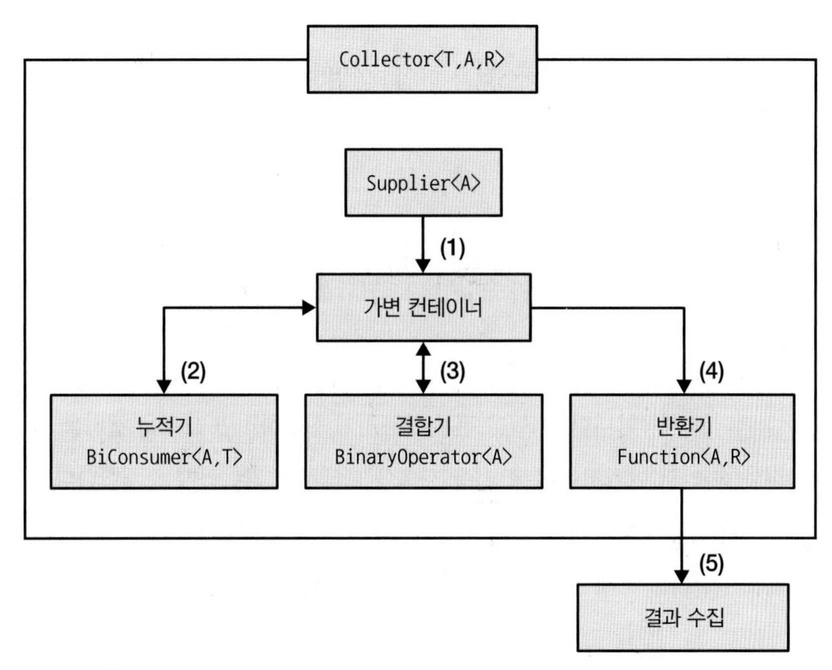

그림 6-18 Collector<T, A, R>의 내부 동작

(1) Supplier<A> supplier()

Supplier는 수집 과정 중에 사용되는 가변 결과 컨테이너의 새 인스턴스를 반환합니다.

8 *https://oreil.ly/GSgk7*

(2) `BiConsumer<A, T> accumulator()`

BiConsumer는 Collector의 핵심 요소입니다. 결과 컨테이너와 현재 요소를 인수로 받아, 타입 T의 스트림 요소들을 타입 A의 컨테이너에 추가합니다.

(3) `BinaryOperator<A> combiner()`

병렬로 스트림을 처리할 때 여러 누적기들이 동시에 작업을 수행할 수 있습니다. 반환된 BinaryOperator는 부분 결과 컨테이너들을 하나로 합칩니다.

(4) `Function<A, R> finisher()`

finisher 함수는 중간 결과 컨테이너를 타입 R의 반환 객체로 변환하는 역할을 합니다. 그 필요성은 Collector의 구현에 따라 달라질 수 있습니다.

(5) 최종 결과

List, Map 또는 단일값을 포함하여 수집된 인스턴스를 의미합니다.

JDK에는 java.util.Collectors 유틸리티 클래스가 포함되어 있으며, 다양한 상황에 적합한 수많은 컬렉터를 제공합니다. 이들을 전부 상세하게 설명하려면 새로운 챕터를 별도로 구성해야 합니다. 따라서 여기서는 주요 사용 사례에 대해서만 간략하게 소개합니다. 7장에서 예제를 활용하여 사용자 정의 컬렉터를 어떻게 만드는지에 대해 자세히 다룹니다. 추가적인 정보와 예제를 원한다면 공식 문서[9]를 참고해주세요.

java.util.Collection 타입으로 수집하기

스트림 요소를 새로운 컬렉션 기반의 타입으로 수집하는 데 가장 많이 사용되는 변형 방법은 다음과 같습니다.

- toCollection(Supplier<C> collectionFactory)

9 *https://oreil.ly/OXlWD*

- toList()
- toSet()
- toUnmodifiableList() (자바 10+)
- toUnmodifiableSet() (자바 10+)

기존의 toList()와 toSet() 메서드는 반환된 컬렉션의 내재된 타입, 가변성, 직렬화 가능성 또는 스레드 안전성을 보장하지 않습니다. 이러한 한계를 보완하기 위해 자바 10에서 Unmodifiable 버전이 추가되었습니다.

java.util.Map(키-값)으로 수집하기(key-value)

스트림 요소에서 키와 값을 매핑하여 Map<K, V>를 생성하는 것 또한 가장 많이 사용되는 컬렉터 작업입니다. 따라서 각각의 변형은 최소한 키와 값에 대한 매핑 함수가 필요합니다.

- toMap(…) (3가지 변형)
- toConcurrentMap(…) (3가지 변형)
- toUnmodifiableMap(…) (2가지 변형, 자바 10+)

toList 및 toSet 메서드와 마찬가지로, 원래의 toMap 변형은 반환된 Map의 내재된 타입, 변경 가능성, 직렬화 또는 스레드 안전성에 대한 보장을 하지 않습니다. 병렬 스트림의 효율적인 수집을 위해 동시성 변형concurrent variant도 사용할 수 있습니다.

그룹화된 java.util.Map으로 수집하기(grouped)

단순한 키-값 관계 대신, 다음과 같은 컬렉터들은 반환된 Map의 값으로 컬렉션 기반 타입을 사용하여 값을 키로 그룹화합니다.

- groupingBy(…) (3가지 변형)
- groupingByConcurrent(…) (3가지 변형)

분할된 java.util.Map으로 수집하기

분할된 맵은 Predicate를 기반으로 요소를 그룹화합니다.

- partitionBy(…) (2가지 변형)

산술 및 비교 연산

산술 및 비교 관련 컬렉터처럼 축소 연산과 컬렉터 사이에는 일정한 중복이 발생합니다.

- averagingInt(ToIntFunction<? super T> mapper)
- summingInt(ToIntFunction<? super T> mapper)
- summarizingInt(ToIntFunction<? super T> mapper)
- counting()
- minBy(Comparator<? super T> comparator)
- maxBy(Comparator<? super T> comparator)

문자열 연산

단일 문자열 요소를 결합하기 위한 세 가지 변형이 있습니다.

- joining(…) (3가지 변형)

고급 응용 사례

다중 레벨 축소나 복잡한 그룹화/분할과 같은 고급 사용 사례에서는 '다운스트림down-stream' 컬렉터의 지원을 통해 여러 단계의 수집 작업이 필요합니다.

- reducing(…) (3가지 변형)
- collectingAndThen(Collector<T,A,R> downstream, Function<R,RR> finisher)
- mapping(Function<? super T, ? extends U> mapper, Collector<? super U, A, R>

downstream) (자바 9+)

- filtering(Predicate<? super T> predicate, Collector<? super T, A, R> downstream) (자바 9+)
- teeing(Collector<? super T, ?, R1> downstream1, Collector<? super T, ?, R2> downstream2, BiFunction<? super R1, ? super R2, R> merger) (자바 12+)

다양한 컬렉터의 활용 방법과 다운스트림 컬렉션을 포함한 복잡한 컬렉션의 작업 흐름에 대해서는 7장에서 자세히 설명할 예정입니다.

요소 수집과 축소 비교

종료 연산인 reduce와 collect는 동전의 양면과 같습니다. 두 연산 모두 축소와 관련된 연산이지만 결과를 재조합하는 방식에 차이가 있습니다. 불변성immutable과 가변성mutable에 기반한 차이로 인해 성능 특성도 크게 달라집니다.

부분 결과 생성 비용이 낮은 경우에 불변 누적을 사용하는 reduce 연산이 적합합니다. 숫자를 더하는 작업을 예로 들 수 있습니다. 다음의 [예제 6-13]를 살펴봅시다.

예제 6-13 스트림을 사용한 숫자의 불변 누적

```
var numbers = List.of(1, 2, 3, 4, 5, 6);

int total = numbers.stream()
                   .reduce(0, ❶
                           Integer::sum); ❷
```

❶ 초기값(시드)은 모든 병렬 축소 연산에 활용됩니다.

❷ 메서드 참조는 이전(또는 초기) 값과 현재 스트림 요소를 축적하기 위한 BiFunction<Integer, Integer, Integer>로 변환됩니다.

[그림 6-19]에서 볼 수 있는 것처럼 축소 연산은 이전 연산을 기반으로 합니다.

모든 상황에 이 방식을 적용하는 것은 비효율적일 수 있습니다. 특히 중간 결과 생성에 비용이 많이 들 때는 더욱 그렇습니다. 예를 들어 String 타입을 생각해보세요. 4장에서 여러분은 String의 불변성에 대해 배웠고, String 수정 작업에 비용이 많이 드는 이유에 대해 알게 되었습니다. 이러한 이유로 일반적인 처리 비용을 최소화하기 위해 StringBuilder나 StringBuffer와 같은 최적화된 중간 컨테이너 사용이 권장됩니다.

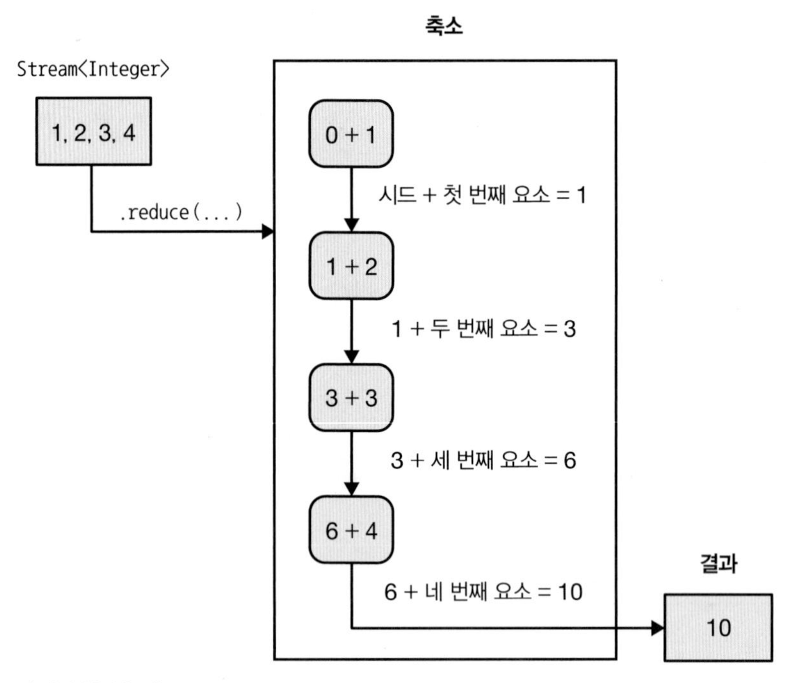

그림 6-19 숫자의 불변 누적

String 객체의 리스트를 불변 축소로 연결하기 위해서는 단계마다 새로운 String을 생성해야 합니다. 이로 인해 문자의 수가 n일 때, $O(n^2)$ 의 실행 시간이 필요합니다.

[예제 6-14]에서는 String 연결의 불변 및 가변 버전을 비교해보겠습니다.

예제 6-14 String 요소 연결하기: reduce와 collect 비교

```
var strings = List.of("a", "b", "c", "d", "e");
```

```
// 스트림 리듀스
var reduced = strings.stream()
                     .reduce("", ❶
                             String::concat); ❷

// 스트림 컬렉터 - 사용자 정의
var joiner = strings.stream()
                    .collect(Collector.of(() -> new StringJoiner(""), ❸
                                          StringJoiner::add, ❹
                                          StringJoiner::merge, ❺
                                          StringJoiner::toString)); ❻

// 스트림 컬렉터 - 사전 정의
var collectWithCollectors = strings.stream()
                                   .collect(Collectors.joining()); ❼
```

❶ 초기값은 첫 번째로 생성되는 String입니다.

❷ 각 축소 단계마다 새로운 String이 생성되므로 필요한 처리량과 메모리 사용량은 요소의 개수에 따라 비례하여 증가합니다.

❸ 첫 번째 인수는 가변 컨테이너에 대한 Supplier<A>를 지정합니다.

❹ 두 번째 인수는 컨테이너와 현재의 요소를 인수로 받는 BiConsumer<A, T>입니다.

❺ 세 번째 인수는 병렬 처리 시 다수의 컨테이너를 어떻게 병합할지 결정하는 BinaryOperator<A>를 정의합니다.

❻ 마지막 인수인 Function<A, R>는 컬렉터에게 어떻게 최종 결과 타입 R을 생성할지 알려줍니다.

❼ java.util.stream.Collectors 유틸리티 클래스는 다양한 컬렉터를 제공하므로, 컬렉터를 인라인으로 생성하는 것보다 스트림 파이프라인을 작성하는 것이 훨씬 간편합니다.

Collector는 작업하려면 불변 축소보다 더 많은 인수가 필요합니다. 그러나 이 추가 인수 덕분에 컬렉터는 가변 컨테이너를 활용하여 스트림의 요소를 보다 효과적으로 축소할 수 있습니다. 문자열 결합과 같은 일반적인 작업에는 java.util.stream.Collector에서 제공하는 사전에 정의된 컬렉터들을 활용하면 편리합니다.

불변 또는 가변 중, 어떠한 축소 방식을 선택할 것인지는 사용자의 필요에 따라 크게 달라집니다. 필자는 개인적으로 실제 메서드의 이름을 고려합니다. 예를 들어 결과가 List나 Map과 같은 Collection 기반 타입인 경우에는 collect를 선택하고 결과가 누적된 단일값인 경우 reduce를 선택하세요. 단, 성능과 메모리 이슈도 반드시 고려해야 합니다.

7장에서는 컬렉터에 대해 더 자세히 다루며 사용자 정의 컬렉터의 생성 방법에 대해서도 깊게 다룰 예정입니다.

요소를 직접 집계하기

Collector 타입은 요소들을 새로운 자료 구조로 모으는 강력하고 다양한 방법을 제공하지만, 때로는 더 간단한 해결책이 더 적합할 수도 있습니다. Stream<T>는 일반적인 작업에 대한 종료 집계 연산을 추가로 제공합니다.

List<T> 반환하기

자바 16에서는 새로운 List<T>를 생성하기 위해 자주 사용되는 집계를 단순화하는 toList()라는 종료 연산을 도입했습니다. 이 연산은 컬렉터 기반의 워크플로 없이 요소를 집계하므로 더 적은 메모리가 필요합니다. 스트림의 크기가 미리 알려진 경우에 이를 사용하는 것이 최적이며 collect(Collectors.toList())에 비해 더 간결한 방법입니다. 이는 collect(Collectors.toList())를 사용할 때와 동일하게 반환되는 목록의 구현 타입이나 직렬화에 대한 보장은 하지 않습니다. 하지만 반환된 목록이 수정 불가능하다는 차이점이 있습니다.

배열 반환하기

스트림의 요소를 배열로 반환하는 것은 축소나 컬렉터가 필요하지 않습니다. 대신 두 가지 연산을 사용할 수 있습니다.

- Object[] toArray()
- A[] toArray(IntFunction<A[]> generator)

toArray의 두 번째 변형은 배열 생성기array generator를 제공함으로써 특정 타입의 배열을 Object[] 대신에 생성할 수 있게 해줍니다. 이 배열 생성기는 대부분 생성자에 대한 메서드 참조입니다.

```
String[] fruits = Stream.of("apple", "orange", "banana", "peach")
                        ...
                        .toArray(String[]::new);
```

요소 찾기 및 매칭시키기

스트림에서 요소를 새로운 형태로 집계하는 것뿐만 아니라, 특정한 요소를 찾아내는 것 또한 스트림의 주요 작업 중 하나입니다. 이를 위한 여러 종료 연산을 제공합니다.

Optional<T> findFirst()

첫 번째로 만나는 스트림의 요소를 반환합니다. 스트림이 정렬되어 있지 않다면 임의의 요소가 반환될 수 있습니다. 스트림이 비어있다면 빈 Optional<T>를 반환합니다.

Optional<T> findAny()

스트림 내 임의의 요소를 반환합니다. 스트림이 비어있다면 빈 Optional<T>를 반환합니다.

보시다시피 두 메서드는 인수를 가지고 있지 않아서 원하는 요소를 찾기 위해서는 filter 연산을 먼저 수행해야 합니다.

요소 자체가 필요하지 않은 경우 Predicate<T>와 요소를 비교하는 일치 연산matching operation을 사용해야 합니다.

`boolean anyMatch(Predicate<? super T> predicate)`

predicate와 일치하는 요소가 스트림에 하나라도 존재하면 true를 반환합니다.

`boolean allMatch(Predicate<? super T> predicate)`

스트림의 모든 요소가 predicate와 일치하면 true를 반환합니다.

`boolean noneMatch(Predicate<? super T> predicate)`

predicate와 일치하는 요소가 스트림에 없으면 true를 반환합니다.

요소 소비

종료 연산의 마지막 그룹은 **사이드 이펙트 전용 연산**입니다. forEach 메서드는 값을 반환하는 대신, Consumer<T>만 받아들입니다.

`void forEach(Consumer<? super T> action)`

각 요소마다 주어진 동작을 수행합니다. 특히 병렬 스트림에서 최적의 성능을 위해 실행 순서는 명시적으로 비결정적입니다.

`void forEachOrdered(Consumer<? super T> action)`

스트림이 ORDERED 상태라면 만나게 되는 순서에 따라 각 요소에 대한 action이 실행됩니다.

함수적 관점에서 보면 이 연산들이 조금은 어색하게 느껴질 수 있습니다. 그러나 기존의 명령형 코드를 함수형으로 전환하려는 개발자들에게는 꽤 유용할 수 있습니다.

스트림 작업 시 지역적인 사이드 이펙트side effect가 꼭 나쁜 것만은 아닙니다. 모든 코드를 간단하게 리팩터링하여 사이드 이펙트를 없애는 것은 사실상 불가능에 가깝습니다. 다른 연산들과 마찬가지로, 스트림 내부의 로직의 간결성은 해당 스트림 파이프라인이 얼마나 명확하고 이해하기 쉬운지에 달려있습니다. 메서드 참조나 간결한 람다보다 복잡한 로직이 필요하다면 파이프라인의 간결성과 가독성을 유지하기 위해 해당 로직을 별도의 메서드로 분리하는 것이 좋습니다.

6.3.4 연산 비용

스트림의 아름다움은 여러 연산을 단일 파이프라인으로 연결할 수 있는 능력에 있습니다. 그러나 한 가지 기억해야 할 것이 있습니다. 항목이 다운스트림에서 거부될 때까지 모든 연산이 호출됩니다.

[예제 6-15]에서 간단한 스트림 파이프라인을 살펴보겠습니다.

예제 6-15 단순한 과일 파이프라인

```
Stream.of("ananas", "oranges", "apple", "pear", "banana")
        .map(String::toUpperCase) ❶
        .sorted() ❷
        .filter(s -> s.startsWith("A")) ❸
        .forEach(System.out::println); ❹
```

❶ 원하는 형태로 요소 변환하기

❷ 자연스러운 순서로 정렬하기

❸ 필요 없는 요소를 제외하기

❹ 마지막으로 남아있는 요소들을 가공하기

이 과일 파이프라인 예제에서는 5개의 요소를 처리하기 위해 3개의 중간 연산과 하나의 종료 연산을 사용합니다. 이 간단한 코드에서 얼마나 많은 연산 호출이 발생하는지 추측해보셨나요? 함께 확인해봅시다!

스트림 파이프라인은 map을 다섯 번, sorted를 여덟 번, filter를 다섯 번 호출하며, forEach는 두 번 호출됩니다. 결론적으로, **2개의 결괏값**을 출력하기 위해 총 20번의 연산이 실행되었습니다. 파이프라인이 본래의 목적대로 동작한다고 해도, 이는 상당히 비효율적입니다. 연산의 호출 횟수를 줄이기 위해 [예제 6-16]에서 연산의 순서를 재조정하는 방법을 살펴보겠습니다.

예제 6-16 개선된 과일 파이프라인

```
Stream.of("ananas", "oranges", "apple", "pear", "banana")
        .filter(s -> s.startsWith("a")) ❶
        .map(String::toUpperCase) ❷
        .sorted() ❸
        .forEach(System.out::println); ❹
```

❶ 필요 없는 요소를 제외하기

❷ 원하는 형태로 요소 변환하기

❸ 자연스러운 순서로 정렬하기

❹ 마지막으로 남아있는 요소들을 가공하기

먼저 필터링을 활용하면 map 연산의 호출과 sorted 연산의 작업량이 크게 줄어듭니다. 구체적으로 살펴보면 filter는 다섯 번 호출되고, map은 두 번, sorted는 한 번, 그리고 forEach는 두 번 호출됩니다. 이렇게 함으로써 결과를 변경하지 않고 총 연산 횟수를 **50%** 줄일 수 있습니다.

스트림의 요소들이 종료 연산에 이르기 전까지는 스트림 파이프라인과 그 연산을 통해 푸시push되지 않는다는 것을 기억하세요. 다만, 종료 연산이 파이프라인을 통해 요소들을 추출pull합니다. 파이프라인을 통과하는 요소가 적을수록 성능은 향상됩니다. 그래서 몇몇 연산들은 스트림을 조기에 중단하는 **쇼트 서킷**short-circuit의 성격을 지녔다고 여겨집니다. [표 6-4]에 나열된 쇼트 서킷 연산들은 스트림이 모든 요소를 순회하지 않아도, 해당 연산의 목적을 달성할 수도 있는 연산들입니다.

표 6-4 쇼트 서킷 스트림 연산

중간 연산	종료 연산
`Limit`	`findAny`
`takeWhile`	`findFirst`
	`anyMatch`
	`allMatch`
	`noneMatch`

이러한 동작은 무한한 스트림을 처리할 수 있게 해줍니다. 그 결과로 중간 연산이 유한한 스트림을 생성할 수 있거나, 종료 연산이 유한한 시간 안에 작업을 완료할 수 있습니다.

논쇼트 서킷non-short-circuit이 아닌 연산 중에서도 매우 최적화된 동작을 가진 종료 count 연산이 있습니다. count로 종료된 스트림의 전체 요소의 수가 스트림 자체로부터 유도될 수 있다면 count에 영향을 주지 않는 이전 연산들은 제외될 수 있습니다. 아래 코드를 참고해주세요.

```
var result = Stream.of("apple", "orange", "banana", "melon")
                   .peek(str -> System.out.println("peek 1: " + str))
                   .map(str -> {
                     System.out.println("map: " + str);
                     return str.toUpperCase();
                   })
                   .peek(str -> System.out.println("peek 2: " + str))
                   .count();
// 출력 결과 없음
```

파이프라인에는 System.out.println 호출이 포함된 세 가지 연산이 있으나 모두 생략되었습니다. 이러한 동작의 원리는 간단합니다. map과 peek 연산은 스트림 파이프라인에 요소를 삽입하거나 제거하지 않아 결과적으로 최종 개수에 영향을 미치지 않습니다. 따라서 실제로 필요하지 않습니다.

연산의 생략 여부는 스트림이 해당 연산을 생략할 수 있다고 판단할 때 결정됩니다. 예를 들어 앞서 언급한 코드에 filter 연산이 추가되면 모든 연산이 수행됩니다.

```
var result = Stream.of("apple", "orange", "banana", "melon")
                   .filter(str -> str.contains("e"))
                   .peek(str -> System.out.println("peek 1: " + str))
                   .map(str -> {
                     System.out.println("map: " + str);
                     return str.toUpperCase();
                   })
                   .peek(str -> System.out.println("peek 2: " + str))
                   .count();

// 출력:
// peek 1: apple
// map: apple
// peek 2: APPLE
// peek 1: orange
// map: orange
// peek 2: ORANGE
// peek 1: melon
// map: melon
// peek 2: MELON
```

하지만 모든 스트림 파이프라인이 불필요한 연산을 항상 생략한다는 의미는 아닙니다. 스트림 파이프라인에서 사이드 이펙트side effect가 필요한 경우 사이드 이펙트만을 위한 연산으로 설계된 두 가지 forEach 종료 연산 중 하나를 사용해야 합니다.

6.3.5 스트림 동작 변경하기

6.2.2절에서 설명한 것처럼 스트림의 특성은 생성 시점에 설정됩니다. 그러나 모든 스트림 연산이 항상 모든 특성과 잘 맞는 것은 아닙니다. 특히 병렬 스트림에서는 요소의 순서가 성능에 상당한 영향을 미칠 수 있습니다. 예를 들어 `filter` 연산을 사용하여 요소를 선택하는 것은 쉽게 병렬화할 수 있는 작업이지만 `takeWhile`은 병렬로 실행될 때 작업 간 동기화가 필요합니다. 그래서 [표 6-5]에 나열된 중간 연산을 통해 특정 스트림의 특성이 전환될 수 있으며 이 연산들은 특성이 변경된 동등한 스트림을 반환합니다.

표 6-5 스트림의 동작 변경하기

연산	설명
`parallel()`	병렬 처리를 활성화합니다. 스트림이 이미 병렬일 경우 `this`를 반환합니다.
`sequential()`	순차 처리를 활성화합니다. 스트림이 이미 순차적일 경우 `this`를 반환합니다.
`unordered()`	순서가 없는 스트림을 반환합니다. 스트림이 이미 순서가 없을 경우 `this`를 반환합니다.
`onClose(Runnable closeHandler)`	스트림이 완료된 후 호출될 추가적인 종료 핸들러를 추가합니다.

단 한 번의 메서드 호출만으로도 스트림의 행동 전환이 가능합니다. 그러나 이것이 항상 좋은 방법이라는 의미는 아닙니다. 사실 파이프라인과 원시 스트림이 병렬로 실행되도록 설계되지 않았다면 병렬 처리로 전환하는 것은 종종 나쁜 결과를 초래합니다.

스트림 파이프라인을 사용할 때 병렬 처리의 사용 여부를 결정하려면 8장을 참고해주세요.

6.4 스트림 사용 여부 선택

스트림은 자바의 다양한 함수형 기능을 활용하여 데이터 처리를 더욱 효과적으로 만드는 뛰어난 방법입니다. 때로는 모든 종류의 데이터 처리에 스트림을 과하게 활용하고자 하는 강한

충동을 느낄 수도 있습니다. 필자도 처음에는 스트림을 과도하게 사용하기도 했습니다. 모든 데이터 처리 파이프라인이 스트림이 되는 것에 대해 동일한 혜택을 받지는 않는다는 것을 명심하세요.

스트림 사용 여부를 결정할 때는 서로 연관된 여러 요소들을 충분히 고려하여 신중하게 판단해야 합니다.

작업의 복잡도는 얼마나 높은가요?

단순하게 몇 줄로 이루어진 반복문은 스트림으로 변환했을 때 큰 이점을 얻기는 어렵습니다. 이는 작업 전체와 필요한 로직을 얼마나 쉽게 멘탈 모델에 맞출 수 있는지에 따라 달라집니다.

작업의 내용을 쉽게 파악할 수 있다면 간단한 `for-each` 반복문을 사용하는 것이 더 나은 선택일 수 있습니다. 하지만 복잡한 로직을 가진 긴 루프를 명확한 연산들로 구성된 스트림 파이프라인으로 압축한다면 코드의 가독성과 유지보수성이 크게 향상될 것입니다.

스트림 파이프라인이 얼마나 함수적인가요?

스트림 파이프라인은 여러분의 로직으로 채워질 단순한 구조물일 뿐입니다. 로직이 함수형 접근 방식에 적합하지 않다면 스트림이 제공하는 모든 혜택과 안전성을 보장받지 못할 것입니다.

코드를 더욱 함수적이고 순수하게, 또는 불변하게 재설계하는 것은 항상 바람직하며 스트림 API와의 호환성도 높아집니다. 그러나 실제로 필요하지 않은 코드를 스트림 파이프라인에 맞게 강제하는 것은 문제의 본질을 이해하지 않은 상태에서 해결책만을 찾아가는 것과 같습니다. 코드의 생산성과 가독성, 유지보수성을 향상시키는 기능을 도입하기 위해 코드를 수정하는 것은 좋습니다.

하지만 이러한 결정은 단순히 특정 기능을 사용하고 싶다는 이유보다, 장기적으로 프로젝트와 코드에 무엇이 가장 좋을지를 고려한 선택이어야 합니다.

처리되는 요소의 수는 어느 정도인가요?

스트림 파이프라인 구성에 필요한 오버헤드는 처리하는 요소의 수에 비례하여 감소합니다. 소규모 데이터 소스의 경우 필요한 인스턴스, 메서드 호출, 스택 프레임 및 메모리 사용량 간의 관계는 많은 양의 요소를 처리할 때보다 무시할 수 없을 정도로 중요합니다.

순수한 성능 측면에서 보면 '완벽하게 최적화된' `for-loop`는 순차 스트림에 비해 더 우수합니다. 전통적인 자바의 반복문은 언어 레벨에서 구현되므로 특히 작은 루프에 대해 JVM이 최적화할 수 있는 가능성이 더 많습니다. 반면에 스트림은 일반적인 자바 타입으로 구현되므로 런타임 오버헤드가 불가피하게 발생합니다. 그렇다고 해서 스트림의 실행이 최적화되어있지 않다는 뜻은 아닙니다. 이 장에서 배운 것처럼 스트림 파이프라인은 연산을 짧게 만들거나 병합하면서 파이프라인의 처리량을 극대화할 수 있습니다.

이러한 요소 중 어느 하나만으로 스트림 사용 여부를 결정하는 것은 바람직하지 않습니다. 특히 많은 개발자가 가장 중요하게 생각하는 '성능'은 코드 설계와 도구 선택에 있어 가장 중요한 기준이 되어서는 안 됩니다.

여러분의 코드는 언제든지 성능 향상의 여지가 있습니다. 성능에 대한 고민만으로 적절한 도구를 선택하지 않는다면 문제에 대한 최적의 해결책을 놓칠 위험이 있습니다.

토니 호어Tony Hoare[10]는 '우리는 작은 효율성을 잊어야 한다. 조기 최적화는 모든 악의 근원이다'라고 말했습니다.

스트림과 루프 중 어느 것을 사용할지 결정하는 상황에서 이러한 조언은 큰 도움이 될 수 있습니다. 약 97%의 대다수 상황에서 단순한 성능에 크게 연연해 할 필요가 없습니다. 이러한

10 찰스 앤서니 리처드 호어(Charles Antony Richard Hoare)는 영국의 컴퓨터 과학자로, 컴퓨터 과학 분야에서 가장 높은 명예로 여겨지는 튜링상의 수상자입니다. 그는 프로그래밍 언어, 알고리즘, 운영 체제, 형식 검증, 병렬 컴퓨팅 등의 분야에서 기여했습니다.

경우 스트림은 스트림 API가 제공하는 수많은 장점을 고려하면 가장 간단하고 직관적인 해결책이 될 수 있습니다. 드물게 약 3%의 경우 원시 성능에 중점을 둬야 목표를 달성할 수 있으며 스트림이 최적의 해결책이 아닐 수 있습니다. 8장에서는 병렬 스트림을 활용하여 성능을 최적화하는 방법에 대해 배웁니다.

스트림 사용 여부를 결정할 때 새롭고 낯선 것에 도전하는 용기와 의지를 얼마나 가지고 있는지 고민해보면 좋습니다. 프로그래밍을 처음 배울 때 지금은 매우 익숙하게 사용하는 모든 루프 구조가 복잡하게 느껴졌을 것입니다.

처음에는 모든 것이 어렵게 느껴지지만 시간과 경험을 통해 그 구조에 점점 익숙해지고 편해졌을 것입니다. 스트림 역시 마찬가지입니다. 스트림 API의 모든 것을 배우는 데 시간이 좀 걸릴 수 있지만 효율적으로 스트림을 활용하여 간결하고 명료하게 데이터 처리 파이프라인을 만드는 것이 점점 더 자연스러워질 것입니다.

스트림의 핵심 목표는 가능한 한 최고의 성능을 달성하거나 모든 루프 구조를 대체하는 것이 아닙니다. 스트림은 데이터 처리에 있어서 보다 선언적이고 표현력 있는 방법을 제공하기 위한 것입니다. 이는 자바의 강력한 타입 시스템을 기반으로 하는 전통적인 map/filter/reduce 패턴을 제공하되, 동시에 자바 8에서 도입된 강력한 함수형 기법을 염두에 두고 설계되었습니다. 함수형 스트림 파이프라인을 설계하는 것은 객체의 시퀀스에 함수형 코드를 적용하는 가장 간단하고 간결한 방법입니다.

마지막으로 순수 함수와 불변성을 지닌 데이터의 조합은 자료 구조와 데이터 처리 로직 간의 연결을 더욱 유연하게 만듭니다. 모든 연산은 그 현재 상태에서의 단일 요소만 처리하면 됩니다. 이러한 독립성은 필요에 따라 더 크고 복잡한 작업으로 구성될 수 있는 작업의 재사용성과 유지보수성을 향상시킵니다.

핵심 요약

- 스트림 API는 외부 반복 없이도 map/filter/reduce와 같은 데이터 처리 파이프라인을 선언적으로 생성하는 방법을 제공합니다.
- 스트림 파이프라인의 핵심은 연결 가능한 고차 함수들입니다.
- 스트림은 내부 반복을 사용하며 순회 방법을 데이터 소스에 더 많이 위임합니다.
- 기존의 map/filter/reduce 연산 외에도 다양하고 특화된 연산들을 활용할 수 있습니다.
- 스트림은 지연성을 갖습니다. 실제 작업은 종료 연산이 호출될 때까지 수행되지 않습니다.
- 기본적으로 순차 처리를 하지만 필요에 따라 병렬 처리로 쉽게 전환할 수 있습니다.
- 병렬 처리는 항상 최적의 방법이라고 할 수 없으며 효율적으로 문제를 해결하기 위해서는 검증이 필요합니다.

CHAPTER

07 스트림 사용하기

스트림은 자바 8의 함수적 특성을 활용하여 데이터 처리를 위한 선언적 방식을 제공합니다. 스트림 API는 다양한 활용 방안을 제시하지만 이를 최대한 활용하기 위해서는 다양한 헬퍼 클래스와 연산들이 어떻게 작동하는지 알아야 합니다.

6장에서는 스트림의 핵심 원리에 대해 살펴봤습니다. 7장에서는 6장을 기반으로 다양한 상황에 맞게 스트림을 생성하고 다루는 방법들을 소개하겠습니다.

7.1 원시 스트림

자바에서 제네릭은 객체 기반 타입에서만 작동합니다(아직까지는[1]). 그래서 `Stream<T>`는 `int`와 같은 기본값 시퀀스에 사용될 수 없습니다. 스트림과 함께 원시 타입을 사용하는 데는 두 가지 옵션만 있습니다.

- 오토박싱autoboxing
- 스트림의 특화된 변형specialized stream variant

1 3.2.3절에서 다룬 것처럼 원시 타입과 같은 값 기반 타입을 제네릭 타입의 경계로 사용할 수 있도록 지원할 예정입니다. 그러나 이 책을 집필하는 시점에서는 이 기능의 구체적인 출시 일정이 확정되지 않았습니다.

자바는 원시 타입과 그에 상응하는 객체 타입(예를 들어 int와 Integer) 간의 자동 변환을 지원합니다. 이는 다음과 같이 작동합니다.

```
Stream<Long> longStream = Stream.of(5L, 23L, 42L);
```

오토박싱은 다양한 문제를 야기합니다. 우선 원시 타입의 값을 객체로 변환할 때 오버헤드가 발생합니다. 대게 이러한 오버헤드는 무시할 수 있습니다. 그러나 데이터 처리 파이프라인에서 래퍼 타입의 지속적인 생성으로 인해 오버헤드가 누적되어 성능을 저하시킬 수 있습니다.

또한 원시 래퍼와 관련된 또 다른 문제 중 하나는 null 값의 존재 가능성입니다. 원시 타입을 객체 타입으로 바로 변환할 때는 null이 생기지 않지만 파이프라인 내의 특정 과정에서 원시 타입 대신 래퍼 타입을 처리해야 한다면 null 값이 반환될 가능성이 있습니다.

이 문제를 극복하기 위해 JDK의 다른 함수형 기능들처럼 스트림 API도 int, long, double 같은 원시 타입에 대한 특별한 버전을 제공하여 오토박싱에 의존하지 않습니다. 이는 [표 7-1]을 참고해주세요.

표 7-1 원시 스트림 및 박싱된 스트림

원시 타입	원시 스트림	박싱된 스트림
int	IntStream	Stream<Integer>
long	LongStream	Stream<Long>
double	DoubleStream	Stream<Double>

원시 스트림에서 사용할 수 있는 연산들은 일반적인 제네릭 버전과 유사하지만 기본 함수 인터페이스를 사용합니다. 예를 들어 IntStream은 Stream<T>와 마찬가지로 요소를 변환하기 위한 map 연산을 제공합니다. 그러나 Stream<T>와 달리 이 작업을 수행하기 위해서는 특화된 함수 형식인 IntUnaryOperator가 필요하며 이는 int를 받고 int를 반환합니다. 아래의 간소화된 인터페이스 선언에서 볼 수 있습니다.

```java
@FunctionalInterface
public interface IntUnaryOperator {

    int applyAsInt(int operand);

  // ...
}
```

원시 스트림에서 고차 함수를 받는 연산들은 IntConsumer 또는 IntPredicate와 같이 특화된 함수 인터페이스를 사용하여 원시 스트림의 범위 내에서 유지됩니다. 그로 인해 Stream<T>와 비교했을 때 사용 가능한 연산의 수가 적어집니다. 다른 타입으로 변환하거나 원시 스트림을 박싱된 스트림으로 변환하면 원시 스트림과 Stream<T> 사이의 전환이 간편해집니다.

- Stream<Integer> boxed()
- Stream<U> mapToObj(IntFunction<? extends U> mapper)

Stream<T>에서 원시 스트림으로의 변환도 지원하며 Stream<T>에는 mapTo- 및 flatMapTo- 같은 연산도 포함합니다.

- IntStream mapToInt(ToIntFunction<? super T> mapper)
- IntStream flatMapToInt(Function<? super T, ? extends IntStream> mapper)

원시 스트림은 흔히 볼 수 있는 중간 연산 외에도 일반적인 작업들을 위한 산술적 종료 연산을 제공합니다.

- int sum()
- OptionalInt min()
- OptionalInt max()
- OptionalDouble average()

이 연산들은 숫자에 대한 처리 방식이 변경될 수 없기 때문에 별도의 인수가 필요하지 않습니다. 반환되는 타입들은 Stream<T> 연산에서 예상하는 원시 타입과 동일합니다.

일반적으로 원시 스트림을 사용하여 산술 연산을 하는 경우, 최적화를 위해 대규모 데이터를 병렬 처리합니다. 하지만 간단한 상황에서는 기존의 처리 방식과 비교하여 원시 스트림을 사용하는 것이 큰 이점을 가져다주지는 않습니다.

7.2 반복 스트림

스트림 파이프라인과 내부 반복은 일반적으로 기존 요소의 시퀀스나 요소의 시퀀스로 쉽게 변환 가능한 자료 구조와 관련이 있습니다. 전통적인 루프 구조와 비교하면 반복 프로세스를 직접 제어하는 것을 포기하고 스트림이 이를 제어하도록 내버려두어야 합니다. 그러나 더 세밀한 제어가 필요하다면 스트림 API는 여전히 스트림 타입 및 원시 타입 변형에서 사용 가능한 static iterate 메서드를 지원합니다.

- `<T> Stream<T> iterate(T seed, UnaryOperator<T> f)`
- `IntStream iterate(int seed, IntUnaryOperator f)`

자바 9에서는 종료 조건을 위한 Predicate 변형을 포함하여 두 가지 추가 메서드를 도입했습니다.

- `<T> Stream<T> iterate(T seed, Predicate<T> hasNext, UnaryOperator<T> next)`
- `IntStream iterate(int seed, IntPredicate hasNext, IntUnaryOperator next)`

기본 iterate 변형은 int, long, double을 위한 스트림 변형에서 사용할 수 있습니다.

스트림에 대한 반복적 접근법은 시드값에 UnaryOperator를 적용함으로써 **정렬**되고 잠재적으로 무한한 요소의 시퀀스를 생성합니다. 즉, 스트림의 요소는 [seed, f(seed), f(f(seed)),

…]와 같은 형태를 가질 것입니다.

이러한 기본적인 개념이 익숙하다면, 그 이유는 바로 이것이 for 루프의 스트림 버전이기 때문입니다.

```
// FOR-LOOP
for (int idx = 1; ❶
     idx < 5; ❷
     idx++) { ❸
  System.out.println(idx);
}

// 동등한 스트림 (Java 8)
IntStream.iterate(1, ❶
                  idx -> idx + 1) ❸
         .limit(4L) ❷
         .forEachOrdered(System.out::println);

// 동등한 스트림 (Java 9+)
IntStream.iterate(1, ❶
                  idx -> idx < 5, ❷
                  idx -> idx + 1) ❸
         .forEachOrdered(System.out::println);
```

❶ 시드값 또는 초기 반복값

❷ 종료 조건

❸ 반복값을 증가시킵니다. for 루프에서는 값을 할당해야 하지만 스트림에서는 반환값이 필요합니다.

루프와 스트림 변형은 루프 바디/후속 스트림 연산에 대해 동일한 요소를 생성합니다. 자바 9에서는 제한 조건인 Predicate를 포함하는 iterate 변형을 도입하여, 추가 연산 없이도 전체 요소를 제한할 수 있습니다.

반복 스트림이 for-loop에 비해 갖는 가장 큰 장점은 루프와 같은 반복을 사용할 수 있으면서도 느긋한 함수형 파이프라인의 이점을 얻을 수 있다는 점입니다. 종료 조건은 스트림 생성 시에 정의될 필요가 없습니다. 대신 나중에 중간 스트림 연산인 limit나 종료 조건인 anyMatch 등이 이를 제공할 수 있습니다.

반복 스트림은 ORDERED(순서), IMMUTABLE(불변), 그리고 원시 스트림의 경우 NONNULL(널이 아님) 등의 특성을 가집니다. 숫자를 기반으로 하며 범위가 미리 알려져 있는 반복의 경우 IntStream과 LongStream의 range- 메서드를 활용해 스트림을 생성함으로써 추가적인 최적화를 경험할 수 있습니다.

- IntStream range(int startInclusive, int endExclusive)
- IntStream rangeClosed(int startInclusive, int endInclusive)
- LongStream range(long startInclusive, long endExclusive)
- LongStream rangeClosed(long startInclusive, long endInclusive)

iterate를 사용하면 동일한 결과를 얻을 수 있지만 주요 차이점은 기본적인 Spliterator에 있습니다. 반환되는 스트림은 ORDERED(순서), SIZED(크기 지정), SUBSIZED(부분 크기 지정), IMMUTABLE(불변), NONNULL(널이 아님), DISTINCT(고유), SORTED(정렬)와 같은 특성을 보입니다.

스트림을 생성할 때 반복 스트림iterative stream 생성과 범위 스트림range stream 생성 방식 중 어느 것을 선택할지는 여러분의 목표에 따라 달라집니다. 반복 스트림 생성 방식은 반복 과정에 대해 더 큰 유연성을 제공하지만, 병렬 스트림에서는 최적화의 가능성을 제공하는 스트림의 특성을 잃게되어 주의해야 합니다.

7.3 무한 스트림

스트림의 느긋한 특성은 요소를 처리할 때 한 번에 전부 처리하는 것이 아니라 필요할 때마다 무한한 시퀀스의 요소를 처리할 수 있도록 합니다.

JDK의 모든 스트림 인터페이스, 즉 Stream<T>와 그 원시 타입과 관계되어 있는 IntStream, LongStream, DoubleStream은 무한한 스트림을 생성하기 위한 정적 편의 메서드를 제공합니다. 이 메서드들은 반복적 방식 또는 순서가 정해지지 않은 방식을 통해 작동합니다.

- `<T> Stream<T> generate(Supplier<T> s)`
- `IntStream generate(IntSupplier s)`
- `LongStream generate(LongSupplier s)`
- `DoubleStream generate(DoubleSupplier s)`

초기값이 없는 것은 스트림의 특성에 영향을 미칩니다. 이로 인해 스트림은 UNORDERED(순서 없는) 상태가 됩니다. 이 특성은 병렬 처리에서 유리하게 작용합니다. Supplier에 의해 생성된 순서가 없는 스트림은 랜덤값과 같이 상호의존성이 없는 요소의 시퀀스에서 유용하게 사용됩니다. 예를 들어 아래와 같이 UUID 스트림을 간단하게 생성하는 것이 가능합니다.

```
Stream<UUID> createStream(long count) {
  return Stream.generate(UUID::randomUUID)
               .limit(count);
}
```

비순서 스트림의 경우, 병렬 환경에서 limit 연산을 사용하더라도 처음 n개는 보장되지 않는다는 단점이 있습니다. 이로 인해 스트림 결과에 필요한 것보다 요소를 생성하는 Supplier에 더 많은 호출이 발생할 수 있습니다.

다음 예제 코드를 참고하세요.

```
Stream.generate(new AtomicInteger()::incrementAndGet)
      .parallel() .limit(1_000L)
      .mapToInt(Integer::valueOf)
      .max()
      .ifPresent(System.out::println);
```

파이프라인의 예상 출력값은 1000입니다. 그러나 출력값은 1000보다 크게 나올 가능성이 높습니다.

이러한 동작은 병렬 실행 환경에서 순서가 없는 스트림에서 예상할 수 있습니다. 대부분의 상황에서는 크게 문제가 되지는 않지만 최대 성능을 얻고 최소의 호출만을 위해 적절한 스트림 타입과 유리한 특성을 선택하는 것이 좋습니다.

7.3.1 랜덤 숫자

스트림 API는 무한한 랜덤 숫자 스트림을 생성할 때 특별하게 고려해야 할 사항들이 있습니다. `java.util.Random` 인스턴스와 `Stream.generate`를 통해 랜덤 스트림을 만들 수 있지만 더 쉬운 방법도 존재합니다. 다음의 세 가지 유형의 랜덤 숫자 생성기를 통해 스트림을 생성할 수 있습니다.

- `java.util.Random`
- `java.util.concurrent.ThreadLocalRandom`
- `java.util.SplittableRandom`

위 세 가지 모두 랜덤한 요소로 구성된 스트림을 생성하기 위한 다양한 메서드를 제공합니다.

```
IntStream ints()
IntStream ints(long streamSize)
IntStream ints(int randomNumberOrigin,
```

```
                int randomNumberBound)
IntStream ints(long streamSize,
                int randomNumberOrigin,
                int randomNumberBound)

LongStream longs()
LongStream longs(long streamSize)
LongStream longs(long randomNumberOrigin,
                  long randomNumberBound)
LongStream longs(long streamSize,
                  long randomNumberOrigin,
                  long randomNumberBound)

DoubleStream doubles()
DoubleStream doubles(long streamSize)
DoubleStream doubles(double randomNumberOrigin,
                      double randomNumberBound)
DoubleStream doubles(long streamSize,
                      double randomNumberOrigin,
                      double randomNumberBound)
```

기술적으로 이 스트림들은 문서[2]에 명시된 것처럼 **사실상 무한합니다.** streamSize를 지정하지 않으면 생성된 스트림은 Long.MAX_VALUE만큼의 요소를 포함하게 됩니다. 숫자의 범위는 randomNumberOrigin(포함)과 randomNumberBound(제외)까지로 정해집니다.

랜덤 숫자에 대한 스트림의 사용법과 성능에 대한 특성은 8.4.6절에서 자세히 설명하겠습니다.

2 예를 들어 Random#ints()의 문서(*https://oreil.ly/gxC39*)에는 해당 메서드가 Random.ints(Long.MAX_VALUE)의 동등한 구현임을 명시하고 있습니다.

7.3.2 메모리는 한정되어 있다

무한 스트림을 사용할 때 항상 기억해야 할 점은 우리의 메모리 자원이 한정되어 있다는 것입니다. 무한 스트림을 제한하는 것은 단순히 중요한 것이 아니라 필수적입니다. 제한 없이 중간 연산이나 최종 연산을 사용하지 않는다면 JVM에 할당된 메모리를 소진하게 되어 결국에는 OutOfMemoryError가 발생합니다.

스트림을 제한하는 다양한 연산은 [표 7-2]에서 확인할 수 있습니다.

표 7-2 스트림 제한 연산

연산	설명
중간 연산	
limit(long maxSize)	스트림의 요소의 수를 최대 maxSize까지 제한
takeWhile(Predicate<T> predicate)	predicate의 값이 false일 때까지 요소 선택(자바 9+)
최종 연산(보장됨)	
Optional<T> findFirst()	스트림에서 첫 번째 요소를 반환
Optional<T> findAny()	임의의 단일 스트림 요소를 반환
최종 연산(보장되지 않음)	
boolean anyMatch(Predicate<T> predicate)	스트림의 요소 중 어느 것이라도 predicate와 일치하면 true 반환
boolean allMatch(Predicate<T> predicate)	스트림의 모든 요소가 predicate와 일치하면 true 반환
boolean noneMatch(Predicate<T> predicate)	스트림의 요소 중 어느 것이라도 predicate와 전혀 일치하지 않으면 true 반환

가장 직관적인 선택은 limit입니다. takeWhile처럼 Predicate를 활용한 선택 연산은 섬세하게 다뤄져야 합니다. 그렇지 않으면 스트림이 필요 이상의 메모리를 소비할 수도 있습니다. 최종 연산 중에는 find- 연산만 스트림의 종료를 보장합니다.

-Match 연산은 takeWhile과 동일한 문제점을 가지고 있습니다. 조건이 그들의 목적과 부합

하지 않는다면 스트림 파이프라인은 끝없이 무한한 수의 요소를 처리할 것입니다. 결국 사용 가능한 모든 메모리를 소비하게 됩니다.

6.3.4절에서 다루었던 것처럼 스트림에서 제한 연산의 위치는 스트림을 통과하는 요소의 수에도 영향을 줍니다. 결과는 동일하더라도, 가능한 한 빠르게 스트림 요소의 흐름을 제한함으로써 메모리와 CPU를 보다 효율적으로 사용할 수 있습니다.

7.4 배열에서 스트림으로, 그리고 다시 배열로

배열은 특수한 종류의 객체입니다. 컬렉션과 유사한 구조로 **원시 타입**의 요소들을 저장합니다. 특정 요소에 대해 인덱스를 통해 접근하는 메서드와 배열의 전체 길이를 제공할 뿐 `java.lang.Object`로부터 상속받은 **일반적인 메서드** 외에는 다른 기능을 제공하지 않습니다. 또한 미래에 프로젝트 발할라Project Valhalla가 도입될 때까지 원시 타입의 컬렉션을 갖는 유일한 방법입니다.[3]

그럼에도 불구하고 배열은 두 가지 특성으로 인해 스트림 기반 처리와 탁월한 호환성을 지닙니다. 첫 번째로, 배열의 크기는 생성할 때 결정되며 이후로 변경되지 않습니다. 두 번째로, 배열은 순서대로 정렬된 시퀀스입니다. 이러한 이유로 `java.util.Arrays` 클래스에는 다양한 원시 타입의 스트림을 쉽게 생성할 수 있는 여러 편의 메서드가 포함되어 있습니다. 반대로 스트림에서 배열로의 변환은 적절한 최종 연산을 통해 이루어집니다.

7.4.1 객체 타입 배열

`java.util.Arrays`에는 `Stream<T>`를 생성하기 위한 두 가지 **정적 편의 메서드**static convenience method가 있습니다.

3 프로젝트 발할라와 특수화된 제네릭에 대한 더 자세한 내용은 3장을 참고하세요.

- <T> Stream<T> stream(T[] array)
- <T> Stream<T> stream(T[] array, int startInclusive, int endExclusive)

보시다시피 배열로 Stream<T>를 생성하는 것은 매우 명확하고 간편합니다.

반대로 Stream<T>에서 T[]로 변환하는 것은 다음 최종 연산 중 하나를 사용해야 합니다.

- Object[] toArray()
- <A> A[] toArray(IntFunction<A[]> generator)

첫 번째 방식은 JVM에서 배열이 생성되는 방식으로 인해 스트림의 실제 요소의 타입과는 관계없이 Object[] 배열만 반환합니다. 스트림의 특정 요소 타입이 필요한 경우 스트림에 적절한 배열을 생성하는 방법을 제공해야 합니다. 이때 두 번째 방식이 활용됩니다.

두 번째 방식은 주어진 크기의 배열을 생성할 수 있는 IntFunction이 필요합니다. 여기서 가장 간단한 방법은 메서드 참조를 사용하는 것입니다.

```
String[] fruits = new String[] { "Banana", "Melon", "Orange" };

String[] result = Arrays.stream(fruits)
                        .filter(fruit -> fruit.contains("a"))
                        .toArray(String[]::new);
```

CAUTION toArray에서 생성된 배열을 사용할 때는 정적 타입 검사가 이루어지지 않습니다. 요소가 할당된 배열에 저장되는 시점에서 타입이 런타임에서 확인되며 타입이 호환되지 않을 경우에는 ArrayStoreException을 발생시킵니다.

7.4.2 원시 타입 배열

세 가지 원시 스트림의 특화된 형태, 즉 IntStream, LongStream, DoubleStream은 Arrays.stream의 정적 메서드에 대한 전용 변형을 가지고 있습니다.

- IntStream stream(int[] array)
- IntStream stream(int[] array, int startInclusive, int endExclusive)

LongStream과 DoubleStream의 차이점은 배열의 타입과 반환되는 원시 스트림뿐입니다.

원시 스트림에서는 요소 타입이 고정되어 있기 때문에 IntFunction이 필요하지 않은 단일 toArray 메서드만 제공합니다.

```
int[] fibonacci = new int[] { 0, 1, 1, 2, 3, 5, 8, 13, 21, 34 };

int[] evenNumbers = Arrays.stream(fibonacci)
                          .filter(value -> value % 2 == 0)
                          .toArray();
```

7.5 저수준 스트림 생성

지금까지 알아본 스트림 생성 방법들은 상당히 고수준이었습니다. 이 방법들은 다른 데이터 소스, 반복, 생성 또는 임의의 객체로부터 스트림을 생성합니다. 가능한 한 적은 수의 인수가 필요한 경우에 직접 해당 타입에서 사용할 수 있습니다. 보조 클래스 중 java.util.StreamSupport는 Spliterator에서 직접 스트림을 생성하기 위한 여러 저수준의 정적 편의 메서드를 제공하고 있습니다. 이를 통해 사용자 정의 자료 구조에 대한 스트림을 만들 수 있습니다.

다음 두 메서드는 Spliterator를 인수로 받아 새로운 스트림을 생성합니다.

Stream<T> stream(Spliterator<T> spliterator, boolean parallel)

Spliterator<T>를 활용하여 순차적 스트림이나 병렬 스트림을 간편하게 생성할 수 있습니다.

Stream<T> stream(Supplier<? extends Spliterator<T>> supplier, int characteristics, boolean parallel)

Spliterator를 직접 사용하는 대신 Supplier는 스트림 파이프라인의 최종 연산이 호출된 후 한 번만 호출됩니다. 이 방식을 통해 자료 구조의 원본과의 잠재적인 간섭을 최소화하여 non-IMMUTABLE(가변성) 또는 non-CONCURRENT(비동시성) 스트림에 대해서도 보다 안정적으로 처리할 수 있게 합니다.

Spliterator를 사용하여 Stream<T>를 생성할 때는 해당 Spliterator가 IMMUTABLE(불변성) 또는 CONCURRENT(동시성) 특성을 갖는 것이 좋습니다. 이렇게 함으로써 순회 과정에서 기본 데이터 소스에 대한 간섭이나 변경을 최소화할 수 있습니다.

또 다른 옵션은, **동적 바인딩**late-binding 방식의 Spliterator를 사용하는 것입니다. 이 방식에서는 Spliterator를 생성할 때 요소들이 고정되어있지 않습니다. 대신 최종 연산을 호출한 후 스트림 파이프라인이 요소를 처리하기 시작할 때 처음으로 바인딩됩니다.

NOTE 원시 타입 Spliterator 변형에 대한 저수준 스트림 생성 메서드creation method도 있습니다.

Spliterator<T>가 아닌 Iterator<T>만 가지고 있다면 JDK는 이를 지원하는 방법을 제공합니다. java.util.Spliterators 클래스는 Spliterator를 생성하기 위한 다양한 편의 메서드를 제공하며, 이 중 Iterator<T>를 위한 특별한 두 가지 메서드가 있습니다.

```
Spliterator<T> spliterator(Iterator<? extends T> iterator,
                           long size,
                           int characteristics)
```

```
Spliterator<T> spliteratorUnknownSize(Iterator<? extends T> iterator,
                                       int characteristics)
```

이전에 언급한 Stream<T> stream(Spliterator<T> spliterator, boolean parallel) 메서드를 통해 생성된 Spliterator<T> 인스턴스를 사용하여 최종적으로 Stream<T>를 생성할 수 있습니다.

7.6 파일 I/O 사용하기

스트림은 컬렉션 기반의 순회만을 위한 것이 아닙니다. java.nio.file.Files 클래스의 도움을 받아 파일 시스템을 순회하는 데에도 훌륭한 방법을 제공합니다.

이 절에서는 파일 I/O와 스트림에 대한 다양한 사용 사례를 살펴봅니다. 다른 스트림들과 달리 I/O 관련 스트림은 사용이 끝난 후에 명시적으로 Stream#close()를 호출하여 닫아야 합니다. Stream 타입은 java.lang.AutoCloseable 인터페이스를 준수하므로, try-with-resources 블록(7.6.5절 참조)을 사용합니다.

이 절의 모든 예제는 책의 코드 저장소[4]에 있는 파일을 소스로 사용합니다. 다음 파일 시스템 트리는 예제에서 사용된 파일의 전반적인 구조를 보여줍니다.

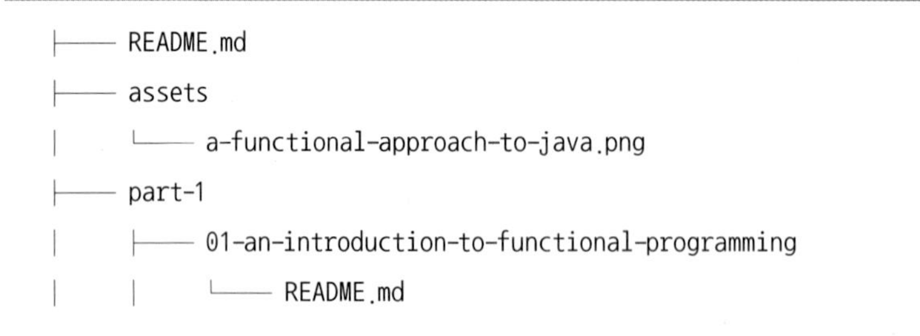

├── README.md
├── assets
│   └── a-functional-approach-to-java.png
├── part-1
│   ├── 01-an-introduction-to-functional-programming
│   │   └── README.md

4 https://github.com/benweidig/a-functional-approach-to-java

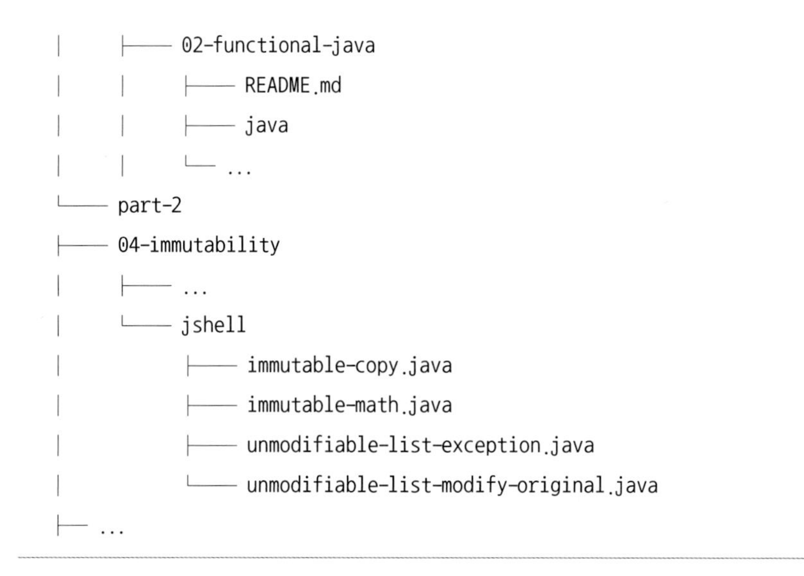

```
│       ├── 02-functional-java
│       │       ├── README.md
│       │       ├── java
│       │       └─ ...
└── part-2
├── 04-immutability
│       ├── ...
│       └── jshell
│               ├── immutable-copy.java
│               ├── immutable-math.java
│               ├── unmodifiable-list-exception.java
│               └── unmodifiable-list-modify-original.java
├─ ...
```

7.6.1 디렉터리 내용 읽기

디렉터리의 항목들을 확인할 때 `Files.list` 메서드를 호출하여 주어진 경로에 대한 `Stream<Path>`를 생성할 수 있습니다.

```
static Stream<Path> list(Path dir) throws IOException
```

이 메서드의 인수는 디렉터리여야 하며, 그렇지 않으면 `NotDirectoryException`이 발생합니다. [예제 7-1]에서는 디렉터리의 항목을 어떻게 나열하는지를 보여줍니다.

예제 7-1 디렉터리 항목 나열하기

```
var dir = Paths.get("./part-2/04-immutability/jshell");

try (var stream = Files.list(dir)) {
  stream.map(Path::getFileName)
        .forEach(System.out::println);
} catch (IOException e) {
```

```
    // ...
}
```

출력 결과로 4장의 jshell에 대한 디렉터리의 파일들이 나열됩니다.

```
unmodifiable-list-exception.java
unmodifiable-list-modify-original.java
immutable-copy.java
immutable-math.java
```

검색된 내용의 항목 순서는 보장되지 않으며 이에 대해서는 7.6.5절에서 더 자세히 다룰 예정입니다.

7.6.2 깊이 우선 디렉터리 순회

아래의 두 walk 메서드는 그 이름에서도 알 수 있듯이 시작점에서 전체 파일 트리를 '탐색'합니다. 느긋하게 구성된 Stream<Path>는 **깊이 우선**depth-first으로 탐색하는 데 요소가 디렉터리라면 현재 디렉터리 내의 다음 요소보다 먼저 입력되고 탐색됨을 의미합니다.

Files 클래스 내의 두 walk 메서드의 주요 차이점은 탐색할 디렉터리의 최대 깊이에 있습니다.

```
static Stream<Path> walk(Path start, ❶
                         int maxDepth, ❷
                         FileVisitOption... options) ❸
                         throws IOException

static Stream<Path> walk(Path start, ❶
                         FileVisitOption... options) ❸
                         throws IOException
```

❶ 탐색의 시작점입니다.

❷ 탐색할 디렉터리의 최대 깊이입니다. 값이 0인 경우 스트림을 시작 레벨에서만 검색하도록 제한합니다. maxDepth가 없는 변형의 경우 깊이 제한이 없습니다.

❸ 파일 시스템을 어떻게 탐색할지에 대한 옵션이 0개 이상 있습니다. 현재는 FOLLOW_LINKS만 제공합니다. 링크를 따르면 순환적인 탐색이 발생할 수 있으므로 주의해야 하고 JDK가 이를 감지하면 FileSystemLoopException을 발생시킵니다.

[예제 7-2]처럼 파일 시스템을 순회할 수 있습니다.

예제 7-2 파일 시스템 순회하기

```
var start = Paths.get("./part-1");

try (var stream = Files.walk(start)) {
  stream.map(Path::toFile)
        .filter(Predicate.not(File::isFile))
        .sorted()
        .forEach(System.out::println);
} catch (IOException e) {
  // ...
}
```

순회의 결과로 다음과 같은 출력을 생성합니다.

```
./part-1
./part-1/01-an-introduction-to-functional-programming
./part-1/02-functional-java
./part-1/02-functional-java/java
./part-1/02-functional-java/jshell
./part-1/02-functional-java/other
./part-1/03-functional-jdk
./part-1/03-functional-jdk/java
./part-1/03-functional-jdk/jshell
```

스트림은 적어도 하나의 요소, 즉 시작점을 가집니다. 시작점에 접근할 수 없다면 IOException이 발생합니다. list와 마찬가지로 스트림 요소의 순서는 보장되지 않습니다. 이에 대해서는 7.6.5절에서 더 자세히 다룹니다.

7.6.3 파일 시스템 탐색하기

walk 메서드를 사용하여 특정 경로를 찾을 수 있겠지만 find 메서드가 더욱 특화된 방법을 제공합니다. 이 메서드는 현재 요소의 BasicFileAttribute에 접근할 수 있는 BiPredicate를 스트림 생성에 직접 포함시켜 작업 요구 사항에 스트림을 더 집중시킵니다.

```
static Stream<Path> find(Path start, ❶
                         int maxDepth, ❷
                         BiPredicate matcher, ❸
                         FileVisitOption... options) ❹
                         throws IOException
```

❶ 탐색의 시작점입니다.

❷ 탐색할 디렉터리의 최대 깊이입니다. 값이 0인 경우 스트림을 시작 레벨에서만 검색하도록 제한합니다. Files.walk와는 다르게 maxDepth이 없는 변형은 제공하지 않습니다.

❸ 스트림에 Path를 포함하는 기준입니다.

❹ 파일 시스템을 어떻게 탐색할지에 대한 옵션이 0개 이상 있습니다. 현재는 FOLLOW_LINKS만 제공합니다. 링크를 따르면 순환적인 탐색이 발생할 수 있으므로 주의해야 하고 JDK가 이를 감지하면 FileSystemLoopException을 발생시킵니다.

이 방법을 사용하면 [예제 7-2]처럼 Path를 File로 매핑할 필요 없이 구현할 수 있습니다. 이는 [예제 7-3]에서 확인할 수 있습니다.

예제 7-3 파일 찾기

```
var start = Paths.get("./part-1");

BiPredicate<Path, BasicFileAttributes> matcher =
  (path, attr) -> attr.isDirectory();

try (var stream = Files.find(start, Integer.MAX_VALUE, matcher)) {
    stream.sorted()
          .forEach(System.out::println);
} catch (IOException e) {
  // ...
}
```

find와 walk의 출력 결과는 동일합니다. 또한 깊이 우선 탐색 및 순서가 보장되지 않는 순회 특성도 동일하게 적용됩니다. walk와 find 간의 차이점은 현재 요소의 BasicFileAttributes에 대한 접근 방식이며 이는 성능에 큰 영향을 줄 수 있습니다. 파일 속성에 따라 필터링하거나 일치시키고자 한다면 find를 사용해보세요. Path 요소에서 파일 속성을 명시적으로 읽지 않아도 되므로 약간 더 높은 성능을 얻을 수 있습니다. 그렇지 않고 단순히 Path 요소만 필요한 경우라면 walk 메서드를 사용하는 것도 좋은 선택입니다.

7.6.4 파일 한 줄씩 읽기

파일을 한 줄씩 읽고 처리하는 일반적인 작업은 스트림을 사용하면 간단해집니다. 이때는 lines 메서드를 사용합니다. 파일의 Charset에 따라 두 가지 버전으로 제공됩니다.

```
static Stream<String> lines(Path path, Charset cs) throws IOException

static Stream<String> lines(Path path) throws IOException
```

두 번째 버전은 기본적으로 StandardCharsets.UTF_8을 사용합니다.

NOTE 여러분이 원하는 Charset을 사용해도 좋지만 병렬 처리 시 성능에 차이가 발생할 수 있습니다. lines 메서드는 UTF-8, US_ASCII, ISO_8859_1에 최적화되어 있습니다.

[예제 7-4]에서 톨스토이의 '전쟁과 평화War and Peace'를 활용하여 단어의 수를 세는 간단한 예제를 살펴보겠습니다.

예제 7-4 '전쟁과 평화' 속 단어 수 세기

```
var location = Paths.get("war-and-peace.txt"); ❶

// 패턴 정리 ❷
var punctuation        = Pattern.compile("\\p{Punct}");
var whitespace         = Pattern.compile("\\s+");
var words              = Pattern.compile("\\w+");

try (Stream<String> stream = Files.lines(location)) { ❸

  Map<String, Integer> wordCount =
           // 정리 ❹
    stream.map(punctuation::matcher)
          .map(matcher -> matcher.replaceAll(""))
           // 단어 분할 ❺
          .map(whitespace::split)
          .flatMap(Arrays::stream)
           // 추가 정리 ❻
          .filter(word -> words.matcher(word).matches())
           // 표준화 ❼
          .map(String::toLowerCase)
           // 카운트 ❽
          .collect(Collectors.toMap(Function.identity(),
                                    word -> 1,
                                    Integer::sum));
} catch (IOException e) {
```

```
// ...
}
```

❶ 프로젝트 구텐베르크Project Gutenberg[5]에서 '전쟁과 평화'의 일반 텍스트 버전을 사용하므로, 단어를 세는 데 방해가 되는 어떠한 포맷팅도 없습니다.

❷ 정규 표현식은 각 요소에 대한 재컴파일을 방지하기 위해 미리 컴파일됩니다. 이러한 최적화는 각 요소와 map 연산을 위한 패턴을 생성하는 오버헤드가 빠르게 쌓여 전체 성능에 영향을 줄 수 있기 때문에 중요합니다.

❸ lines 메서드 호출은 파일의 각 줄을 Stream<String>으로 반환합니다. I/O 연산을 명시적으로 닫아야 하므로 try-with-resource 블록이 필요하며 이에 대한 자세한 내용은 7.6.5절에서 확인할 수 있습니다.

❹ 단어의 정확한 계산을 위해 punctuation을 제거해야 합니다. 그렇지 않으면 punctuation 근처의 동일한 단어들이 서로 다른 단어로 계산될 수 있습니다.

❺ 정리된 줄은 이제 공백 문자에서 분할되어 Stream<String[]>을 생성합니다. 실제 단어를 세기 위해 flatMap 연산은 스트림을 String<String>으로 변환합니다.

❻ word 매처matcher를 통해 실제 단어만을 세기 위한 추가적인 정리와 선택 단계가 진행됩니다.

❼ 모든 요소를 소문자로 변환함으로써 대소문자 구분 없이 동일한 단어들을 하나로 간주하여 집계합니다.

❽ 스트림 최종 연산을 통해 각 단어를 키로, 발생 횟수를 값으로 가지는 Map<String, Integer>를 생성합니다.

스트림 파이프라인은 그 목적대로 동작합니다. 파일을 읽는 작업을 수행하고, 한 줄씩 그 내용을 제공함으로써 코드가 처리 단계에 집중할 수 있게 합니다. 우리는 8장에서 이 예제를 다시 살펴볼 예정이며, 병렬 스트림을 사용함으로써 이러한 작업이 어떻게 개선될 수 있는지 다시 한번 살펴보겠습니다.

7.6.5 파일 I/O 스트림 사용 시 주의 사항

스트림과 파일 I/O를 다루는 것은 꽤 간단합니다. 이전에 언급한 세 가지 주의 사항은 스트림을 기반으로 한 파일 I/O의 사용성이나 유용성을 손상시키지 않습니다.

5 프로젝트 구텐베르크는 '전쟁과 평화'의 여러 버전을 무료로 제공합니다(*https://oreil.ly/AXag1*).

- 스트림의 종료는 필수적입니다.
- 디렉터리의 내용은 약한 일관성을 가지고 있습니다.
- 요소의 순서는 보장되지 않습니다.

이러한 특징들은 대체로 I/O 처리에서 비롯되며, 스트림 파이프라인뿐만 아니라 대부분의 I/O 관련 코드에서도 나타납니다.

스트림 닫기

파일 I/O와 같이 자바에서 자원을 다룰 때는 항상 사용이 끝난 후에 해당 자원을 정리해야 합니다. 관리되지 않은 자원은 **메모리 누수**의 원인이 될 수 있으며, 자원이 더 이상 필요하지 않거나 사용되지 않을 때도 가비지 컬렉터가 해당 메모리를 회수할 수 없습니다. 스트림을 통해 I/O를 처리할 때도 마찬가지입니다. 따라서 I/O를 기반으로 하는 스트림은 항상 명시적인 종료가 필요합니다.

Stream<T> 타입은 BaseStream을 통해 java.io.AutoClosable을 구현합니다. 그렇기 때문에 스트림을 종료하는 가장 간단하고 효과적인 방법은 7.6절에서 설명한 것처럼 try-with-resource 블록을 사용하는 것입니다.

```
try (Stream<String> stream = Files.lines(location)) {
  stream.map(...)
        ...
}
```

java.nio.file.Files의 모든 스트림 관련 메서드는 메서드 시그니처에 따라 IOException을 발생시킬 수 있습니다. 따라서 어떤 형태로든 이 예외를 처리해야 합니다. try-with-resource 블록을 적절한 catch 블록과 함께 사용하면 이러한 예외 처리와 자원 반환을 동시에 해결할 수 있습니다.

보장되지 않는 요소의 순서

스트림의 느긋한 특성으로 인해 파일 I/O 스트림의 요소 순서에 예상치 못한 특징을 가져다줍니다. 바로, 파일 I/O 스트림에서 요소의 순서는 알파벳순을 보장하지 않는다는 것입니다. 따라서 일관된 순서를 유지하기 위해서는 추가적인 정렬 작업이 필요할 수 있습니다. 이는 스트림이 파일 시스템에 의해 채워집니다. 이때 파일 시스템이 항상 순서대로 파일과 디렉터리를 반환해주지 않을 수 있기 때문입니다.

7.7 날짜와 시간 처리하기

날짜를 다루기 위해서는 항상 많은 예외 사항을 고려해야 합니다. 다행히도, 자바 8에서는 새로운 날짜와 시간 API[6]가 도입되었습니다. 이 API의 불변성은 함수형 코드에 맞춰져 있으며, 일부 스트림 관련 메서드들도 함께 제공됩니다.

7.7.1 시간 타입 질의하기

새로운 날짜와 시간 API는 다양한 속성에 대해 유연하고 효율적인 쿼리 인터페이스를 제공합니다. 대부분의 스트림 연산과 마찬가지로, 작업 로직을 메서드의 인수로 주입합니다. 이렇게 하면 메서드 자체를 더 범용적으로 만들어 다양한 활용이 가능해집니다.

```
<R> R query(TemporalQuery<R> query);
```

제네릭 시그니처는 모든 타입에 대한 쿼리를 허용하므로 높은 유연성을 갖게 합니다.

6 자바의 날짜와 시간 API(JSR310)는 날짜와 시간 관련 타입을 불변하게, 그리고 일관되고 완전한 방식으로 다룰 수 있도록, `java.util.Date`를 대체하려는 목적으로 도입되었습니다(*https://oreil.ly/l1oV8*).

```java
// TemporalQuery<Boolean> == Predicate<TemporalAccessor>
boolean isItTeaTime = LocalDateTime.now()
                                   .query(temporal -> {
                                     var time = LocalTime.from(temporal);
                                     return time.getHour() >= 16;
                                   });

// TemporalQuery<LocalTime> == Function<TemporalAccessor, Localtime>
LocalTime time = LocalDateTime.now().query(LocalTime::from);
```

java.time.temporal.TemporalQueries와 같은 유틸리티 클래스는 [표 7-3]에 기술된 것처럼 미리 정의된 쿼리들을 제공합니다. 따라서 일반적인 쿼리를 여러분이 직접 정의할 필요가 없습니다.

표 7-3 java.time.temporal.TemporalQueries에서 미리 정의된 TemporalQuery<T>

정적 메서드	반환 타입
chronology()	Chronology
offset()	ZoneOffset
localDate()	LocalDate
localTime()	LocalTime
precision()	TemporalUnit
zoneId()	ZoneId
zone()	ZoneId

물론, 모든 시간 API[Time API] 타입이 각 쿼리 타입을 지원하는 것은 아닙니다. 예를 들어 Local- 타입에서 ZoneId/ZoneOffset을 가져올 수 없습니다. 각 메서드는 지원되는 타입과 사용 사례와 함께 문서화[7]되어 있습니다.

7 java.time.temporal.TemporalQueries의 공식 문서(*https://oreil.ly/ibSAv*)에서는 TemporalQuery가 지원하는 타입을 자세히 설명합니다.

7.7.2 LocalDate 범위 스트림

자바 9에서는 JSR 310 타입인 `java.time.LocalDate`에 Stream 기능을 도입하여 연속적인 `LocalDate` 요소 범위를 생성할 수 있게 되었습니다. 다양한 달력 시스템의 복잡한 점들과 특이 사례, 그리고 실제로 날짜 계산이 어떻게 수행되는지에 대해 고민할 필요가 없습니다. 날짜와 시간 API가 이 모든 것을 처리해주며 일관되고 직관적인 방식으로 접근할 수 있게 해줍니다.

두 가지의 `LocalDate` 인스턴스 메서드는 순서가 있는 연속 스트림을 생성합니다.

- `Stream<LocalDate> datesUntil(LocalDate endExclusive)`
- `Stream<LocalDate> datesUntil(LocalDate endExclusive, Period step)`

이 메서드들은 값이 오버플로되지 않도록 설계되었습니다. 즉, 어떤 요소더라도 `step`을 더한 결과는 항상 `endExclusive`보다 앞선 날짜여야 합니다. 또한 날짜의 방향은 오직 미래만을 의미하지 않습니다. `endExclusive`가 과거 날짜를 가리킨다면 과거 방향으로 스트림을 생성하기 위해 음수의 `step`을 제공해야 합니다.

7.8 JMH를 활용하여 스트림 성능 측정하기

이 책을 통해 자바의 함수형 기법과 도구, 특히 스트림이 기존 접근 방식에 비해 오버헤드를 가지고 있는지 여러 번 언급하였으며 이를 항상 염두에 두어야 한다는 것을 강조했습니다. 이것이 바로 스트림 파이프라인의 성능을 정확히 측정하기 위한 벤치마크의 중요성을 부각시키는 이유입니다. 스트림은 다양한 연산의 복잡한 파이프라인으로 구성되어 있으며, 그로 인해 여러 최적화 작업을 수행하기가 결코 간단하지 않습니다.

JVM과 내부의 실시간just-in-time 컴파일러는 **실제** 성능 측정에 어려움이 있습니다. 이러한 상황에서 **Java Micro-Benchmarking Harness**(JMH)의 도움이 필요합니다.

JMH[8]는 JVM의 워밍업, 반복 및 코드 최적화를 처리하여 결과의 신뢰성을 높여주기 때문에 평가의 기준선이 됩니다. 이것은 벤치마킹의 사실상 표준이며 JDK 버전 12에서 포함되었습니다.[9]

다양한 IDE와 빌드 시스템을 위한 플러그인들이 준비되어 있습니다. 예를 들면 Gradle[10], IntelliJ[11], Jenkins[12], TeamCity[13] 등이 있습니다.

JMH의 깃허브[14]에는 JMH의 사용법에 대한 세세한 부분을 다루는 문서화된 벤치마크들이 있습니다.

스트림이나 람다를 어떻게 벤치마킹하는지에 대해서 더 깊게 다루지는 않겠습니다. 해당 주제는 이 장의 범위를 넘어서며, 전체 책의 내용을 채울 수 있을 정도로 깊은 내용입니다. 벤치마킹과 자바의 성능 측정에 대해 더 자세히 알고 싶다면 『자바 최적화』(한빛미디어, 2019)[15]와 『Java Performance』(O'Reilly, 2020)[16]를 참고하세요.

7.9 컬렉터 알아보기

6장에서는 스트림 파이프라인의 요소들을 새로운 자료 구조로 집계하는 강력한 도구인 컬렉터collector와 이를 지원하는 최종 연산인 `collect`에 대해 알아보았습니다. 유틸리티 타입인 `java.util.stream.Collectors`는 다양한 작업을 수행할 수 있는 정적 팩토리 메서드를 제

8 https://oreil.ly/a6UN4

9 JMH는 JDK 12 이전의 자바에서도 지원됩니다. 그러나 JMH Core(https://oreil.ly/vdrjs)와 JMH 제너레이터: 어노테이션 프로세서(https://oreil.ly/xwzUT) 두 가지 종속성을 수동으로 포함해야 합니다.

10 https://oreil.ly/w3ZAg

11 https://oreil.ly/5PcfZ

12 https://oreil.ly/s1VY9

13 https:// oreil.ly/TDFe6

14 https://oreil.ly/zXe-w

15 https://oreil.ly/pnUYh

16 https://oreil.ly/A3vJQ

공합니다. 이를 사용하면 새로운 컬렉션 타입을 쉽게 집계하는 것부터 복잡한 다단계 집계 파이프라인에 이르기까지 거의 모든 작업의 컬렉터를 만들 수 있습니다. 이보다 더 복잡한 컬렉터들은 **다운스트림 컬렉터**downstream collector라는 개념을 활용할 수 있습니다.

컬렉터의 핵심 기능은 다양한 요소를 새로운 자료 구조로 모으는 것입니다. `List`나 `Set` 같은 `Collection` 기반의 타입을 사용하면 작업이 비교적 간단해집니다. 그러나 `Map`의 경우에는 적절한 자료 구조를 사용하기 위해서는 꽤 복잡한 로직이 필요합니다.

요소들을 `Map`처럼 키-값 기반의 자료 구조로 모으는 것은 다양한 방법으로 가능하며, 각 방식마다 개별적인 도전 과제들을 가지고 있습니다. 예를 들어 각 키가 단 하나의 값만 가지는 간단한 키-값 매핑일지라도, 키 충돌과 같은 문제를 처리해야 합니다. 또한 그룹화, 축소, 분할 등 `Map`의 값을 변경하려면 수집된 값을 효과적으로 조작하는 방법이 필요합니다. 이러한 상황에서 다운스트림 컬렉터의 역할이 중요합니다.

7.9.1 다운스트림 컬렉터

`java.util.stream.Collectors` 팩토리 메서드를 통해 제공되는 일부 컬렉터는 다운스트림 요소를 조작하기 위한 추가적인 컬렉터를 사용할 수 있습니다. 기본적으로 기본 컬렉터가 작업을 완료한 후에 다운스트림 컬렉터가 수집된 값을 추가로 변경합니다. 이는 이전에 수집된 요소에 대해 작동하는 보조 스트림 파이프라인과 같습니다.

다운스트림 컬렉터의 일반적인 작업은 다음과 같습니다.

- 변환transforming
- 축소reducing
- 평탄화flattening
- 필터링filtering
- 복합 컬렉터 연산composite collector operation

이 절의 모든 예제에서는 User 레코드와 users 데이터 소스를 사용합니다.

```
record User(UUID id,
            String group,
            LocalDateTime lastLogin,
            List logEntries) { }

List<User> users = ...;
```

요소 변환

스트림 요소를 간단한 키-값 Map으로 그룹화하는 것은 Collectors.groupingBy 메서드를 통해 쉽게 구현할 수 있습니다. 하지만 키-값 매핑에서 값 부분이 필요한 형태로 제공되지 않을 수 있으므로 추가 변환이 필요합니다.

예를 들어 Stream<User>를 그룹화하면 다음과 같이 Map<String, List<User>>가 생성됩니다.

```
Map<String, List<User>> lookup =
  users.stream()
       .collect(Collectors.groupingBy(User::group));
```

매우 간단하죠?

전체 User 정보 대신에 User의 id 정보만 필요하다면 어떻게 해야 될까요? 요소들을 수집하기 전에 중간 Map 연산을 통해 요소를 변환할 수는 없습니다. 그룹화를 위해 실제 User에 접근할 수 없기 때문입니다. 이런 경우에는 수집된 요소를 변환하기 위해 다운스트림 컬렉터를 사용할 수 있습니다. 그래서 이 절에서는 다양한 groupingBy 메서드를 알아볼 예정입니다.

```
static<T, K, A, D> Collector<T, ?, Map<K, D>>
groupingBy(Function<? super T, ? extends K> classifier,
           Collector<? super T, A, D> downstream)
```

이 메서드 시그니처의 다양한 제네릭 타입들이 처음에는 어려워 보일 수 있지만 걱정하지 마세요! 자세히 분석해보면 이해하기 쉽습니다.

아래의 [표 7-4]를 통해 네 가지 타입을 알아보겠습니다.

표 7-4 groupingBy의 제네릭 타입

제네릭 타입	사용법
T	수집 전의 스트림 요소 타입
K	결과 Map의 키 타입
D	다운스트림 컬렉터로 생성된 결과 Map의 값 타입
A	다운스트림 컬렉터의 누적기(공유 변수) 타입

보시다시피 각 메서드 시그니처의 타입은 전체 프로세스의 일부를 나타냅니다.

- classifier는 T 타입의 요소를 키 타입 K로 매핑하여 키를 생성합니다.
- 다운스트림 컬렉터는 T 타입의 요소를 새로운 결과 타입 D로 집계합니다.
- 전체 결과는 Map<K, D>가 됩니다.

TIP 자바의 타입 추론은 대부분 적절한 타입을 잘 찾아줍니다. 그렇기에 복잡한 제네릭 메서드를 사용할 때 그 메서드의 실제 제네릭 시그니처에 대해 너무 깊게 고민할 필요가 없습니다. 특히, 그러한 메서드를 직접 작성하려는 것이 아니라면요. 만약 타입 불일치가 발생하고 컴파일러가 타입을 자동으로 판단하지 못한다면 IDE의 도움을 받아 작업 로직을 리팩터링하여 추론된 타입을 확인해보세요. 전체 스트림 파이프라인을 수정하는 것보다 작은 코드 블록을 변경하는 것이 훨씬 쉽습니다.

기본적으로 다운스트림 컬렉터를 받아들이는 각 컬렉터는 기존의 로직(이 경우에는 키-매퍼)과 다운스트림 컬렉터로 구성되어 키와 매핑된 값에 영향을 미칩니다. 다운스트림 수집 과정을 또 다른 스트림이 수집되는 것처럼 생각할 수 있습니다. 그러나 모든 요소 대신 기본 컬렉터에 의해 키와 연결된 값만을 마주치게 됩니다.

User 그룹에 대한 조회 Map으로 돌아와서 생각해봅시다. 우리의 목적은 User 그룹을 고유한 id 인스턴스 목록에 매핑하는 Map<String, Set<UUID>>를 생성하는 것입니다. 다운스트림 컬렉터를 만드는 가장 효과적인 방법은 목표 달성을 위한 구체적인 단계에 대해 생각하고, java.util.stream.Collectors의 어떤 팩토리 메서드가 그 목적을 달성할 수 있을지 고민하는 것입니다.

첫 번째로 User 요소의 id가 필요하며, 이는 매핑 연산입니다. Collector<T, ?, R> mapping (Function<? super T, ? extends U> mapper, Collector<? super U, A, R> downstream) 메서드를 통해 수집된 요소를 다른 컬렉터에 전달하기 전에 매핑하는 컬렉터를 생성합니다. 다른 다운스트림 컬렉터가 필요한 이유는 명확합니다. 여러분은 이미 예상하셨겠지만 **매핑 컬렉터**의 주된 목표는 요소들을 매핑하는 것입니다. 매핑된 요소의 실제 수집은 해당 컬렉터의 범위를 벗어나기 때문에 이 작업은 다운스트림 컬렉터에게 위임됩니다.

두 번째로 매핑된 요소들을 Set에 모으려면 Collectors.toSet 메서드를 사용해야 합니다.

컬렉터들을 개별적으로 작성하면 그들의 목적과 계층 구조가 더욱 명확해집니다.

```
// SET으로 요소 모으기
Collector<UUID, ?, Set<UUID>> collectToSet = Collectors.toSet();

// USER를 UUID로 변환
Collector<User, ?, Set<UUID>> mapToId =
  Collectors.mapping(User::id, collectToSet);

// 그룹에 따라 분류
Collector<User, ?, Map<String, Set<UUID>>> groupingBy =
  Collectors.groupingBy(User::group, mapToId);
```

보통 컴파일러가 자동으로 타입을 추론하게 하고 직접 Collectors 팩토리 메서드를 활용할 수 있습니다. 클래스를 정적으로 임포트하면 Collectors.와 같은 반복적인 접두사를 생략할 수도 있습니다. 모든 컬렉터를 조합하고 스트림 파이프라인에서 사용하면 간결한 수집 파이프라인을 생성할 수 있습니다.

```
import static java.util.stream.Collectors.*;

Map<String, Set<UUID>> lookup =
    users.stream()
         .collect(groupingBy(User::group,
                             mapping(User::id, toSet())));
```

결과 타입도 컴파일러에 의해 추론될 수 있습니다. 스트림 파이프라인에서 반환되는 타입이 무엇인지 명확하게 전달하기 위해서는 결과 타입을 명시적으로 표현하는 것이 좋습니다.

다른 방식으로는 기본 다운스트림 컬렉터를 변수로 보관하여 collect 메서드 호출을 더 간결하게 만드는 것입니다. 이 방식의 단점은 메서드 참조가 아닌 람다 표현식을 사용할 때처럼 타입이 명확하지 않은 경우 컴파일러가 올바른 타입을 추론할 수 있도록 도움을 줘야 한다는 것입니다.

```
// 메서드 참조
var collectIdsToSet = Collectors.mapping(User::id, ❶
                                         Collectors.toSet());

// 람다 대체
var collectIdsToSetLambda = Collectors.mapping((User user) -> user.id(), ❷
                                               Collectors.toSet());

Map<String, Set<UUID>> lookup =
  users.stream()
```

```
        .collect(Collectors.groupingBy(User::group,
                                        collectIdsToSet)); ❸
```

❶ 메서드 참조는 스트림의 요소가 어떤 타입인지 컴파일러에게 명확하게 알려줍니다. 따라서 다운스트림 컬렉터도 이 정보를 알 수 있습니다.

❷ 람다를 사용한 매퍼는 작업할 타입을 명시적으로 알아야 합니다. 람다의 인수에 타입을 명시하거나 var를 좀 더 복잡한 제네릭 Collector<T, A, R> 시그니처로 대체할 수 있습니다.

❸ 변수의 이름 덕분에 collect 호출은 여전히 명확합니다. 특정 집계 연산이 자주 사용된다면 java.util.stream.Collectors와 같이 팩토리 메서드를 가진 보조 타입으로 리팩터링하는 것이 좋습니다.

요소 축소

때로는 집계보다 축소 작업이 필요한 경우도 있습니다. 축소 다운스트림 컬렉터를 설계하는 방법은 '요소 변환'과 동일합니다. 우선 전체적인 목표를 설정한 후 필요한 단계로 세분화하고 마지막으로 다운스트림 컬렉터를 생성합니다.

이 예제에서는 그룹별 id를 위한 조회 맵을 생성하는 대신 사용자별 logEntries를 계산해보겠습니다.

주된 목표는 User 항목에 대한 로그 항목의 수를 집계하는 것입니다. 이를 위해 필요한 작업은 User의 로그 항목 수를 파악하고 이를 종합하여 최종 합계를 얻는 것입니다.

이 목표를 달성하기 위해 다른 다운스트림 컬렉터와 함께 Collectors.mapping 팩토리 메서드를 활용할 수 있습니다.

```
var summingUp = Collectors.reducing(0, Integer::sum);

var downstream =
  Collectors.mapping((User user) -> user.logEntries().size(), summingUp);

Map<UUID, Integer> logCountPerUserId =
```

```
users.stream()
      .collect(Collectors.groupingBy(User::id, downstream));
```

단순히 매핑과 축소 다운스트림 컬렉터를 함께 사용하는 것이 아니라 매퍼를 포함하는 다른 Collector.reduce 변형 중 하나를 사용할 수도 있습니다.

```
Collector<T, ?, U> reducing(U identity,
                            Function<? super T, ? extends U> mapper,
                            BinaryOperator<U> op)
```

이 reduce 변형은 초기값(identity)과 축소 연산(op) 외에도 User 요소를 원하는 값으로 변환하는 mapper가 필요합니다.

```
var downstream =
  Collectors.reducing(0,                                              // 초기값
                      (User user) -> user.logEntries().size(), // 매퍼
                      Integer::sum);                                  // 명령 코드

Map<UUID, Integer> logCountPerUserId =
  users.stream()
       .collect(Collectors.groupingBy(User::id, downstream));
```

reduce의 중간 연산처럼 다운스트림 작업을 위한 축소 컬렉터는 여러 단계를 하나의 작업으로 합치는 매우 유연한 도구입니다. 여러 다운스트림 컬렉터를 사용할지, 혹은 단일 축소 방식을 사용할지는 개인의 취향과 수집 과정의 복잡성에 따라 결정됩니다. 단순히 숫자를 합산하는 경우에는 java.util.stream.Collectors 클래스는 더 다양하고 특화된 방법들을 제공해줍니다.

```
var downstream =
  Collectors.summingInt((User user) -> user.logEntries().size());
```

```
Map<UUID, Integer> logCountPerUserId =
  users.stream()
       .collect(Collectors.groupingBy(User::id, downstream));
```

summing 컬렉터는 흔히 사용되는 원시 타입(int, long, float)에 사용할 수 있습니다. 숫자를 합산하는 것 외에도 averaging 접두사를 사용하는 평균값을 계산하거나 Collectors.counting 메서드를 사용하여 요소의 개수를 셀 수 있습니다.

컬렉션 평탄화

스트림에서 컬렉션 기반 요소를 처리할 때 대부분 flatMap이라는 중간 연산을 활용해야 합니다. 이 연산은 컬렉션을 개별 요소로 '평탄화'하며, 파이프라인에서 후속 작업을 수행합니다. 이렇게 처리하지 않으면 List<List<String>>과 같은 중첩된 컬렉션이 생성됩니다. 이 원칙은 스트림의 수집 과정에서도 동일하게 적용됩니다.

logEntries를 그룹에 따라 분류할 때 Map<String, List<List<String>>>과 같은 결과가 생성되는 데 이는 대부분 우리가 원하는 형태가 아닐 것입니다. 이러한 문제를 해결하기 위해 자바 9에서는 평탄화 기능을 내장한 새로운 컬렉터를 도입했습니다.

```
static Collector<T, ?, R> flatMapping(Function<T, Stream<U>> mapper,
                                      Collector<U, A, R> downstream)
```

Collectors.filtering과 같은 추가된 컬렉터는 단독으로 사용될 때는 특별한 장점을 보이지 않습니다. 하지만 groupingBy나 partitionBy 같은 다중 레벨 축소에서 사용될 때는 스트림의 원래 요소에 접근할 수 있게 되며, 그 결과로 수집된 요소들을 효과적으로 평탄화할 수 있습니다.

```
var downstream =
  Collectors.flatMapping((User user) -> user.logEntries().stream(),
                         Collectors.toList());

Map<String, List<String>> result =
  users.stream()
       .collect(Collectors.groupingBy(User::group, downstream));
```

스트림에서 변환과 축소 작업을 진행할 때 언제 평단화 다운스트림 컬렉터를 활용해야 할지 감이 올 것입니다. 스트림 파이프라인의 결과 타입이 예상과 다를 경우 `Collectors.mapping` 이나 `Collectors.flatMapping` 같은 다운스트림 컬렉터를 활용하여 원하는 결과를 얻을 수 있습니다.

요소 필터링

스트림 파이프라인에서는 요소들을 필터링하는 과정이 중요한데, 이는 중간 `filter` 연산을 통해 이루어집니다. 자바 9에서는 내장 필터링 기능을 가진 새 컬렉터를 도입하여 요소 필터링 단계를 누적 프로세스accumulation process 앞으로 이동시켰습니다.

```
static <T, A, R> Collector<T, ?, R> filtering(Predicate<T> predicate,
                                               Collector<T, A, R> downstream)
```

그 자체로는 중간 `filter` 연산과 크게 다르지 않지만 다운스트림 컬렉터로 사용될 때는 그 특성이 두드러지게 나타납니다. 특히나 요소를 그룹화할 때 그 차이점을 명확하게 볼 수 있습니다.

```
import static java.util.stream.Collectors.*;

var startOfDay = LocalDate.now().atStartOfDay();
```

```java
Predicate<User> loggedInToday =
  Predicate.not(user -> user.lastLogin().isBefore(startOfDay));

// 중간 필터 연산 사용
Map<String, Set<UUID>> todaysLoginsByGroupWithFilterOp =
  users.stream()
       .filter(loggedInToday)
       .collect(groupingBy(User::group,
                           mapping(User::id, toSet())));

// 컬렉터 필터 사용
Map<String, Set<UUID>> todaysLoginsByGroupWithFilteringCollector =
  users.stream()
       .collect(groupingBy(User::group,
                             filtering(loggedInToday,
                                       mapping(User::id, toSet()))));
```

동일한 결과를 예상할 수도 있겠지만 연산의 순서에 따라서 결과는 달라질 수 있습니다.

중간 filter 연산 후 그룹화하기

중간 filter 연산을 통해 수집되기 전에 원치 않는 요소를 제거할 수 있습니다. 따라서 오늘 로그인하지 않은 사용자의 그룹은 결과 Map에 포함되지 않게 됩니다. 이 과정은 [그림 7-1]에 설명되어 있습니다.

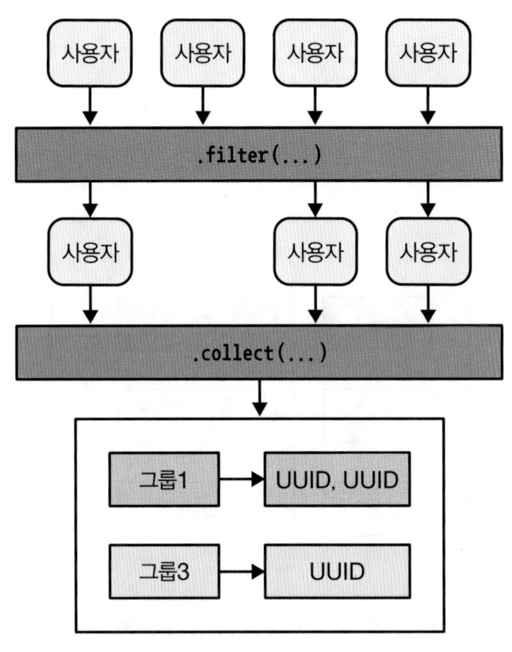

그림 7-1 필터를 먼저 적용하고 그룹핑하는 방식으로 요소 그룹화

먼저 그룹화하고 다운스트림에서 필터링하기

중간 filter 연산 없이 groupingBy 컬렉터는 마지막 로그인 날짜와 상관없이 모든 User 요소에 접근하게 됩니다. 이때 다운스트림 컬렉터인 Collectors.filtering이 요소를 필터링하는 역할을 하므로 반환된 Map은 마지막 로그인 여부와 관계없이 모든 사용자 그룹을 포함합니다. 이 요소들의 흐름은 [그림 7-2]에서 볼 수 있습니다.

어떠한 방법이 더 효율적인지는 사용자의 필요에 따라 다를 수 있습니다. 필터링을 먼저 진행하면 키-값 쌍을 최대한 줄일 수 있습니다. 그룹핑을 먼저 수행하면 모든 Map 키에 접근할 수 있게 되고 이에 따른 (아마도) 빈 값에 접근할 수 있습니다.

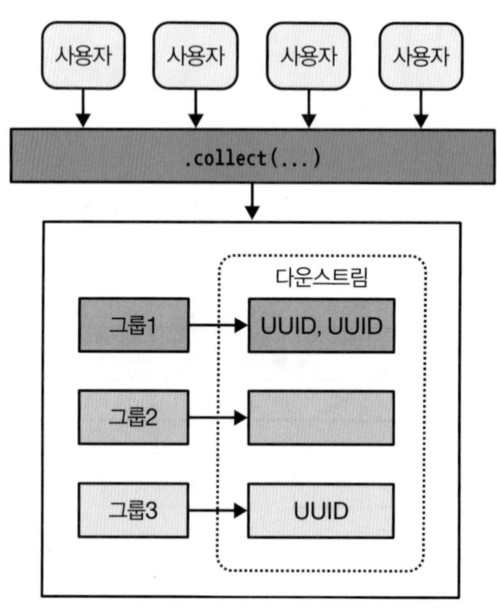

그림 7-2 '그룹화한 후 다운스트림에서 필터 적용하기'로 요소들을 그룹화하기

합성 컬렉터

마지막으로 소개하고 싶은 컬렉터는 자바 12에서 소개한 `Collectors.teeing`입니다. 이 컬렉터는 독특하게도 한 번에 두 개의 다운스트림 컬렉터를 동시에 처리하고 그 결과를 하나로 통합합니다.

> **NOTE** teeing이라는 단어는 대분자 T 모양의 파이프 피팅 (T–피팅)에서 유래되었습니다.

스트림의 요소는 먼저 두 다운스트림 컬렉터를 통과합니다. 이후, `BiFunction`을 이용하여 두 결과를 하나로 합칩니다. [그림 7-3]에서 이런 과정을 시각적으로 보여줍니다.

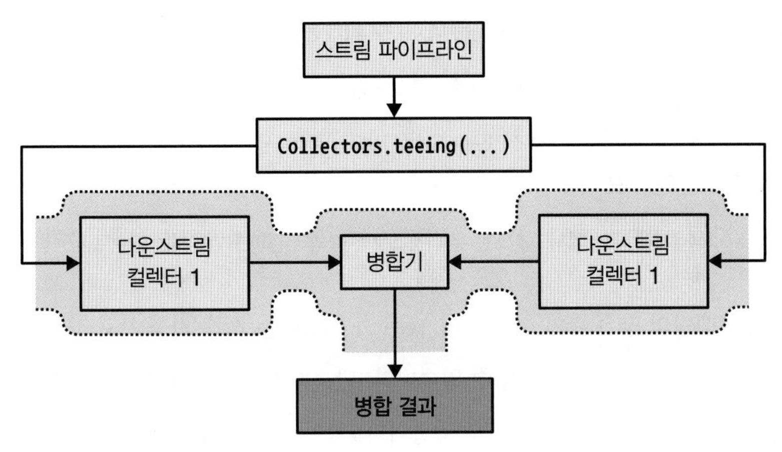

그림 7-3 teeing 컬렉터의 요소 흐름

전체 사용자 수와 그 중에서 한 번도 로그인하지 않은 사용자 수를 알고 싶다고 가정해봅시다. teeing 연산이 없다면 데이터를 두 번 순회해야 합니다. 전체 사용자 수를 세기 위한 한 번의 순회와 로그인 한 적 없는 사용자를 세기 위한 또 한 번의 순회가 필요합니다. 두 개의 카운팅 작업은 counting과 filtering 같은 전용 컬렉터로 나타낼 수 있으므로 데이터를 한 번만 순회하게 합니다. 그리고 teeing을 통해 파이프라인 끝에서 두 개의 카운팅 작업을 수행하게 합니다. 최종 결과는 BiFunction<Long, Long>을 사용하여 새로운 자료 구조 UserStats에 병합됩니다. [예제 7-5]에서 이를 어떻게 구현하는지 보여줍니다.

예제 7-5 최소와 최대 로그인 날짜 찾기

```
record UserStats(long total, long neverLoggedIn) { ❶
  // 바디 생략
}

UserStats result =
  users.stream()
       .collect(Collectors.teeing(Collectors.counting(), ❷
                Collectors.filtering(user -> user.lastLogin() = = null, ❸
                                     Collectors.counting()),
                UserStats::new)); ❹
```

❶ 결과 타입으로 로컬 레코드 타입을 사용하는 데 이는 자바가 동적 튜플을 지원하지 않기 때문입니다.

❷ 첫 번째 다운스트림 컬렉터는 모든 요소의 수를 카운팅합니다.

❸ 두 번째 다운스트림 컬렉터는 특정 조건으로 요소를 필터링 한 후, 남은 요소들의 수를 세기 위해 추가적인 다운스트림 컬렉터를 사용합니다.

❹ UserStats 생성자에 대한 메서드 참조는 두 다운스트림 컬렉터 결과를 병합하는 함수로 사용됩니다.

함수형 프로그래밍의 많은 추가 기능처럼, teeing 컬렉터는 객체 지향 프로그래밍에 익숙한 개발자들에게는 다소 낯설게 느껴질 수 있습니다. 단순히 for-loop와 두 외부 변수를 이용하여 카운팅한다면 동일한 결과를 얻을 수 있습니다. 차이는 teeing 컬렉터가 스트림 파이프라인의 전체적인 장점과 함수적 능력을 얼마나 효과적으로 활용하는지에 있습니다. 이는 최종 연산만을 의미하는 것은 아닙니다.

7.9.2 나만의 컬렉터 만들기

보조 타입인 java.util.stream.Collectors는 이 책을 작성하는 현재 LTS 자바 버전 17에서 44개가 넘는 사전 정의된 팩토리 메서드를 제공합니다. 특히, 이들을 결합하여 사용할 때 대부분의 일반적인 사용 사례를 다룰 수 있습니다. 하지만 사전에 정의된 것보다 특정 도메인에 더 특화되고 사용하기 쉬운 컬렉터가 필요할 수도 있습니다. 이럴 때 Collectors과 같은 사용자 정의 보조 클래스에서 이러한 특정 컬렉터를 공유할 수 있습니다.

6장에서 언급했듯이 컬렉터는 네 가지 메서드를 통해 요소들을 집계합니다.

- Supplier<A> supplier()
- BiConsumer<A, T> accumulator()
- BinaryOperator<A> combiner()
- Function<A, R> finisher()

Collector 인터페이스에는 필자가 아직 한 번도 언급하지 않은 Set<Characteristics>

characteristics()라는 메서드가 있습니다. 기본 Spliterator를 통한 스트림과 마찬가지로 컬렉터에도 다양한 최적화 기술을 사용할 수 있는 특성이 있습니다. 현재 사용 가능한 세 가지 옵션은 [표 7-5]에 나열되어 있습니다.

표 7-5 java.util.Collector.Characteristics의 특성

특성	설명
CONCURRENT	병렬 처리를 지원합니다.
IDENTITY_FINISH	finisher는 항등 함수로, 누적기 자체를 반환합니다. finisher 호출 대신 형 변환이 필요합니다.
UNORDERED	스트림 요소의 순서가 반드시 유지되지는 않습니다.

이러한 부분들이 어떻게 최적화되는지 더 잘 이해하기 위해서, 구분자(delimiter)를 이용해 CharSequence 요소들을 연결하는 Collectors.joining(CharSequence delimiter)를 재구현해보고자 합니다. [예제 7-6]에서는 java.util.StringJoiner와 Collector<T, A, R> 인터페이스를 사용하여 어떻게 필요한 기능들을 구현하는지 알아보겠습니다.

예제 7-6 문자열 요소를 연결하기 위한 사용자 정의 컬렉터

```
public class Joinector implements Collector<CharSequence,    // T
                                            StringJoiner,    // A
                                            String> {        // R

  private final CharSequence delimiter;

  public Joinector(CharSequence delimiter) {
    this.delimiter = delimiter;
  }

  @Override
  public Supplier<StringJoiner> supplier() {
    return () -> new StringJoiner(this.delimiter); ❶
  }
```

```java
  @Override
  public BiConsumer<StringJoiner, CharSequence> accumulator() {
    return StringJoiner::add; ❷
  }

  @Override
  public BinaryOperator<StringJoiner> combiner() {
    return StringJoiner::merge; ❸
  }

  @Override
  public Function<StringJoiner, String> finisher() {
    return StringJoiner::toString; ❹
  }

  @Override
  public Set<Characteristics> characteristics() {
    return Collections.emptySet(); ❺
  }
}
```

❶ StringJoiner 타입은 공개 API와 구분자로 인해 완벽한 가변 결과 컨테이너입니다.

❷ 컨테이너에 새 요소를 추가하는 로직은 적절한 메서드 참조를 사용하는 것만큼 간단합니다.

❸ 여러 컨테이너를 병합하기 위한 로직은 메서드 참조를 통해 가능합니다.

❹ 마지막 단계에서는 결과 컨테이너를 실제 결괏값으로 변환하며 toString 메서드를 사용합니다.

❺ Joinector는 사용 가능한 컬렉터 특성 중 어떠한 것도 포함하지 않으므로 빈 Set이 반환됩니다.

간단하긴 하지만 대부분의 메서드 참조를 반환하는 단순한 기능에도 많은 코드가 필요합니다. 다행히 Collector에는 코드를 간소화할 수 있는 편리한 팩토리 메서드 of가 있습니다.

```java
Collector<CharSequence, StringJoiner, String> joinector =
  Collector.of(() -> new StringJoiner(delimiter),  // 공급자
               StringJoiner::add,                  // 누적기
               StringJoiner::merge,                // 결합기
               StringJoiner::toString);            // 반환기
```

이 간단한 버전은 이전에 구현된 인터페이스와 기능적으로 동일합니다.

> **NOTE** Collector.of 메서드의 마지막 인수는 설정되지 않은 경우 항상 표시되지는 않으며, 컬렉터 특성의 가변 인수(vararg)를 나타냅니다.

자신만의 컬렉터를 만드는 일은 사용자 정의 결과 자료 구조나 도메인 특화 작업을 간소화하기 위해 사용되어야 합니다. 하지만 먼저 사용 가능한 기본 컬렉터와 다양한 하위 컬렉터들을 활용하여 원하는 결과를 얻기 위해 노력해야 합니다. 자바 개발팀은 사용자들에게 안전하고, 사용하기 편리한 솔루션을 제공하기 위해 많은 노력과 지식을 투자했습니다. 여러분이 효과적으로 작동하는 컬렉터를 만들었다면, 이를 보조 클래스로 리팩터링하여 재사용성을 높이고 가독성이 좋게 만드는 것이 바람직합니다.

7.10 (순차적인) 스트림에 대한 고찰

자바 스트림 API는 앞으로 더 큰 변화를 가져올 것입니다. 그렇기 때문에 다양한 작업에 스트림을 활용하는 다양한 방식과 연산을 잘 알아두는 것이 중요합니다. 스트림은 우아하고, 간결하며, 직관적인 데이터 처리 방법을 제시하고 필요에 따라 병렬 처리 옵션까지 제공합니다. 이에 대해서는 8장에서 더 자세히 다룰 예정입니다. 여기서 중요한 점은 스트림이 기존의 루프와 같은 구조체를 대체하기 위해 설계된 것이 아니라 보완하기 위한 목적으로 만들어졌다는 것입니다.

자바 개발자로서 스트림에 대해 습득해야 할 가장 중요한 기술에는 어떤 것들이 있을까요? 기존의 루프 구성을 배제함으로써 성능을 떨어뜨리지 않고 스트림 파이프라인을 사용하여 코드의 가독성과 합리성을 향상시키는 균형을 찾는 것입니다.

모든 루프가 스트림으로 전환될 필요는 없습니다. 반대로 모든 스트림이 루프로 대체되어야 하는 것도 아닙니다. 스트림을 이용한 데이터 처리에 익숙해질수록 두 가지 접근 방식 사이에서 균형을 찾기 쉬워질 것입니다.

핵심 요약

- 스트림 API는 파일 I/O나 새로운 날짜&시간 API와 같은 특정 타입을 위한 변형에서부터 전통적인 루프 구조에 유사한 반복적인 접근 방식에 이르기까지 스트림을 생성하는 다양한 가능성을 제공합니다.
- 함수형 인터페이스와 마찬가지로 대부분의 스트림과 그 연산들은 오토박싱을 최소화하기 위해 특수화된 타입을 통해 원시 타입을 지원합니다. 이러한 특수화된 변형은 성능상의 이점을 가져다 줄 수 있으나, 사용 가능한 연산에는 제한이 따릅니다. 그러나 파이프라인 내에서 원시 스트림과 일반 스트림 사이를 자유롭게 전환할 수 있기 때문에 두 방식의 장점을 동시에 활용할 수 있습니다.
- 하위 스트림 컬렉터는 변환, 필터링 등을 통해 결과를 작업에 맞게 바꾸는 것처럼 수집 과정에 다양한 영향을 줄 수 있습니다.
- 특정 작업을 수행하기 위해 기존의 하위 스트림 컬렉터의 조합만으로는 부족하다면 사용자 정의 컬렉터를 직접 만드는 방식을 선택할 수 있습니다.

CHAPTER

08 스트림을 활용한 병렬 데이터 처리

우리가 살아가는 세상은 대부분 동시성과 병렬성으로 이루어져 있습니다. 우리는 보통 한 번에 여러 가지 일을 하고 있습니다. 프로그램들은 점점 더 복잡한 문제를 해결해야 하기 때문에 데이터 처리도 병렬로 이루어져야 하는 경우가 많습니다.

6장에서는 데이터 처리 파이프라인의 스트림과 함수형 연산들에 대해 배웠습니다. 이제 그 지식을 바탕으로 병렬 처리를 살펴보겠습니다.

이 장에서는 동시성과 병렬성이 왜 중요한지, 병렬 스트림을 언제, 어떻게 활용해야 하는지, 그리고 언제 사용하면 안 되는지에 대해 알아보겠습니다. 앞서 배운 스트림을 활용한 데이터 처리의 기본 원칙은 병렬 처리에서도 그대로 적용됩니다. 따라서 이 장에서는 병렬 스트림의 특성과 복잡성에 집중합니다.

8.1 동시성 vs 병렬성

병렬성parallelism과 **동시성**concurrency은 서로 밀접하게 연관되어 있어서 종종 혼동됩니다. **GO**[1] 언

1 *https://go.dev/*

어의 공동 창시자인 롭 파이크Rob Pike는 이 두 용어를 다음과 같이 정의합니다.

> 동시성은 한 번에 여러 작업을 처리하는 것을 의미하고, 병렬성은 한 번에 여러 작업을 실행하는 것을 의미합니다. 두 개념은 분명히 관련되어 있지만 하나는 구조적 측면에서, 다른 하나는 실행적 측면에서 중요한 의미를 갖습니다. 동시성은 작업들을 병렬적으로 동시에 실행할 수 있는 구조화하는 것에 중점을 두고 있지만, 병렬성이 동시성의 궁극적인 목표는 아닙니다. 동시성의 진정한 목표는 우수한 구조를 설계하고 병렬성을 포함하여 실행 방식을 구현할 수 있는 능력을 가지는 것입니다.
>
> — 롭 파이크Rob Pike, 'Concurrency Is Not Parallelism'[2]

동시성concurrency은 여러 작업이 중복되는 시간 동안 한정된 리소스에 대한 경쟁을 하면서 실행되는 것을 의미합니다. 단일 CPU 코어는 작업들을 스케줄링하고 전환해가며 목적을 달성합니다. 작업 간 전환은 상대적으로 쉽고 빠르게 할 수 있습니다. 이 방법을 통해 두 작업은 글자 그대로 '동시에' 실행되지는 않지만 비유적으로 단일 CPU 코어에서 동시에 실행되는 것처럼 보입니다. 한 손(단일 CPU 코어)으로만 여러 공(작업)을 저글링하는 사람을 상상해보세요. 한 번에 하나의 공을 잡을 수 있지만(작업 수행), 시간이 지나면서 공의 위치는 계속 바뀝니다(다른 작업으로 중단 및 전환). 단지 두 개의 공을 가지고 있을지라도 계속해서 공을 바꿔가며 던져야 합니다.

반면에 **병렬성**parallelism은 중첩된 작업들을 관리하는 것이 아니라 이 작업들이 동시에 실행되는 것에 중점을 둡니다. 여러 개의 CPU 코어를 사용할 수 있는 경우 각각의 작업들은 서로 다른 코어에서 병렬로 실행될 수 있습니다. 이제 저글링하는 사람은 양손(둘 이상의 CPU 코어)을 사용하여 한 번에 두 개의 공을 잡을 수 있습니다(동시에 작업 수행).

[그림 8-1]에서 두 개념 사이의 스레드 스케줄링이 어떻게 다른지에 대해 볼 수 있습니다.

2 https://oreil.ly/iS_oL

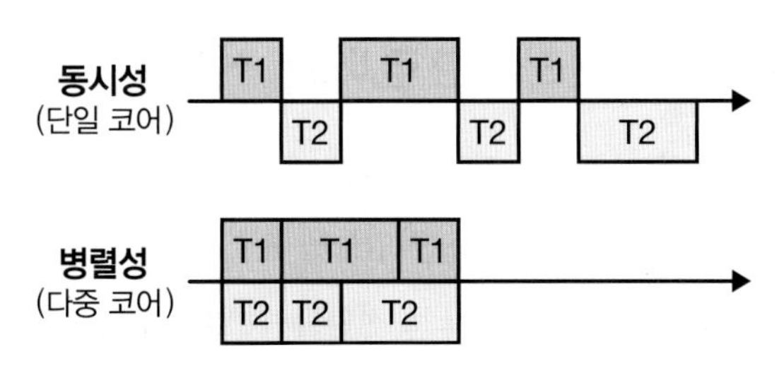

표 8-1 동시 vs 병렬 스레드 실행

자바에서 동시성과 병렬성은 스레드를 활용하여 다수의 작업을 처리하는 공통된 목표를 가지고 있습니다. 하지만 이 두 개념은 작업을 효율적이고 간편하게, 그리고 안전하게 수행하는 방식에 차이가 있습니다.

> **실제 세계에서의 동시성과 병렬성**
>
> 워키토키walkie-talkie는 동시성과 병렬성의 차이를 보여주는 좋은 예시입니다. 사람들은 단일 채널에서 한 번에 한 사람씩 말할 수 있습니다. 이때 다른 사람이 말할 수 있도록 '오버over'라고 말함으로써 컨텍스트 전환이 이루어지게 합니다. 여러 워키토키 채널이 있다면 병렬로 대화할 수 있습니다. 각 채널은 동시성을 유지하면서 락 메커니즘이 필요하지만 서로 다른 채널에서는 추가적인 조정 없이도 동시에 대화가 가능합니다.

이 두 가지 멀티태스킹 개념은 상호 배타적이지 않으며 종종 함께 사용됩니다.

여러 스레드를 사용할 때 주의해야 할 점은 단일 스레드 환경과 달리 애플리케이션의 실제 흐름을 직관적으로 파악하거나 디버깅하기 어렵다는 것입니다. 동시성 환경에서 자료 구조를 사용하려면 해당 구조가 '스레드 안전Thread-safe'하도록 설계되어야 합니다. 이를 위해 보통 락, 세마포어 등과의 조정이 필요하며, 올바른 작동과 공유 상태에 대한 안전한 접근을 보장해야 합니다. 반면 병렬로 코드를 실행할 때는 실행 자체에 중점을 두어 이러한 절차가 줄어들기 때문에, 해당 코드는 더 안전하고, 단순하며, 이해하기 쉬워집니다.

8.2 병렬 함수 파이프라인으로써의 스트림

자바의 **스트림**은 병렬 처리 기능을 가진 직관적인 데이터 처리 파이프라인을 제공합니다. 6장에서 배운 것처럼 스트림은 기본적으로 작업들을 순차적으로 처리합니다. 단 한 번의 메서드 호출만으로 파이프라인을 '병렬 모드'로 전환할 수 있습니다. 이는 중간 스트림 연산인 `parallel` 또는 `java.util.Collection` 기반 타입에서 사용 가능한 `parallelStream` 메서드를 통해 가능합니다. 순차적으로 처리된 스트림으로 돌아가려면 중간 연산인 `sequential`을 사용하면 됩니다.

> **CAUTION** `parallel` 또는 `sequential` 메서드를 호출하여 실행 모드를 변경하면 파이프라인 내의 위치에 관계없이 전체 스트림 파이프라인에 영향을 미칩니다. 최종 연산 전에 마지막으로 호출된 메서드가 전체 파이프라인의 실행 모드를 결정합니다. 스트림 내에서 일부만을 다른 실행 방식으로 동작시키는 것은 불가능합니다.

병렬 스트림은 **재귀적 분해**recursive decomposition 개념을 사용합니다. 이는 요소를 Spliterator를 사용하여 분할하여 요소의 덩어리를 병렬로 처리함으로써 데이터 소스를 **분할하고 정복하는** 것을 의미합니다. 각각의 분할된 덩어리는 전용 스레드에 의해 처리되며 필요에 따라 재귀적으로 더 분할될 수도 있습니다. 이는 스트림 API가 사용 가능한 리소스에 분할된 덩어리, 그리고 스레드가 효율적으로 작동할 수 있을 때까지 계속됩니다.

별도로 스레드를 만들거나, 관리하거나 또는 명시적으로 `ExecutorService`를 사용할 필요는 없습니다. 스트림 API는 내부적으로 `ForkJoinPool`을 활용하여 새로운 스레드를 효과적으로 생성하고 관리합니다.

> **ForkJoinPool**
>
> `ForkJoinPool`은 **작업 훔치기**work stealing 방식으로 스레드를 실행합니다. 즉, 한 작업 스레드가 자신에게 할당된 작업을 모두 마친 후, 다른 스레드가 아직 처리하지 못한 작업을 '훔쳐' 와서 실행합니다. 이러한 방식은 유휴 스레드를 더 효율적으로 활용할 수 있게 합니다.

> 일반적인 `ForkJoinPool`은 런타임에서 자체적으로 관리하며 초기화가 지연되는 정적 스레드 풀입니다. 이 풀은 사용 가능한 리소스를 최대한 효율적으로 활용하도록 설계되어 있어, 모든 CPU 코어를 동시에 과도하게 사용하는 상황을 피합니다. 기본 설정이 요구 사항에 맞지 않는 경우, 문서[3]를 참고하여 시스템 속성을 통해 조절할 수 있습니다.
>
> 이 `ForkJoinPool`은 주로 병렬 스트림과 `CompletableFutures`를 이용한 비동기 작업에서 활용됩니다. 이에 대해서는 13장에서 더 자세히 다루겠습니다.

요소의 덩어리chunk와 해당 작업들은 다수의 스레드로 분기forked됩니다. 최종적으로 각 스레드의 결과들이 다시 합쳐져join 최종 결과를 도출합니다(그림 8-2).

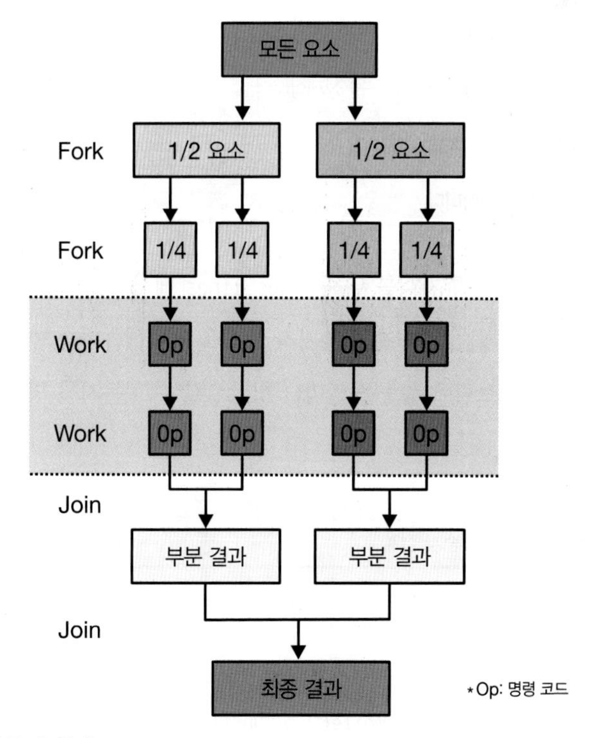

그림 8-2 병렬 스트림의 Fork/Join

3 *https://oreil.ly/VUL8g*

덩어리의 크기는 스트림의 데이터 소스와 관련된 Spliterator의 특성에 따라 다릅니다. 8장의 '적절한 데이터 소스 선택하기'에서는 다양한 특성과 데이터 소스, 그리고 요소를 효율적으로 분할하는 기술에 대해 다룹니다.

8.3 병렬 스트림 활용

병렬 스트림 처리 방법을 설명하기 위해 톨스토이의 『전쟁과 평화』[4]에서 고유한 단어의 빈도를 측정해보겠습니다. 이를 위해 필요한 단계들을 스트림 연산으로 변환하기 위한 접근 방식을 설계합니다.

- 『전쟁과 평화』 내용을 불러옵니다.
- 구두점을 제거하는 등의 방법으로 내용을 정제합니다.
- 내용을 분할하여 단어를 생성합니다.
- 고유한 단어의 수를 집계합니다.

7.6.4절에서는 연속 스트림 처리를 위해 `Files.lines` 메서드를 사용했지만, 이번에는 [예제 8-1]에서 보여지는 것처럼 더 단순한 순차적 방식을 채택했습니다. 이렇게 함으로써 적절한 데이터 소스와 병렬 스트림이 성능을 얼마나 향상시킬 수 있는지를 더욱 명확하게 확인할 수 있습니다.

예제 8-1 『전쟁과 평화』 내 단어 순차 집계

```
var location = Paths.get("war-and-peace-text.txt");

// 패턴 정리 ❶
var punctuation = Pattern.compile("\\p{Punct}");
```

4 Project Gutenberg는 톨스토이의 『전쟁과 평화』의 다양한 버전을 무료로 제공합니다(*https://oreil.ly/AXag1*). 이 과정에서는 단순 텍스트 버전을 사용하여 단어 카운트에 다른 포맷이 미치는 영향을 배제했습니다.

```
var whitespace = Pattern.compile("\\s+");
var words = Pattern.compile("\\w+");

try {
  // 내용 불러오기 ❷
var content = Files.readString(location);

  Map<String, Integer> wordCount =
    Stream.of(content)
          // 내용 정리하기 ❸
          .map(punctuation::matcher)
          .map(matcher -> matcher.replaceAll(""))
          // 단어로 분할하기 ❹
          .map(whitespace::split)
          .flatMap(Arrays::stream)
          .filter(word -> words.matcher(word).matches())
          // 집계하기 ❺
          .map(String::toLowerCase)
          .collect(Collectors.toMap(Function.identity(),
                                    word -> 1,
                                    Integer::sum));
} (IOException e) {
  // ...
}
```

❶ 문서의 내용을 정리하기 위해 여러 가지 사전에 컴파일된 `Pattern` 인스턴스들을 활용합니다.

❷ 해당 내용을 한 번에 읽어들입니다.

❸ 정리 패턴을 통해 모든 구두점을 제거합니다.

❹ 텍스트의 라인은 공백을 기준으로 분할되고 결과로 생성된 `String[]` 배열은 `String` 요소들의 스트림으로 평면화flat-mapped됩니다. 이 후 요소들은 실제 '단어'인지 세밀하게 필터링됩니다.

❺ 단어를 세는 것은 대소문자 구분 없이 진행되며, 모든 단어를 소문자로 변환하여 컬렉터가 실제 집계 작업을 수행하게 함으로써 간단히 이루어집니다.

단어의 집계는 Collectors.toMap을 활용하여 이루어지며, 이때 단어들은 Function.identity()를 호출하여 키로 사용됩니다. Function.identity()를 통해서 입력 인수를 반환하는 Function<T, T>를 만들 수 있습니다. 같은 단어가 여러 번 발견되어 키가 충돌되는 경우 컬렉터는 기존값과 새값 1을 integer::sum을 통해 병합합니다.

필자의 컴퓨터(6코어/12스레드 CPU를 탑재)에서 이러한 순차적 방식은 대략 140ms 정도 소요됩니다.

NOTE 여기서 CPU의 '스레드'는 자바의 스레드가 아니라 동시 멀티스레딩simultaneous multithreading(SMT)을 지칭합니다. 이것은 인텔에서 SMT 구현인 하이퍼스레딩hyperthreading이라고도 합니다.

이 초기 스트림 파이프라인은 『전쟁과 평화』에서 단어를 세는 문제를 해결할 수는 있지만 아직 최적화할 수 있는 부분이 많이 있습니다. 데이터 소스가 단일 요소만 제공하기 때문에 이를 병렬화하더라도 큰 변화가 생기지 않습니다. 그렇다면 병렬 접근 방식에서 성능을 향상시키기 위해 파이프라인을 어떻게 재설계할 수 있을까요?

[그림 8-2]를 생각해보면 병렬 스트림은 결과를 생성하기 위해 병합된 연산의 파이프라인을 분기합니다. 현재의 파이프라인은 책 전체를 하나의 문자열로 취급하여 그 안의 단어를 세고 있습니다. 파이프라인을 통과하는 모든 문자열 요소에서 쉽게 단어를 세고, 최종 수집 연산을 활용하여 결과를 간편하게 병합할 수 있습니다.

모든 연산이 효과적으로 병렬로 수행되기 위해서 스트림 파이프라인은 다양한 요소를 가진 데이터 소스가 있어야 합니다. Files.readString을 사용하는 대신 파일을 라인별로 읽어 스트림을 생성하는 static Stream<String> lines(Path path) throws IOException 메서드를 사용할 수 있습니다. 더 많은 요소를 처리할수록 더 많은 정리clean-up 연산이 호출되겠지만, 각 작업이 여러 스레드에 분산되어 병렬로 처리되기 때문에 자원을 효율적으로 활용할 수 있습니다.

추가로 collect 연산에 대해서도 수정이 필요합니다. 동시 변경 예외인 ConcurrentModificationException을 발생시키지 않기 위해서, 기존과 동일한 인수를 사용하여 스레드를 안전하게 사용할 수 있도록 한 버전의 Collectors.toConcurrentMap을 사용해야 합니다.

> **CAUTION** Collector들은 변경 가능한 중간 결과 컨테이너를 공유하기 때문에, 여러 스레드에 의해 동시 수정이 이루어질 수 있는 combiner 단계에서 안정성 문제가 있습니다. 이에 따라 병렬 파이프라인에 사용되는 컬렉터의 문서를 주의 깊게 검토하여 스레드 안전성을 확보한 후 필요에 따라 적절한 대안을 선택해야 합니다.

이러한 작은 변경 사항들이 모여 병렬 접근법으로 전환하는 코드에 적용됩니다. 이러한 내용은 [예제 8-2]에서 확인할 수 있습니다.

예제 8-2 『전쟁과 평화』에서 병렬로 단어 집계

```
// ...

// 내용 불러오기 ❶
try (Stream<String> stream = Files.lines(location)) {
  Map<String, Integer> wordCount =
    stream.parallel()
          // 라인 정리하기 ❷
          .map(punctionaction::matcher)
          .map(matcher -> matcher.replaceAll(""))
          .map(whitespace::split)
          // 단어로 분할하기 ❷
          .flatMap(Arrays::stream)
          .filter(word -> words.matcher(word).matches())
          // 집계하기 ❸
          .map(String::toLowerCase)
          .collect(Collectors.toConcurrentMap(Function.identity(),
                                              word -> 1,
                                              Integer::sum));
}
```

❶ `Files.lines` 메서드를 사용할 때는 스트림을 반드시 닫아야 합니다. `try-with-resource` 블록을 사용하면 런타임이 이 작업을 자동으로 처리해주기 때문에 직접 스트림을 닫을 필요가 없습니다.

❷ 라인을 정리하고 분할하는 이전의 모든 절차는 그대로 유지됩니다.

❸ 단어의 집계는 동일한 방식으로 진행되지만 스레드에 안전한 컬렉터 변형을 사용합니다.

최적화된 데이터 소스를 활용하고, 파이프라인에 병렬 연산 호출을 추가함으로써 처리에 필요한 시간은 약 25ms로 줄어들었습니다.

이는 5배 이상의 놀라운 성능 향상을 가져왔습니다. 그렇다면 이렇게 효율적인 병렬 스트림을 왜 항상 사용하지 않는 걸까요?

8.4 병렬 스트림 활용 시기와 주의할 점

병렬 스트림이 단순한 메서드 호출만으로 데이터 소스와 최종 연산의 성능을 향상시킬 수 있다면 순차 스트림을 왜 사용할까요? 그 이유는 매우 단순합니다. 병렬 스트림을 사용하는 것이 성능 향상을 항상 보장하지 않으며, 다양한 요소에 영향을 받을 수 있기 때문입니다. 병렬 스트림의 주된 목적은 성능 최적화를 위한 것이기 때문에 단순히 메서드 호출이 편리하다고 해서 막연하게 사용하는 것은 바람직하지 않습니다.

병렬과 순차 데이터 처리 방식 중 어떤 것을 선택할지에 대한 **절대적인 기준**은 없습니다. 요구사항, 수행할 작업, 사용 가능한 자원 등에 따라 달라질 수 있으며, 이러한 요소들은 서로 영향을 미칠 수 있습니다. 따라서 '언제 병렬 스트림을 사용해야 하나요?'라는 질문에 쉽게 답하기는 어렵습니다. 그러나 최선의 선택을 하기 위한 기준점을 제공하는 몇 가지 비공식적인 지침이 존재합니다.

스트림 파이프라인의 구축 과정, 즉 스트림을 생성하고 중간 연산을 추가한 다음 최종 연산을 통한 완성까지의 단계별로 살펴보겠습니다.

8.4.1 적절한 데이터 소스 선택하기

순차 또는 병렬 스트림은 모두 Spliterator에 의해 처리되는 데이터 소스로부터 시작됩니다.

순차 스트림에서 Spliterator는 단순한 반복자의 역할을 하며, 스트림에 차례로 요소를 제공합니다. 그러나 병렬 스트림에서는 데이터 소스가 여러 부분으로 나눠집니다. 이상적으로는 이 부분들이 비슷한 크기로 나누어져 작업이 균등하게 분배되어야 하지만, 데이터 소스의 특성에 따라 그렇지 않을 수 있습니다. 이러한 과정을 데이터 소스 분해decomposing라고 합니다. 이 과정은 병렬 처리에 유리하고, 비용이 적게들 수도 있지만 경우에 따라 복잡하고 많은 비용이 사용될 수도 있습니다.

예를 들어 `ArrayList`와 같은 배열 기반의 데이터 소스는 그 크기를 정확히 알고 있고 모든 요소의 위치를 알고 있기 때문에 쉽게 분해할 수 있습니다. 따라서 균일한 크기의 덩어리를 쉽게 만들어낼 수 있습니다.

반면에 연결 리스트linked list는 본질적으로 순차적인 데이터 소스로, 그 요소가 자신의 바로 옆에 있는 이웃만 알고 있습니다. 특정 위치를 파악하기 위해서는 앞선 모든 요소를 거쳐야 합니다. 자바에서 `LinkedList`는 크기를 계속 추적하면서 `SIZED`와 `SUBSIZED`와 같은 더욱 유리한 `Spliterator` 특성을 만들어냅니다. 그럼에도 불구하고 병렬 스트림에서 선호되는 데이터 소스는 아닙니다.

[표 8-1]에서는 다양한 데이터 소스와 그들이 병렬로 사용될 때의 분해성에 대해 보여줍니다.

표 8-1 병렬 분해성

데이터 소스	병렬 분해성
`IntStream.range / .rangeClosed`	+++
`Arrays.stream (primitives)`	+++
`ArrayList`	++
`Arrays.stream (objects)`	++
`HashSet`	+

TreeSet	+
LinkedList	—
Stream.iterate	—

데이터 소스와 병렬 스트림에서 성능에 영향을 주는 중요한 요소 중 하나는 효율적인 분해 가능성이지만 그것만이 전부는 아닙니다. 특히 '데이터 지역성'이라는 기술적인 부분이 종종 간과되기 쉽지만 중요한 요소입니다.

현대 컴퓨터는 과거보다 더 많은 코어뿐만 아니라 메모리 수준에서의 성능 향상을 위한 수많은 캐시를 갖추고 있습니다. 메모리의 저장 위치는 런타임과 CPU에 의해 결정됩니다. L1 캐시의 읽기 속도는 RAM보다 100배 빠르고, L2 캐시는 25배 빠릅니다. 데이터가 실제 처리에 '가까이 있을수록' 더 높은 성능 향상을 달성할 수 있습니다.

일반적으로 JDK는 객체 필드와 배열을 연속된 메모리 공간에 저장합니다. 이러한 구조는 '근접한' 데이터를 미리 가져올 수 있게 하여 작업의 속도를 높일 수 있습니다.

참조 타입의 리스트나 배열, 즉 `List<Integer>`나 `Integer[]`는 실제값들을 가리키는 포인터를 저장합니다. 반면 원시 타입 배열인 `int[]`는 그 값들을 연속으로 저장합니다. 필요한 값이 캐시에 없을 경우 CPU는 해당 데이터가 로드될 때까지 대기해야 하므로 리소스를 낭비하게 됩니다. 그렇다고 해서 기본 배열만이 병렬 처리에 적합하다는 의미는 아닙니다. 데이터 지역성은 병렬 처리에 적합한 데이터 소스를 선택하는 데 고려해야 하는 여러 기준 중 하나입니다. 그렇지만 데이터 지역성은 다른 기준들에 비해서는 상대적으로 중요도가 낮으며 런타임과 JDK가 데이터를 저장하는 방법을 직접 제어할 수 없습니다.

8.4.2 요소의 개수

병렬 처리에 있어 최적의 요소 수는 명확히 정해져 있지 않습니다. 그러나 병렬 스트림에서 처리해야 할 요소가 많을수록 성능 향상에 더 유리합니다. 이렇게 되면 여러 스레드의 조정하는 오버헤드를 줄일 수 있습니다.

요소들을 병렬로 처리하기 위해서는 먼저 분할하여 처리한 다음 최종 결과를 얻기 위해 다시 결합해야 합니다. 이러한 일련의 과정들은 서로 밀접한 관계를 가지고 있으며 이에 따른 적절한 균형을 찾는 것이 매우 중요합니다. 이런 균형은 **NQ 모델**로 설명할 수 있습니다.

여기서 *N*은 요소의 수를, *Q*는 단일 작업에 소요되는 비용을 의미합니다. *N*과 *Q*의 곱인 *N* * *Q*는 병렬 처리로 속도를 얼마나 향상시킬 수 있을지 가능성을 나타내는 지표가 됩니다. [그림 8-3]을 참고해주세요.

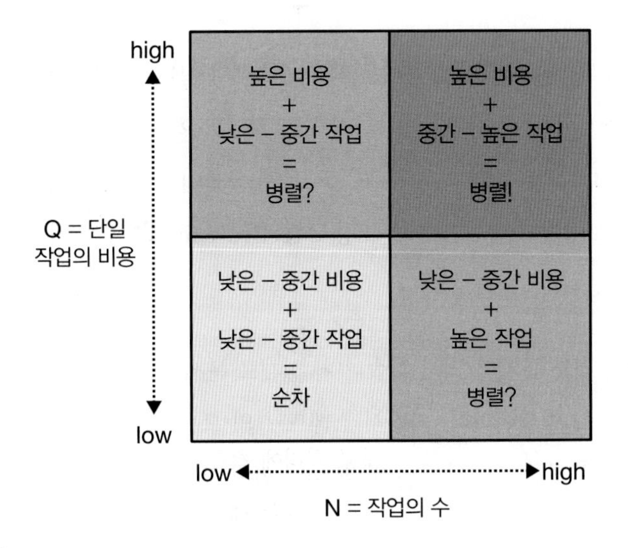

그림 8-3 NQ 모델

보시다시피 요소의 수가 많을수록 병렬 처리의 효과가 더욱 두드러집니다. 또한 실행 시간이 긴 작업도 병렬로 처리될 때 큰 효과를 얻을 수 있으며 이는 요소의 수가 적을 때의 단점을 상쇄시키기도 합니다. 하지만 가장 이상적인 상황은 요소의 수가 많고 각 작업에 대한 비용이 높은 경우라고 할 수 있습니다.

8.4.3 스트림 연산

적절한 데이터 소스를 선택했다면 다음으로는 연산에 대해 고민해야 합니다. 병렬 연산 설계의 주요 목표는 순차 스트림과 동일한 결과를 얻는 것입니다. 그렇기 때문에 중간 연산을 위한 대부분의 설계는 보편적입니다.

그렇지만 병렬 스트림의 경우 순차 스트림에서 큰 문제가 되지 않았던 부분들이 급속도로 문제를 불러일으킬 수 있습니다. 이러한 이유로 더 많은 함수적 원칙과 병렬 처리에 유리한 연산 방식을 준수하는 것이 중요합니다.

순수한 람다

스트림 연산에서 사용되는 람다 표현식은 항상 **순수**해야 합니다. 이 말은, 람다가 지역 외부의 변경 가능한 상태에 의존하거나 예측하지 못한 사이드 이펙트를 발생시키면 안 된다는 것을 의미합니다. **지역 외부 상태**와 관련된 주요 문제를 줄이기 위해 캡처된 변수들은 반드시 'effectively `final`'이어야 합니다. 이는 2장 'effectively final'에서 자세히 설명했으며 참조 자체에만 영향을 줍니다.

불변 상태를 읽는 것도 문제가 되지 않습니다. 실제로 문제가 되는 것은 스레드가 지역 외부의 상태를 변경할 때 발생합니다. 따라서 스레드 간의 모든 접근은 반드시 동기화가 필요하며 그렇지 않을 경우 경쟁 조건과 같은 비결정론적인 동작이 발생합니다.

경쟁 조건의 기원

작업에 둘 이상의 스레드를 참여시키면 새로운 문제들이 발생합니다. 가장 일반적이면서도 급한 문제는 **상태 접근**state access과 관련된 것입니다. 소위 말하는 '경쟁 조건'은 두 개 이상의 스레드가 동일한 공유 상태에 접근할 때 발생할 수 있습니다.

여러 스레드에서 읽기 작업을 수행하는 것은, 그 상태를 변경하는 스레드가 없는 한 문제가 되지 않습니다. 그러나 상태를 변경하게 된다면 문제가 발생합니다. 접근 순서가 (수동으로) 동기화되지 않은 경우에는 비결정적이기 때문입니다. 실제 접근 순서는 스레드의 스케줄링 방식과 **백그라운드**에서 어떤 최적화가 이루어지는지에 따라 달라집니다.

JVM은 JSR-133에서 설명하는 메모리 접근 순서 변경이라는 최적화 기술을 사용하여 코드에서 정의된 순서와는 다르게 명령을 실행합니다. 하지만 이러한 재배열은 JVM에만 국한되지는 않습니다. 실제로 CPU도 최적으로 판단하는 순서에 따라 명령을 실행하고 메모리를 관리할 수 있습니다.

비결정적인 동작을 방지하는 가장 간단한 방법은 지역 외부의 상태를 깊게 불변하게 만드는 것입니다. 이렇게 하면 람다는 순수하게 유지되며 동일한 람다를 실행하는 다른 스레드에 의해 영향을 받지 않게 됩니다.

병렬 처리에 적합한 연산

모든 스트림 연산이 병렬 처리에 적합한 것은 아닙니다. 연산이 얼마나 적합한지 판단하는 가장 직관적인 방법은 스트림의 요소에 대한 접촉 순서에 의존하는 정도를 알아보는 것입니다.

예를 들면 `limit`, `skip`, `distinct`와 같은 중간 연산은 순차 스트림에서 일관되고 안정된 결과를 보장하기 위해서 요소의 접촉 순서에 많은 의존성을 갖습니다. 이는 항상 동일한 요소를 선택하거나 건너뛴다는 것을 의미합니다.

그러나 병렬 스트림에서 이러한 안정성을 확보하기 위해서 모든 스레드 간의 동기화와 메모리 요구량이 증가하기 때문에 추가 비용이 필요합니다. 예를 들어 `limit` 연산이 순차 스트림에서의 결과를 병렬 상황에서 동일하게 보장하려면 요소의 순서에 따라 이전의 모든 연산이 완료될 때까지 기다려야 하고 요소가 필요한지 확인될 때까지 버퍼에 저장해야 합니다.

다행스럽게도 모든 파이프라인이 요소의 일관된 순서를 필요로 하는 것은 아닙니다. 스트림 파이프라인에 `unordered` 연산을 호출하면 결과 스트림은 UNORDERED 특성을 갖게 되어 기존의 안정적인 연산들이 불안정해집니다. 대다수의 경우 최종 결과에 중복이 없다면 어떤 요소가 선택되었는지는 크게 중요하지 않습니다. 하지만 limit의 경우는 조금 더 복잡하며 사용자의 요구 사항에 따라 달라집니다.

데이터 소스의 순서에 의존하는 두 개의 안정된 최종 연산에는 findFirst와 forEach가 있습니다. 둘 다 불안정한 변형도 제공합니다(표 8-2 참조). 사용자의 요구 사항을 허용한다면 병렬 스트림에서는 이러한 변형을 사용하는 것도 좋습니다.

표 8-2 안정된 최종 연산과 불안정한 최종 연산

안정적인 연산	불안정한 연산
findFirst()	findAny()
forEachOrdered(Consumer<? super T> action)	forEach(Consumer<? super T> action)

중간 연산이 완전히 병렬화되어도 스트림 파이프라인의 마지막 최종 연산은 단일 결과를 얻거나 사이드 이펙트를 발생시키기 위해 순차적으로 처리됩니다. 불안정한 중간 연산과 마찬가지로 findAny나 forEach와 같은 최종 연산은 요소와 만나는 순서에 제약을 받지 않고 다른 스레드의 요소들을 기다리지 않아도 되기 때문에 큰 이점을 얻을 수 있습니다.

Reduce vs Collect

최종 연산인 reduce와 collect는 동전의 양면과 같습니다. 두 연산 모두 요소들을 축소하는 연산입니다.

함수형 프로그래밍의 관점에서 보면 **폴드**fold 연산은 여러 요소들에 함수를 적용하여 그 결과를 재귀적으로 합쳐서 반환값을 생성합니다. 두 연산의 주요 차이점은 이러한 결과들을 합치는 방식에 있습니다. 하나는 불변한 방식으로 집계하는 것이고 다른 하나는 변경 가능한 방식으로 집계하는 것입니다.

6장을 생각해보면 가변 누적은 [예제 8-3]에서 볼 수 있는것처럼 for-loop로 문제에 접근하는 방식과 유사합니다.

예제 8-3 for-loop를 사용한 가변 누적

```
var numbers = List.of(1, 2, 3, 4, 5, 6, ...);

int total = 0;

for (int value : numbers) {
  total += value;
}
```

이런 방식은 순차적으로 문제를 해결할 때 직관적입니다. 하지만 지역 외부의 가변 상태를 활용하는 것은 병렬 처리에 적합하지 않습니다.

함수형 프로그래밍은 불변성을 중시합니다. 그 결과 누적된 값은 이전 결과와 현재의 스트림 요소에 기반하여 새롭고 불변한 결과를 생성하게 됩니다. 이런 방식으로 [그림 8-4]에서 볼 수 있듯이 연산들은 병렬로 쉽게 실행될 수 있습니다.

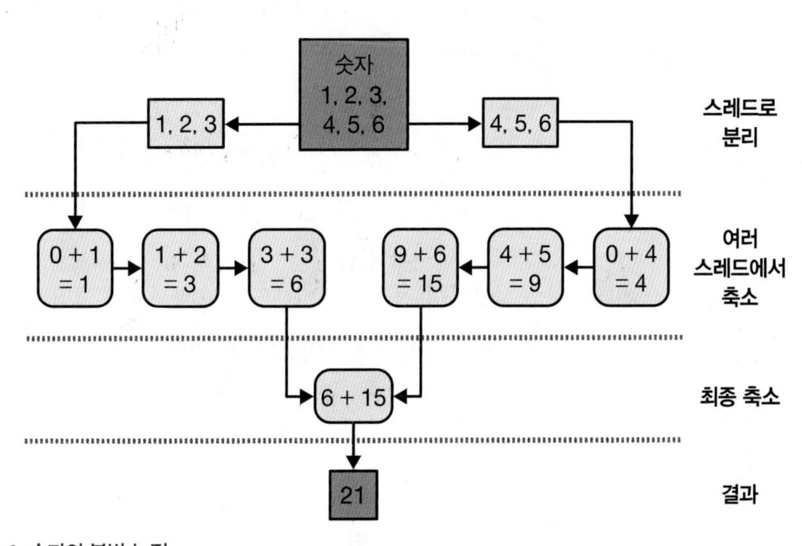

그림 8-4 숫자의 불변 누적

이 흐름은 이전과 동일한 요소를 가지고 있습니다. 각 합의 초기값은 0입니다. 결과를 하나의 값에 누적하는 대신 각 단계에서는 다음 합계의 왼쪽 피연산자로 값을 새롭게 반환합니다.

가장 간단한 스트림 표현은 [예제 8-4]에서 확인할 수 있습니다.

예제 8-4 스트림을 활용한 숫자의 불변 누적

```
int total = Stream.of(1, 2, 3, 4, 5, 6, ...)
                  .parallel()
                  .reduce(0, ❶
                          Integer::sum) ❷
```

❶ 초기값은 모든 병렬 축소 연산에서 사용됩니다.

❷ 이 메서드 참조는 이전의 값 또는 초기값과 현재 스트림의 요소를 합치기 위한 BiFunction<Integer, Integer, Integer>로 변환됩니다.

이보다 더 추상적인 형태의 축소는 결합성이 있고 공유 상태가 없다면 쉽게 병렬화 될 수 있습니다. 축소가 **결합성**associative이 있다는 것은 누적기 인수의 순서나 그룹화가 최종 결과에 영향을 미치지 않는다는 것을 의미합니다.

불변한 축소 방식이 병렬 처리에 더 적합하다고 해도, 그것만이 축소의 유일한 방법은 아닙니다. 요구 사항에 따라 각 누적 단계마다 새로운 불변 결과를 생성하는 것이 비용이 들 수 있기 때문에 가변 축소가 더 적절한 해결책이 될 수 있습니다. 요소의 수가 많아지면 이런 비용들은 시간이 지날수록 누적되어 전체 성능과 메모리 요구 사항에 부담을 줍니다.

가변 축소는 가변 결과 컨테이너를 사용하여 이러한 오버헤드를 효과적으로 줄입니다. 누적 함수는 단순히 이전 결과만이 아닌, 이 컨테이너를 받아오며 축소 연산자와는 달리 아무런 값을 반환하지 않습니다. 최종 결과를 생성하기 위해서는 함수 합성을 활용하여 모든 컨테이너를 병합합니다.

순차 및 병렬 스트림에서 reduce와 collect 중 어떤 것을 선택할지는 사용하는 요소의 특성과 최종 폴드 연산의 직관성 및 편의성에 따라 달라집니다. 때로는 데이터 처리의 향상과 더 복잡한 폴드 연산을 수행하기 위해 가용 가능한 최고의 성능이 필요할 때도 있습니다. 다양한 요소들이 성능에 큰 영향을 줄 수 있기 때문에, 이해하기 쉽고 관리하기 용이한 최종 연산을 선택하는 것이 약간의 메모리와 CPU를 희생하는 것의 단점을 상쇄할 수 있습니다.

8.4.4 스트림 오버헤드와 사용 가능한 자원

전통적인 반복 구조와 비교할 때 스트림은 항상 불가피하게 오버헤드를 생성합니다. 이는 스트림이 순차적이든 병렬적이든 마찬가지입니다. 스트림의 장점은 데이터 처리 파이프라인을 선언적으로 정의하고 다양한 함수형 원칙들을 적용하여 사용성과 성능을 최적화하는 데 있습니다. 대부분의 실제 상황에서는 스트림의 간결함과 명료성이라는 장점에 비해 오버헤드는 크게 문제가 되지 않습니다.

병렬 스트림을 사용할 때는 순차 스트림에 비해 초기에 더 큰 제약을 감수해야 합니다. 스트림 구조의 오버헤드 외에도 데이터 소스를 분해하는 데 드는 비용, `ForkJoinPool`에 의한 스레드 관리, 그리고 최종 결과를 재조합하는 등 전체 프로세스의 모든 측면을 고려해야 합니다. 그리고 이러한 작업들은 병렬로 실행하기 위해 CPU와 메모리같은 적절한 리소스가 필요합니다.

1967년, 컴퓨터 과학자 진 암달Gene Amdahl에 의해 제시된 **암달의 법칙**Amdahl's law[5]은 일정한 작업 부하를 가진 병렬 실행에서 이론적인 지연 시간의 가속도를 계산하는 방법을 제공합니다. 이 법칙은 [그림 8-5]에서 보여지는 것처럼 단일 작업에서 **병렬적인 부분**과 병렬로 실행되는 **작업의 수**를 고려합니다.

---

5 암달의 법칙에 대한 더 자세한 내용은 위키백과를 참고해주세요(*https://oreil.ly/Q-h0b*).

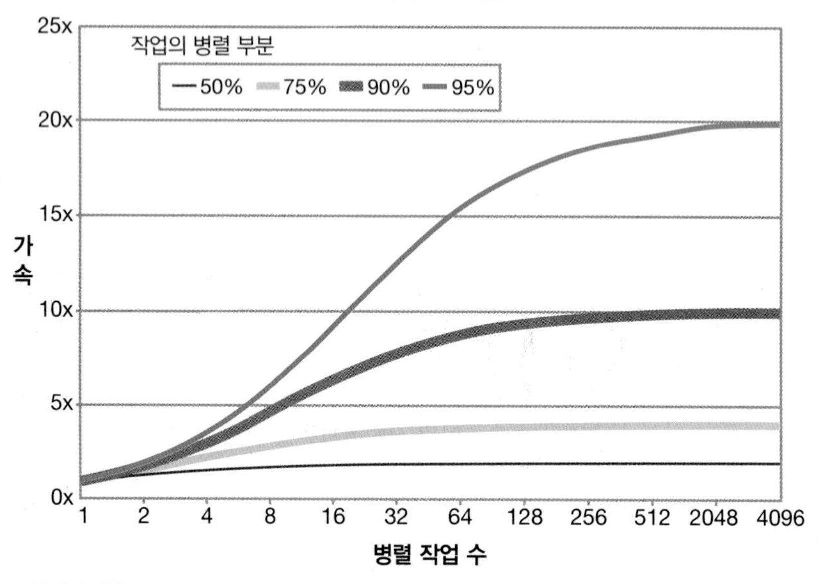

그림 8-5 암달의 법칙

보시다시피 동시에 실행 가능한 병렬 작업의 수에 따라 최대 성능 향상에는 한계가 있습니다. 자원의 부족으로 인해 실제로 병렬 작업을 실행하지 못하고 작업을 교대로 수행해야 한다면 쉽게 병렬화 가능한 작업에도 이점을 얻을 수 없습니다.

8.4.5 예시: 전쟁과 평화 (재분석)

병렬 스트림 성능 기준을 염두에 두고 톨스토이의 『전쟁과 평화』에서 단어를 다시 세는 예제를 분석해보겠습니다. 이 스트림 파이프라인이 왜 병렬 처리에 적합한지 깊이 있게 살펴보겠습니다.

데이터 소스 특성

스트림은 UTF-8 형식의 일반 텍스트 파일로부터 `Files.lines` 메서드를 활용하여 생성됩니다. 이 메서드는 공식 문서[6]에 따르면 뛰어난 병렬 처리 능력을 가지고 있습니다.

데이터의 규모

텍스트 파일에는 60,000개가 넘는 라인을 포함하고 있어 파이프라인을 통해 같은 수의 요소들이 흐르고 있습니다. 현대의 컴퓨터 기준으로는 그리 많은 수는 아니지만 그렇다고 해서 간과할 수 있는 숫자도 아닙니다.

중간 연산

각 스트림 연산은 단일 라인에서 독립적으로 수행되며, 조정이 필요한 공유 또는 외부 상태 없이 다른 라인과 완전히 독립적입니다. 정규 표현식은 미리 컴파일 되어 있으며 읽기 전용입니다.

최종 연산

컬렉터는 독립적으로 각각의 결과를 수집하며 그 결과를 간결한 산술 연산을 통해 병합합니다.

사용 가능한 자원

필자의 컴퓨터는 최대 12개의 CPU를 지원합니다. 따라서 모든 스레드가 활용된다면 스레드 당 약 5,000 라인을 처리하게 됩니다.

이 예제는 완벽하게 모든 조건을 만족시키지 못했음에도 병렬 처리에 있어 뛰어난 효율성을 보였습니다. 비록 간단한 작업이었지만 그 결과로 큰 성능 향상을 확인할 수 있었습니다. 암달의 법칙을 기반으로 볼 때 높은 병렬 처리의 가능성이 있었으며 기대했던 속도 향상을 달성할 수 있었습니다. [표 8-5]를 참조하면 6코어/12스레드 환경에서 성능이 약 5배로 향상되

---

6 Files.lines(Path path, CharSet cs)로 호출합니다. 이에 대한 문서(*https://oreil.ly/Kyqmg*)에서는 Spliterator가 일반적인 상황에서 최적의 방식으로 분할되기 때문에, 좋은 병렬 성능을 보일 수 있다고 설명합니다.

어 대략적으로 90%의 높은 병렬화 효율을 보여주었습니다.

8.4.6 예시: 랜덤 숫자

『전쟁과 평화』에서 단어를 세는 것과 같은 간단하지만 명확한 예제는 병렬 스트림이 사용 가능한 자원을 활용하여 성능을 극적으로 향상시킬 수 있었음을 보여줬습니다. 모든 작업에 대해 항상 이런 효과를 기대할 수 있는 것은 아닙니다. 특히 복잡한 작업에서는 더욱 그렇습니다.

랜덤 숫자를 다루는 또 다른 예제를 살펴보겠습니다. [예제 8-5]를 통해 순차 및 병렬 IntStream이 for-loop와 어떻게 비교되는지 알아보겠습니다.

예제 8-5 랜덤 숫자 통계

```
var elementsCount = 100_000_000; ❶

IntUnaryOperator multiplyByTwo = in -> in * 2; ❷

var rnd = new Random(); ❸

// FOR-LOOP ❹
var loopStats = new IntSummaryStatistics();
for(int idx = 0; idx < elementsCount; idx++) {
  var value = rnd.nextInt();
  var subResult = multiplyByTwo.applyAsInt(value);
  var finalResult = multiplyByTwo.applyAsInt(subResult);
  loopStats.accept(finalResult);
}

// 순차IntStream ❺
var seqStats = rnd.ints(elementsCount)
                  .map(multiplyByTwo)
```

```
                    .map(multiplyByTwo)
                    .summaryStatistics();

// 병렬 IntStream ❻
var parallelStats = rnd.ints(elementsCount)
                      .parallel()
                      .map(multiplyByTwo)
                      .map(multiplyByTwo)
                      .summaryStatistics();
```

❶ 1억 개의 요소는 병렬 처리의 성능 향상을 얻기 위한 임계값에 도달하기에 충분한 숫자입니다.

❷ 작업을 수행하기 위해 공유 람다를 사용하여 두 번에 걸쳐 2를 곱합니다.

❸ 난수 생성을 위한 기본 소스로 java.util.Random을 사용합니다.

❹ for-loop 버전은 가능한 한 스트림을 모방하려고 하며 결과를 집계하기 위한 동일한 로직을 사용합니다.

❺ 순차 스트림은 매우 간단합니다. 스트림을 생성하고 두 번의 매핑 함수를 적용한 후 마지막으로 결과를 요약 통계의 형태로 집계하는 과정을 거칩니다.

❻ 병렬 변형에서는 스트림 파이프라인에 parallel 연산만 추가하면 됩니다.

랜덤 숫자를 요약하는 것이 병렬 처리에 적합한지 살펴보겠습니다.

데이터 소스 특성

Random은 스레드에 안전thread-safe하지만 여러 스레드에서 지속적으로 사용할 경우에는 성능에 부정적인 영향을 미칠 수 있다고 문서[7]에 명시되어 있습니다. 이에 대한 해결책으로 ThreadLocalRandom 타입의 사용이 권장됩니다.

데이터의 규모

1억 개의 요소는 병렬 처리를 통한 성능 향상을 얻기에 충분하므로 문제될 것은 없습니다.

7 일반적으로 java.util.Random(*https://oreil.ly/SMnyu*)과 같은 타입의 문서는 다중 스레드 환경에서 어떻게 사용되어야 하는지에 대한 가이드를 제공합니다.

중간 연산

로컬 또는 공유된 상태가 없어서 병렬 처리 성능에 대한 이점을 기대할 수 있습니다. 그러나 이 예제는 너무 단순하여 병렬 처리의 오버헤드를 상쇄하지 못할 수도 있습니다.

최종 연산

IntSummaryStatistics 컬렉터는 단지 네 개의 정수만을 저장하며 간단한 산술로 하위 결과를 병합할 수 있습니다. 이러한 특성이 병렬 처리 성능에 부정적인 영향을 주지 않아야 합니다.

병렬 처리에 대한 점수는 나쁘지 않은 것으로 보입니다. 그러나 가장 명확한 문제는 데이터 소스 자체에 있습니다. 더 적합한 데이터 소스를 선택하면 기본 Random 숫자 생성기에 비해 성능이 향상될 수 있습니다.

Random과 ThreadLocalRandom 외에도 스트림 전용으로 설계된 SplittableRandom이 있습니다. 다른 옵션과 비교하여 for-loop의 경과 시간을 기준으로 측정한 후 적절한 데이터 소스를 선택하고 스트림의 성능을 측정해야 할 필요성이 더욱 분명해집니다. 최소한 필자의 하드웨어 설정에서 보면 다양한 데이터 소스 간의 시간 차이는 [표 8-3]에서 확인할 수 있습니다.

표 8-3 랜덤 숫자 생성기에 따른 경과 시간

데이터 소스	FOR-LOOP	순차 스트림	병렬 스트림
Random	1.0x	1.05x	27.4x
SplittableRandom	1.0x	2.1x	4.1x
ThreadLocalRandom	1.0x	2.3x	0.6x

파이프라인에는 충분한 요소가 있어야 하지만, 병렬 처리를 활성화하면 예상과 다르게 성능이 크게 저하될 수 있습니다. 따라서 스트림을 병렬로 전환하는 것은 신중하게 결정되어야 합니다.

물론, 성능 향상은 분명 추구할만한 가치가 있지만 병렬 스트림이 순차 데이터 처리보다 더 효과적인지는 상황과 요구 사항에 따라 달라집니다. 기본적으로 순차 스트림을 사용하고 성능 향상이 요구되고, 예측되는 상황에서만 병렬 스트림으로 전환해야 합니다. 때로는 '옛날 방식'인 for-loop 만으로도 충분히 효율적인 작업이 가능할 수 있습니다.

8.4.7 병렬 스트림 체크리스트

[예제 8-5]에서는 병렬 처리에 적합하지 않은 데이터 소스의 문제점이 드러났습니다. 그러나 이 문제만이 병렬화하기 어려운 작업에 대한 유일한 지표는 아닙니다. 8.4절에서 제시된 기준에 따라 병렬 스트림 사용의 적절성을 빠르게 판단하기 위해 [표 8-4]에서 체크리스트를 제시했습니다.

표 8-4 병렬 스트림 체크리스트

기준	고려 사항
데이터 소스	• 분해 가능성에 따른 비용 • 분할 덩어리의 균등성/예측 가능성 • 각 요소의 데이터 지역성
데이터의 규모	• 전체 요소의 수 • NQ 모델
중간 연산	• 연산 간의 상호의존성 • 공유 상태의 필요성 • 병렬 처리에 적합한 연산 • 데이터 처리 순서
최종 연산	• 최종 결과를 합치는 데 필요한 비용 • 가변적 또는 불변적 감소
사용 가능한 자원	• 사용 가능한 CPU의 수 • 메모리 용량 • 공용 또는 사용자 정의 ForkJoinPool

이러한 기준들은 병렬 스트림의 성능에 영향을 미치기 때문에 스트림 사용을 결정할 때 반드시 중요하게 고려되어야 합니다. 그렇다고 해서 이 기준들이 결정에 절대적인 요인이 되는 것은 아닙니다.

코드는 언제나 더 최적화될 수 있습니다. 스트림을 병렬로 실행하면 여러 스레드를 조정하는 복잡성과 오버헤드가 추가적으로 발생합니다. 또한 잘못된 방법이나 부적절한 환경에서 사용될 경우에는 성능이 오히려 저하될 수도 있습니다. 하지만 적절한 데이터 소스와 병렬 처리에 적합한 작업에 병렬 스트림을 사용하게 된다면 데이터 처리를 더 효율적인 방식으로 개선하는 최적화 기법으로써 사용할 수 있습니다.

핵심 요약

- 하드웨어는 빠른 코어가 아닌 더 많은 코어를 가진 방향으로 발전합니다. 동시성과 병렬성은 사용 가능한 자원을 충분히 활용하는 데 중요한 역할을 합니다.
- 순차 처리는 코드의 텍스트 순서에 따라 결정됩니다. 병렬 코드 실행은 중첩될 수 있어 추적, 분석, 디버깅이 복잡해질 수 있습니다.
- 스트림으로 병렬 처리를 하는 것은 쉽지만 그 복잡성은 깊게 내재되어 있습니다.
- 동시 및 병렬 코드는 새로운 요구 사항과 함께 다양한 주의 사항과 문제점을 불러옵니다. 병렬 처리는 하나의 최적화 전략이기 때문에 신중하게 접근해야 합니다. 필요하지 않다면 굳이 사용하지 마세요.
- **순수 함수**와 **불변성**과 같은 함수 지향적 기법들은 오류를 방지하고 성능을 향상시키는 병렬화 코드에 유용합니다. 때로는 필수적으로 사용할 때도 있습니다. 이러한 기법들을 초기부터 따르면 필요할 때 병렬 처리로 쉽게 전환할 수 있습니다.
- 켄트 벡의 유명한 격언은 병렬 스트림에도 적용됩니다. '먼저 제대로 동작하게 만들고 그다

음에 올바르게 만든 후 마지막으로 빠르게 만드세요'[8] 데이터를 처리하기 위해 순차 스트림으로 시작하고 그다음에 연산을 최적화하여 프로그램을 개선하세요. 마지막으로 필요하다고 판단되는 경우에 병렬로 전환하세요.

- 병렬 실행이 적합한지 확인하기 위해 데이터 소스나 연산에 대한 문서들을 살펴보는 것이 좋습니다. 이 문서들은 종종 구현 세부 사항, 성능 지표, 예제와 대체 접근법에 대한 설명도 포함합니다.

8 켄트 벡은 미국의 소프트웨어 엔지니어로 익스트림 프로그래밍의 창시자입니다. 이 인용문은 일반적으로 그가 한 말로 전해지지만, 그 요점은 오랫동안 존재해왔습니다. 예를 들어, B. W. Lampson의 "Hints for Computer System Design"(IEEE Software, Vol. 1, No. 1, 11-28, 1984년 1월)에 설명되어 있습니다.

CHAPTER

09 Optional을 사용한 null 처리

자바 개발자라면 NullPointException을 여러 번 경험해봤을 것입니다. 많은 사람이 null 참조를 **10억 달러짜리 실수**billion-dollar mistake라고 부릅니다. 사실 null을 처음 도입한 사람이 그렇게 표현했습니다.

> 나는 null 참조를 10억 달러짜리 실수라고 부른다. 1965년에 null 참조 개념이 처음 도입되었다. 그때 나는 객체 지향 언어(ALGOL W)에서 참조를 위한 최초의 종합적인 타입 시스템을 설계하고 있었다. 내 목표는 참조의 모든 사용이 절대적으로 안전하게 이루어져야 하고 컴파일러에 의해 자동으로 검사되어야 한다는 것이었다. 그러나 null 참조를 도입하는 것이 너무나도 간단해서 그 유혹을 뿌리칠 수 없었다. 이로 인해 수많은 오류, 취약점, 시스템 충돌이 발생했고 지난 40년 동안 수십억 달러의 피해를 입게 되었다.
>
> — 토니 호어Tony Hoare[1]

이 '실수'를 어떻게 처리할지에 대한 합의는 이루어지지 않았지만, 그럼에도 불구하고 많은 프로그래밍 언어는 언어 자체에 내장된 방식으로 null 참조를 효과적이고 관용적으로 다루고 있습니다.

이번 장에서는 자바가 null 참조를 어떻게 다루는지, 그리고 코드에서 Optional<T> 타입과

---

1 *https://oreil.ly/ja8Dn*

그 함수형 API를 통해 어떻게 개선할 수 있는지를 소개합니다. 또한 Optional을 언제, 어떻게 사용해야 하는지를 살펴보겠습니다.

9.1 null 참조의 문제점

자바에서는 타입에 따라 값의 부재를 다르게 처리합니다. 모든 원시 타입primitive type은 기본값을 가지고 있습니다. 예를 들어 숫자 타입은 0, `boolean` 타입은 `false`를 기본값으로 가집니다. 반면 클래스나 인터페이스, 배열과 같은 비원시 타입non-primitive type은 값이 할당되지 않을 경우 기본값으로 `null`을 갖게 됩니다. 이는 변수가 어떠한 객체도 참조하지 않는다는 것을 의미합니다.

NOTE 참조 타입reference type은 C/C++ 포인터와 유사하게 느껴질 수 있으나, 자바 참조는 JVM 내에서 `reference`라는 특별한 타입으로 다루어집니다. 이 타입은 JVM에 의해 엄격하게 관리되어 타입 안전성과 메모리 접근 보호를 보장합니다.

`null` 참조는 단순히 '값이 없는 상태'가 아닙니다. `null`은 실제 타입과 관계없이 어떠한 객체 참조와도 호환되는 일반화된 타입이기 때문입니다. `null` 참조에 접근하려고 시도하면 JVM은 `NullPointException`을 발생시키고, 이를 적절히 처리하지 않으면 해당 스레드는 중단됩니다. 이러한 상황은 일반적으로 [예제 9-1]에서 볼 수 있는 것처럼 실행 시간 동안 곳곳에서 `null` 검사를 하는 방어적 프로그래밍 접근법으로 완화할 수 있습니다.

예제 9-1 null의 지뢰밭

```
record User(long id, String firstname, String lastname) {
  String fullname() {
    return String.format("%s %s", ❶
                         firstname(),
                         lastname());
```

```java
    }

    String initials() {
      return String.format("%s%s",
                           firstname().substring(0, 1), ❷
                           lastname().substring(0, 1)); ❷
    }
}

var user = new User(42L, "Ben", null);

var fullname = user.fullname();
// => Ben null ❶

var initials = user.initials();
// => NullPointerException ❷
```

❶ String.format은 형식 문자열 다음의 인수[2]로, 단독값이 아닌 경우 null을 허용합니다. 어떤 형식 지정자를 선택하든 null이라는 문자열로 변환되며 숫자 형식에도 동일하게 적용됩니다.

❷ 메서드 호출에서 인수로 null을 사용하면 현재 스레드가 중단되지 않을 수 있습니다. 그러나 null 참조에서 메서드를 호출하면 확실히 중단됩니다.

위의 예제는 null 처리와 관련된 두 가지 중요한 문제를 드러내고 있습니다.

먼저 null 참조는 변수, 인수, 반환값에 대한 유효한 값입니다. 그렇다고 해서 null이 각 상황에서 예상되거나, 적합하거나 허용되는 값이라는 의미는 아닙니다. 더욱이 이러한 값이 적절하게 처리되지 않으면 나중에 문제가 발생할 수 있습니다.

예를 들어 위 예시에서 user에 대해 fullname을 호출할 때 lastname에 대한 null 참조로도 잘 작동했지만, 출력된 'Ben null'이라는 결과는 아마도 의도되지 않았을 것입니다. 따라서

2 가변 인수는 인수 타입이 명확하지 않아서 단독으로는 null을 허용하지 않습니다. 이는 Object 또는 Object[]를 나타낼 수 있기 때문에 가변 인수에 단일 null을 전달하려면 이를 new Object[]{ null } 배열로 감싸야 합니다.

코드와 자료 구조가 표면적으로 null 값을 처리할 수 있더라도 올바른 결과를 보장하기 위해서는 반드시 null 여부를 확인해야 합니다.

null 참조와 관련된 두 번째 문제는 바로 '타입 모호성'입니다. null은 구체적인 타입이 없어도 모든 타입을 대표할 수 있습니다. 이러한 독특한 성질은 코드 전반에 걸쳐 '값의 부재absence of value'라는 개념을 나타내기 위해 다양한 객체 유형마다 다른 타입이나 키워드를 사용하지 않기 위해 필요합니다. null 참조는 자신을 나타내는 타입과 유사하게 사용할 수 있지만, 실제로 그 타입 자체를 의미하지는 않습니다. 이는 [예제 9-2]에서 확인할 수 있습니다.

예제 9-2 null 타입의 모호성

```
// 타입을 가지지 않는 인수로써의 NULL

methodAcceptingString(null); ❶

// 특정 타입을 가진 NULL에 대한 접근

String name = null;

var lowerCaseName = name.toLowerCase(); ❷
// => NullPointerException

// NULL 타입 검증

var notString = name instanceof String; ❸
// => false

var stillNotString = ((String) name) instanceof String; ❸
// => false
```

❶ null은 모든 객체 유형을 대표할 수 있으며 비 타입 인수에 대한 유효한 값입니다.

❷ null 참조를 갖는 변수는 해당 타입의 다른 변수들처럼 동작하지만 이에 대한 호출은 항상 NullPointException을 발생시킵니다.

❸ instanceof를 사용하여 변수를 확인하면 해당 타입이 무엇이든 항상 false를 반환합니다. 특정 타입으로 명시적으로 형변환되더라도, instanceof 연산자는 기본값 자체를 검증합니다. 따라서 이는 타입이 없는 값인 null에 대한 검증이 됩니다.

이러한 특징들은 null과 관련하여 가장 확연하게 나타나는 문제점들입니다. 하지만 걱정하지 마세요. 이러한 문제를 줄일 수 있는 방법들이 있습니다.

9.2 자바에서 null을 다루는 방법 (Optional 도입 전)

자바에서 null 처리는 다소 번거로울 수 있지만 모든 개발자에게 필수적이고 중요한 작업입니다. 예상치 못한 NullPointException은 많은 문제의 근본적인 원인이 되기 때문에 적절하게 처리되어야 합니다.

Swift[3]와 같은 언어들은 null 처리를 더 쉽게 할 수 있도록 안전한 탐색[4] 또는 null 병합 연산자[5]의 형태로 전용 연산자와 관용구를 제공합니다. 그러나 자바는 null 참조를 위한 내장 도구를 제공하지 않습니다.

Optional 도입 전 null 참조를 다루기 위한 세 가지 방법이 있습니다.

- 모범 사례
- 도구를 활용한 null 검사
- Optional과 유사한 특수 타입

null 참조를 처리하는 것은 Optional에만 의존해서는 안 됩니다.

---

3 *https://oreil.ly/FWgxV*

4 많은 프로그래밍 언어는 null 참조에 대한 필드나 메서드를 안전하게 호출하기 위한 전용 연산자를 가지고 있습니다. 안전한 탐색 연산자에 대한 위키백과(*https://oreil.ly/hC2lu*)에서는 여러 언어의 자세한 설명과 예제를 제공합니다.

5 null 병합 연산자는 단순화된 삼항 연산자의 형태를 띕니다. x != null ? x : y의 수식은 x ?: y로 간결하게 표현될 수 있습니다. 여기서 ?:(물음표 콜론)은 연산자로 사용됩니다. 그렇지만 모든 언어가 동일한 연산자를 사용하는 것은 아닙니다. 위키백과(*https://oreil.ly/wtnzw*)에서는 다양한 프로그래밍 언어가 지원하는 연산자에 대한 전반적인 내용을 다루고 있습니다.

Optional은 JDK에서 표준화되고 쉽게 사용할 수 있는 특수 타입을 제공함으로써 이전의 방식들을 보완합니다. 코드 전체에서 null을 효과적으로 관리하기 위한 완벽한 해결책은 아닙니다. 가능한 한 많은 기술과 방법을 알아두는 것은 여러분의 능력을 향상시키는 데 큰 도움이 됩니다.

9.2.1 null 처리 모범 사례

프로그래밍 언어에서 내장된 null 처리 방식을 제공하지 않는 경우 코드를 null에 안전하게 만들기 위해서는 **모범 사례**와 **비공식적인 규칙**을 따라야 합니다. 이러한 이유로 많은 기업, 팀, 프로젝트들이 안전한 코드를 작성하기 위한 지침을 제공하려고 자체적인 코딩 스타일을 개발하거나 기존의 것을 필요에 맞게 조정하기도 합니다. 이는 null과 관련된 것뿐만 아니라 다른 부분에서도 적용됩니다. 자체적으로 수립한 지침과 규칙을 따름으로써 더 일관적이고 예측 가능하며 오류 발생 가능성이 낮은 코드를 구현할 수 있습니다.

자바 코드의 모든 부분을 스타일 가이드로 만들 필요는 없습니다. 그대신 이러한 네 가지 규칙을 따르는 것으로 null 참조를 효과적으로 처리할 수 있습니다. 이어지는 절에서 null 참조를 처리하기 위한 효과적인 시작점으로써 따라야 할 네 가지 규칙에 대해 소개하겠습니다.

변수를 null로 초기화하지 않도록 주의하기

변수는 항상 null이 아닌 값을 가져야 합니다. if-else 문과 같은 조건문에 따라 값이 변하는 경우 해당 부분을 메서드로 리팩터링하거나 삼항 연산자를 활용하면 좋습니다.

```
// 비권장

String value = null;

if (condition) {
```

```
    value = "Condition is true";
  } else {
    value = "Fallback if false";
  }

  // 권장

  String asTernary = condition ? "Condition is true"
                               : "Fallback if false";

  String asRefactored = refactoredMethod(condition);
```

변수를 나중에 재할당하지 않는 경우 해당 변수는 effectively final 상태가 되기 때문에 람다 표현식에서 외부 변수로 활용할 수 있다는 추가적인 이점이 있습니다.

null 값을 전달하거나 수용 또는 반환하지 않아야 한다

변수가 null이 아니어야 하는 것처럼 모든 인수나 반환값 역시 null을 피해야 합니다. 메서드나 생성자의 오버로딩을 통해 필요 없는 인수가 null 값을 가지는 것을 방지할 수 있습니다.

```
public record User(long id, String firstname, String lastname) {

  // 권장: null 값을 방지하기 위해 기본값을 설정한 추가 생성자
  public User(long id) {
    this(id, "n/a", "n/a");
  }
}
```

메서드 시그니처가 동일한 인수 타입으로 인해 충돌을 일으킨다면 더 명확한 이름을 가진 정적 메서드를 활용하는 것이 좋습니다.

필수가 아닌 값에 대한 특정 메서드와 생성자를 제공한 후 원본 메서드에서 null을 허용하지 않아야 합니다. 이 작업을 위한 가장 쉬운 방법은 java.util.Objects 클래스에 포함된 requireNonNull 메서드를 사용하는 것입니다.

```
public record User(long id, String firstname, String lastname) {

  // 권장: null에 대한 인수 검증
  public User {
    Objects.requireNonNull(firstname);
    Objects.requireNonNull(lastname);
  }
}
```

requireNonNull 메서드 호출은 null 여부를 확인하고 null인 경우 NullPointerException을 발생시킵니다. 자바 14 버전부터는 JEP 358[6] 덕분에 모든 NullPointerException 메시지에는 null이었던 변수의 이름이 포함됩니다. 특정한 메시지를 넣거나 이전 버전의 자바와 호환이 필요한 경우 메서드 호출 시 두 번째 인수로 문자열을 추가할 수도 있습니다.

통제할 수 없는 모든 것을 확인하기

자신만의 규칙을 준수하더라도 항상 다른 사람들도 그렇게 할 것이라고 가정해서는 안 됩니다. 특히 문서에 명시되어있지 않다면 익숙하지 않은 외부 코드를 사용할 때 항상 null일 가능성이 있으므로 꼼꼼하게 검사하는 것이 중요합니다.

null은 내부 구현에서는 허용된다

코드의 공개적인 부분에서는 null을 최대한 피하는 것이 중요하지만 내부 구현에서는 적절하게 활용될 수 있습니다. 메서드 내부적으로는 호출부로 값을 반환하지 않는 한 필요에 따

---

6 https://oreil.ly/8nU0O

라 자유롭게 null을 사용할 수 있습니다.

규칙을 지켜야 할 때와 그렇지 않을 때

이 규칙들은 주로 API의 인터페이스같이 코드가 상호작용하는 부분에서 null의 사용을 줄이기 위해 제안되었습니다. 노출이 적을수록 NullPointerException의 위험이 줄어들기 때문입니다. 이것이 null을 완전히 피해야 한다는 것을 의미하지는 않습니다. 예를 들어 지역 변수나 내부 API 같은 독립적인 환경에서는 null을 사용하는 것이 큰 문제를 일으키지 않을 수 있고, 신중하게 사용되는 한 코드를 더 간결하게 만드는 데 도움을 줄 수 있습니다.

모든 사람이 동일한 규칙을 따르거나 주의 깊게 행동할 것이라고 기대할 수는 없으므로 코드를 작성할 때는 방어적으로 대응해야 합니다. 특히 통제 범위 밖에서 코드를 다룰 때는 더욱 중요합니다. 이러한 이유로 모범 사례를 일관되게 따르고 다른 사람들도 그렇게 하도록 권장해야 합니다. 이렇게 하면 null과 관계없이 전반적인 코드 품질이 향상됩니다. 하지만 이것은 만능 해결책은 아닙니다. 그 효과를 최대화하기 위해서는 팀 내의 규칙을 만들고 그 규칙을 유지해야 합니다.

여러분이 null 값을 가질 수 없는 코드를 작성한다고 가정해봅시다. 이때 예기치 않게 NullPointerException을 마주하는 것보다 수동으로 null을 처리하고 몇 가지 null 검사를 추가하는 것이 더 바람직합니다. JIT 컴파일러[7]는 런타임보다 더 광범위한 지식을 활용하여 최적화된 어셈블리 코드에서 여러 명시적인 null 검사를 제거를 수행합니다.

9.2.2 도구를 활용한 null 검사

최적의 모범 사례와 규칙을 따르는 가장 쉬운 방법은 서드파티 도구를 도입하는 것입니다.

7 자바의 JIT(Just-In-Time) 컴파일러는 실행 중인 코드를 개선하기 위해 다양한 최적화 작업을 수행합니다. 필요한 경우 더 많은 실행 정보를 알게 되면 코드를 다시 컴파일합니다. 최적화에 대한 더 많은 정보는 Open JDK Wiki(*https://oreil.ly/T1DD6*)에서 확인할 수 있습니다.

자바의 null 참조 경우 어노테이션을 사용하여 변수, 인수 및 메서드 반환 타입을 @Nullable 또는 @NonNull로 표시하는 것이 가장 좋습니다.

어노테이션의 등장 이전에는 JavaDoc을 통해서만 null의 허용성을 문서화할 수 있었습니다. 그러나 이러한 어노테이션의 도입으로 컴파일 시점에서 null과 관련된 문제를 식별할 수 있는 정적 코드 분석 도구가 등장하게 되었습니다. 어노테이션들을 코드에 적용하면 [예제 9-3]처럼 메서드 시그니처와 타입 정의를 사용하는 방법과 기대할 수 있는 효과에 대해 더 잘 알 수 있게 될 것입니다.

예제 9-3 어노테이션을 이용한 null 처리

```
interface Example {

  @NonNull List<@Nullable String> getListOfNullableStrings(); ❶

  @Nullable List<@NonNull String> getNullableListOfNonNullStrings();❷

  void doWork(@Nullable String identifier);❸
}
```

❶ null 가능성이 있는 String 객체들의 nun-null 리스트를 반환합니다.

❷ null이 아닌 String 객체들의 null 리스트를 반환합니다.

❸ 메서드 인수인 identifier는 null을 허용합니다.

그러나 JDK에는 이러한 어노테이션들이 포함되어 있지 않으며 해당 JSR 305[8]는 2012년 이후 휴면 상태입니다. 그럼에도 불구하고 이 어노테이션들은 여전히 커뮤니티 표준이며 라이브러리,[9] 프레임워크 및 IDE에서 널리 사용되고 있습니다. 여러 라이브러리들이 이 어노테

8 *https://oreil.ly/vMsKa*

9 마커 주석을 제공하는 대표 라이브러리에는 FindBugs(*https://oreil.ly/aKy5a*)가 있습니다. 이는 자바 8 버전까지 지원합니다. 또한 SpotBugs(*https://oreil.ly/W5qww*)라는 후속 라이브러리도 있습니다. IntelliJ IDEA와 JVM 언어인 코틀린을 개발한 JetBrains 역시 어노테이션이 포함된 패키지(*https://oreil.ly/My1Zs*)를 제공합니다.

이션들을 제공하며 대다수의 도구는 이 어노테이션들의 다양한 변형을 지원합니다.

> **CAUTION** @NonNull과 @Nullable의 동작은 겉으로 보기에는 명확해 보이지만, 실제 구현은 도구마다 다를 수 있습니다.[10]

도구 기반 접근법의 가장 큰 문제는 도구에 과도하게 의존할 수 있다는 것입니다. 만약 도구가 프로그램에 너무 강력하게 개입된다면 특히 도구가 '백그라운드'에서 코드를 생성하는 경우, 해당 도구 없이는 프로그램이 제대로 작동하지 않을 수도 있습니다. null과 관련된 어노테이션의 경우에는 크게 염려할 부분은 아닙니다. 도구가 어노테이션을 분석하지 않더라도 코드는 정상적으로 작동하며 강제적으로 적용되지 않더라도 변수나 메서드 시그니처는 개발자에게 그 요구 사항을 명확하게 전달합니다.

9.2.3 Optional과 같은 특별한 타입

도구 기반 접근법은 컴파일 시점에서 null 검사를 제공하는 반면 전문화된 타입은 런타임에서 더 안전하게 null을 처리할 수 있게 합니다. 자바가 자체 Optional 타입을 도입하기 전에 이러한 기능의 빈칸을 메우기 위해 2011년부터 다양한 라이브러리가 사용되었습니다. 예를 들어 Google Guava 프레임워크[11]에서 제공하는 기본적인 Optional 타입이 있습니다.

JDK에는 이미 해당 기능에 대한 통합된 해결책이 제공되고 있지만 Guava는 당분간 이 클래스를 폐지할 계획이 없습니다.[12] 가능하면 최신의 표준 자바 Optional을 사용하는 것을 권장하고 있습니다.

---

10 Checker Framework(*https://oreil.ly/AS8RG*)에서는 다양한 도구 간에 나타날 수 있는 '비표준'적인 동작에 대한 예시(*https://oreil.ly/kYY2f*)를 보여줍니다.

11 *https://oreil.ly/7JA1E*

12 Guava의 Optional<T>(*https://oreil.ly/8l6mT*) 문서에는 JDK 변형이 우선되어야 한다고 언급되어 있습니다.

9.3 Optional 알아보기

자바 8의 새로운 Optional은 null을 일관성 있게 처리하기 위한 전문 타입일 뿐만 아니라, JDK에서 사용할 수 있는 모든 함수적 기능의 혜택을 받는 유사 함수형 파이프라인이기도 합니다.

9.3.1 Optional이란 무엇인가?

Optional 타입을 'null이 될 수 있는 값을 담고 있는 상자'라고 생각해봅시다. 잠재적인 null 참조를 직접 전달하는 대신, [그림 9-1]처럼 상자를 활용합니다.

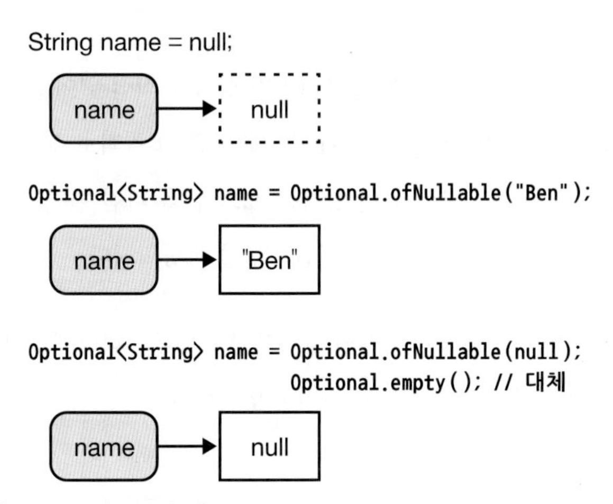

그림 9-1 변수와 Optional<String> 비교

상자는 그 내부의 값을 안전하게 보호하는 래퍼의 역할을 합니다. 그러나 Optional은 단순히 값을 래핑하는 것 이상의 역할을 합니다. 값의 존재 여부에 따라 복잡한 호출 체인을 만들어낼 수 있는데, 이 체인 내에서는 값이 없는 경우를 대비하여 대체할 수 있는 값을 포함하여 그 값의 생명 주기를 관리할 수 있습니다.

Optional<T>의 목적과 설계 목표

Optional의 기원과 원래의 설계 목표를 자세히 살펴보면 단순히 일반적인 도구가 아님을 알 수 있습니다.

원래의 설계 목표는 **선택적 반환 관용구**를 지원하는 새로운 타입을 만드는 것이었습니다. 이는 쿼리나 컬렉션 접근의 결과를 나타냅니다. 이러한 동작은 옵션 기반의 최종 스트림 연산에서 명확하게 볼 수 있습니다.

Optional을 활용하면 수동 `null` 처리에 비해 훨씬 많은 장점을 누릴 수 있습니다. Optional이나 스트림, 또는 함수형 접근 방식과 같은 기능을 사용할 때는 신중해야 합니다. 이러한 기능들은 코드의 품질을 향상시키고 그 코드의 목적을 명확하게 하고자 할 때만 사용해야 합니다.

래퍼를 사용할 때의 단점은 그 내부의 값을 활용하려면 상자를 직접 열어 그 안을 살펴봐야 한다는 것입니다. 스트림처럼 부가적인 래퍼는 메서드 호출과 그 결과로 생기는 스택 프레임에 대한 오버헤드를 발생시킵니다. 그러나 이 상자는 `null` 값을 가진 일반적인 작업 흐름을 더욱 간결하고 직관적으로 표현할 수 있는 추가적인 기능을 제공합니다.

예를 들어 식별자를 통해 내용을 불러오는 작업 흐름을 살펴보겠습니다. [그림 9-2]에 나타난 숫자들은 [예제 9-5]에서 곧 설명될 코드와 관련이 있습니다.

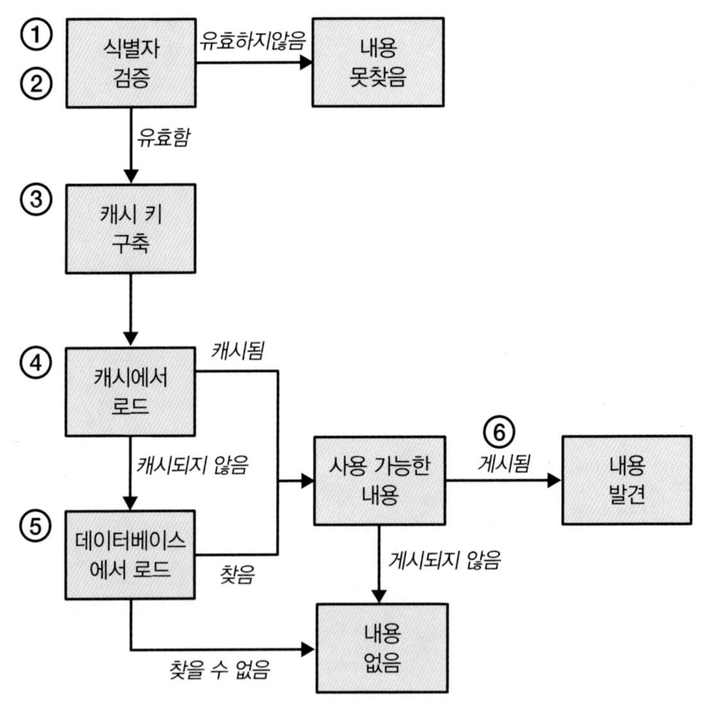

그림 9-2 내용 로딩 작업 흐름

이 과정은 단순화되었으며 모든 경우의 수를 다루지 않지만, 여러 단계의 작업 흐름을 Optional 호출 체인으로 변환하는 간단한 예시입니다. [예제 9-4]에서는 처음으로 Optional을 사용하지 않고 작업 흐름이 어떻게 구현되는지를 볼 수 있습니다.

예제 9-4 Optional 없이 내용 불러오기

```
public Content loadFromDB(String contentId) {
  // ...
}

public Content get(String contentId) {
  if (contentId == null) {
    return null;
  }
```

```
if (contentId.isBlank()) {
    return null;
}

  var cacheKey = contentId.toLowerCase();

  var content = this.cache.get(cacheKey);
  if (content == null) {
    content = loadFromDB(contentId);
}

  if (content == null) {
    return null;
}

  if (!content.isPublished()) {
    return null;
  }

  return content;
}
```

이 예제는 여러분의 이해를 돕기 위해 과장된 부분이 있지만 방어적인 null 처리에 대한 전형적인 접근법을 보여줍니다.

세 번의 null 검사와 현재 값에 대한 두 번의 판단과 2개의 임시 변수를 확인할 수 있습니다. 비록 코드의 양이 많지 않더라도 if 구문과 조기 반환으로 인해 전체적인 흐름을 쉽게 파악하기는 어렵습니다.

[예제 9-5]에서 보여주는 것처럼 코드를 단일 Optional 호출 체인으로 변환해봅시다. 걱정하지 마세요! 앞으로 다양한 종류의 연산에 대해 상세히 다룰 내용이 준비되어 있습니다.

예제 9-5 Optional 호출 체인을 사용하여 내용 불러오기

```
public Optional<Content> loadFromDB(String contentId) {
  // ...
}

public Optional<Content> get(String contentId) {
  return Optional.ofNullable(contentId) ❶
                 .filter(Predicate.not(String::isBlank)) ❷
                 .map(String::toLowerCase) ❸
                 .map(this.cache::get); ❹
                 .or(() -> loadFromDB(contentId)) ❺
                 .filter(Content::isPublished); ❻
}
```

❶ 최초 null 검사는 ofNullable 생성 메서드를 사용하여 수행됩니다.

❷ 이어지는 if 조건문은 filter 연산으로 대체되었습니다.

❸ 별도의 임시 변수를 사용하는 대신 map 연산을 통해 다음 호출에 맞춰 값을 변환합니다.

❹ 내용 또한 map 연산을 통해 얻을 수 있습니다.

❺ 파이프라인에 값이 없다면 데이터베이스에서 값을 불러옵니다. 이 호출은 호출 체인이 계속될 수 있도록 또 다른 Optional을 반환합니다.

❻ 마지막으로 게시된 내용만 사용 가능하도록 합니다.

Optional 호출 체인을 통해 전체 코드는 각 라인당 하나의 연산으로 압축되어 전체 흐름을 쉽게 이해할 수 있게 만듭니다. 이 방식은 모든 상황에 null 검사를 하는 '전통적인' 방식과 대비됩니다.

지금부터는 Optional 파이프라인의 구성 및 작동 방식에 대해 자세히 알아보겠습니다.

9.3.2 Optional 파이프라인 구축하기

자바 17을 기준으로 Optional 타입은 3개의 정적 메서드와 15개의 인스턴스 메서드를 제공합니다.

- 새로운 Optional<T> 인스턴스 생성하기
- 값의 존재 유무를 확인하고 반응하기
- 값을 필터링하거나 변환하기
- 값을 획득하거나 백업 계획 세우기

이러한 연산들은 스트림과 유사한 형태의 파이프라인을 구축할 수 있습니다. 그러나 스트림과는 다르게 6.3절에서 언급했던 것처럼 파이프라인에 최종 연산이 추가되기 전까지는 **느긋하게**lazily 연결되지 않는다는 점입니다. 모든 연산은 호출되는 즉시 수행됩니다. Optional은 종종 값이 비어있는 Optional이나 대체값을 반환할 수 있으며, 변환이나 필터링 단계를 건너뛸 수 있기 때문에 게으르게 동작하는 것처럼 보일 수 있습니다. 이것이 호출 체인 자체가 게으르다는 것을 의미하지는 않습니다. 그러나 null 값이 발견되면 연산의 수와 관계없이 수행되는 작업은 최소화됩니다.

[그림 9-3]을 보면 Optional 호출 체인을 마치 두 개의 기찻길처럼 상상해볼 수 있습니다.

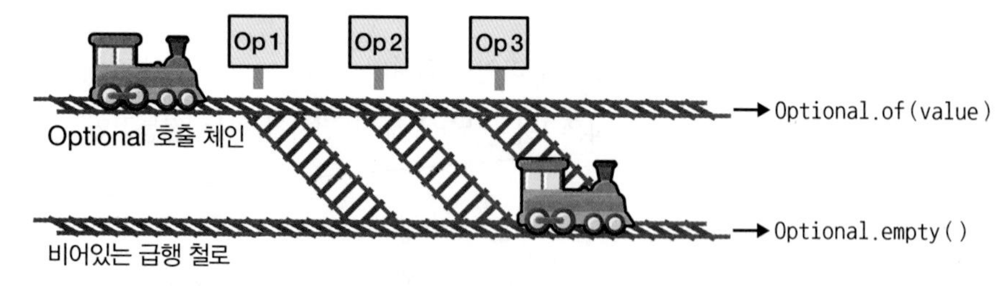

그림 9-3 Optional의 두 개의 기찻길

이러한 비유에서 우리는 두 개의 철로를 가지고 있습니다. 하나는 내부에 값을 가지고 있으며 Optional<T>로 결과를 반환하는 철로이며, 다른 하나는 결과로 비어있는 Optional<T>를 반환하는 '비어있는 급행 철로'입니다.

기차는 항상 Optional<T> 호출 철로에서 출발합니다. 철로 전환(Optional 연산)이 발생하면 null 값을 찾습니다. null 값이 있을 경우 기차는 비어있는 급행 철로로 전환됩니다. 급행 철로로 전환되면 자바 9 버전 이전까지는 다시 Optional 호출 체인 철로로 돌아올 수 없었습니다. 이 내용은 9장에서 확인할 수 있습니다.

기술적으로 비어있는 급행 철로로 전환된 후에도 Optional 호출 체인의 각 메서드를 계속 호출합니다. 그러나 이는 주로 단순히 파라미터를 검증하고 다음 단계로 넘어가기 위한 것입니다. 기차가 목적지에 도달할 때까지 null을 만나지 않았다면 비어있지 않은 Optional<T>를 반환합니다. 하지만 경로의 어느 지점에서든 null을 만난다면 비어있는 Optional<T>를 반환합니다.

자, 이제 이 기차를 움직이기 위해 몇 가지 Optional을 생성해봅시다.

Optional 생성

Optional 타입에는 public 생성자가 제공되지 않습니다. 대신 새로운 인스턴스를 생성하기 위해서 세 가지의 정적 팩토리 메서드가 준비되어 있습니다. 어떤 것을 사용할지는 사용자의 목적과 내부값에 대한 사전 지식에 따라 달라집니다.

Optional.ofNullable(T value): 값이 null일 가능성이 있는 경우

값이 null일 가능성이 있거나 비어 있을 수도 있다고 생각되면 ofNullable 메서드를 통해 null 값이 허용되는 새 인스턴스를 만듭니다. 이 방법은 Optional<T>를 생성하는 가장 간단하고 신뢰할 수 있는 방식입니다.

```
String hasValue = "Optionals are awesome!";
Optional<String> maybeValue = Optional.ofNullable(hasValue);
```

```
String nullRef = null;
Optional<String> emptyOptional = Optional.ofNullable(nullRef);
```

Optional.of(T value): 값이 반드시 null이 아니어야 할 경우

Optional은 null을 다루는 데 탁월한 방법이며 NullPointerException의 위험을 줄여줍니다. 하지만 반드시 값이 있어야 할 경우에는 어떻게 해야 할까요? 예를 들어 코드상에서 이미 예외 상황을 처리하여 값이 비어있는 Optional을 반환했으며 이제 확실한 값을 가지고 있다고 가정해봅시다. 이때 of 메서드를 사용하면 값이 null인지를 확인하고 그렇지 않으면 NullPointerException을 발생시킵니다. 이렇게 되면 예외는 코드에 있는 실질적인 문제점을 드러냅니다. 어쩌면 중요한 예외 상황을 간과했거나 특정 외부 메서드의 반환값이 변경되어 null을 반환하게 될 수도 있습니다. 이런 상황에서 of 메서드를 사용하면 코드가 미래의 변화에 대비할 수 있도록 만들어 예기치 않은 동작의 변화에도 유연하게 대응할 수 있습니다.

```
var value = "Optionals are awesome!";
Optional<String> mustHaveValue = Optional.of(value);

value = null;
Optional<String> emptyOptional = Optional.of(value);
// => NullPointerException 발생
```

Optional.empty(): 값이 없는 경우

값이 비어 있다는 것을 이미 알고 있다면 empty 메서드를 사용할 수 있습니다. empty 메서드 호출 전에 null 검사가 중복되므로 Optional.ofNullable(null) 호출은 불필요합니다.

```
Optional<String> noValue = Optional.empty();
```

> **CAUTION** JDK 문서에는 `static Optional.empty` 메서드에 의해 반환되는 값이 항상 싱글톤 객체singleton object라는 것을 보장하지 않는다고 명시되어 있습니다. 따라서 비어있는 Optional을 ==로 비교해서는 안 되며 대신에 `equals(Object obj)` 메서드를 사용하거나 `isEmpty` 메서드의 결과로 비교하는 것이 바람직합니다.

`Optional.ofNullable(T value)`를 사용하는 것이 null을 허용하는 가장 유연한 방법일 수 있지만, 사용 사례와 문맥에 가장 적합한 것을 사용하려고 노력해야 합니다. 코드는 시간이 지남에 따라 리팩터링되거나 재작성될 수 있습니다. API가 Optional을 사용하고 있더라도, 필수적인 값이 갑자기 누락될 경우 `NullPointerException`을 발생시켜서 추가적인 보호 조치를 하는 것이 좋습니다.

값을 확인하고 대응하기

Optional은 값을 감싸며, 그 값의 존재 유무를 나타내기 위한 것입니다. 이는 자바 타입으로서 구현되기 때문에 런타임에서 동작하는 특성을 갖고 있으며 객체 생성과 관련된 오버헤드가 발생합니다. 이러한 부분을 최소화하기 위해 값을 확인하고자 할 때는 가능한 한 간단하게 설계되어야 합니다.

값의 존재 유무를 확인하고 이에 대응하기 위한 네 가지 메서드가 있습니다. 확인을 위한 메서드는 `is`로 시작하고 대응을 위한 메서드는 `if`로 시작합니다.

- `boolean isPresent()`
- `boolean isEmpty()` (자바 11+)

단순히 값을 확인하는 것도 중요하지만 `is` 메서드를 활용할 때는 값의 확인, 검색, 사용을 위한 세 단계의 과정이 필요합니다.

고차 `if` 메서드는 값을 직접 처리합니다.

- void ifPresent(Consumer<? super T> action)
- void ifPresentOrElse(Consumer<? super T> action, Runnable empty Action)

두 메서드는 모두 값이 존재할 때만 주어진 작업을 수행합니다. 두 번째 메서드는 값이 없는 경우 emptyAction을 실행합니다. null은 허용되지 않으며 NullPointerException을 발생시킵니다. ifEmpty와 같은 메서드는 제공되지 않습니다.

이 메서드들을 어떻게 사용하는지 [예제 9-6]에서 살펴보겠습니다.

예제 9-6 Optional 값 확인하기

```
Optional<String> maybeValue = ...;

// 자세한 버전
if (maybeValue.isPresent()) {
  var value = maybeValue.orElseThrow();
  System.out.println(value);
} else {
  System.out.println("No value found!");
}

// 단순한 버전
maybeValue.ifPresentOrElse(System.out::println,
                           () -> System.out.println("No value found!"));
```

두 ifPresent 메서드는 모두 반환 타입이 없어서 사이드 이펙트만 발생하는 코드입니다. 함수형 프로그래밍에서는 순수 함수를 선호하는 경향이 있지만 Optional은 함수형 코드와 명령형 코드 사이에서 적절한 균형을 이루고 있습니다.

필터링과 매핑

null 값들을 안전하게 처리하는 것만으로도 개발자에게 상당한 부담감을 줄일 수 있지만,

Optional은 단순히 값의 유무를 파악하는 것 이상의 기능을 합니다.

스트림과 유사하게 중간 연산과 같은 작업으로 파이프라인을 구축합니다. Optional에서는 필터링과 매핑을 위한 세 가지 연산을 제공합니다.

- `Optional<T> filter(Predicate<? super T> predicate)`
- `<U> Optional<U> map(Function<? super T, ? extends U> mapper)`
- `<U> Optional<U> flatMap(Function<? super T, ? extends Optional<? extends U>> mapper)`

`filter` 연산은 값이 존재하고 주어진 조건에 부합하는 경우에 `this`를 반환합니다. 값이 없거나 주어진 조건에 맞지 않는 경우 비어있는 Optional을 반환합니다.

`map` 연산은 제공된 매퍼함수로 현재의 값을 변환하여 그 결과로 새로운 'null 값이 허용된' Optional을 반환합니다. 값이 없는 경우에는 비어있는 `Optional<U>`를 반환하게 됩니다.

`flatMap`은 `U`라는 구체적인 값 대신 `Optional<U>`를 반환하는 매핑 함수를 사용할 때 적합합니다. 이런 상황에서 `map` 연산을 사용하게 되면 반환되는 값의 타입은 `Optional<Optional<U>>`가 됩니다. 그래서 `flatMap`은 매핑된 값을 다시 Optional로 감싸지 않고 직접 반환합니다.

[예제 9-7]에서는 가상의 권한 컨테이너와 하위 타입을 위한 Optional 호출 체인과 Optional이 아닌 버전을 보여줍니다. 두 버전 모두에서 코드를 호출하고 있지만 어노테이션에 대한 설명은 Optional을 사용한 버전에만 해당됩니다.

예제 9-7 활성 상태의 관리자를 탐색하는 중간 연산

```
public record Permissions(List<String> permissions, Group group) {

  public boolean isEmpty() {
    return permissions.isEmpty();
  }
```

```java
}

public record Group(Optional<User> admin) {
  // 바디 생략
}

public record User(boolean isActive) {
  // 바디 생략
}

Permissions permissions = ...;

boolean isActiveAdmin =
  Optional.ofNullable(permissions) ❶
          .filter(Predicate.not(Permissions::isEmpty)) ❷
          .map(Permissions::group) ❸
          .flatMap(Group::admin) ❹
          .map(User::isActive) ❺
          .orElse(Boolean.FALSE); ❻
```

❶ `Optional<Permissions>` 객체를 생성할 때 초기 `null` 검사가 수행됩니다.

❷ 비어있지 않은 권한들을 필터링합니다. `static Predicate.not` 메서드 덕분에 `lambda permissions -> !permissions.isEmpty()`는 더 읽기 쉬운 메서드 참조로 대체됩니다.

❸ 권한 객체의 그룹을 가져옵니다. `Permissions::group`에서 `null`이 반환되더라도, Optional 호출 체인은 해당 값을 검색하는 연산으로 건너뜁니다. 실제로는 비어있는 Optional이 연속 호출 과정을 통과합니다.

❹ 그룹 내에는 관리자가 존재하지 않을 수 있습니다. 이 때문에 `Optional<User>`가 반환됩니다. 단순 `map(Group::admin)`을 사용하면 다음 단계에서는 `Optional<Optional<User>>`의 형태가 되지만 `flatMap(Group::admin)`의 사용으로 불필요하게 중첩된 Optional 생성을 피할 수 있습니다.

❺ `User` 객체를 사용하여 활성 상태가 아닌 사용자들을 필터링할 수 있습니다.

❻ 호출 체인의 어떤 메서드가 비어있는 Optional을 반환한다면, 그룹이 `null`인 경우 최종 연산은 대체값인 `Boolean.FALSE`를 반환합니다. 다음 절에서는 값을 검색하는 연산의 다양한 타입에 대해 알아보겠습니다.

해결해야 할 근본적인 문제의 모든 단계는 명확하고, 독립적이며 직접 연결된 단계로 구성됩니다. null 또는 빈 값 검사[13] 같은 모든 유효성 검사 및 의사 결정은 메서드 참조를 기반으로 하는 전용 연산에 포함되어 있습니다. 해결해야 할 문제의 의도와 흐름은 분명하게 드러나며 쉽게 이해할 수 있습니다.

Optional을 사용하지 않고 동일한 작업을 수행하게 되면 [예제 9-8]처럼 코드가 복잡하게 중첩됩니다.

예제 9-8 Optional 없이 활성화된 관리자 찾기

```
boolean isActiveAdmin = false;

if (permissions != null && !permissions.isEmpty()) {
  if (permissions.group() != null) {
    var group = permissions.group();
    var maybeAdmin = group.admin();

    if (maybeAdmin.isPresent()) {
      var admin = maybeAdmin.orElseThrow();
      isActiveAdmin = admin.isActive();
    }
  }
}
```

두 코드의 차이점은 명확하게 구분됩니다.

non-Optional 버전은 조건이나 검사를 외부에 위임할 수 없으며, 명시적인 if 문을 사용해야 합니다. 이로 인해 코드는 중첩된 구조를 가지게 되어 코드의 **순환 복잡도**가 증가합니다. 그 결과 전체 코드의 목적을 파악하기 어려우며 Optional 호출 체인을 사용하는 것만큼 간결하지 않습니다.

---

13 옮긴이_ Null은 변수에 아무것도 할당되지(참조되지) 않은 상태를 의미하며, Empty는 문자열의 길이가 0인 상태를 뜻합니다.

> **NOTE** 순환 복잡도cyclomatic complexity[14]는 코드의 복잡성을 측정하기 위해 사용되는 지표입니다. 이 지표는 코드에서 분기 경로(또는 결정)의 수를 기반으로 합니다. 일반적으로는 중첩되지 않은 직관적인 문장과 표현식이 중첩된 if 문과 같은 복잡한 분기보다 이해하기 쉽고 오류 발생 가능성이 낮습니다.

(대체) 값 가져오기

Optional은 null 값을 안전하게 래핑할 수 있지만 때로는 실제값이 필요할 수도 있습니다. Optional의 내부값을 가져오는 방법은 '강제 추출'부터 대체값 제공에 이르기까지 다양합니다.

첫 번째 방법은 안전 검사를 전혀 수행하지 않습니다.

- `T get()`

Optional은 강제로 언래핑되며 값이 없을 때는 NoSuchElementException이 발생하므로 미리 값을 확인해야 합니다. 다음의 두 가지 방법은 값이 없는 경우 대체값을 제공합니다.

- `T orElse(T other)`
- `T orElseGet(Supplier<? extends T> supplier)`

Supplier 기반의 방식은 리소스를 많이 사용하는 경우에 대비하여 대체값을 느긋하게 가져오는 것을 허용합니다.

예외를 발생시키기 위해 사용되는 두 가지 방법이 있습니다.

- `<X extends Throwable> T orElseThrow(Supplier<? extends X> exceptionSupplier)`
- `T orElseThrow()` (자바 10+)

---

14 T.J. McCabe, "A Complexity Measure," IEEE Transactions on Software Engineering(https://oreil.ly/PwEqN), Vol. SE-2, No. 4 (Dec. 1976): 308-320. McCabe, TJ. 1976.

Optional의 가장 큰 장점은 NullPointerException을 방지하는 것이지만 값이 없는 경우에도 도메인 특정 예외가 필요한 경우가 있습니다. orElseThrow 연산을 사용하면 누락된 값을 어떻게 처리할지와 어떤 예외를 발생시킬지에 대해 세밀하게 제어할 수 있습니다. 두 번째 방법인 orElseThrow는 get 연산에 대해 의미적으로 올바르고, 선호되는 대체 메서드로 도입되었습니다. 비록 호출이 간결하지는 않지만 전체적인 네이밍 규칙에 더 부합하여 예외 발생 가능성을 분명히 알려줍니다.

자바 9는 다른 Optional<T> 또는 Stream<T>를 대체값으로 제공하는 두 가지 방법을 추가로 도입했습니다. 이를 통해 이전보다 더 복잡한 호출 체인을 구성할 수 있습니다.

첫 번째 방법인 Optional<T> or(Supplier<? extends Optional<? extends T>> supplier)는 값이 없는 경우 다른 Optional을 느긋하게 반환합니다. 이렇게 하면 or를 호출하기 전에 값이 없더라도 Optional 호출 체인을 반환합니다. '기찻길'에 비유하면 or 연산은 Optional 호출 체인 철로에 새로운 출발점을 만들어 비어있는 급행 철로에서 다시 철로 전환을 제공하는 방법입니다.

Stream<T> stream() 메서드는 값이 있을 경우 해당 값을 유일한 요소로 가진 스트림을 반환하며 값이 없을 때는 비어 있는 스트림을 반환합니다. 이 메서드는 주로 flatMap이라는 중간 스트림 연산에서 메서드 참조로 사용됩니다. Optional 스트림 연산은 필자가 7장에서 언급한 스트림 API와의 호환성 측면에서 중요한 역할을 합니다.

9.4 Optional과 스트림

8장에서 설명한 바와 같이 스트림은 원하는 결과를 얻기 위해 요소들을 필터링하고 변환하는 파이프라인입니다. Optional은 null 참조를 위한 함수형 래퍼로 적합하지만 요소로 사용할 경우에는 스트림 파이프라인의 규칙을 따라야 하며 그 상태를 파이프라인에 전달해야 합니다.

9.4.1 Optional을 스트림 요소로 활용하기

스트림에서는 요소를 제외하기 위해 필터링 연산을 사용합니다. 본질적으로 Optional 자체도 한 종류의 필터링 연산을 의미하지만 스트림에서 요소가 동작할 것으로 예상되는 방식과 직접적으로 호환되지는 않습니다.

스트림 요소가 filter 연산에 의해 제외되면 해당 요소는 스트림을 더 이상 통과하지 않게 됩니다. 이는 filter 연산의 인수로 Optional::isPresent를 사용하여 달성할 수 있습니다. 하지만 내부값의 경우 결과로 나타나는 스트림인 Stream<Optional<User>>은 우리가 원하는 것은 아닙니다.

'일반적인' 스트림의 의미를 회복하기 위해 Stream<Optional<User>>를 Stream<User>로 변환해야 합니다. 이 과정은 [예제 9-9]에서 확인할 수 있습니다.

예제 9-9 스트림 요소로써의 Optional

```
List<Permissions> permissions = ...;

List<User> activeUsers =
  permissions.stream()
             .filter(Predicate.not(Permissions::isEmpty))
             .map(Permissions::group)
             .map(Group::admin) ❶
             .filter(Optional::isPresent) ❷
             .map(Optional::orElseThrow) ❷
             .filter(User::isActive)
             .toList();
```

❶ Group::admin 메서드 참조는 Optional<User>를 반환합니다. 이 때문에 스트림은 Stream<Optional<User>>의 형태를 가지게 됩니다.

❷ 스트림 파이프라인은 값을 확인하고 그 값을 Optional에서 안전하게 추출하기 위해 여러 작업이 필요합니다.

스트림에서 Optional<T>를 필터링하고 매핑하는 것은 Optional의 표준 사용 사례이므로 자바 9에서는 Optional<T> 타입에 stream 메서드를 추가했습니다. 이 메서드는 내부값이 존재할 경우 그 값은 유일한 요소로 가지는 Stream<T>를 반환하며, 그렇지 않을 경우에는 비어있는 Stream<T>를 반환합니다. 이렇게 하면 스트림과 Optional의 기능을 최대한 간결하게 결합할 수 있으며, 전용 filter와 map 연산 대신 스트림의 flatMap 연산을 이용할 수 있습니다. 이 방법은 [예제 9-10]에서 확인할 수 있습니다.

예제 9-10 flatMap을 사용한 스트림 요소로써의 Optional

```
List<Permissions> permissions = ...;

List<User> activeUsers =
  permissions.stream()
             .filter(Predicate.not(Permissions::isEmpty))
             .map(Permissions::group)
             .map(Group::admin)
             .flatMap(Optional::stream)
             .filter(User::isActive)
             .toList();
```

단 한 번의 flatMap 호출로 이전의 filter와 map 연산을 대체할 수 있습니다. 단지 메서드 하나만 줄였을 뿐이지만, filter와 map 연산을 flatmap 하나로 대체함으로써 결과 코드는 더욱 이해하기 쉽고 작업의 흐름을 더욱 잘 표현할 수 있게 됩니다. flatMap 연산은 스트림 파이프라인을 이해하는 데 필요한 모든 정보를 제공하며, 별도의 복잡한 단계가 필요하지 않습니다. Optional 처리는 필수적이며 스트림 파이프라인의 이해를 돕고 직관적으로 만들기 위해 가능한 간결하게 수행되어야 합니다.

스트림에서 flatMap 연산을 피하려고 Optional을 배제하여 API를 설계할 필요는 없습니다. Group::getAdmin이 null을 반환한다면 여전히 다른 filter 연산에 null-check 로직을 추가해야 합니다. flatMap 연산을 filter 연산으로 바꾸는 것은 어떠한 이점을 얻을 수 없으며 그 결과로 admin 호출에서는 명시적인 null 처리가 필요합니다.

9.4.2 스트림의 최종 연산

스트림에서 Optional을 사용하는 것은 중간 연산에만 국한되지 않습니다. 스트림 API의 다섯가지 최종 연산은 반환값의 표현을 개선하기 위해 `Optional`을 반환합니다. 이 연산들은 요소를 찾거나 스트림을 축소하려는 시도를 합니다. 스트림이 비어 있는 경우 이러한 연산들은 비어 있는 값을 적절하게 표현해야 합니다. Optional은 이러한 개념의 좋은 예시가 되며 `null` 값을 반환하는 대신에 사용하는 것이 더 합리적인 선택입니다.

요소 찾기

스트림 API에서 접두사 'find'는 이름에서도 알 수 있듯이 요소의 존재 여부에 기반하여 요소를 찾습니다. 스트림이 병렬인지 직렬인지에 따라 서로 다른 의미를 가진 두 종류의 `find` 연산을 사용할 수 있습니다.

`Optional<T> findFirst()`

스트림에서 첫 번째 요소는 Optional로 반환되며 스트림이 비어있는 경우에는 비어있는 Optional이 반환됩니다. 이 원칙은 병렬과 직렬 스트림에 동일하게 적용됩니다. 스트림에 순서가 정해져 있지 않은 경우 임의의 요소가 반환될 수 있습니다.

`Optional<T> findAny()`

스트림에서 임의의 요소가 Optional로 반환되며 스트림이 비어있는 경우에는 비어있는 Optional이 반환됩니다. 반환된 요소는 병렬 스트림에서 성능을 극대화하기 위해서 일정하지 않을 수 있습니다. 대부분의 경우 첫 번째 요소가 반환되지만 이러한 결과는 항상 보장되지 않습니다. 따라서 일관된 결과를 원하는 경우에는 `findFirst` 연산을 사용하는 것이 바람직합니다.

`find` 연산은 오로지 존재 유무를 기반으로 작동하기 때문에 스트림의 요소들을 미리 적절하

게 필터링해야 합니다. 특정 요소의 존재 여부만을 알고 싶고 요소 자체가 필요하지 않은 경우에는 'match' 메서드 중 하나를 사용하면 됩니다.

- boolean anyMatch(Predicate<? super T> predicate)
- boolean noneMatch(Predicate<? super T> predicate)

이러한 최종 연산들은 필터링 연산을 포함하여 불필요한 Optional 인스턴스의 생성을 방지합니다.

단일값으로 줄이기

스트림의 요소들을 새로운 자료 구조로 결합하거나 누적하여 스트림을 축소하는 것은 스트림의 핵심 기능 중 하나입니다. find 연산처럼 축소 연산자로 비어 있는 스트림을 처리해야 합니다.

이러한 이유로 스트림에는 세 가지 최종 reduce 연산이 제공되며, 그중 하나는 Optional<T> reduce(BinaryOperator<T> accumulator) Optional을 반환합니다.

이 연산은 제공된 accumulator 연산자로 스트림의 요소를 축소합니다. 축소의 결괏값이 반환되며 스트림이 비어 있을 경우에는 비어 있는 Optional이 반환됩니다.

공식 문서에서 의사코드pseudo-code와 유사한 예시는 [예제 9-11]을 참고하세요.

예제 9-11 reduce 연산에 해당하는 의사코드

```
Optional<T> pseudoReduce(BinaryOperator<T> accumulator) {
  boolean foundAny = false;
  T result = null;

  for (T element : elements]) {
    if (!foundAny) {
      foundAny = true;
```

```
        result = element;
      } else {
        result = accumulator.apply(result, element);
      }
    }

    return foundAny ? Optional.of(result)
                    : Optional.empty();
  }
```

나머지 두 reduce 메서드는 스트림 요소와 결합할 초기값을 필요로 하므로, Optional이 아닌 실질적인 값을 반환할 수 있습니다. 스트림에서 이들을 어떻게 사용하는지에 대한 보다 자세한 설명과 예시는 6.3.3절의 '요소 축소하기'를 참고하세요.

일반적인 reduce 메서드 외에도 축소의 두 가지 사용 사례가 메서드로 제공됩니다.

- Optional<T> min(Comparator<? super T> comparator)
- Optional<T> max(Comparator<? super T> comparator)

이 메서드들은 제공된 비교자(comparator)에 기반하여 '최솟값' 또는 '최댓값' 요소를 반환하며, 스트림이 비어 있는 경우에는 비어 있는 Optional을 반환합니다.

Optional<T>는 min/max에 의해 반환될 수 있는 유일하게 적절한 타입입니다. 여전히 연산의 결과가 있는지 확인해야 합니다. 인수로 대체값을 갖는 min/max 메서드를 추가하면, 스트림 인터페이스가 더 복잡해집니다. 반환된 Optional 덕분에 결과가 존재하는지 쉽게 확인할 수 있고, 필요한 경우 대체값이나 예외를 사용할 수 있습니다.

9.5 원시 타입용 Optional

원시 타입 변수는 결코 `null`이 될 수 없기 때문에 원시 타입에 대한 Optional이 왜 필요한지 궁금할 수 있습니다. 원시 타입 값이 초기화되지 않았다면 해당 타입에 대한 값은 자동으로 0이 됩니다.

기술적으로는 맞지만 Optional은 단순히 값이 `null`이 되는 것을 방지하는 것이 전부가 아닙니다. Optional은 기본 자료형에서 표현할 수 없는 '아무것도 없는' 실제 상태를 나타냅니다.

대부분의 경우 원시 타입의 기본값들은 적절합니다. 예를 들어 네트워크 포트를 나타내는 경우 0은 유효하지 않은 포트 번호이므로 어쨌든 처리해야 합니다. 하지만 0이 유효한 값인 경우 그 값이 실제로 존재하지 않는다는 것을 표현하기가 더 어렵습니다.

`Optional<T>` 타입과 원시 타입을 함께 사용하는 것은 불가능합니다. 원시 타입은 제네릭 타입으로 사용될 수 없기 때문입니다. 그러나 스트림에서처럼 Optional에서 기본값을 사용하는 데에는 오토박싱autoboxing과 특수화된 타입을 사용하는 두 가지 방법이 있습니다.

3장에서는 객체-래퍼 클래스를 사용할 때의 문제점과 그로 인해 발생하는 오버헤드에 대해 소개합니다. 하지만 오토박싱도 비용이 들지 않는 것은 아닙니다.

일반적인 원시 타입들은 `java.util` 패키지의 전용 Optional 변수를 사용할 수 있습니다.

- `OptionalInt`
- `OptionalLong`
- `OptionalDouble`

이들은 일반적인 버전과 매우 유사하지만 `Optional`로부터 상속받지 않으며 공통 인터페이스도 공유하지 않습니다. 또한 기능 면에서도 동일하지 않으며 `filter`, `map`, `flatMap`과 같은 연산을 제공하지 않습니다.

원시 타입용 Optional 타입들은 성능을 향상시키기 위해 불필요한 오토박싱을 제거할 수 있지만, `Optional`이 제공하는 다양한 기능을 모두 사용할 수는 없습니다. 게다가 7장의 '기본형 스트림'에서 언급된 원시 스트림 변형과는 달리 원시 타입용 Optional과 그에 해당하는 `Optional<T>`를 쉽게 변환할 수 있는 방법이 없습니다.

원시 타입에 대한 Optional 값 처리를 개선하기 위해 직접 래퍼 타입을 생성하는 것은 간단할 수 있지만, 대부분의 경우에는 이러한 방법을 권장하지 않습니다. 내부 또는 `private` 구현의 경우 여러분이 원하거나 필요한 어떠한 래퍼도 사용할 수 있습니다. 그러나 코드의 공개적인 부분은 항상 예상되고 사용 가능한 타입을 준수하려는 노력이 필요합니다. 대체로 이는 이미 JDK에 포함되어 있는 것들을 사용하는 것을 의미합니다.

9.6 주의 사항

Optional은 다양한 `null` 값들을 담을 수 있는 다용도 '상자'를 제공하며, 그 값의 존재 유무를 처리하기 위한 (부분적인) 함수형 API를 구축함으로써 JDK에서의 `null` 처리를 대폭 향상시킬 수 있습니다. 이러한 장점들은 분명히 유용하지만 Optional을 문제없이 사용하기 위해 반드시 고려해야 할 몇 가지 단점도 존재합니다.

9.6.1 Optional은 일반적인 타입이다

`Optional<T>`와 그 원시 타입 변형을 사용하는 것의 가장 분명한 단점은 그들이 일반적인 타입이라는 것입니다. 람다 표현식에 대한 새로운 문법처럼 자바 문법에 더 깊이 융합되지 않으면 JDK의 다른 타입들과 마찬가지로 `null` 참조 문제로 인한 문제가 발생할 수 있습니다.

그래서 처음부터 Optional을 사용하는 장점을 잃지 않기 위해 모범 사례와 비공식 규칙들을 준수해야 합니다. API를 설계할 때 반환 타입으로 Optional을 사용하고자 한다면 어떠한 경우에도 null을 반환해서는 안 됩니다. Optional을 반환하면 API를 사용하는 모든 사람에게 null 값이 아닌 적어도 '값'을 가질 수 있는 '상자'를 받게 될 것이라는 명확한 신호를 줄 수 있습니다. 값을 가질 수 없는 경우라면 항상 비어 있는 Optional 또는 그에 해당하는 원시 타입을 사용해야 합니다.

그러나 이 중요한 설계 요구 사항은 관습에 따라 강제되어야 합니다. 컴파일러는 **Sonar**[15] 같은 추가 도구 없이는 도움을 주지 않습니다.

9.6.2 식별자에 민감한 메서드

Optional이 일반적인 타입이기는 하지만 식별자에 민감한 메서드는 예상과 다르게 작동할 수도 있습니다. 이에는 참조 동등 연산자 == (이중 등호), hashCode 메서드, 또는 스레드 동기화를 위한 인스턴스 등이 포함됩니다.

> **NOTE** 객체 식별성은 두 개의 서로 다른 객체가 동일한 메모리 주소를 공유합니다. 따라서 같은 객체인지를 확인합니다. 이는 참조 동등 연산자 ==(이중 등호)로 확인할 수 있습니다. 객체의 동등성은 해당 객체들의 equals 메서드를 통해 확인할 수 있으며 이는 객체들이 동일한 상태를 가지고 있다는 것을 의미합니다.
> 동일한 두 객체는 당연히 동등하지만, 반대의 경우는 반드시 그렇지만은 않습니다. 즉, 두 객체가 동일한 상태를 갖고 있다고 해서 반드시 동일한 메모리 주소를 갖고 있다는 의미는 아닙니다.

이러한 동작의 차이는 Optional이 **값을 기반으로 하는 타입**value-based type인 특성에서 비롯되며 내부의 값에 집중합니다. equals, hashCode, toString과 같은 메서드는 오직 내부값만을 기반으로 하며 실제 객체의 식별성을 무시합니다. 그래서 공식 문서에도 명시된 것처럼 Optional 인스턴스는 교환 가능하다고 취급하고, 동시 코드 동기화 같은 식별 관련 연산에는 적합하지 않다고 여겨야 합니다.[16]

---

15 The Sonar(*https://oreil.ly/ldteU*) rule RSPEC-2789 (*https://oreil.ly/2ZvsP*) checks for Optionals being null

16 공식 문서(*https://oreil.ly/KDjQy*)에서는 'API 노트' 항목에서 식별 메서드의 예측할 수 없는 동작을 소개합니다.

9.6.3 성능 오버헤드

Optional을 사용할 때 주의해야 할 또 다른 중요한 부분은 성능입니다. 특히 반환 타입으로서의 기본 설계 목적에서 벗어날 때 성능에 영향을 줄 수 있습니다.

Optional은 간단한 null 값 확인을 위해 쉽게 (혹은 잘못) 사용될 수 있으며 내부값이 없는 경우 대체값을 제공합니다.

```
// 비권장
String value = Optional.ofNullable(maybeNull).orElse(fallbackValue);

// 비권장
if (Optional.ofNullable(maybeNull).isPresent()) {
  // ...
}
```

이러한 간단한 파이프라인은 새로운 Optional 인스턴스가 필요하며 각 메서드 호출마다 새로운 스택 프레임을 생성합니다. 이러한 점은 JVM이 단순한 null 검사처럼 코드를 쉽게 최적화하기 어렵게 만듭니다. 값의 존재 여부를 확인하거나 대체값을 제공하는 것 외에 추가적인 연산 없이 Optional을 만드는 것은 그다지 의미가 없습니다.

삼항 연산자나 직접적인 null 검사를 사용하는 것이 더 좋은 해결 방법이 될 것입니다.

```
// 권장
String value = maybeNull != null ? maybeNull
                                 : fallbackValue;

// 권장
if (maybeNull != null) {
  // ...
}
```

삼항 연산자 대신 Optional을 사용하면 코드가 더 깔끔해 보이고 maybeNull의 반복 사용을 피할 수 있습니다. 그러나 대체로 인스턴스 생성과 메서드 호출 횟수를 줄이는 것이 일반적으로 더 바람직합니다.

삼항 연산자보다 더 시각적으로 만족스러운 대안을 찾고자 한다면 자바 9에서는 java.util.Object에 null 검사와 대체값을 제공하는 작업을 래핑하는 두 개의 정적 헬퍼 메서드를 알아보는 것이 좋습니다.

- T requireNonNullElse(T obj, T defaultObj)
- T requireNonNullElseGet(T obj, Supplier<? extends T> supplier)

대체값 또는 두 번째 메서드의 경우 Supplier의 결과도 반드시 null이 아니어야 합니다.

약간의 CPU 사이클을 절약하는 것도 중요하지만 NullPointerException으로 인해 발생하는 충돌에 비하면 그다지 중요하지 않습니다. 스트림과 마찬가지로 성능 향상과 코드의 안전성 및 명료성 사이에는 타협이 필요합니다. 따라서 여러분의 필요에 따라 이러한 요소들 사이에서 적절한 균형을 찾아야 합니다.

9.6.4 컬렉션에 대한 고려 사항

null은 값이 없음을 기술적으로 표현하는 방법입니다. Optional은 값의 부재를 안전하게 표현할 수 있는 실제 객체를 제공하며 이를 통해 변환이나 필터링과 같은 추가 작업을 수행할 수 있습니다. 그러나 컬렉션 기반의 타입들은 이미 내부값의 부재를 표현할 수 있는 기능을 갖고 있습니다.

컬렉션 타입은 이미 값들을 담는 상자의 역할을 하기 때문에 이를 Optional<T>로 래핑하게 되면 처리해야 할 계층이 추가로 생기게 됩니다. 빈 컬렉션 자체가 이미 내부값이 없다는 것을 나타내므로 null 대신 빈 컬렉션을 사용하면 NullPointerException의 가능성을 제거할 수 있습니다. 또한 Optional을 사용함으로써 추가적인 계층을 만들 필요성을 없앨 수 있습니다.

컬렉션 자체가 없는 경우, 즉 null 참조를 다루어야 하는 상황도 여전히 존재합니다. 가능하다면 컬렉션에 대해 절대적으로 null을 사용하지 않아야 합니다. 심지어 인수나 반환값에도 해당됩니다. 코드를 설계할 때 null 대신 항상 빈 컬렉션을 사용하도록 하면 Optional을 사용하는 것과 동일한 효과를 얻을 수 있습니다. 아직도 null과 빈 컬렉션을 구별해야 하거나 관련 코드를 제어 또는 수정할 수 없는 경우라면 추가적인 계층을 생성하는 것보다 null 검사를 수행하는 것이 낫습니다.

9.6.5 Optional과 직렬화

Optional<T> 타입과 관련된 원시 타입은 java.io.Serializable 인터페이스를 지원하지 않기 때문에 직렬화가 가능한 타입의 private 필드로 사용하기에는 적합하지 않습니다. 이러한 결정은 설계팀이 명확한 의도를 가지고 이루어졌습니다. Optional의 주 목적은 선택적 반환값을 제공하는 것이며 null에 대한 보편적인 해결 방법을 제공하는 것이 아니기 때문입니다. Optional<T>를 직렬화 가능하게 할 경우 원래 의도를 넘어서는 다양한 사용 사례를 만들 수 있을 것입니다.

객체에서 Optional의 장점을 최대한 활용하면서도 직렬화 가능성을 유지하려면 public API에서는 Optional을 사용하고 구현 세부 사항으로 non-Optional 필드를 사용할 수 있습니다. 이 방법은 [예제 9-12]에서 볼 수 있습니다.

예제 9-12 Serializable 타입에서 Optional 활용 방법

```
public class User implements Serializable {

  private UUID id;
  private String username;
```

```
  private LocalDateTime lastLogin;

  // id와 username에 대한 일반적인 getter/setter

  public Optional<LocalDateTime> getLastLogin() {
    return Optional.ofNullable(this.lastLogin);
  }

  public void setLastLogin(LocalDateTime lastLogin) {
    this.lastLogin = lastLogin;
  }
}
```

lastLogin의 getter에서만 Optional을 적용함으로써 해당 타입은 직렬화 가능성을 유지하면서도 Optional API를 제공하게 됩니다.

9.7 null 참조에 대한 생각

null은 '10억 달러짜리 실수'라고 불리고 있지만 본질적으로 나쁜 것은 아닙니다. null의 개념을 만든 찰스 안토니 리처드 호어Charles Antony Richard Hoare는 프로그래밍 언어의 설계자들이 그 언어로 작성된 프로그램의 오류에 대해 책임을 져야 한다고 생각했습니다.[17]

언어는 풍부한 창의력과 제어력을 가진 탄탄한 기반을 제공해야 합니다. null 참조를 허용하는 것은 자바의 다양한 설계 선택 사항 중 하나일 뿐입니다. 10장에서 배울 자바의 캐치 또는 지정 요구 사항The Catch or Specify Requirement과 try-catch 블록은 오류 상황에 대응할 수 있는 도구를 제공합니다. 하지만 null이 모든 타입에 대해 허용되는 값이기 때문에 모든 참조는 잠재적으로 문제를 일으킬 가능성을 내포합니다. 어떠한 값이 절대로 null이 될 수 없다고 생각

17 찰스 안토니 리처드 호어는 2009년 QCon 런던(*https://oreil.ly/6qW4J*)에서 열린 'Null References: The Billion Dollar Mistake(*https://oreil.ly/ja8Dn*)'라는 주제의 강연에서 이러한 견해를 밝혔습니다.

하더라도 경험적으로 언젠가 그럴 가능성이 있다는 것을 알려줍니다.

null 참조가 존재한다는 것이 언어 설계가 불완전하다는 것을 의미하지는 않습니다. null은 그 자체의 역할과 위치를 가지고 있으며, 코드를 작성할 때는 주의를 더 기울여야 합니다. 이것은 코드 내의 모든 변수와 인수를 Optional로 변경해야 한다는 뜻은 아닙니다.

Optional은 선택적 반환값에 제한적인 메커니즘을 제공하도록 설계되었으므로 단순히 편리해 보인다고 과도하게 사용하거나 잘못 사용하지 않도록 주의하세요. 여러분이 관리하는 코드에서는 Optional을 사용하지 않더라도 참조가 null일 가능성에 대해 추측과 확신을 가질 수 있으며, 그에 맞게 적절히 대응할 수 있습니다. 이 책에서 강조된 다른 원칙들, 예를 들어 사이드 이펙트가 없고 규모가 작으며 독립적인 순수함수를 사용하는 것을 따른다면 코드가 예기치 않게 null 참조를 반환하지 않도록 할 수 있습니다.

핵심 요약

- 자바에는 null 처리를 위한 별도의 언어 수준이나 특별한 문법이 없습니다.
- null은 '존재하지 않음'과 '정의되지 않음' 두 상태를 모두 표현할 수 있는 특별한 값입니다. 이 두 상태를 구별하는 것은 불가능합니다.
- Optional<T> 타입은 이러한 상태들에 대해 연산 체인과 대체값을 사용하여 전문적인 null 처리를 제공합니다.
- 원시 타입을 위한 특별한 타입들도 존재하지만 모든 기능을 동일하게 제공하지는 않습니다.
- null 처리에는 어노테이션이나 모범 사례와 같은 다양한 접근 방법이 있습니다.
- Optional이 모든 경우에 적합한 것은 아닙니다. 자료 구조가 컬렉션과 같이 이미 '비어 있음'의 개념을 가지고 있는 경우 다른 계층 구조를 도입하는 것은 오히려 비효율적일 수 있

습니다. '정의되어 있지 않음'의 상태를 표현해야 할 필요가 없다면 Optional로 래핑해서는 안 됩니다.

- Optional과 스트림은 큰 문제없이 상호 운용될 수 있습니다.
- Optional은 직렬화할 수 없으므로, 타입을 직렬화해야 할 경우 `private` 필드로 사용하면 안 됩니다. 대신 `getter`의 반환값으로 Optional을 사용하세요.
- 구글 Guava 프레임워크[18]와 같이 다양한 대체 구현 방법이 존재하며 구글 자체도 자바의 Optional 사용을 권장합니다.
- `null`은 본질적으로 나쁜 것이 아닙니다. 충분한 근거 없이 모든 변수를 Optional로 변경하지 마세요.

---

18 *https://oreil.ly/L8mnq*

CHAPTER 10

함수형 예외 처리

우리는 모두 완벽하고 오류 없는 코드를 작성하기를 원하지만, 그것은 거의 불가능한 목표입니다. 이러한 이유로, 코드에서 불가피하게 발생하는 문제들을 다루기 위한 방법이 필요합니다. 자바는 이러한 불안정하고 비정상적인 제어 흐름 상태를 다루기 위해 예외exception 메커니즘을 도입했습니다.

명령형이나 객체 지향 코드에서 예외 처리는 다소 어렵게 느껴질 수 있습니다. 심지어 함수형 접근 방식에서는 고려해야 할 사항과 조건들이 훨씬 많기 때문에 더 큰 도전이 될 수 있습니다. 다행히 도움이 될 만한 서드파티 라이브러리들이 있지만 장기적으로 그것들에만 의존하는 것은 바람직하지 않습니다. 특히 새로운 의존성으로 인해 기술 부채가 증가하는 것보다는 전반적으로 함수형 접근 방식을 적용하는 것이 좋습니다.

이 장에서는 람다를 활용한 함수형 프로그래밍에서 발생할 수 있는 다양한 예외 상황과 그들이 미치는 영향에 대해 소개합니다. 람다에서 예외를 어떻게 처리하며 함수형 컨텍스트에서 제어 흐름이 중단될 때의 대처 방안에 대해서도 학습하게 될 것입니다.

10.1 자바 예외 처리 핵심 요약

일반적으로 예외는 프로그램이 실행되는 동안 일반적인 명령의 흐름을 방해하는 특별한 사건을 말합니다. 이 개념은 자바뿐만 아니라 다양한 프로그래밍 언어에서도 찾아볼 수 있으며, 그 역사는 리스프lisp[1]에 기원을 두고 있습니다.

10.2 try-catch 블록

자바의 try-catch 블록은 자바의 핵심 메커니즘 중 하나입니다.

```
try {
  return doCalculation(input);
} catch (ArithmeticException e) {
  this.log.error("Calculation failed", e);
  return null;
}
```

이 개념은 처음 등장한 이후로 조금씩 발전해왔습니다. 여러 개의 catch 블록을 사용해야 할 필요 없이, | (파이프) 기호를 사용하여 multi-catch 블록[2]에서 여러 예외를 한 번에 처리할 수 있게 되었습니다.

```
try {
  return doCalculation(input);
} catch (ArithmeticException | IllegalArgumentException e) {
  this.log.error("Calculation failed", e);
  return null;
```

1 Guy L. Steele and Richard P. Gabriel, "The evolution of Lisp," in History of Programming Languages—II, (Association for Computing Machinery, 1996), 233–330(*https://oreil.ly/QFRQP*).

2 *https://oreil.ly/HdAps*

```
}
```

리소스 관리가 필요한 경우 try-with-resources 구문[3]을 사용하면 AutoCloseable 인터페이스를 구현한 리소스는 자동으로 종료됩니다.

```
try (var fileReader = new FileReader(file);
     var bufferedReader = new BufferedReader(fileReader)) {

     var firstLine = bufferedReader.readLine();
     System.out.println(firstLine);
} catch (IOException e) {
  System.err.println("Couldn't read first line of " + file);
}
```

어떤 버전을 사용하더라도 실행 코드의 흐름을 방해하는 예외와 마주하게 될 것입니다. 예외가 발생하면 가장 가까운 catch 블록으로 이동하고 catch 블록이 없다면 현재 스레드를 중단합니다.

10.2.1 예외와 에러의 다양한 유형

자바에는 다양한 요구 조건을 가진 세 가지 종류의 제어 흐름 방해 요소가 있습니다. 바로 **체크 예외**checked exception, **언체크 예외**unchecked exception, **에러**error입니다.

체크 예외

체크 예외checked exception는 정상적인 제어 흐름에서 벗어나지만, 외부에서 **예측할 수 있으며** 가능한 경우 **복구할 수 있는 예외**를 의미합니다. 예를 들어 파일을 찾을 수 없거나(FileNot

3 https://oreil.ly/1meJf

FoundException) URL이 잘못된 경우(MalformedURLException)와 같은 상황들이 이에 해당합니다. 이러한 예외들은 미리 예상할 수 있으므로, 자바에서는 이를 처리하기 위해 **catch-or-specify** 요구 사항을 준수해야 합니다.

Catch-or-Specify

자바의 **catch-or-specify** 요구 사항에 따르면 체크 예외를 처리하는 동안 코드가 다음 조건 중 하나를 충족해야 합니다.

현재 컨텍스트에서 예외를 catch하기

catch 블록과 같은 적절한 예외 핸들러를 사용하여 특정 예외 혹은 관련된 기본 예외를 캐치합니다.

메서드 시그니처에서 발생하는 예외 명시

throws 키워드를 사용하여 예외 유형과 체크 예외 목록을 명시합니다.

이 요구 사항을 반드시 준수해야 하며 컴파일러는 적어도 두 조건 중 하나를 지켜야 합니다. 예외를 완전히 무시하는 것이 아니라, 문제 상황을 우아하게 복구하거나 책임을 다음 단계로 넘기도록 허용함으로써 코드의 신뢰성과 탄력성이 향상됩니다. 발생 가능한 예외 상황을 구체적으로 명시하거나 적절하게 처리해야 합니다.

예외를 적절하게 캐치하고 처리했다면 예외 타입을 별도로 명시할 필요가 없습니다. 오히려 불필요한 throws 선언은 해당 메서드의 호출자에게도 **catch-or-specify** 요구 사항을 준수하도록 만듭니다.

언체크 예외

다른 한 편으로, **언체크 예외**unchecked exception는 예상되지 않으며 대부분 **복구할 수 없는 경우**에 발생합니다.

- UnsupportedOperationException: 지원되지 않는 연산의 경우

- ArithmeticException: 유효하지 않은 수학적 계산
- NullPointerException: 비어있는 참조가 발견된 경우

이런 예외들은 메서드의 공개된 계약의 일부로 보지 않으며 주로 가정된 계약의 전제 조건이 위반됐을 때 발생합니다. 따라서 이러한 예외들은 catch-or-specify의 요구 사항에 포함되지 않고, 메서드는 특정 조건에서 이런 예외들이 발생될 것을 알고 있더라도, throws 키워드로 이를 명시하지는 않습니다.

그러나 언체크 예외도 프로그램이 중단되지 않게 하기 위해 어떤 형태로든 처리되어야 합니다. 예외가 로컬에서 처리되지 않는다면, 적절한 핸들러를 찾을 때까지 현재 스레드의 호출 스택을 자동으로 쌓아 올립니다. 적절한 핸들러가 없을 경우에 스레드가 종료됩니다. 단일 스레드 애플리케이션에서는 런타임도 함께 종료되어, 프로그램이 중단됩니다.

에러

제어 흐름을 방해하는 세 번째 유형인 **에러**error는 일반적으로 처리하거나 예외를 잡아낼 수 없는 심각한 문제를 나타냅니다.

예를 들어 실행 중에 사용 가능한 메모리가 부족하면 OutOfMemoryError를 발생시킵니다. 또한 무한 재귀 호출도 결국 StackOverflowError로 이어집니다. 힙이나 스택에서 남은 메모리가 없다면 아무것도 할 수 없습니다. 결함이 있는 하드웨어 또한 자바 에러를 일으킬 수 있으며, 디스크 오류의 경우에는 java.io.IOError가 발생합니다. 이러한 문제들은 모두 예상하기 어렵고 심각하며 우아하게 복구할 가능성이 거의 없습니다. 따라서 에러는 catch-or-specify 요구 사항을 따를 필요가 없습니다.

자바에서의 예외 계층 구조

예외가 어느 카테고리에 속하는지는 기본 클래스에 따라 결정됩니다. 모든 예외는 기본적으로 체크 예외로 분류되지만, java.lang.RuntimeException 또는 java.lang.Error를 상속

하는 타입은 제외됩니다. 그러나 모든 예외 타입들은 공통적으로 java.lang.Throwable을 공유합니다. java.lang.RuntimeException 또는 java.lang.Error에서 상속된 타입들은 언체크 예외 또는 에러로 분류됩니다. 이러한 타입들의 계층 구조는 [그림 10-1]에서 볼 수 있습니다.

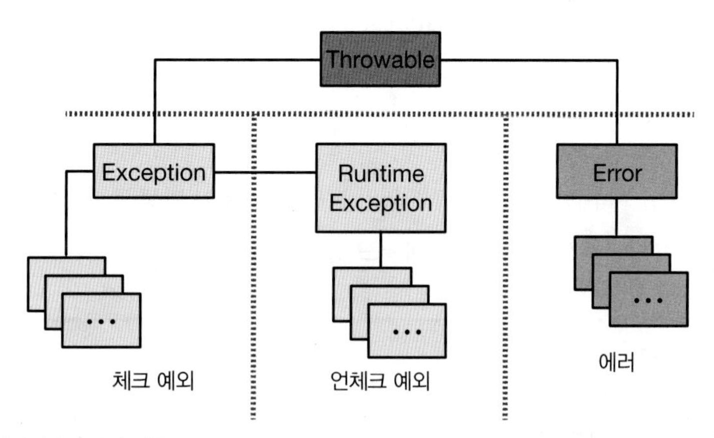

그림 10-1 자바에서의 예외 계층 구조

프로그래밍 언어에서 다양한 종류의 예외를 다루는 것은 그다지 보편적인 개념은 아닙니다. 예외를 다루는 방법에 대한 서로 다른 요구 사항으로 인해 논쟁이 되는 주제입니다. 예를 들어 코틀린[4]은 예외를 다루는 일반적인 메커니즘을 상속받고 있지만 체크 예외는 존재하지 않습니다.

10.3 람다에서의 체크 예외

자바의 예외 처리 메커니즘은 람다가 도입되기 18년 전에 설계되었으며, 당시의 특정 요구 사항을 충족시키기 위한 것이었습니다. 이러한 배경 때문에 특별한 주의 사항이나 catch-or-specify 요구 사항을 완전히 무시하며, 새로운 함수형 자바 코딩 스타일에서 예

4 코틀린의 공식 문서(*https://oreil.ly/AosQh*)에서는 자바와 코틀린 사이의 예외 처리의 차이점을 설명합니다.

외를 처리하는 것이 자연스럽지 않습니다.

java.util.Files에 있는 정적 메서드를 활용하여 파일의 내용을 로딩해보겠습니다. 메서드 시그니처는 다음과 같습니다.

```
public static String readString(Path path) throws IOException {
  // ...
}
```

메서드 시그니처는 매우 단순하며 체크 예외인 IOException이 발생할 수 있어서 try-catch 블록이 필요합니다. 그래서 이 메서드는 메서드 참조나 단순한 람다에서 사용할 수 없습니다.

```
Stream.of(path1, path2, path3)
      .map(Files::readString)
      .forEach(System.out::println);
// 컴파일 에러:
// 함수형 표현식에서는 java.io.IOException이 호환되지 않습니다.
```

문제는 map 연산을 만족시키기 위해 필요한 함수 인터페이스에 있습니다. JDK의 함수 인터페이스 중에서는 체크 예외를 발생시키지 않기 때문에 체크 예외를 발생시키는 메서드와 호환되지 않습니다.

> **NOTE** java.util.concurrent.Callable<V>와 같이 예외를 발생시키는 @FunctioanlInterface로 표시된 인터페이스들도 있습니다. 이름 그대로 함수 인터페이스이지만 무분별하게 사용될 함수 타입을 표현하기 위한 것이 아니라 호환성을 위한 것입니다.

가장 명백한 해결 방법은 람다를 블록으로 변환하여 try-catch 블록을 사용하는 것입니다.

```
Stream.of(path1, path2, path3)
      .map(path -> {
```

```
    try {
      return Files.readString(path);
    } catch (IOException e) {
      return null;
    }
  })
  .forEach(System.out::println);
```

컴파일러의 요구 사항을 만족시키는 데 필요한 코드로 인해, 스트림 파이프라인 람다의 본래 목적이 퇴색됩니다. 스트림을 사용하여 코드를 더 간결하고 직관적으로 만들고자 했으나, 예외 처리를 위한 보일러플레이트를 추가함으로써 연산의 간결함과 직관성이 약화됩니다.

람다에서 예외를 다루는 것은 마치 안티패턴antipattern[5]인 것처럼 느껴집니다. throws 선언은 호출자에게 예외를 어떻게 처리할지 결정하도록 요구하며, 람다는 기존의 try-catch를 제외하고는 예외를 처리할 수 있는 구체적인 방법이 없습니다. 또한 이러한 방법은 메서드 참조에서 사용될 수 없습니다.

그럼에도 불구하고 람다, 메서드 참조, 스트림이나 Optional과 같은 파이프라인이 제공하는 간결함과 명확함을 잃지 않으면서도 예외를 처리할 수 있는 방법들이 있습니다.

- 안전한 메서드 추출
- 언체크 예외
- Sneaky 예외 던지기

이러한 선택지들은 함수형 코드에서 예외 처리를 줄이기 위한 불완전한 해결 방법입니다. 예외를 적절하게 처리할 수 있는 방법이 없는 경우에 유용하게 사용될 수 있기 때문에, 이들에 대해 자세히 살펴보겠습니다.

마지막 두 방법은 신중하게 사용하지 않으면 위험하거나, 최소한 코드 스멜이 될 수도 있습

5 옮긴이_ 안티패턴(antipattern)이란 소프트웨어 공학 용어로 많이 사용되는 패턴이지만 비효율적이거나 비생산적인 패턴을 의미합니다.

니다. 이러한 '최후의 수단'을 알고 있다면 기존의 비함수적 코드와 복잡하게 얽힌 문제들을 해결하는 데 도움이 되며, 보다 더 함수적인 접근 방법을 제공할 수 있습니다.

10.3.1 안전한 메서드 추출

함수형 코드에서 예외를 효율적으로 처리하는 것은 해당 코드를 효과적으로 제어하거나 소유하는 주체에 따라 달라집니다. 예외를 발생시키는 코드가 여러분의 제어 하에 있다면 반드시 적절하게 처리해야 합니다. 하지만 종종 문제를 일으키는 코드는 여러분의 것이 아니거나, 필요에 따라 변경하거나 리팩터링할 수 없을 수도 있습니다. 이런 경우에도 적절한 로컬 예외 처리를 통해 '안전한' 메서드를 만들 수 있습니다.

'안전한' 메서드를 생성하는 것은 실제 작업과 예외 처리가 분리되어 체크 예외에 대해 호출자가 책임을 져야 하는 원칙을 회복합니다. [예제 10-1]에서 보인 것처럼 모든 함수형 코드는 안전한 메서드를 대안으로 사용할 수 있습니다.

```
String safeReadString(Path path) { ❶
  try { ❷
    return Files.readString(path);
  } catch (IOException e) {
    return null;
  }
}

Stream.of(path1, path2, path3)
      .map(this::safeReadString) ❸
      .filter(Objects::nonNull) ❹
      .forEach(System.out::println);
```

❶ '안전한' 메서드는 throws IOException을 제외하고는 래핑하고 있는 메서드와 동일한 메서드 시그니처를 가집니다.

❷ 예외는 로컬에서 처리되며 적절한 대체값을 반환합니다.

❸ 래퍼 메서드는 메서드 참조로 사용될 수 있어 코드를 간결하고 읽기 쉽게 만들어줍니다.

❹ null 요소가 있을 가능성에 대해 적절하게 처리해야 합니다.

파이프라인은 한층 더 간결하고 명확해졌습니다. IOException은 파이프라인의 흐름을 방해하지 않도록 처리되지만, 이러한 방법이 모든 상황에 적합하지는 않습니다.

NOTE 안전한 메서드의 추출은 **facade pattern**[6]의 지역화된 버전과 유사합니다. 전체 클래스를 래핑하여 더 안전하고 상황에 맞는 인터페이스를 제공하는 대신에, 특별한 사용 사례에 대한 처리를 개선하기 위해 특정 메서드를 사용하는 것으로 새로운 퍼사드를 얻습니다. 이렇게 하면, 영향을 받는 코드가 줄어들며 복잡성이 감소하고, 가독성이 향상되는 퍼사드의 이점을 그대로 누릴 수 있습니다. 또한 향후 리팩터링 작업을 위한 좋은 출발점이기도 합니다.

추출된 안전한 메서드는 람다의 try-catch 블록을 사용하는 것보다 더 나은 방법이 될 수 있습니다. 이 방법은 인라인 람다와 메서드 참조의 명확성을 유지하면서도, 모든 예외를 처리할 기회를 제공하기 때문입니다. 이러한 처리는 기존 코드에 대한 또 다른 추상화로 제한되며, 방해되는 제어 흐름 조건을 다시 제어합니다. 메서드의 실질적인 호출자인 스트림 연산은 예외 처리에 대한 기회를 얻지 못하게 되어, 처리 과정이 불투명하고 유연하지 않게 됩니다.

10.3.2 언체크 예외

다음으로 다룰 언체크 예외는 체크 예외의 본래 목적에 어긋납니다. 언체크 예외는 체크 예외를 직접 다루지 않고 catch-or-specify 요구 사항을 우회합니다. 이러한 방식은 논리적이지 않지만 컴파일러를 만족시키는 데는 효과적인 방법입니다.

이 방법은 throws 키워드를 사용하는 특수한 함수형 인터페이스를 활용하여 문제가 되는 람

6 『GoF의 디자인 패턴』(프로텍미디어, 2015)

다나 메서드 참조를 래핑합니다. 기존의 예외를 캐치하여 언체크 예외인 RuntimeException 또는 관련된 다른 예외를 발생시킵니다. 이러한 함수형 인터페이스들은 호환성을 보장하기 위해 기존의 인터페이스를 확장합니다. [예제 10-2]에서 보이는 것처럼, 기존의 단일 추상 메서드는 예외를 발생시키는 메서드와 연결하기 위해 기본 구현을 사용합니다.

```
@FunctionalInterface
public interface ThrowingFunction<T, R> extends Function<T, R> { ❶

  R applyThrows(T elem) throws Exception; ❷

  @Override
  default U apply(T t) { ❸
    try {
      return applyThrows(t);
    } catch (Exception e) {
      throw new RuntimeException(e);
    }
  }

  public static <T, R> Function<T, R> uncheck(ThrowingFunction<T, R> fn) { ❹
    return fn::apply;
  }
}
```

❶ 래퍼는 기존 타입을 확장하여 적은 노력만으로도 성능을 향상시킬 수 있습니다.

❷ 단일 추상 메서드single abstract method(SAM)는 원래의 메서드와 유사하지만 Exception을 발생시킵니다.

❸ 기존의 SAM은 어떤 Exception이든 언체크 RuntimeException으로 래핑하기 위해 기본 메서드로 구현됩니다.

❹ catch-or-specify 요구 사항을 우회하기 위해 Function<T, R>에서 발생하는 어떠한 예외도 검사하지 않도록 도와주는 static 헬퍼 메서드를 제공합니다.

ThrowingFunction 타입은 uncheck 메서드를 호출하여 명시적으로 사용될 수 있으며, [예제

10-3]에서 볼 수 있듯이 암시적으로도 사용할 수 있습니다.

예제 10-3 ThrowingFunction<T, R> 활용

```
ThrowingFunction<Path, String> throwingFn = Files::readString; ❶

Stream.of(path1, path2, path3)
      .map(ThrowingFunction.uncheck(Files::readString)) ❷
      .filter(Objects::nonNull)
      .forEach(System.out::println);
```

❶ 예외를 발생시키는 메서드들은 메서드 참조를 통해 ThrowingFunction에 할당할 수 있으며 Function이 필요한 상황에서 사용될 수 있습니다.

❷ 예외를 발생시키는 람다나 메서드 참조는 정적 헬퍼 uncheck를 사용하여 즉시 언체크 상태로 만들 수 있습니다.

축하합니다! 컴파일러는 다시 만족해하고 있으며, 더 이상 여러분에게 예외 처리를 강요하지 않을 것입니다. 래퍼 타입은 더 이상 제어 흐름이 중단되는 기존의 문제를 해결하지는 않지만, 이를 명시적으로 감추고 있습니다. 어떠한 예외가 발생하더라도 스트림 파이프라인은 여전히 중단될 것이며, 로컬화된 예외 처리도 하지 않을 것입니다.

> **CAUTION** 예외를 발생시키는 함수형 인터페이스들은 그들의 예외 상태만 위장할 뿐입니다. 효과적으로 동작할만한 적절한 상황이 있겠지만, 이 방법은 가장 마지막 옵션으로 고려되어야 하며 첫 번째 해결 방법이 되어서는 안 됩니다.

10.3.3 몰래 던지기

sneaky throw는 메서드 시그니처에서 throws 키워드를 사용해 명시적으로 선언하지 않아도 체크 예외를 발생시킬 수 있는 방법입니다.

메서드 바디에서 throw 키워드를 사용하여 체크 예외를 직접 발생시키지 않으며, 실제 예외는 다른 메서드에서 발생됩니다.

```
String sneakyRead(File input) {

  // ...

  if (fileNotFound) {
    sneakyThrow(new IOException("File '" + file + "' not found."));
  }

  // ...
}
```

실제 예외 발생은 sneakyThrow 메서드에 위임됩니다.

잠깐! sneakyThrow처럼 체크 예외를 발생시키는 메서드를 사용하는 사람은 모두 catch-or-specify 요구 사항을 반드시 지켜야 하지 않나요?

이 규칙에는 한 가지 예외가 있습니다(농담 주의). 자바 8에서 제네릭과 예외에 관련된 자바의 타입 추론이 변경되는 이점을 활용할 수 있습니다.[7] 간단히 말해서 throws E를 포함하는 제네릭 메서드 시그니처에 상한이나 하한이 없다면 컴파일러는 E 타입을 RuntimeException으로 간주합니다. 이렇게 함으로써 다음과 같은 sneakyThrow를 생성할 수 있게 됩니다.

```
<E extends Throwable> void sneakyThrow(Throwable e) throws E {
  throw (E) e;
}
```

인수 e의 실제 타입과 상관없이 컴파일러는 throws E를 RuntimeException으로 간주합니다.

7 타입 해결 규칙은 Java SE 8 Language Specification(*https://oreil.ly/o6QD6*) §18.4에서 확인할 수 있습니다.

이로 인해 해당 메서드는 catch-or-specify 요구 사항을 충족할 필요가 없어집니다. 이때 컴파일 오류가 발생하지 않을 수도 있으나 이 방법에는 큰 문제가 있습니다.

sneakyRead의 메서드 시그니처는 더 이상 체크 예외를 명시하지 않습니다. 체크 예외는 예상 가능하며 복구할 수 있어야 하므로, 메서드의 공개적인 계약에 속해야 합니다. throws 키워드를 삭제하고 catch-or-specify 요구 사항을 회피함으로써, 편의를 위해 메서드의 공개 계약을 더 불분명하게 해 호출자에게 전달하는 정보의 양을 줄입니다. 그럼에도 불구하고 메서드 문서화에 모든 예외와 그 근거를 명시해야 합니다.

메서드는 더 이상 throws 키워드를 우회하고, catch-or-specify 요구 사항을 무시함으로써 '일반적인 추론'을 따르지 않게 되었습니다. 코드를 읽는 사람들은 모두 sneakyThrow가 어떤 작업을 수행하는지에 대해 알아야 합니다. 최소한 메서드의 종료 지점임을 나타내기 위해 호출 이후 적절한 반환문을 추가할 수 있습니다. 그러나 throws 키워드의 중요성은 사라지게 되었습니다.

CAUTION 몰래 던지기sneaky throw는 자바의 중요한 부분을 우회하는 방법입니다. 바로, 제어 흐름의 중단을 어떻게 처리할지에 대한 부분인데, 이는 내부 구현을 위한 몇 가지 엣지 케이스edge case에서 사용될 수 있습니다. 그러나 public 메서드와 같은 외부 코드에서는, 몰래 예외를 발생시키는 것은 자바 개발자가 일반적으로 예상할 만한 메서드와 호출자 사이의 합리적인 계약을 깨뜨리게 됩니다.

몰래 예외를 발생시키는 것은 내부 코드에 대한 마지막 선택지로 고려될 수 있으나 여전히 컨텍스트, 메서드 이름, 그리고 문서화를 통하여 그 의미를 정확하게 전달해야 합니다. 10.4절에서는 예외를 몰래 발생시키는 방법에 대한 구체적인 사례를 소개하겠습니다.

10.4 함수형으로 예외 다루기

지금까지는 본래 목적을 무시하고 회피함으로써 람다와 자바의 예외 처리 메커니즘이 잘 동작하도록 '강제로' 다루는 방법에 대해 알아보았습니다. 그러나 우리에게 실제로 필요한 것은 함수형 접근 방법과 전통적인 방법 사이에서 합리적인 타협점과 균형을 찾는 것입니다.

여러분에게는 여러 가지 선택지가 있습니다. 코드가 예외를 전혀 발생시키지 않도록 설계하거나 함수형 언어의 예외 처리 방식을 따르는 방법 등이 있습니다.

10.4.1 예외를 발생시키지 않기

체크 예외는 메서드 계약에 있어 필수적인 부분이며, 제어 흐름을 방해하도록 설계되어 있습니다. 이것이 바로 예외를 처음 다룰 때 어려움을 겪는 주된 이유입니다. 따라서 체크 예외와 관련된 복잡성을 해결하는 대신, 함수형 컨텍스트에서 제어 흐름을 다루는 방법을 찾아야 합니다.

10.3.1절에서는 예외를 발생시키지 않는 방법의 변형에 대해 알아보았습니다. 이 방법은 예외를 발생시키는 메서드를 예외가 발생하지 않는 '더 안전한' 메서드로 감싸는 것입니다. 이 접근 방식은 코드를 제어할 수 없고, 처음부터 예외가 발생하지 않도록 설계할 수 없는 경우에 유용합니다. 이러한 방법은 제어 흐름 이벤트를 예외 상태로 나타낼 수 있는 Optional로 대체합니다. API를 제어할 수 있는 경우에는 예외를 사용하지 않도록 설계하거나, 적어도 관리하기 더 쉬운 형태로 만들 수 있습니다. 예외는 일종의 부적절한 상태에 대한 반응입니다. 예외 처리를 회피하는 가장 효과적인 방법은 처음부터 이러한 부적절한 상태를 나타날 수 없도록 만드는 것입니다.

9장에서 설명했듯이, Optional은 실제값을 담고 있는 상자입니다. 이는 값의 존재 여부를 나타내는 특별한 타입으로, `null` 참조와 그로 인해 발생할 수 있는 골칫거리인 `NullPointerException`의 위험을 감수하지 않고도 값을 표현할 수 있습니다.

이전 예제를 다시 한번 살펴보겠습니다. 이번에는 예외를 발생시키는 대신에 Optional을 사용해봅시다. [예제 10-4]를 같이 봅시다.

예제 10-4 IOException을 발생시키는 대신 Optional<String> 사용하기

```
Optional<String> safeReadString(Path path) { ❶
  try {
    var content = Files.readString(path);
    return Optional.of(content);
  } catch (IOException e) {
    return Optional.empty(); ❷
  }
}
```

❶ 일반적인 String 대신 Optional<String>을 사용합니다.

❷ IOException의 경우 파일 내용을 포함하거나 비어있는 상태를 가진 Optional<String>을 반환함으로써 null이 아닌 객체가 반환됩니다.

Optional<String>을 반환하는 방식은 단순히 String을 반환하는 방식과 비교할 때 두 가지의 장점이 있습니다. 첫째, 유효한 객체가 반환되기 때문에 안전하게 사용하기 위한 추가적인 null 검사가 필요하지 않습니다. 둘째, Optional 타입은 내부값이나 그 값의 부재를 처리하기 위한 함수형 파이프라인을 시작하는 데 사용됩니다.

API가 제어 흐름의 중단을 요구하는 부적절한 상태를 드러내지 않는다면, 이러한 메서드를 호출하는 어느 누구든지 이것을 처리할 필요가 없습니다. Optional은 간단하고 쉽게 사용할 수 있는 선택지이긴 하지만, 몇 가지 부족한 점이 있습니다. 새로운 safeReadString 메서드는 파일을 읽지 못했다는 것을 전달해주지만, 왜 파일을 읽지 못했는지에 대한 이유는 알려주지 않습니다.

10.4.2 값으로써의 에러

Optional은 값의 존재 유무만을 구분해주는 반면, **결과 객체**result object는 연산이 **왜** 실패했는지에 대해서 더 많은 정보를 제공합니다. 연산의 전체적인 결과를 나타내는 전용 타입의 개념은 새로운 것이 아닙니다. 이러한 타입들은 래퍼 객체로써 연산의 성공 여부를 나타내며, 성공한 경우에는 값이 포함되어 있고 실패한 경우에는 실패 원인을 나타내고 있습니다. 많은 프로그래밍 언어는 반환 타입으로 동적 튜플을 지원하기 때문에 Go 언어처럼 연산을 대표하는 명시적인 타입이 필요하지 않습니다.

```
func safeReadString(path string) (string, error) {
  // ...
}

content, err := safeReadString("location/content.md")
if err != nil {
  // 에러 처리 코드
}
```

자바는 동적 튜플을 지원하지 않지만 제네릭 덕분에 이 책에서 다룬 도구와 개념을 활용하여 다재다능하면서도 함수적인 결과 타입을 만들 수 있습니다.

이제 기본적인 Result<V, E extends Throwable> 타입을 생성해봅시다.

스캐폴드 생성하기

Result 타입의 주요 목표는 값을 보유하는 것이며 연산이 성공하지 못한 경우에는 실패의 원인을 나타내는 예외를 포함하는 것입니다.

[예제 10-5]에서 볼 수 있듯이, 전통적인 결과 객체는 레코드로 표현됩니다.

예제 10-5 전통적인 결과 객체

```
public record Result<V, E extends Throwable>(V value, ❶
                                              E throwable,
                                              boolean isSuccess) {

  public static <V, E extends Throwable> Result<V, E> success(V value) { ❷
    return new Result<>(value, null, true);
  }

  public static <V, E extends Throwable> Result<V, E> failure(E throwable) { ❷
    return new Result<>(null, throwable, false);
  }
}
```

❶ 레코드 컴포넌트들은 각기 다른 상태를 나타냅니다. 명시적인 `isSuccess` 필드는 연산의 성공 여부를 더 정확하게 판단하게 도와주며, `null`을 하나의 유효한 값으로 간주하는 데에도 도움을 줍니다.

❷ 편의 팩토리 메서드convenience factory method는 더욱 직관적인 API들을 제공합니다.

이 단순한 스캐폴드만으로도 이미 Optional을 사용하는 것보다 어느정도 개선이 되었으며, 편리한 팩토리 메서드를 통해 적절한 결과를 효과적으로 생성할 수 있습니다.

앞서 본 safeReadString의 예시는 [예제 10-6]에서 볼 수 있듯이 `Result<V, E>` 타입을 사용하여 쉽게 변환할 수 있습니다.

예제 10-6 반환 타입으로써 `Result<V, E>` 활용하기

```
Result<String, IOException> safeReadString(Path path) {
  try {
    return Result.success(Files.readString(path));
  } catch (IOException e) {
    return Result.failure(e);
  }
}
```

```java
Stream.of(path1, path2, path3)
      .map(this::safeReadString)
      .filter(Result::isSuccess)
      .forEach(System.out::println);
```

새로운 타입은 스트림 파이프라인에서 Optional처럼 손쉽게 사용할 수 있습니다. 그러나 이것의 진정한 힘은 성공 상태에 따라 변하는 고차 함수를 도입함으로써 더 많은 함수적 특성을 부여하는 데서 나옵니다.

Result<V, E>를 함수형으로 만들기

Optional 타입의 일반적인 특성은 Result 타입을 개선하는 데 영감을 줍니다. 이러한 특징은 다음과 같습니다.

- 값 또는 예외 변환하기
- 예외에 대응하기
- 대체값 제공하기

value 또는 throwable 필드를 변환하기 위해서는, [예제 10-7]처럼 두 가지 경우를 모두 한 번에 처리할 수 있는 전용 map 메서드나 통합된 메서드가 필요합니다.

예제 10-7 Result<V, E>에 변환기 추가하기

```java
public record Result<V, E extends Throwable> (V value,
                                              E throwable,
                                              boolean isSuccess) {
  // ...

  public <R> Optional<R> mapSuccess(Function<V, R> fn) { ❶
    return this.isSuccess ? Optional.ofNullable(this.value).map(fn)
                          : Optional.empty();
```

```java
  }

  public <R> Optional<R> mapFailure(Function<E, R> fn) { ❶
    return this.isSuccess ? Optional.empty()
                          : Optional.ofNullable(this.throwable).map(fn);
  }

  public <R> R map(Function<V, R> successFn, ❷
                   Function<E, R> failureFn) {
    return this.isSuccess ? successFn.apply(this.value)
                          : failureFn.apply(this.throwable);
  }
}
```

❶ 단일 매핑 메서드들은 상당히 유사하며 성공 또는 실패와 관련된 각각의 결과 상태를 변환합니다. 따라서 두 메서드 모두 구체적인 값 대신 `Optional`을 반환합니다.

❷ 결합된 `map` 메서드를 사용하면 하나의 호출로 성공 또는 실패를 모두 처리할 수 있습니다. 두 상태가 모두 처리되기 때문에 `Optional` 대신 구체적인 값이 반환됩니다.

매퍼 메서드의 도움을 받아, 여러분은 이제 하나 또는 두 가지 경우를 직접 처리할 수 있게 되었습니다.

```java
// 성공한 케이스만 다루기
Stream.of(path1, path2, path3)
      .map(this::safeReadString)
      .map(result -> result.mapSuccess(String::toUpperCase))
      .flatMap(Optional::stream)
      .forEach(System.out::println);

// 성공과 실패한 케이스 모두 다루기
var result = safeReadString(path).map(
  success -> success.toUpperCase(),
  failure -> "IO-Error: " + failure.getMessage()
);
```

또한 값이나 예외를 먼저 변환하지 않고 Result를 사용하는 방법도 필요합니다.

특정 상태에 대응하기 위해서 ifSuccess, ifFailure, Handle을 추가해봅시다.

```
public record Result<V, E extends Throwable> (V value,
                                               E throwable,
                                               boolean isSuccess) {
  // ...

  public void ifSuccess(Consumer<? super V> action) {
    if (this.isSuccess) {
      action.accept(this.value);
    }
  }

  public void ifFailure(Consumer<? super E> action) {
    if (!this.isSuccess) {
      action.accept(this.throwable);
    }
  }

  public void handle(Consumer<? super V> successAction,
                     Consumer<? super E> failureAction) {
    if (this.isSuccess) {
      successAction.accept(this.value);
    } else {
      failureAction.accept(this.throwable);
    }
  }
}
```

이 구현은 Function 대신 Consumer를 사용하는 점 외에는 매퍼 메서드와 거의 유사합니다.

NOTE 이런 추가 기능들은 오로지 부수적인 효과만을 가지고 있으므로, 그다지 함수적이지 않다고 볼 수 있습니다. 그럼에도 불구하고, 이런 추가 사항들은 명령형과 함수형 접근 방법 사이에 효과적인 대안을 제공합니다.

다음으로, 대체값을 제공하기 위한 편의 메서드를 추가해봅시다. 가장 기본적인 메서드로는 orElse와 orElseGet이 있습니다.

```
public record Result<V, E extends Throwable>(V value,
                                             E throwable,
                                             boolean isSuccess) {
  // ...

  public V orElse(V other) {
    return this.isSuccess ? this.value
                          : other;
  }

  public V orElseGet(Supplier<? extends V> otherSupplier) {
    return this.isSuccess ? this.value
                          : otherSupplier.get();
  }
}
```

여기서 놀랄만한 부분은 없습니다.

그러나 내부 Throwable을 다시 발생시키기 위한 단축 방법인 orElseThrow를 추가하는 것은 그렇게 간단한 일이 아닙니다. 여전히 catch-or-specify 요구 사항을 준수해야 하기 때문입니다. 10.3.3절에서 알아본 것처럼, 이런 요구 사항을 우회하기 위해 교묘한 예외 처리 방법을 사용하는 것이 적절한 방법 중 하나입니다.

```java
public record Result<V, E extends Throwable>(V value,
                                              E throwable,
                                              boolean isSuccess) {

  // ...

  private <E extends Throwable> void sneakyThrow(Throwable e) throws E {
    throw (E) e;
  }

  public V orElseThrow() {
    if (!this.isSuccess) {
      sneakyThrow(this.throwable);
      return null;
    }

    return this.value;
  }
}
```

이러한 특별한 상황에서 orElseThrow의 일반적인 맥락과 공개 계약으로 인해 '몰래 던지기 sneaky throw' 예외는 적절합니다. Optional<T> 타입처럼 이 메서드는 결과를 담고 있는 상자를 강제로 열고, 발생 가능한 예외에 대해 경고합니다.

아직 개선해야 할 부분이 많이 남아 있습니다. 예컨대 스트림 파이프라인과 더 효율적으로 통합할 수 있도록 Stream<V> stream() 메서드를 추가 할 수 있습니다. 그럼에도 불구하고 일반적인 접근 방식을 통해 함수형 개념을 결합하여 제어 흐름 이벤트를 처리하는 대안을 배울 수 있었습니다. 이 책에서는 매우 단순하면서도 최소한의 코드로 구현된 방식을 소개합니다.

Result<V, E>와 같은 타입을 사용한다면 자바 생태계의 여러 함수형 라이브러리 중 하나를 살펴봐야 합니다. vavr[8], jOOλ[9] ('줄'로 발음합니다), 함수형 자바[10] 같은 프로젝트들은 이미 충분히 검증되어 사용할 준비가 된 다양한 구현들을 제공합니다.

10.4.3 Try/Success/Failure 패턴

독특한 구문과 동적 타입 시스템을 가진 클로저clojure는 고려 대상에서 제외한다면, 스칼라scala는 JVM에서 사용 가능한 언어 중에서 자바와 가장 가까운 함수형 언어입니다. 스칼라는 기본적으로 함수형이며 자바가 가진 많은 단점을 보완하고 있고, 예외 상황을 처리하는 뛰어난 방법도 가지고 있습니다.

try/success/failure 패턴과 Try[+T][11], Success[+T], Failure[+T]와 같은 연관된 타입들은 스칼라가 예외 상황을 더 함수적인 방식으로 처리할 수 있도록 합니다.

Optional<T>가 값이 없을 가능성을 나타내는 것처럼, Try[+T]는 그 이유와 함께 발생한 예외를 처리하는 기능을 제공합니다. 이는 이전 장에서 알아본 Result 타입과 유사합니다. 코드 실행이 성공한 경우 Success[+T] 객체가 반환되고 실패하면 오류가 Failure[+T] 객체에 포함됩니다. 또한 스칼라는 다양한 결과를 처리하는 **패턴 매칭**pattern-matching이라는 기능을 지원하는데, 이는 switch와 유사한 개념입니다.

자바 개발자에게 익숙한 보일러플레이트 코드 없이도, 이 방법을 통해 예외 처리를 간결하고 직관적으로 수행할 수 있습니다.

---

8 *https://oreil.ly/fzFhV*

9 *https://oreil.ly/qN316*

10 *https://oreil.ly/WGpKg*

11 스칼라에서 제네릭 타입은 <>(각괄호) 대신에 [ ](대괄호)를 사용하여 선언합니다. 여기서 +(플러스) 기호는 타입의 공변성을 나타냅니다. 타입 공변성에 대해 더 자세히 알고싶다면 'Tour of Scala'(*https://oreil.ly/H6Z2G*)를 참조하세요.

NOTE 자바 17부터는 미리보기 기능[12]으로 자바의 switch 구문에 대해 스칼라와 유사한 패턴 매칭 기능을 사용할 수 있습니다.

Try[+T]는 성공한 경우 Success[+T] 상태와 실패한 경우 Failure[+T] 상태가 될 수 있으며, 실패한 경우에는 Throwable을 포함합니다. 스칼라 문법에 대해 잘 알지 못하더라도, [예제 10-8]의 코드는 자바 개발자들에게 그리 어렵게 느껴지지 않을 것입니다.

예제 10-8 스칼라의 try/success/failure 패턴

```
def readString(path: Path): Try[String] = Try { ❶
  // 예외가 발생하는 코드
}

val path = Path.of(...);

readString(path) match { ❷
  case Success(value) => println(value.toUpperCase) ❸
  case Failure(e) => println("Couldn't read file: " + e.getMessage) ❹
}
```

❶ 반환 타입은 Try[String]이므로 이 메서드는 Path의 내용을 포함하는 Success[String] 또는 Failure[Throwable] 중 하나를 반환해야 합니다. 스칼라는 명시적인 반환값이 필요하지 않으며, 마지막 값이 암시적으로 반환됩니다. Try{ … } 문은 발생할 수 있는 모든 예외를 캐치합니다.

❷ 스칼라의 패턴 매칭은 결과를 처리하는 과정을 단순화시켜 줍니다. 각 케이스는 람다로 이루어져 있으며, 전체 블록은 map과 orElse 연산을 포함하는 Optional 호출 체인과 유사합니다.

❸ Success 케이스는 반환값에 접근하는 데 사용됩니다.

❹ 예외가 발생할 경우 Failure 케이스에서 해당 예외를 처리합니다.

12 switch에 대한 패턴 매칭의 첫 번째 미리보기는 JEP 406(*https://oreil.ly/w9oJ7*)에서 설명합니다. 두 번째 미리보기는 자바 18에서 소개된 JEP 420(*https://oreil.ly/XJ7m9*)에서 확인할 수 있으며, 다음 릴리스인 자바 19에는 JEP 427(*https://oreil.ly/7uxGf*)에서 소개된 세 번째 미리보기가 포함되어 있습니다. 이 기능은 자바 20에서도 JEP 433(*https://oreil.ly/hd8HL*)에서 설명된 추가 미리보기를 통해 지속적으로 발전하고 있습니다.

Try[+A]는 스칼라의 뛰어난 기능 중 하나로, Optional과 예외 처리와 같은 개념을 하나의 심플하고 사용하기 쉬운 타입과 관용어로 통합하였습니다. 그렇다면 이것이 자바 개발자에게 어떤 의미일까요?

자바는 스칼라의 try/success/failure 패턴처럼 간결하고 언어 통합에 가까운 어떠한 기능도 제공하지 않습니다.

CompletableFutures를 사용한 함수형 예외 처리

자바에는 try/success/failure 패턴처럼 람다를 다룰 수 있는 타입, 즉 CompletableFuture<T>가 있습니다. 이것은 에러 처리를 포함하여 유연한 함수형 API를 제공합니다. 이에 대해서는 13장에서 더 자세히 다뤄보겠습니다.

겉보기에는 사용자 정의 Try 구현과 매우 유사해 보이기도 합니다. 그러나 CompletableFutures는 람다를 예외 처리하기 위해 설계된 것이 아니라 비동기 작업과 다중 스레드 환경에서 람다를 실행하기 위해 만들어졌습니다.

프로그래밍 언어의 직접적인 지원이 없더라도, 자바 8부터 도입된 새로운 함수형 도구들을 활용하여 try/success/failure 패턴을 어느 정도 모방해 구현할 수 있습니다. 바로 시작해봅시다.

파이프라인 생성

스트림이 함수형 파이프라인을 위한 발판을 마련해준 것처럼, 우리가 만들고자 하는 Try 타입 또한 파이프라인을 구성할 여러 단계들을 가질 것입니다. 이는 생성 단계, 중간 단계의 독립적인 연산들, 그리고 마지막으로 파이프라인을 활성화시키는 종료 연산을 포함합니다.

스칼라의 기능을 모방하기 위해 람다를 수용할 수 있는 구조가 필요합니다.

> **NOTE** 다른 함수형 구조들과 마찬가지로 다양한 함수형 인터페이스를 지원하기 위해서는 많은 변형이 필요합니다. 코드를 단순화하기 위해 Try 타입은 초기 람다로써 Function<T, R>만을 지원합니다.

Try 타입의 주요 요구 사항은 다음과 같습니다.

- 예외를 발생할 가능성이 있는 람다 수용
- success 연산 제공
- failure 연산 제공
- 특정 값으로 파이프라인 시작

Try 타입은 RuntimeException만을 지원하는 방식으로 단순화될 수 있지만, 이러한 방식은 일반적인 try-catch 블록에 대한 유연한 대체 방법이 되지 못합니다. catch나 catch-or-specify 요구 사항을 우회하기 위해서, 10장의 '언체크 예외'에서 논의된 ThrowingFunction 인터페이스가 사용됩니다.

ThrowingFunction과 RuntimeException을 처리할 수 있는 Function을 수용하기 위한 필수적인 구조는 [예제 10-9]에서 확인할 수 있습니다.

예제 10-9 람다와 예외 핸들러를 수용하는 기본 Try<T, R> 구조

```
public class Try<T, R> { ❶
  private final Function<T, R>                    fn; ❷
  private final Function<RuntimeException, R> failureFn; ❷

  public static <T, R> Try<T, R> of(ThrowingFunction<T, R> fn) { ❸
    Objects.requireNonNull(fn);
    return new Try<>(fn, null);
  }

  private Try(Function<T, R> fn, ❹
              Function<RuntimeException, R> failureFn) {
```

```
        this.fn = fn;
        this.failureFn = failureFn;
    }
}
```

❶ 제네릭 타입 T와 R은 Function<T, R>에 대응합니다. record 대신 class를 사용함으로써 유일한 생성자를 private로 설정하여 외부에서의 접근을 제한할 수 있습니다.

❷ 이 구조체는 초기 Function<T, R>와 오류 처리를 위한 Function<RuntimeException, R>을 포함해야 합니다. 두 필드는 모두 final로, Try 타입 변경이 불가능합니다.

❸ 정적 팩토리 메서드는 다른 함수형 파이프라인과 유사한 인터페이스를 제공합니다. 이 메서드는 catch-or-specify 요구 사항을 회피하기 위해 ThrowingFunction<T, R>을 받아들이지만, 이를 즉시 Function<T, R>에 할당합니다.

❹ private 생성자는 팩토리 메서드의 사용을 강제합니다.

타입 자체가 특별한 기능을 수행하지 않더라도, 기존의 람다나 메서드 참조를 이용하여 새로운 파이프라인을 생성하는 것은 매우 간단합니다.

```
var trySuccessFailure = Try.<Path, String> of(Files::readString);
```

of 호출에 앞서 제공된 타입 힌트는 컴파일러가 주변 컨텍스트에서 타입을 추론하지 못할 수도 있기 때문에 필요합니다.

다음으로, 타입은 성공과 실패 상황을 처리해야 합니다.

성공과 실패 처리하기

Try 파이프라인의 결과를 처리하기 위해 성공과 실패, 총 두 개의 새 메서드가 필요합니다. 이는 [예제 10-10]에서 볼 수 있습니다.

예제 10-10 Try<T, R>에서 성공과 실패 처리하기

```
public class Try<T, R> {

// ...

  public Try<T, R> success(Function<R, R> successFn) {
    Objects.requireNonNull(successFn);

    var composedFn = this.fn.andThen(successFn); ❶
    return new Try<>(composedFn, this.failureFn);
  }

  public Try<T, R> failure(Function<RuntimeException, R> failureFn) {
    Objects.requireNonNull(failureFn);
    return new Try<>(this.fn, ❷
                     failureFn);
  }
}
```

❶ successFn은 새로운 Try 인스턴스의 기반을 형성하기 위해 원래의 람다에 합성됩니다. failureFn은 그대로 사용됩니다.

❷ 오류를 처리하는 것은 원래의 fn과 failureFn을 그대로 전달하는 것만으로도 충분합니다.

Try 타입은 변경 불가능하게 설계되었기 때문에, 두 가지 처리 방식 모두 Try의 새로운 인스턴스를 반환합니다. success 메서드는 필요한 작업을 완전하게 구성하기 위해 함수 합성을 사용하는 반면, failure 메서드는 기존의 람다와 오류 처리 함수를 통해 새로운 Try 인스턴스를 생성합니다.

다른 필드에 successFn을 저장하는 것과 같은 추가적인 제어 경로를 사용하는 대신, success 연산에 대해 함수 합성을 사용함으로써, 초기 람다의 결과에 변경이 없다면 핸들러는 필요하지 않습니다.

핸들러 메서드를 사용하는 것은 직관적이며 스트림의 중간 연산을 수행하는 것과 비슷합니다.

```java
var trySuccessFailure = Try.<Path, String> of(Files::readString)
                                           .success(String::toUpperCase)
                                           .failure(str -> null);
```

스트림과는 다르게, 연산들은 각각 독립적이며 연속된 파이프라인 구조를 가지고 있지 않습니다. 이는 Optional 파이프라인이 일련의 순서를 가지고 있는 것처럼 보이지만, 실제로는 따라가야 할 트랙이 있는 것과 유사합니다. 어떤 처리 과정이 평가되어야 할지, **성공**인지 **실패**인지는 Try의 평가 상태에 따라 결정됩니다.

이제 파이프라인을 시작해보겠습니다.

파이프라인 실행하기

파이프라인을 완성하는 데 필요한 마지막 작업은, [예제 10-11]에서 볼 수 있듯이 apply 메서드를 통해 값을 파이프라인으로 전달하고 핸들러가 작업을 수행하도록 하는 것입니다.

예제 10-11 Try<T, R>에 값 적용하기

```java
public class Try<T, R> {

  // ...

  public Optional<R> apply(T value) {
    try {
      var result = this.fn.apply(value);
      return Optional.ofNullable(result); ❶
    }
    catch (RuntimeException e) {
      if (this.failureFn != null) { ❷
        var result = this.failureFn.apply(e);
        return Optional.ofNullable(result);
      }
    }
```

```
        return Optional.empty(); ❸
    }
}
```

❶ '행복한 경로happy path'는 fn에 값을 적용하는 것입니다. success 메서드를 함수의 합성으로 설계한 덕분에, 초기 람다와 Optional success 변환을 실행하기 위한 별도의 처리가 필요하지 않습니다. 코드는 failure 케이스를 처리하기 위해서 try-catch 블록에서 실행되어야 합니다.

❷ 실패에 대한 처리는 필수가 아니므로 null 검사가 필요합니다.

❸ 파이프라인에 에러 핸들러가 없을 경우를 대비하기 위해 추가했습니다.

반환 타입 Optional<R>은 함수형 파이프라인을 위한 또 다른 시작점을 제공합니다.

이제 우리의 간소화된 Try 파이프라인은 예외를 발생시키는 메서드를 호출하고 성공과 실패 상황을 모두 처리하기 위해 필요한 모든 기능을 갖추었습니다.

```
var path = Path.of("location", "content.md");

Optional<String> content = Try.<Path, String> of(Files::readString)
                              .success(String::toUpperCase)
                              .failure(str -> null)
                              .apply(path);
```

Try 파이프라인이 예외를 발생시키는 람다를 다루기 위해 고차 함수 연산을 제공하지만, 파이프라인 자체가 외부에서 보기에는 그다지 함수적이지 않습니다. 그렇지 않나요?

최종 연산을 위해 apply라는 이름을 선택했으며, Try가 스트림이나 Optional(Functional <T, Optional<R>>)과 같은 다른 함수형 파이프라인에서 더 쉽게 사용할 수 있도록 Try가 구현할 수 있는 함수형 인터페이스를 보여줍니다.

함수형 인터페이스를 구현함으로써 Try 타입은 실제 로직 변경 없이도 어떠한 함수와도 쉽게 교체하여 사용할 수 있습니다. 이는 [예제 10-12]에서도 볼 수 있습니다.

예제 10-12 Function<T, Optional<R>> 구현하기

```
public class Try<T, R> implements Function<T, Optional<R>> {

  // …

  @Override
  public Optional<R> apply(T value) {
    // ...
  }
}
```

이제 스트림의 map 연산처럼 함수를 인수로 받는 모든 고차 함수에서도 Try 파이프라인을 쉽게 사용할 수 있게 되었습니다.

```
Function<Path, Optional<String>> fileLoader =
  Try.<Path, String> of(Files::readString)
                    .success(String::toUpperCase)
                    .failure(str -> null);

List<String> fileContents = Stream.of(path1, path2, path3)
                                  .map(fileLoader)
                                  .flatMap(Optional::stream)
                                  .toList();
```

이전에 배운 Result와 마찬가지로, Try 타입은 매우 단순합니다. 이는 고차 함수로 구성된 느긋하고 유연한 파이프라인처럼 새로운 구조체를 만들기 위해 함수형 개념을 적용하는 연습에 유용합니다. Try 같은 타입을 사용하려면, vavr[13]와 같이 Try 타입과 다른 다양한 기능을 제공하는 함수형 서드파티 라이브러리의 사용을 고려하는 것이 좋습니다.

13 *https://oreil.ly/OAr28*

10.5 함수형 예외 처리에 대한 고찰

코드 내에서 파괴적이고 비정상적인 제어 흐름 상태는 종종 불가피하기 때문에 이러한 상황에 대처하기 위한 방법이 필요합니다. 예외 처리는 프로그램의 안정성을 향상시키는 데 도움을 줍니다. 예를 들어 catch-or-specify 요구 사항은 예상되는 예외 상황에 대해 생각하게 하며, 코드 품질을 향상시키기 위해 설계되었습니다. 이는 분명히 유용하지만, 실행하기 어려운 면도 있습니다.

자바에서 예외 처리는 함수형 접근 방식을 사용하더라도 꽤나 까다로운 부분입니다. 특히, 체크 예외가 포함되어 있는 경우 어떤 예외 처리 방식을 선택하든지 항상 어느 정도의 타협이 필요합니다.

- 불완전한 메서드를 추출하여 지역적으로 예외를 처리하는 것은 괜찮은 방법이지만, 일반적으로 사용하기 쉬운 해결책은 아닙니다.
- 예외 상황이 발생하지 않도록 API를 설계하는 것은 보기보다 쉽지 않습니다.
- 예외를 검사하지 않는 것은 '마지막 수단'으로, 예외를 처리할 기회를 주지 않고 감추기 때문에 본래 목적에 모순됩니다.

그렇다면 어떻게 해야 할까요? 물론, 상황에 따라 다를 수 있습니다.

제안된 해결책들이 완벽하다고 말할 수는 없습니다. '편리함'과 '사용성' 사이에서 균형을 잡아야 합니다. 예외는 때때로 과도하게 사용되는 기능이지만, 여전히 프로그램의 제어 흐름에 있어서 필수적입니다. 예외가 발생하지 않는 한, 코드가 결과적으로 더 간결하고 합리적이더라도 장기적으로 보았을 때 예외를 감추는 것은 최선의 선택이 아닐 수 있습니다.

자바에서 모든 명령형 또는 OOP의 기능/기술이 함수형과 대응하여 교체될 수 있는 것은 아닙니다. 자바의 (함수형 관련) 단점들은 대부분 완전한 함수형 프로그래밍 언어만큼 간결하지 않더라도, 일반적인 장점을 얻기 위해 우회하는 방법들이 있습니다. 그러나 예외는 대부분의 상황에서 쉽게 대체할 수 없는 기능 중 하나입니다. 예외는 종종 코드를 '더 함수적'으로 리팩터링해야 하거나, 함수형 접근 방법이 문제를 해결하는 데 있어 최선의 해결책이 아닐 수 있음을 나타내는 지표로 작용하기도 합니다.

또한, Varv 프로젝트[14]나 jOOλ[15]와 같은 여러 서드파티 라이브러리들이 있기 때문에 함수형 자바 코드에서 (체크) 예외를 사용할 때 문제를 회피하거나 완화시켜줍니다. 이 라이브러리들은 패턴 매칭처럼 다른 언어들과 관련된 래퍼 인터페이스와 제어 구조, 타입을 구현하는 데 필요한 모든 작업을 수행할 수 있습니다. 그러나 결국, 전통적이거나 일반적인 코드 구조에 대해 크게 고려하지 않고, 자바를 자신들의 방식에 맞게 조정하려는 매우 전문화된 코드를 가집니다. 이러한 서드파티 라이브러리에 의존하는 것은 장기적으로 영향을 받기 때문에 가볍게 생각해서는 안 됩니다.

핵심 요약

- 람다 표현식과 같은 함수형 코드에서 예외를 처리하기 위한 전문화된 구조는 없으며, 일반적인 try-catch 블록만 사용할 수 있기 때문에 코드가 복잡하고 관리하기 어렵습니다.
- 여러 방법을 통해 catch-of-specify 요구 사항을 충족시키거나 회피할 수 있지만, 이는 문제의 본질을 숨기는 것일 뿐입니다.
- 사용자 정의 래퍼를 통해 보다 함수적인 방법으로 접근할 수 있습니다.
- 서드파티 라이브러리를 사용하면 예외를 보다 함수적으로 다루기 위한 보일러플레이트를 줄이는 데 도움을 줄 수 있습니다. 그러나 새롭게 도입된 타입과 구조들은 코드에 부담을 주며 기술적인 부채를 야기할 수 있습니다.
- 함수형 코드에서 예외를 어떻게 처리할지는 상황에 따라 달라집니다.

---

14 *https://oreil.ly/0Ar28*

15 *https://oreil.ly/x8I3e*

CHAPTER

11

느긋한 계산법 (지연 평가)

일반적으로 사람들에게 '느긋함'은 종종 성격적인 결함으로 여겨지지만, 프로그래밍 언어의 세계에서는 오히려 유리한 특성으로 간주될 수 있습니다. 컴퓨터 과학에서 말하는 **느긋함**laziness은 코드의 **엄격함**strictness과는 반대되는 개념입니다.

이 장에서는 느긋한 방식이 성능을 향상시키는 데 어떤 도움을 주는지에 대해 알아보겠습니다. 엄격한 계산법과 느긋한 계산법의 차이점과 그것이 코드 설계에 미치는 영향에 대해서도 살펴봅니다.

11.1 느긋함 vs 엄격함

언어의 엄격함은 코드가 계산되는 방식에 대한 의미를 설명합니다.

엄격한 계산은 가장 신속하게 이루어집니다. 예를 들어 변수를 선언하거나 값을 할당하거나 표현식을 인수로 넘길 때 등이 있습니다. 반면에, **비엄격한**non-strict 계산은 표현식의 결과가 실제로 필요한 시점에 발생합니다. 이렇게 하면 하나 이상의 하위 표현식이 계산되지 않더라도, 값을 가질 수 있게 됩니다.

함수형 프로그래밍 언어인 하스켈은 기본적으로 비엄격성을 가지고 있어, 표현식을 바깥쪽에서부터 안쪽으로 순차적으로 계산합니다. 이러한 방법은 표현식의 **생성**과 **사용**이 분리되어 있어, 제어 구조나 무한한 데이터 시퀀스를 생성할 수 있게 합니다.

다음 예시는 두 개의 인수를 받아들이는 간단한 메서드의 엄격한 자바 코드를 살펴보겠습니다. 실제 로직에서는 하나의 인수만 사용합니다.

```
int add(int x, int y) {
  return x + x;
}
```

비엄격한 하스켈의 함수 선언은 변수 할당과 유사해 보입니다.

```
add x y = x + x
```

이 함수도 첫 번째 인수만 사용하며 두 번째 인수인 y는 계산에 사용하지 않습니다. 그래서 다음의 하스켈 코드는 여전히 결괏값을 반환합니다.

```
add 5 (1/0)
=> 10
```

이 함수의 자바 버전을 사용하여 동일한 인수로 값 1과 표현식 (1/0)을 호출한다면 예외가 발생합니다.

```
var result = add(5, (1/0));
// => java.lang.ArithmeticException: 0으로 나누어짐
```

add 호출에서 두 번째 인수는 어떠한 용도로도 사용되지 않음에도 불구하고, 자바는 엄격한 언어의 특성상 표현식을 즉시 계산합니다. 메서드의 인수들은 값으로 전달되는 데 이는 메서

드로 전달되기 전에 먼저 계산된다는 것을 의미합니다. 이 경우에는 ArithmeticException이 발생합니다.

> **NOTE** 자바에서 메서드 인수들은 항상 값으로 전달됩니다. 인수가 원시 타입이 아닌 경우 JVM에서는 references라는 특별한 타입을 사용하여 객체 핸들을 전달합니다. 이들은 기술적으로 여전히 값으로 전달되기 때문에 일반적인 용어와 의미를 상당히 혼란스럽게 만들 수 있습니다.

반면에 느긋한 계산법은 실제로 필요한 시점에만 표현식을 계산하도록 설계되어 있습니다. 즉, 표현식의 선언이 그 즉시 계산을 수행하지 않는다는 것을 의미합니다. 이러한 점은 자바의 람다 표현식이 느긋한 계산법과 아주 잘 맞는 것을 보여주며 이는 [예제 11-1]에서 볼 수 있습니다.

예제 11-1 자바에서 공급자를 사용한 느긋한 계산

```
int add (IntSupplier x, IntSupplier y) {
  var actualX = x.getAsInt();
  return actualX + actualX;
}

var result = add(() -> 5, () -> 1 / 0);
// => 10
```

IntSupplier 인스턴스의 선언이나 그에 상응하는 인라인은 엄격한 구문으로 즉시 계산됩니다. 그러나 람다의 실제 바디는 getAsInt로 명시적으로 호출되기 전까지는 계산되지 않아서 ArthmeticException이 발생하는 것을 방지합니다.

본질적으로 **엄격성**은 '일을 하는 것'에 대해 중점을 두는 반면에 **느긋함**은 '할 일을 고려하는 것'에 중점을 둡니다.

11.2 자바는 얼마나 엄격한가?

대부분의 프로그래밍 언어는 완전히 느긋하지도, 완전히 엄격하지도 않습니다. 자바는 일반적으로 엄격한 언어로 분류되지만, 언어 수준과 JDK의 다양한 타입에서 몇 가지 주목할만한 느긋한 특성도 존재합니다.

이러한 특성들을 함께 살펴보겠습니다.

11.2.1 단축 평가 계산

언어에 내장된 느긋함은 자바에서 논리 연산자 `&&`(더블 앰퍼샌드)와 `||`(더블 파이프)를 활용한 논리적인 단축 평가 계산식의 형태로 사용 가능합니다. 이는 `AND`와 `OR` 연산에 활용되며 연산자들은 피연산자를 왼쪽에서 오른쪽으로, 그리고 필요한 만큼만 계산합니다.

연산자 왼쪽의 표현식만으로 논리 표현식이 만족된다면 오른쪽 피연산자는 전혀 계산되지 않습니다. 이는 [표 11-1]에서 볼 수 있습니다.

표 11-1 논리적 단축 평가 연산자의 계산

연산	왼쪽 표현식의 값	오른쪽 표현식 계산 여부
왼쪽 표현식 && 오른쪽 표현식	참	예
	거짓	아니오
왼쪽 표현식 || 오른쪽 표현식	참	예
	거짓	아니오

> **CAUTION** 비트 논리 연산자
>
> 비트 연산자 `&`(앰퍼샌드)와 `|`(파이프)는 조급하게 계산되며, 논리 연산자와는 다른 목적을 수행합니다. 이러한 비트 연산자들은 정수 타입의 개별 비트들을 비교하고 그 결과로 정수값을 반환합니다.

이러한 논리 연산자들은 제어 구조와 유사한 방식으로 작동함에도 불구하고, 단독으로는 존재할 수 없습니다. 이들은 항상 다른 구문의 일부여야 합니다. 예를 들어 `if` 블록의 조건이나 변수 할당의 일부로 존재해야 하며 이는 [예제 11-2]에서 볼 수 있습니다. 단축 평가 계산식의 또 다른 장점은 1장의 'Effectively final'에서 배운 것처럼, (effectively) `final` 참조를 생성한다는 것입니다. 이러한 특성으로 인해 자바의 함수형 접근 방식을 사용하는 데 있어 완벽한 선택이 됩니다.

예제 11-2 논리 단축 평가 연산 사용하기

```
// 컴파일 성공: if 조건으로 사용됨
if (left() || right()) {
    // ...
}

// 컴파일 성공: 변수 할당에 사용됨
var result = left() || right();

// 컴파일 실패: 연산의 결과가 사용되지 않음
left() || right();**
```

오른쪽 피연산자의 계산을 생략하는 것은, 표현식에 많은 비용이 들거나 사이드 이펙트가 발생하거나 또는 왼쪽 피연산자가 이미 계산되었기 때문에 더 이상 계산할 필요가 없는 경우에 매우 유용합니다. 하지만 구문이 단축 평가되고 표현식이 오른쪽에 있는 경우 계산이 필요한 표현식임에도 원하는대로 동작하지 않는 원인이 될 수 있습니다. 이러한 연산자들을 의사 결정 과정의 일부로 사용한다면 신중하게 설계할 필요가 있습니다.

의사 결정 코드는 순수 함수를 사용할 때 큰 이익을 얻습니다. 의도한 동작들은 명확하며 이해하기 쉽고, 코드를 재설계하거나 리팩터링하는 과정에서 간과하기 쉬운 사이드 이펙트가 발생하지 않습니다. 이러한 사이드 이펙트는 종종 파악하기 어려운 버그를 초래하기도 합니다. 프로그램을 만들 때는 사이드 이펙트가 전혀 발생하지 않도록 확인해야 하지만, 이것은 너무 비현실적인 목표가 되기도 합니다. 최소한 메서드의 이름이 그 결과를 반영하도록 지어야 합니다.

11.2.2 제어 구조

제어 구조는 코드의 명령을 실행하는 방식을 변경하는 역할을 합니다. 예를 들어 if-else 구조는 하나(if) 또는 그 이상(if-else)의 코드 블록을 가진 조건 분기입니다. 이러한 블록들은 해당 조건에 따라 평가되며, 느긋한 특성을 가지고 있습니다. if-else 구조의 모든 부분은 선언될 때 즉시 평가되지 않고, 조건 분기를 유지하는 데 사용됩니다. 이 '열정적인 규칙에 대한 느긋한 예외'는 [표 11-2]에 나열된 모든 분기와 루프 구조에 적용됩니다.

표 11-2 자바의 느긋한 구조

분기 제어 구조	반복 구조
if-else	for
? : (삼항) 연산자	while
switch	do-while
catch	

느긋하지 않은 제어 구조를 갖지만 엄격함을 추구하는 언어는 불가능하지는 않더라도 상상하기 어렵습니다.

11.2.3 JDK에서의 느긋한 타입

지금까지 자바의 느긋함이 연산자와 제어 구조의 형태로 프로그래밍 언어에 내장되어 있음을 살펴봤습니다. 그러나 JDK는 런타임 시에도 어느 정도의 느긋함을 가진 여러 내장 타입과 자료 구조를 제공합니다.

느긋한 Map

맵의 일반적인 기능 중 하나는 키(Key)에 이미 매핑된 값이 있는지 확인하고 값이 없는 경우 키를 제공하는 것입니다. 관련 코드는 다음과 같이 다중 검사와 (effectively) final이 아닌 변수가 필요합니다.

```
Map<String, User> users = ...;

var email = "john@doe.com";

var user = users.get(email);
if (user == null) {
  user = loadUser(email);
  users.put(email, user);
}
```

실제 맵(Map) 구현에 따라 코드가 달라질 수 있지만 주요 내용은 명확해야 합니다.

기본적으로 필요할 때까지 사용자 데이터 로딩을 지연시키는 느긋한 접근 방식입니다. JDK 8에서 다양한 타입에 함수적인 추가 기능을 적용하면서 Map 타입은 computeIf- 메서드를 통해 더 간결하고 함수적인 대안을 제공받습니다.

키에 매핑된 값의 존재 여부를 기반으로 두 가지의 메서드가 제공됩니다.

- V computeIfAbsent(K key, Function<? super K, ? extends V> mapping Function)
- V computeIfPresent(K key, BiFunction<? super K, ? super V, ? extends V> remappingFunction)

첫 번째 메서드는 이전 예제 코드를 이상적으로 대체하는 데 적합하며 다음과 같이 사용됩니다.

```
Map<String, User> users = ...;

var user = users.computeIfAbsent("john@doe.com", this::loadUser);
```

이 메서드는 첫 번째 인수로 원하는 키를 필요로 하며 두 번째 인수로는 키가 없을 경우 새로운 매핑된 값을 제공하는 매퍼 함수 Function<K, V>를 요구합니다. computeIfPresent는 값이 존재할 경우에만 다시 매핑하는 역할을 합니다.

두 메서드가 조합된 형태인 V compute(K key, BiFunction<? super K, ? super V, ? extends V> remappingFunction) 메서드도 사용 가능합니다. 이는 [그림 11-1]에서 볼 수 있듯이 재매핑 함수의 결과에 따라 매핑된 값을 업데이트 하거나 삭제할 수 있습니다.

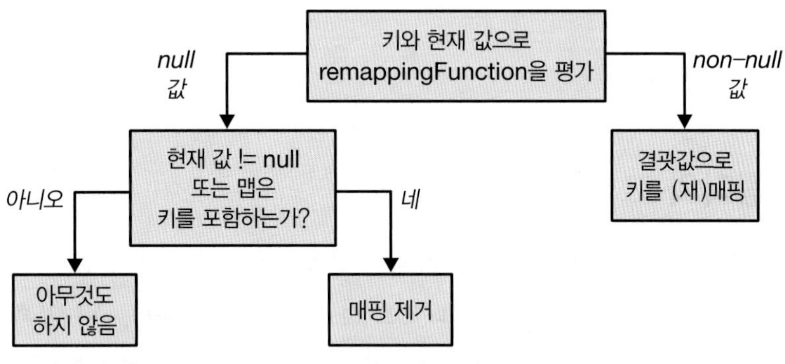

그림 11-1 Map#compute를 활용한 느긋한 재매핑

함수형 접근 방식의 일반적인 주제는 Map 타입의 느긋한 버전에서 분명하게 드러납니다. 이제 더 이상 맵에서 매핑된 값들에 대해 복잡하고 반복된 코드를 작성할 필요 없이, **무슨** 일이 일어나고 있는지와 키와 값들을 **어떻게** 다룰지에 더 집중할 수 있게 되었습니다.

스트림

자바 스트림은 느긋한 함수형 파이프라인의 완벽한 예시입니다. 비용이 많이 드는 함수형 연산으로 이루어진 복잡한 스트림 구조를 정의할 수 있으며, 이러한 작업은 종료 연산을 호출한 후에만 평가를 시작할 수 있습니다. 처리된 요소의 수는 파이프라인을 어떻게 설계하는지에 달려있으며, 데이터 처리 파이프라인에서 표현식의 정의와 실제 계산을 분리함으로써 필요한 작업을 최소화할 수 있습니다.

6장에서는 스트림과 데이터 처리의 느긋한 접근 방식에 대해 자세히 설명합니다.

Optional

Optional은 null 값을 처리하는 느긋하지 않은 방법입니다. Optional의 일반적인 접근 방식은 스트림과 유사하지만 스트림에 비해서 엄격하게 평가됩니다. T orElseGet(Supplier<? extends T> supplier) 메서드와 같은 느긋한 연산을 사용할 수 있으며, Supplier를 사용하여 실행을 반드시 필요한 시점까지 지연시킵니다.

9장에서는 Optional에 대한 자세한 소개와 그 사용 방법에 대한 더 많은 정보를 제공합니다.

11.3 람다와 고차 함수

람다는 코드 레벨에서 느긋함을 도입하기에 좋은 방법이 될 수 있습니다. 람다 표현식의 선언은 문장이기 때문에 엄격하게 평가됩니다. 그러나 람다 표현식의 바디, 즉 **단일 추상 메서드** single abstract method는 실제 로직을 캡슐화하여 필요에 따라 평가합니다. 람다 표현식은 표현식을 나중에 평가하기 위해 저장하고 전달하는 간단한 방법입니다.

메서드에 인수를 제공하는 데 사용되는 엄격한 코드를 살펴보고 람다 표현식을 사용하여 어떻게 느긋하게 만들 수 있는지 알아봅시다.

11.3.1 열정적인 접근 방식

[예제 11-3]에서 가상의 User가 역할 목록으로 업데이트됩니다. 이 업데이트는 항상 수행되는 것은 아니며, update 메서드의 내부 로직에 따라 진행됩니다. 이 인수들은 열정적으로 eagerly 제공되며 **DAO**[1]를 통해 비용이 많이 드는 조회 호출을 요구합니다.

1 DAO(데이터 접근 객체, data access object)는 데이터베이스와 같은 영속성 레이어에 대한 추상적인 인터페이스를 제공하는 패턴입니다. 이는 애플리케이션 호출을 백그라운드의 영속성 계층에 대한 구체적인 작업으로 변환하면서 그 세부 내용을 노출하지 않습니다.

예제 11-3 열정적인 메서드 인수를 사용하여 User 업데이트하기

```
User updateUser(User user, List<Role> availableRoles) { ❶
  // ...
}

// 사용 방법

var user = loadUserById(23L);
var availableRoles = this.dao.loadAllAvailableRoles(); ❷
var updatedUser = updateUser(user, availableRoles); ❸
```

❶ updateUser 메서드는 user와 역할 목록을 필요로 합니다. 업데이트는 내부 로직에 따라 필요하지 않을 수도 있습니다.

❷ updateUser 메서드가 역할을 필요로 하지 않더라도 loadAllAvailableRoles 메서드가 호출됩니다. 이로 인해 불필요한 데이터베이스 쿼리로 인한 비용이 발생할 수 있습니다.

❸ 모든 인수는 메서드 호출 시점에서 이미 평가됩니다.

필요하지 않더라도 updateUser에 모든 역할을 제공하게 되면 불필요한 데이터베이스 호출이 발생하고 성능이 낭비됩니다.

그렇다면 항상 필요하지 않은 경우 호출을 필수로 만들지 않고서 어떻게 구현할 수 있을까요? 바로, 느긋함을 도입하면 됩니다.

11.3.2 느긋한 접근 방식

자바처럼 엄격한 언어에서는 모든 메서드 인수가 한 번에 제공됩니다. 메서드는 실제로 필요하지 않더라도 인수를 받아들일 수밖에 없습니다. 이는 특히 인수를 미리 생성하기 위해 비용이 많이 드는 데이터베이스 호출과 같은 작업을 수행해야 할 때 문제가 될 수 있으며, 사용 가능한 리소스와 성능의 저하를 야기할 수 있습니다.

불필요한 데이터베이스 호출을 해결하기 위한 단순한 접근 방식은 updateUser를 필요할 때만 사용할 수 있도록 직접 DAO를 받아들이게 변경하는 것입니다.

```
User updateUser(User user, DAO roleDAO) {
  // ...
}
```

이제 updateUser 메서드에서는 역할을 스스로 불러오기 위한 모든 도구를 갖추게 되었습니다. 외부적으로는 느긋하지 않은 데이터 접근에 대한 초기 문제가 해결된 것으로 보이지만 이 '해결책'은 새로운 문제인 응집도cohesion를 발생시킵니다.

updateUser 메서드는 DAO를 직접 사용하며 더 이상 역할을 **어떻게** 획득하는지에 대해 독립성이 유지되지 않습니다. 이러한 접근 방식은 메서드를 불순한 상태로 만들며 데이터베이스에 접근하는 것은 사이드 이펙트로 간주되어 검증과 테스트를 어렵게 만듭니다. 또한 updateUser 메서드가 DAO 타입을 전혀 알지 못하는 경우 API의 한계로 인해 더 복잡해질 수도 있습니다. 따라서 역할을 검색하기 위한 추가적인 추상화가 필요합니다. updateUser와 DAO 간의 간극을 메우기 위해 추가적인 추상 레이어를 만드는 대신 updateUser를 고차 함수로 만들고 람다 표현식을 수용할 수 있습니다.

11.3.3 함수형 접근 방식

[예제 11-3]에서 사용자 역할을 검색하기 위한 함수적 추상화를 만들기 위해서는, 인수로 **무엇**이 필요한지, 인수의 값이 **어떻게** 만들어졌는지가 중요한 것이 아닙니다. 먼저 문제를 더 추상적인 표현으로 분해해야 합니다.

updateUser 메서드는 기존의 메서드 시그니처에서 알 수 있듯이, 사용 가능한 역할에 접근해야 합니다. 그리고 코드의 바로 그 부분에 느긋함을 도입하는 것이 가장 유연한 해결책을 얻을 수 있는 방법입니다.

Supplier 타입은 사용자의 재량에 따라 로직을 캡슐화하여 값을 검색할 수 있도록 하는 가장 저수준의 방법입니다. [예제 11-4]에서 볼 수 있듯이, 람다 표현식은 DAO를 직접 updateUser에 제공하는 대신, 역할을 불러오기 위한 중간 구조로 사용됩니다.

예제 11-4 람다를 활용하여 User 업데이트하기

```
void updateUser(User user, Supplier<List<Role>> availableRolesFn) { ❶
  // ...

  var availableRoles = availableRolesFn.get();

  // ...
}

// 사용 방법

var user = loadUserById(23L);

updateUser(user, this.dao::loadAllAvailableRoles); ❷
```

❶ updateUser 메서드 시그니처는 이미 로드한 List<Role> 또는 DAO 대신, Supplier<List<Role>>를 수용하도록 변경되어야 합니다.

❷ 역할을 어떻게 획득할지에 대한 새로운 로직은 메서드 참조로 캡슐화되어 있습니다.

Supplier를 받아들임으로써 updateUser를 고차 함수로 만드는 것은 역할 로딩 과정을 래핑하는 추가적인 사용자 정의 타입을 요구하지 않으면서 표면적으로 새로운 레이어를 생성합니다.

DAO를 직접 인수로 사용하면 다음과 같은 단점들을 없앨 수 있습니다.

- 더 이상 DAO와 updateUser 메서드 간의 연결이 없기 때문에 사이드 이펙트가 없는 순수 함수가 될 가능성이 생깁니다.

- 추상화를 나타내기 위한 추가적인 타입이 필요하지 않습니다. 이미 Supplier 함수형 인터페이스는 가장 단순하고 호환성이 높은 형태의 추상화입니다.
- DAO를 복잡하게 모방할 필요 없이 테스트 가능성이 복원됩니다.

데이터베이스 쿼리처럼 비용이 많이 드는 작업은 호출을 피할 수 있는 경우 느긋한 접근 방식에서 큰 이점을 얻을 수 있습니다. 그러나 불필요한 경우에도 모든 메서드 인수를 느긋하게 만드는 것은 올바른 접근 방식이 아닙니다. 느긋한 인수를 수용하도록 메서드 호출을 설계하는 대신, 비용이 많이 들지만 호출 결과를 캐싱하는 것과 같은 다른 해결책을 사용하는 것이 더 간단할 수 있습니다.

11.4 썽크를 사용한 지연 실행

람다 표현식은 지연 평가를 위해 표현식을 캡슐화하는 간단한 저수준의 방법입니다. 그러나 한 가지 부족한 점이 있습니다. 평가 후 결과를 저장하는 것, 즉 두 번 호출되어도 표현식을 다시 평가하지 않도록 하는 메모이제이션memoization입니다. 이 부족한 점을 해결하는 방법이 바로 **썽크**Thunk입니다.

썽크는 연산을 감싸는 래퍼로, 결과가 필요할 때까지 연산을 지연시키기 위해 사용합니다. 연산을 지연시키지만 여러 번 호출할 수 있는 Supplier와는 달리 썽크는 한 번만 계산되며 이후의 호출에서는 결과를 즉시 반환합니다.

썽크는 객체 지향 코드에서 자주 발견되는 디자인 패턴인 **지연 로딩**lazy loading/**지연 초기화**lazy initialization의 일반적인 범주에 속합니다. 지연 로딩과 지연 초기화는 비엄격 평가와 결과 캐시라는 동일한 목표를 달성하기 위한 메커니즘입니다. Supplier가 단순하게 평가를 연기하는 반면에, 썽크는 그 결과도 캐시합니다.

가상 프록시 디자인 패턴virtual proxy design pattern[2]을 따르고 Supplier를 대체할 수 있는 간단한 썽크를 만들어보겠습니다.

11.4.1 간단한 썽크 만들기

가장 간단한 방법은 Supplier 인스턴스를 래핑하고 첫 번째 평가 후에 그 결과를 저장하는 것입니다. Supplier 인터페이스를 구현함으로써, [예제 11-5]에서 볼 수 있는 것처럼 대체 가능해집니다.

예제 11-5 간단한 Thunk<T> 구현하기

```
public class Thunk<T> implements Supplier<T> { ❶

  private final Supplier<T> expression; ❷

  private T result; ❸

  private Thunk(Supplier<T> expression) {
    this.expression = expression;
  }

  @Override
  public T get() {
    if (this.result == null) { ❹
      this.result = this.expression.get();
    }
    return this.result;
  }

  public static <T> Thunk<T> of(Supplier<T> expression) { ❺
    if (expression instanceof Thunk<T>) { ❻
```

2 위키백과의 프록시에 관한 문서(*https://oreil.ly/XAGo6*)에는 다양한 종류의 프록시와 사용 방법을 자세히 소개합니다.

```java
      return (Thunk<T>) expression;
    }
    return new Thunk<T>(expression);
  }
}
```

❶ Thunk<T>는 Supplier<T>를 상속하여 대체됩니다.

❷ 실제 Supplier<T>는 평가를 지연시키기 위해 저장되어야 합니다.

❸ 평가 후 결과를 저장해야 합니다.

❹ 아직 평가 전이라면 표현식이 해결되고 난 후에 결과가 저장됩니다.

❺ new 키워드나 제네릭 타입 정보 없이 Thunk를 생성할 수 있는 편의 팩토리 메서드로 생성자는 private여야 합니다.

❻ Thunk<T>를 위해 새로운 Thunk<T>를 생성할 필요가 없습니다.

이 썽크 상속은 간단하면서도 강력합니다. Supplier<T>와 팩토리 메서드를 호출하여 메모이제이션을 추가합니다. 이전 절과 같이 User를 업데이터하기 위해서는 메서드 참조를 Thunk.of 메서드로 래핑해야 합니다.

```java
updateUser(user, Thunk.of(this.dao::loadAllAvailableRoles));
```

[예제 11-6]에서 볼 수 있듯이, 이 함수의 합성을 지원하기 위해 '글루 메서드glue method'를 쉽게 추가할 수 있습니다.

예제 11-6 Thunk<T>에 대한 함수형 버전

```java
public class Thunk<T> implements Supplier<T> {

  // ...

  public static <T> Thunk<T> of(T value) { ❶
    return new Thunk<T>(() -> value);
```

```
  }

  public <R> Thunk<R> map(Function<T, R> mapper) { ❷
    return Thunk.of(() -> mapper.apply(get()));
  }

  public void accept(Consumer<T> consumer) { ❸
    consumer.accept(get());
  }
}
```

❶ Supplier<T> 대신 단일값의 Thunk<T>를 생성하는 팩토리 메서드입니다.

❷ mapper 함수를 포함하는 새로운 Thunk<R>을 생성합니다.

❸ 필요한 경우 평가를 강제하기 위해 get을 호출하여 Thunk<T>의 결과를 소비합니다.

'글루' 메서드를 추가하면 Thunk<T> 타입은 단일 표현식을 위한 느긋한 파이프라인을 생성할 수 있는 다재다능한 유틸리티 타입이 됩니다.

그러나 한 가지 문제가 남아있습니다. 바로 **스레드 안전성**thread safety입니다.

11.4.2 안전한 스레드 썽크

단일 스레드 환경에서는 이전 절에서 설명한 Thunk 구현이 의도한대로 작동합니다. 그러나 식을 평가하는 동안 다른 스레드에서 접근한다면 경쟁 조건으로 인해 다시 평가가 발생할 수 있습니다. 이를 방지할 수 있는 유일한 방법은 액세스하는 모든 스레드를 동기화하는 것입니다.

가장 간단한 방법은 get 메서드에 synchronized 키워드를 추가하는 것입니다. 그러나 이 방법은 평가가 이미 완료된 경우에도 항상 동기화된 액세스와 관련된 오버헤드가 발생한다는 명백한 단점이 있습니다. 동기화는 예전만큼 느리지 않을 수 있지만 여전히 get 메서드 호출마다 오버헤드가 발생하며 코드를 불필요하게 느리게 만들 수 있습니다.

그렇다면 전반적인 성능에 영향을 미치지 않으면서 어떻게 구현을 변경해야 경쟁 조건을 제거할 수 있을까요? 경쟁 조건이 발생할 수 있는 지점과 시기에 대한 위험 분석을 수행합니다.

평가와 관련된 경쟁 조건의 리스크는 표현식이 평가될 때까지만 존재합니다. 그 이후에는 결과가 반환되므로 결과를 다시 평가할 수 없습니다. 이를 통해 get 메서드의 각 호출을 동기화하는 것이 아니라, 평가 자체만 동기화할 수 있습니다.

[예제 11-7]에서는 전용 및 동기화 평가 방법에 대해 소개합니다. 실제 구현 방법과 결과에 접근하는 방법에 대해서도 간단하게 설명하겠습니다.

예제 11-7 동기화 평가 방법을 사용한 Thunk<T>

```
public class Thunk<T> implements Supplier<T> {

  private Thunk(Supplier<T> expression) {
    this.expression = () -> evaluate(expression);
  }

  private synchronized T evaluate(Supplier<T> expression) {
    // ...
  }

  // ...
}
```

이전 버전의 Thunk는 expression이 이미 평가되었는지를 확인하기 위해 추가 필드인 value를 사용했습니다. 그러나 새로운 스레드 안전한 변형에서는 저장된 값을 검사하고 전용 추상화로 대체하여 value를 저장합니다.

```
private static class Holder<T> implements Supplier<T> {

  private final T value;
```

```
    Holder(T value) {
      this.value = value;
    }

    @Override
    public T get() {
      return this.value;
    }
  }
```

여기서 Holder<T>는 두 가지 기능을 합니다.

- 평가된 값을 보유합니다.
- Supplier<T>를 상속합니다.

Holder<T>가 Supplier<T>를 상속함으로써, expressions 필드에 대한 대체가 가능하므로 **compare&swap**(CAS) 기법을 사용할 수 있게 됩니다. 변수의 값과 기대되는 값을 비교하고 두 값이 같다면 새로운 값으로 교체하는 방식으로 동시성 알고리즘을 설계하는 데 사용됩니다. 이 연산은 **원자성**을 충족해야 합니다. 즉, 기본 데이터에 접근하는 경우 전부 접근 가능하거나 전부 접근 불가능해야 합니다. 그렇기 때문에 evaluate 메서드를 synchronized로 만들어야 합니다. 모든 스레드는 평가 전 또는 후에 데이터를 볼 수 있지만 평가 중에는 데이터를 볼 수 없으므로 경쟁 조건이 제거됩니다.

이제 새로운 타입인 Holder<T>를 사용하여 private 필드인 expression을 대체할 수 있습니다. [예제 11-8]을 참고해주세요.

예제 11-8 Supplier<T> 대신 Holder<T> 사용하기

```
public class Thunk<T> implements Supplier<T> {

  private static class Holder<T> implements Supplier<T> {
```

```java
    // ...
  }

  private Supplier<T> holder; ❶

  private Thunk(Supplier<T> expression) {
    this.holder = () -> evaluate(expression);
  }

  private synchronized T evaluate(Supplier<T> expression) {
    if (Holder.class.isInstance(this.holder) == false) { ❷
      var evaluated = expression.get();
      this.holder = new Holder<>(evaluated); ❸
    }
    return this.holder.get();
  }

  @Override
  public T get() {
    return this.holder.get(); ❹
  }
}
```

❶ 필드의 이름이 용도에 맞게 변경되었으며 표현식이 평가된 후에 값이 변경되므로 final이 아닙니다.

❷ 표현식은 holder 필드가 현재 Holder 인스턴스가 아닌 경우에만 평가됩니다. 그리고 이 Holder 인스턴스는 생성자에 의해 생성되었습니다.

❸ 이 시점에서 holder 필드는 초기 표현식을 평가하기 위한 람다를 보유하고 있으며 Holder 인스턴스로 교체됩니다.

❹ 동기화되지 않은 get 메서드는 항상 Supplier를 참조하므로 holder 필드를 직접 사용하여 값에 접근합니다.

개선된 Thunk 상속은 이전보다 간단하지는 않지만 표현식의 평가와 접근을 분리함으로써 경쟁 조건을 제거합니다.

첫 번째 접근에서 holder 필드는 evaluate를 호출하며 이 메서드는 동기화되어 있어서 스레드 안전성을 보장합니다. 표현식이 평가되는 동안 추가되는 호출은 모두 evaluate를 호출합니다. 평가를 다시하는 대신, holder 필드의 타입 검사가 this.holder.get() 호출의 결과를 직접 반환합니다. Holder가 재할당된 후에는 synchronized를 완전히 건너뜁니다.

이제 여러분은 스레드 안전성을 보장하며 단 한 번만 평가되는 Supplier를 쉽게 사용할 수 있는 느긋한 계산법을 사용할 수 있게 되었습니다.

Thunk를 구현할 때는 synchronized를 사용하지만 CAS 알고리즘을 구현하는 데는 다양한 접근 방법이 있습니다. JDK의 java.util.concurrent.atomic 패키지에 있는 Atomic- 타입들 중 하나를 사용하거나, 또는 ConcurrentHashMap#computeIfAbsent를 사용하여 경쟁 상태를 방지함으로써 동일한 동작을 구현할 수 있습니다. 『자바 병렬 프로그래밍』(에이콘출판사, 2008)에서 원자 변수atomic variable, 비차단 동기화non-blocking synchronization와 자바의 일반적인 동시성 모델에 대해 자세히 설명합니다.

11.5 느긋함에 대한 고찰

느긋함의 의미는 '작업을 최대한 연기하는 것'으로 요약할 수 있습니다. 표현식을 **생성**하고 **소비**하는 것을 분리하는 것은, 코드에서 새로운 모듈성을 제공합니다. 이러한 접근 방식은 연산이 선택적이고 각 사용 사례마다 반드시 필요하지 않은 경우에 성능을 크게 향상시킬 수 있습니다. 하지만 느긋한 계산법을 사용할 때 평가가 수행되는 시간에 대해서는 어느 정도의 제어를 포기해야 한다는 것을 의미하기도 합니다.

제어력의 상실loss of control은 실제 코드에서 필요한 성능과 메모리 특성을 파악하는 것을 복잡하게 만듭니다. 총 성능 요구 사항은 평가된 모든 부분의 합이며 열정적인 평가eager evaluation는 선형적이고 체계적인 성능 평가를 가능하게 합니다. 반면 느긋함은 실제 계산 비용을 표현식이 정의되는 시점에서 사용되는 순간으로 옮겨, 코드가 전혀 실행되지 않을 가능성을 내포합니다. 이러한 이유로 느긋한 성능 평가는 더 어려운 일이 됩니다. 특히 비용이 많이 들지만 선택적으로 실행되는 경우 열정적인 평가보다 실제 성능이 더 좋아질 가능성이 높습니다. 총 성능 요구 사항은 일반적인 맥락과 실제로 평가되는 코드에 따라 달라질 수 있으며, 이는 느긋한 코드의 평균 사용 패턴을 분석하고 다양한 시나리오에서 필요한 성능 특성을 고려해야 하므로 벤치마킹하기가 매우 어렵습니다.

소프트웨어 개발은 원하는 성능에 도달하기 위해 **한정적인 자원을 효과적으로 활용**하기 위한 지속적인 전투로 비유할 수 있습니다. 지연 평가나 데이터 처리를 위한 스트림 처리와 같은 느긋한 기술들은 기존 코드에 쉽게 통합할 수 있으며, 코드의 성능을 향상시킬 수 있는 낮게 달린 과일[3]입니다. 이러한 기술들은 분명 다른 작업들을 위해 귀중한 성능을 확보할 수 있게 합니다. 여러분의 코드를 느긋하게 만드는 것으로 비용이 많이 드는 연산들을 피할 수 있다면 장기적으로 보았을 때 분명 가치 있는 투자가 될 것입니다.

핵심 요약

- 엄격한 평가는 표현식과 메서드 인수가 선언 즉시 평가되는 것을 의미합니다.
- 느긋한 계산법은 결과가 필요할 때까지 평가를 미루는 것으로, 표현식을 생성하는 것과 소비하는 것을 분리합니다. 심지어 평가를 전혀 하지 않을 수도 있습니다.
- **엄격성**은 '일을 하는 것'에 대해 중점을 두는 반면에 **느긋함**은 '할 일을 고려하는 것'에 대한 것입니다.
- 자바는 표현식과 메서드 인수에 대해 '엄격한' 언어이지만 지연 연산자와 제어 구조가 존재합니다.
- 람다는 표현식을 캡슐화하여 필요한 시점에 평가되는 느긋한 래퍼로 만들어줍니다.

---

3 '낮게 달린 과일'이라는 개념은 전체 코드베이스를 재설계하거나 리팩터링하는 것에 비해 달성하기 쉬운 목표나 활용하기 쉬운 기회를 비유합니다.

- JDK는 여러 느긋한 런타임 구조와 헬퍼 메서드를 가지고 있습니다. 예를 들어 스트림은 느긋한 함수형 파이프라인이며 `Optional`과 `Map`은 일반적인 인터페이스에 느긋한 변형을 제공합니다.
- `Supplier` 인터페이스는 느긋한 계산을 할 수 있는 가장 간단한 방법입니다.
- `Thunk` 형태의 메모이제이션은 재평가를 피하는 데 도움이 되며 어떠한 `Supplier`에 대해서도 대체하여 사용될 수 있습니다.
- 느긋함은 성능 최적화를 위한 강력한 도구입니다. 실행되지 않는 코드가 가장 좋은 코드이며 그다음으로 좋은 대안은 '필요에 따라' 느긋하게 실행하는 것입니다.
- 느긋한 코드의 성능 요구 사항 평가는 어렵습니다. '실제 세계' 사용 사례와 일치하지 않는 환경에서 테스트하는 경우 성능에 문제가 있음에도 불구하고 드러나지 않을 수 있습니다.

CHAPTER 12

재귀

재귀recursion는 문제를 더 작은 단위로 나누어 해결하기 위한 접근 방식입니다. 많은 개발자가 재귀를 종종 복잡하고 반복적인 문제를 해결하는 방법으로 보지만, 함수형 접근 방식으로 특정 문제 유형을 해결하기 위한 다양한 기술을 알고 있는 것이 좋습니다.

이 장에서는 재귀의 기본 개념과 재귀 메서드를 어떻게 구현하는지, 그리고 다른 형태의 반복에 비해 자바 코드에서 재귀가 가지는 특성에 대해서 알아보겠습니다.

12.1 재귀란 무엇인가?

1장에서는 입력 매개변수보다 작거나 같은 모든 양의 정수의 곱인 팩토리얼에 대해 알아봤습니다. 팩토리얼은 문제를 부분적으로 해결하는 데 완벽한 예시이므로 대부분의 책과 튜토리얼에서 재귀를 설명하기 위해 팩토리얼을 사용합니다. 이 장의 첫 번째 예제로 사용할 것입니다.

팩토리얼 계산의 각 단계는 입력 매개변수와 다음 팩토리얼 연산의 결과의 곱으로 분해됩니다. 계산이 `fac(1)`에 도달하면 반복이 종료되고 이전 단계에 값을 제공합니다. 전체 단계는 [식 12-1]에서 볼 수 있습니다.

식 12-1 팩토리얼 계산의 공식 표현

$$fac\ n$$

$$n * fac\ n - 1$$

$$n * n - 1 * fac\ n - 2$$

$$4 * n - 1 * n - 2 * \cdots * fac\ 1$$

$$4 * n - 1 * n - 2 * \cdots * 1$$

이 일반적인 팩토리얼 계산 단계는 재귀의 기본 개념을 시각화합니다. 같은 문제를 더 작은 단위들로 결합하여 문제를 해결합니다. 이는 자기 자신을 호출하며 변경된 인수를 사용하여 기본 조건에 도달할 때까지 수행됩니다.

재귀는 두 가지 연산 타입으로 구성됩니다.

기본 조건

기본 조건은 사전에 정의된 경우로, 문제에 대한 해결책입니다. 실제값을 반환하고 재귀적 호출 체인을 종료합니다. 이후 이전 단계에 값을 제공하고 이전 단계는 결과를 계산하여 그 전단계로 값을 반환할 수 있습니다. 이런 방식으로 문제가 종료될 때까지 반복합니다.

재귀 호출

호출 체인이 기본 조건에 도달할 때까지, 각 단계는 변경된 입력 매개변수로 자기 자신을 호출함으로써 다른 단계를 생성합니다.

[그림 12-1]은 재귀 호출 체인의 일반적인 흐름을 보여줍니다.

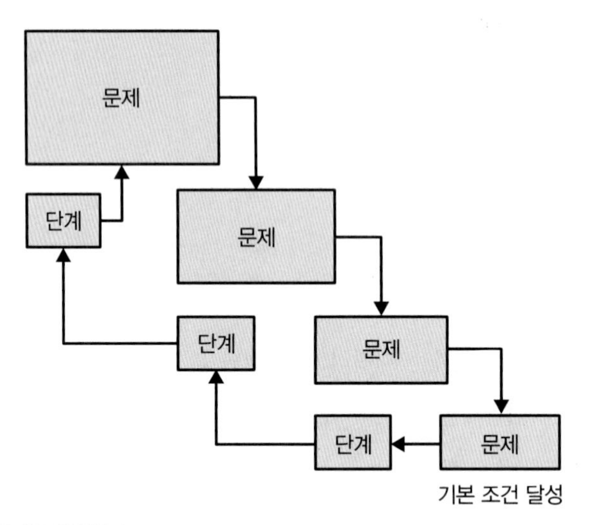

그림 12-1 더 작은 문제로 해결하기

문제는 가장 작은 부분에 대한 해결책을 찾을 때까지 점점 작아집니다. 이 해결책은 그다음으로 큰 문제에 대한 입력이 되고, 이와 같은 과정이 계속되어 모든 부분의 합이 원래 문제의 해결책을 구성할 때까지 계속됩니다.

12.1.1 머리 재귀와 꼬리 재귀

재귀 호출은 메서드 바디에서의 재귀 호출 위치에 따라 **머리 재귀**head recursion와 **꼬리 재귀**tail recursion로 나뉩니다.

머리 재귀

재귀 메서드 호출 이후에 다른 문장이나 표현식이 실행되거나 평가되므로, 마지막 문장이 아닙니다.

꼬리 재귀

재귀 호출은 메서드의 마지막 문장으로, 현재 호출에 대한 결과와 관련된 추가 계산 없이 수행됩니다.

두 가지 타입을 사용하여 팩토리얼을 계산하는 예제를 통해 그 차이점을 알아보겠습니다. [예제 12-1]에서는 머리 재귀를 사용하는 방법을 설명합니다.

예제 12-1 머리 재귀를 사용한 팩토리얼 계산

```
long factorialHead(long n) { ❶
  if (n == 1L) { ❷
    return 1L;
  }

  var nextN = n - 1L;

  return n * factorialHead(nextN); ❸
}

var result = factorialHead(4L);
// => 24
```

❶ 메서드 시그니처는 현재 재귀 단계의 입력 매개변수만 포함합니다. 재귀 호출 사이에 중간 상태는 전달되지 않습니다.

❷ 기본 조건은 재귀 호출 이전에 위치해야 합니다.

❸ 반환값은 재귀 호출의 결과에 따라 달라지는 표현식이므로, 메서드 내에서 유일한 마지막 문장이 아닙니다.

이제 [예제 12-2]에 나타난 것처럼 꼬리 재귀를 살펴보겠습니다.

예제 12-2 꼬리 재귀를 사용한 팩토리얼 계산

```
long factorialTail(long n, long accumulator) { ❶
  if (n == 1L) { ❷
    return accumulator;
}
```

```
    var nextN = n - 1L;
    var nextAccumulator = n * accumulator;

    return factorialTail(nextN, nextAccumulator); ❸
  }

  var result = factorialTail(4L, 1L); ❹
  // => 24
```

❶ 메서드 시그니처는 누적기accumulator를 포함합니다.

❷ 기본 조건은 머리 재귀와 동일합니다.

❸ 다음 재귀 호출에 의존하는 표현식을 반환하는 대신, factorialTail의 두 매개변수는 사전에 평가됩니다. 이 메서드는 재귀 호출 자체만 반환합니다.

❹ 누적기는 초기값을 설정해야 합니다. 이는 기본 조건을 반영합니다.

머리 재귀와 꼬리 재귀의 주요 차이점은 호출 스택의 구성 방식에 있습니다.

머리 재귀에서는 결괏값을 반환하기 전에 재귀 호출이 이루어집니다. 이로 인해 각 재귀 호출이 끝나고 런타임이 반환될 때까지 최종 결괏값을 확인할 수 없습니다.

꼬리 재귀에서는 각 단계의 문제를 먼저 해결한 후, 그 결과를 다음 재귀 호출로 전달합니다. 기본적으로 각 재귀 단계의 반환값은 다음 재귀 호출의 결과와 일치합니다. 이러한 특성은 런타임 환경이 지원한다면 호출 스택을 최적화할 수 있게 하며, 이에 대한 자세한 설명은 다음 절에서 확인할 수 있습니다.

12.1.2 재귀와 호출 스택

[그림 12-1]을 다시 살펴보면 각각의 상자가 별개의 메서드 호출이며 호출 스택에 새로운 스택 프레임을 생성하는 것으로 볼 수 있습니다. 이는 필수적인 부분입니다. 각 상자는 이전 계산으로부터 독립적이어야 하며, 그들의 인수들이 서로 영향을 주지 않아야 하기 때문입니다.

재귀 호출의 총 횟수는 기본 조건에 도달하기까지 걸리는 시간에 의해서만 제한되지만, 문제는 사용 가능한 스택의 크기가 한정되어 있다는 점입니다. 호출을 과도하게 많이 하게 된다면 사용 가능한 스택 공간을 초과하게 되어 `stackOverflowError`를 발생시킬 것입니다.

NOTE 스택 프레임은 단일 메서드 호출 상태를 담고 있습니다. 코드가 메서드를 호출할 때마다 JVM은 새로운 프레임을 생성하여 스레드의 스택에 푸시push합니다. 메서드에서 반환된 후에는 해당 스택 프레임이 팝pop되어 제거됩니다. 실제 최대 스택 깊이는 사용 가능한 스택의 크기[1]와 각 프레임에 저장되는 내용에 따라 결정됩니다.

스택 오버플로를 방지하기 위한 현대 컴파일러들의 전략 중 하나는 재귀 호출 체인에서 불필요한 프레임을 제거하는 꼬리 호출 최적화 및 제거 기법입니다. 재귀 호출 이후 추가적인 계산이 없을 경우 해당 스택 프레임은 더 이상 필요하지 않으므로 제거할 수 있습니다. 이 방식은 재귀 호출의 스택 프레임 공간 복잡도를 `O(N)`에서 `O(1)`로 줄여주어 스택 오버플로 없이 더 빠르고 메모리 효율적인 기계 코드를 생성할 수 있게 해줍니다.

안타깝게도 2023년 초 기준으로, 자바 컴파일러와 런타임은 이러한 최적화 능력이 부족합니다.

그럼에도 불구하고, 호출 스택의 최적화 없이도 재귀는 특정 문제들을 해결하기 위한 중요하고 가치 있는 도구로 평가됩니다.

프로젝트 룸

프로젝트 룸Project Loom[2]은 사용하기 쉽고 높은 처리량의 경량 동시성과 새로운 프로그래밍 모델을 지원하기 위해 스택 프레임 조작을 지원할 예정입니다. 이를 통해 JVM은 스택을 특

1 대부분의 JVM 구현체에서는 기본 스택 크기는 1메가바이트입니다. `-Xss` 플래그를 사용하여 스택 크기를 지정할 수 있습니다. 이와 관련된 더 자세한 정보는 Oracle Java Tools 문서(*https://oreil.ly/jRsor*)를 참고해주세요.

2 *https //oreil.ly/bgkwyl*

정 지점까지 되감고 주어진 인수로 메서드를 호출하는 '**되감기-호출**unwind and inkove' 기능을 지원하게 됩니다.

이 기능 덕분에 자동 꼬리 호출 최적화가 프로젝트의 목표가 아니더라도, 효율적인 꼬리 호출이 가능해집니다. 이러한 런타임의 긍정적인 변화로 인해 재귀를 더 자주, 그리고 효율적으로 사용할 수 있게 됩니다.

12.2 더 복잡한 예시

팩토리얼 계산은 재귀를 설명하는 데 적합하지만, 실제 세계의 일반적인 문제는 아닙니다. 그래서 좀 더 현실적인 예제로 [그림 12-2]에서 볼 수 있듯이, 트리 구조 데이터를 순회하는 예시를 통해 알아보겠습니다.

이 자료 구조는 단일 루트 노드를 가지고 있으며, 각 노드는 선택적으로 왼쪽과 오른쪽 자식 노드를 가질 수 있습니다. 노드의 숫자는 순회의 순서가 아니라 식별을 위한 것입니다.

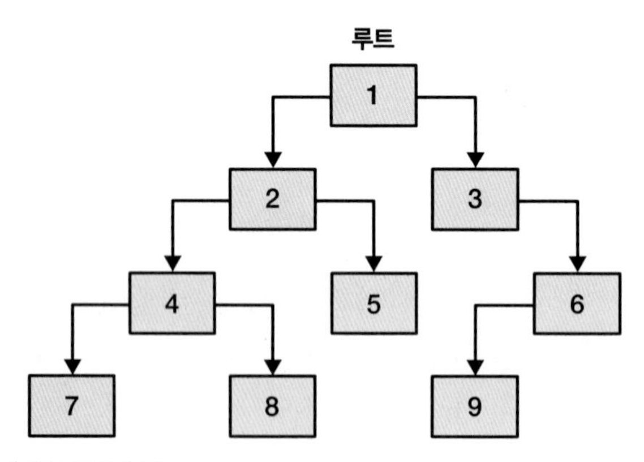

그림 12-2 트리 형태의 자료 구조 순회

노드들은 [예제 12-3]에서 보인 것처럼 일반적인 레코드 Node<T>로 표현됩니다.

예제 12-3 트리 노드 구조

```
public record Node<T>(T value, Node<T> left, Node<T> right) {

  public static <T> Node<T> of(T value, Node<T> left, Node<T> right) {
    return new Node<>(value, left, right);
  }

  public static <T> Node<T> of(T value) {
    return new Node<>(value, null, null);
  }

  public static <T> Node<T> left(T value, Node<T> left) {
    return new Node<>(value, left, null);
  }

  public static <T> Node<T> right(T value, Node<T> right) {
    return new Node<>(value, null, right);
  }
}

var root = Node.of("1",
                   Node.of("2",
                           Node.of("4",
                                   Node.of("7"),
                                   Node.of("8")),
                           Node.of("5")),
                   Node.right("3",
                              Node.left("6",
                                        Node.of("9"))));
```

목표는 트리를 '중위 순회'하는 것입니다. 이는 각 노드의 왼쪽 자식 노드를 먼저 순회한 다음, 더 이상 왼쪽 노드가 없을 때까지 계속하는 과정을 말합니다. 그 후에는 오른쪽 자식 노드의 왼쪽 노드들을 탐색하고, 다시 위로 올라가는 순서로 진행합니다.

먼저 반복적인 접근 방식으로 트리 순회를 구현한 다음, 재귀적 접근 방식과 비교해봅니다.

12.2.1 반복적인 트리 순회

반복적인 트리 순회 방식에서는 while 루프를 활용하여 트리를 순회합니다. 이 방법은 임시 변수와 순회를 위한 보일러플레이트 코드가 필요합니다. [예제 12-4]에서 이를 자세히 볼 수 있습니다.

예제 12-4 반복적인 트리 순회

```
void traverseIterative(Node<String> root) {
  var tmpNodes = new Stack<Node<String>>(); ❶
  var current = root;

  while(!tmpNodes.isEmpty() || current != null) { ❷
    if (current != null) { ❸
      tmpNodes.push(current);
      current = current.left();
      continue;
    }

    current = tmpNodes.pop(); ❹

    System.out.print(current.value()); ❺

    current = current.right(); ❻
  }
}
```

❶ 반복의 현재 상태를 저장하기 위해 보조 변수가 필요합니다.

❷ 노드가 더 이상 존재하지 않거나 nodeStack이 비어 있지 않을 때까지 반복합니다.

❸ java.util.Stack은 가장 깊은 부분에 도달할 때까지 모든 노드를 저장합니다.

❹ 이때 current==null을 만나면 루프는 더 이상 깊게 들어갈 수 없게 되므로 tmpNodes에 저장된 마지막 노드를 current로 설정합니다.

❺ 노드의 값을 출력합니다.

❻ 오른쪽 자식 노드로 이 과정을 반복합니다.

출력 결과는 예상대로 **748251396**입니다.

이 코드는 의도한대로 잘 작동하지만 간결하지 않으며 제대로 작동하기 위해 변경 가능한 보조 변수가 필수적입니다.

이제 반복 방식에 비해서 재귀 접근 방식이 어떤 개선점을 제공하는지 살펴보겠습니다.

12.2.2 재귀적인 트리 순회

트리를 재귀적으로 순회하도록 만들기 위해서는 다양한 단계들을 명확히 정의해야 합니다. 이에는 기본 조건도 포함됩니다.

트리를 순회하려면 두 번의 재귀 호출, 하나의 동작, 그리고 기본 조건이 필요합니다.

- 왼쪽 노드 순회하기
- 오른쪽 노드 순회하기
- 노드값 출력하기
- 더 이상 순회할 노드가 없을 때 중단하기

예제 12-5 재귀적 트리 순회

```
void traverseRecursion(Node<String> node) {
  if (node == null) { ❶
    return;
  }
```

```
    traverseRecursion(node.left()); ❷

    System.out.print(node.value()); ❸

    traverseRecursion(node.right()); ❹
}
```

❶ 남아있는 노드가 없을 때 트리 순회를 중단하는 기본 조건입니다.

❷ 우선, 왼쪽 자식 노드를 재귀적으로 순회합니다. 이 과정은 왼쪽 노드가 존재하는 한 계속해서 traverse 함수를 호출하게 됩니다.

❸ 그다음 더 이상 왼쪽 자식 노드가 없으므로 현재 노드의 값을 출력합니다.

❹ 마지막으로 이전과 같은 동일한 방식으로 오른쪽 자식 노드를 순회합니다.

출력 결과는 이전과 동일하게 **748251396**입니다.

이제 코드는 더 이상 외부 반복자나 상태를 유지하기 위한 보조 변수를 필요로 하지 않으며 실제 처리 로직은 더 간소화되었습니다. 순회는 이제 더 이상 **'무엇을** 해야 할지'에 대한 명령적 사고방식에서 벗어나, **'어떻게** 목표를 선언적으로 달성할지'에 대한 함수형 접근 방식을 보여줍니다.

[예제 12-6]에서 볼 수 있는 것처럼 순회 프로세스를 타입 자체로 옮기고 해당 동작에 Consumer<Node<T>>를 적용함으로써 트리 순회를 더욱 함수적으로 만들어보겠습니다.

예제 12-6 Node<T>에 순회 메서드 확장하기

```
public record Node<T>(T value, Node<T> left, Node<T> right) {

  // ...

  private static <T> void traverse(Node<T> node, ❶
                                   Consumer<T> fn) { ❷
```

```
        if (node == null) {
          return;
        }

        traverse(node.left(), fn);

        fn.accept(node.value());

        traverse(node.right(), fn);
      }

      public void traverse(Consumer<T> fn) { ❸
        Node.traverse(this, fn);
      }
    }

    root.traverse(System.out::print);
```

❶ 이전의 traverse 메서드는 원래 타입의 private static 메서드로 간편하게 리팩터링할 수 있습니다.

❷ 새로운 traverse 메서드는 어떤 동작도 지원할 수 있도록 Consumer<Node<T>>를 매개변수로 받습니다.

❸ 순회를 위한 public 메서드는 첫 번째 인수로 this를 생략함으로써 호출을 단순화합니다.

타입을 순회하는 과정이 더욱 쉬워졌습니다. 이제 해당 타입은 자체적으로 최적의 순회 방법을 결정하며 이를 사용하는 사용자들에게 유연한 해결 방안을 제시합니다.

이 접근법은 반복적인 접근법에 비해 간결하고 함수적이며 더 쉽게 이해할 수 있습니다. 그럼에도 불구하고, 루프를 사용하는 것에도 장점이 있습니다. 가장 큰 장점은 성능 차이인데 필요한 스택 공간을 사용 가능한 힙heap 공간으로 바꾸는 것입니다. 재귀 순회 작업마다 새로운 스택 프레임을 생성하는 대신, 노드들은 힙의 tmpNodes로 누적됩니다. 이 방식은 스택 오버플로를 일으킬 수 있는 큰 그래프에서도 코드를 더욱 견고하게 만들어줍니다.

어떤 접근 방식이 가장 효과적인지에 대한 명확한 답은 없습니다. 이는 항상 처리해야 할 데이터의 양과 그 자료 구조의 종류에 크게 의존하기 때문입니다. 때로는 특정 접근 방식에 대한 개인적인 선호도나 익숙함이 문제의 '최선의' 해결책을 찾는 것보다 직관적이고 오류가 없는 코드를 작성하는 데 더 중요할 수도 있습니다.

12.3 재귀와 유사한 스트림

자바 런타임이 꼬리 호출 최적화를 지원하지 않을 수 있지만, 람다 표현식과 스트림을 활용하여 스택 오버플로 문제없이 재귀와 유사하게 구현하는 것이 가능합니다.

스트림의 느긋한 특성을 활용하면 재귀적 문제가 해결될 때까지 계속 실행되는 파이프라인을 구축할 수 있습니다. 이는 람다 표현식을 재귀적으로 호출하는 대신, 새로운 표현식을 반환함으로써 수행되는 재귀 단계의 수와 관계없이 스택 깊이를 일정하게 유지할 수 있습니다.

이 접근 방식은 재귀나 반복문에 비해 상당히 복잡합니다. 일반적으로 사용되지는 않지만, 자바의 다양한 새로운 함수적 요소들을 결합하여 재귀 문제를 해결하는 방식을 보여줍니다. 이 주제에 대해 더 알아보고 싶다면 이 책의 깃허브[3]를 확인해보세요.

12.4 재귀에 대한 고찰

재귀는 잘못 구현하기 쉬워서 간과되는 기술 중 하나입니다. 예를 들어 충족될 수 없는 잘못된 기본 조건은 필연적으로 스택 오버플로로 이어질 수 있습니다. 일반적으로 재귀적 흐름은 따라가기 어렵고 익숙하지 않다면 더욱 이해하기 어려울 수 있습니다. 자바는 꼬리 호출 최적화를 지원하지 않기 때문에 피할 수 없는 오버헤드를 고려해야 합니다. 이는 반복적인 구조에 비해 실행 시간을 느리게 할 뿐만 아니라 호출 스택이 너무 깊을 경우 StackOverflowError

3 https://github.com/benweidig/a-functional-approach-to-java

오류가 발생할 위험이 있습니다.

재귀와 그 대체 방안 사이에서 선택이 필요할 때 추가적인 오버헤드와 스택 오버플로 문제를 항상 염두에 두어야 합니다. 충분히 사용 가능한 메모리와 큰 스택 크기를 가진 JVM에서 실행한다면 큰 재귀 호출 체인도 문제가 되지 않을 수 있습니다. 그러나 문제의 크기가 불확실하거나 변동성이 있다면 장기적으로 StackOverflowError를 예방하기 위한 다른 접근 방식을 고려하는 것이 더 합리적일 수 있습니다.

특정 시나리오에서는 꼬리 호출 최적화가 없는 자바 환경에서도 재귀적 접근 방식이 더 적합할 수도 있습니다. 연결 리스트나 트리와 같은 자기 참조 자료 구조를 사용하는 특정 문제들은 재귀적 해결 방식이 더 자연스럽게 느껴질 수 있습니다. 트리와 같은 구조를 순회하는 것도 반복적으로 할 수 있지만 이는 종종 더 복잡한 코드를 만들어내며 이해하기 어려울 수 있습니다.

문제 해결을 위한 최적의 해결책을 오로지 기술적 관점에서만 고려하는 것은 코드의 가독성과 합리성을 해칠 수 있습니다. 이는 장기적인 유지보수에도 영향을 미칠 수 있습니다.

[표 12-1]은 재귀와 반복 사이의 차이점을 개괄적으로 보여주므로 두 방법 중에서 더 효과적인 선택을 할 수 있도록 도와줍니다.

표 12-1 재귀와 반복 비교

	재귀	반복
접근 방식	자기 호출 함수	루프 구조
상태	스택에 저장	변수에 저장 (예: 루프 인덱스)
진행	기본 조건을 향해	제어 변수 조건을 향해
종료	기본 조건에 도달	제어 변수 조건에 도달
간결성	낮은 간결성 최소한의 보일러플레이트 및 조정 코드 필요	높은 간결성 제어 변수와 상태에 대한 명시적인 조정 필요
종료되지 않을 경우	StackOverflowError	무한 루프

오버헤드	반복되는 메서드 호출로 인한 높은 오버헤드	일정한 스택 깊이로 인한 낮은 오버헤드
성능	오버헤드와 꼬리 호출 최적화 미지원으로 인한 낮은 성능	일정한 호출 스택 깊이로 인해 더 나은 성능
메모리 사용	각 호출마다 스택 공간 필요	제어 변수 외 추가 메모리 없음
실행 속도	느림	빠름

재귀와 반복 중 어느 것을 선택할지는 해결하고자 하는 문제의 성격과 코드가 실행되는 환경에 따라 달라집니다. 재귀는 일반적으로 더 추상적인 문제를 해결하는 데 선호되는 도구이며 반복은 저수준 코드에 더 적합합니다. 반복은 우수한 런타임 성능을 제공할 수 있지만 재귀는 프로그래머의 생산성을 향상시킬 수 있습니다. 익숙한 반복적인 접근 방식으로 시작하고 필요에 따라 나중에 재귀로 전환하는 방법도 있다는 것을 기억하세요.

핵심 요약

- 재귀는 전통적인 반복 작업에 대한 함수적인 대안입니다.
- 재귀는 부분적으로 해결 가능한 문제에 적합합니다.
- 자바는 꼬리 호출 최적화를 지원하지 않아, `StackOverflowException`을 발생시킬 수 있습니다.
- 코드를 더 함수적으로 작성하기 위해 재귀를 억지로 사용할 필요는 없습니다. 처음에는 반복적 방법으로 시작해, 필요에 따라 나중에 재귀적 방법으로 전환할 수 있습니다.

CHAPTER 13

비동기 작업

현대의 워크로드[1]는 시스템 자원을 효율적으로 사용하는 방법에 대한 깊은 고민을 필요로 합니다. 비동기 작업은 병목 현상을 피함으로써 애플리케이션의 반응성을 향상시키는 데 매우 효과적인 도구입니다.

자바 8에서는 새로운 제네릭 타입인 CompletableFuture<T>를 도입했습니다. 이는 기존의 Future<T> 타입을 선언적이고 함수적인 방식으로 개선하여 비동기 작업을 보다 효율적으로 생성할 수 있게 했습니다.

이 장에는 비동기 프로그래밍을 활용하는 이유와 방법, 그리고 CompletableFuture<T>가 이전의 JDK 버전에 비해 비동기 작업 처리에 있어 어떻게 더 유연하고 함수적인 접근 방식을 제공하는지에 대해 설명합니다.

13.1 동기 vs 비동기

동기와 비동기 작업의 개념은 소프트웨어 개발 분야에만 한정되지 않습니다.

1 옮긴이_ 자바에서 워크로드란 특정 시스템, 네트워크 또는 애플리케이션에 대한 요청의 양이나 처리해야 하는 작업의 양을 의미합니다. 이는 다양한 환경에서의 작업 부하를 의미하며 애플리케이션의 성능과 효율성을 평가하고 최적화하기 위해 고려되는 요소입니다.

예를 들어 대면 회의나 컨퍼런스 콜은 '동기식 작업'이라고 할 수 있습니다. 이러한 활동에 참여할 때는 메모를 하는 것 외에는 다른 일을 할 수 없으며, 회의나 콜이 끝날 때까지 모든 다른 작업이 중단됩니다. 회의나 콜이 이메일로 진행된다면 현재 작업은 이전 작업을 재개하기 전에 즉각적인 주의를 요구함으로써 중단되지 않습니다. 따라서 이메일은 **논블로킹**non-blocking 통신입니다.

소프트웨어 개발에도 같은 원리가 적용됩니다. 동기적으로 수행되는 작업은 순차적으로 실행되며 그 작업이 완료될 때까지 다른 작업을 차단합니다. 단일 스레드 관점에서 볼 때 차단되는 작업은 결과를 기다리는 것을 의미하며, 이는 작업이 완료될 때까지 다른 활동을 하지 않고 자원을 낭비할 가능성이 있습니다.

비동기 작업은 다른 곳에서 진행되는 작업이 완료되면 알림을 받아 해당 결과를 처리합니다. 이러한 작업들은 동시성 기술을 사용하여 작업을 분리하고 (보통 다른 스레드에서 처리합니다) 완료될 때까지 기다릴 필요 없이 논블로킹 방식으로 수행됩니다. 이로 인해 현재 스레드는 차단되지 않고 다른 작업을 계속 진행할 수 있습니다(그림 13-1).

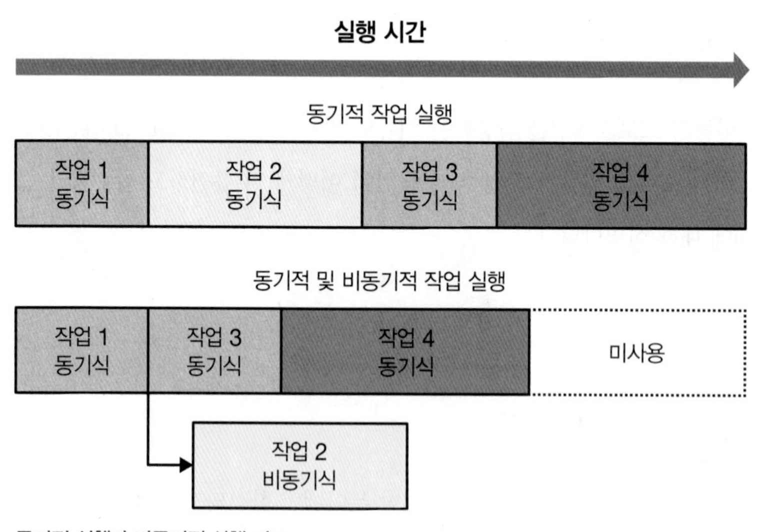

그림 13-1 동기적 실행과 비동기적 실행 비교

8장에서 언급된 병렬 실행은 주로 최대 처리량을 달성하는 것을 목표로 합니다. 이때 전체적인 관점에서 단일 작업의 완료 시간은 크게 중요하지 않습니다. 반면에 CompletableFuture와 같은 비동기 실행 모델은 시스템의 전반적인 지연 시간과 반응성에 중점을 둡니다. 작업을 분리함으로써 단일 스레드 또는 자원이 제한된 환경에서도 반응성 높은 시스템을 보장합니다.

13.2 자바의 Future

자바 5에서는 비동기 계산의 최종 결과를 담을 컨테이너 타입으로 `java.util.concurrent.Future` 인터페이스를 도입했습니다. Future를 생성하기 위해서는, Runnable 또는 Callable<T> 형식의 작업을 ExecutorService에 전달하면 됩니다. 별도의 스레드에서 작업을 시작하지만, 즉시 Future 인스턴스를 반환하게 됩니다. 이런 방식을 통해 현재 스레드는 Future 계산의 최종 결과를 기다리지 않고 추가로 더 많은 작업을 수행할 수 있습니다.

결과는 Future 인스턴스의 get 메서드를 호출하여 얻을 수 있습니다. 하지만 계산이 아직 끝나지 않았다면 이 호출이 현재 스레드를 차단할 수 있습니다. 일반적인 작업 흐름의 간단한 예는 [예제 13-1]에서 볼 수 있습니다.

예제 13-1 Future<T>의 실행 흐름

```
var executor = Executors.newFixedThreadPool(10); ❶

Callable<Integer> expensiveTask = () -> { ❷
    System.out.println("(task) start");

    TimeUnit.SECONDS.sleep(2);

    System.out.println("(task) done");
```

```java
        return 42;
    };

    System.out.println("(main) before submitting the task");

    var future = executor.submit(expensiveTask); ❸

    System.out.println("(main) after submitting the task");

    var theAnswer = future.get(); ❹

    System.out.println("(main) after the blocking call future.get()");
    // 결과:
    // (main) before submitting the task
    // (task) start
    // (main) after submitting the task
    // ~~ 2 초 후 ~~
    // (task) done
    // (main) after the blocking call future.get()
```

❶ Callable<T>나 Runnable을 사용하기 위해서는 명시적으로 ExecutorService가 필요합니다.

❷ Callable<T> 인터페이스는 함수형 인터페이스는 람다 표현식이나 함수형 인터페이스가 도입되기 전부터 사용되어 왔습니다. Supplier<T>와 사용 목적이 유사하지만, 단일 추상 메서드에서 예외를 발생시킬 수 있습니다.

❸ expensiveTask의 계산은 즉시 시작되어 결괏값에 반영됩니다.

❹ 이 시점에서 계산은 아직 완료되지 않았으므로 future의 get 메서드를 호출하면 계산이 완료될 때까지 현재 스레드가 차단됩니다.

Future 타입은 비동기 계산을 위한 논블로킹 컨테이너로써 기본적인 요구 사항을 충족하지만, 계산이 완료되었는지 확인하고 취소하며 결과를 검색하는 몇 가지 메서드의 기능만 제공합니다.

비동기식 프로그래밍을 위한 효과적인 도구로 사용하기에는 여전히 많은 기능이 필요합니다.

- 완료 또는 실패 시 콜백과 같이 결과를 쉽게 확인할 수 있는 방법
- 함수적 구성의 원칙에 따라 여러 작업을 연결하고 결합하는 방법
- 통합된 오류 처리 및 복구 가능성
- ExecutorService 없이도 수동으로 작업을 생성하거나 완료할 수 있는 방법

자바 8은 Future의 부족한 기능을 보완하기 위해 CompletionStage<T> 인터페이스와 그 유일한 구현체인 CompletableFuture<T>를 java.util.concurrent 패키지에 도입했습니다. 이는 이전의 Futures 보다 훨씬 더 다양한 기능을 제공하는 비동기 작업 파이프라인을 구축할 수 있는 도구입니다. Future<T>가 비동기 계산의 최종값을 담는 컨테이너 타입이라면 CompletionStage<T>는 70개가 넘는 다양한 API를 제공하는 비동기 파이프라인의 한 단계를 나타냅니다. 간단히 말해, CompletionStage<T>는 Future<T>에 비해 훨씬 더 유연하고 함수적인 비동기 프로그래밍을 지원합니다.

13.3 CompletableFutures로 비동기 파이프라인 구축

CompletableFutures의 설계 철학은 스트림과 매우 유사합니다. 두 방식 모두 작업 기반 파이프라인을 제공하며, 일반적인 함수형 인터페이스를 받아들이는 매개변수화된 메서드를 제공합니다. 이 새로운 API는 CompletionStage나 CompletableFuture의 새 인스턴스를 반환하는 다양한 조정 도구들을 추가로 제공합니다. 이러한 비동기 계산을 위한 컨테이너와 조정 도구들을 사용하면, 기존에 부족했던 모든 기능들을 유연하게 구성 가능하며 선언적인 API로 제공합니다.

CompletableFuture API의 광범위함과 일반적인 비동기 프로그래밍의 복잡한 멘탈 모델을 고려하여, '아침 식사 준비하기'라는 비유로 예를 들어보겠습니다.

커피, 토스트, 달걀로 구성된 아침 식사를 상상해봅시다. 아침 식사를 동기식 또는 블로킹하여 준비하는 것은 효율적이지 않습니다. 커피 메이커가 끝나길 기다리거나 토스트가 다 구워

지기 전에 달걀 조리를 시작하지 않는 것은 사용 가능한 지원을 낭비하는 일이며, 전체적인 준비 시간을 불필요하게 늘려 여러분을 굶주리게 할 것입니다. 이 방법 대신, 커피 메이커와 토스터가 각자의 일을 하는 동안 달걀을 부치기 시작하면 토스터가 작동을 마치거나 커피 메이커가 끝나고 나서 달걀과 함께 식사를 할 수 있습니다.

프로그래밍에도 비슷한 논리가 적용됩니다. 사용 가능한 자원은 필요에 따라 효율적으로 할당되어야 하며 계산이 복잡하거나 실행 시간이 긴 작업을 기다리는 동안 낭비되어서는 안 됩니다. 이러한 비동기 파이프라인의 기본 개념은 많은 프로그래밍 언어에서 프로미스promises로 알려져 있습니다.

13.3.1 값에 대한 프로미스

프로미스promises는 비동기 파이프라인의 기본 구성 요소로, 오류 처리를 포함하여 여러 작업을 연결하고 결합할 수 있는 내장된 조정 도구를 갖추고 있습니다. 프로미스는 **대기**(완료되지 않음), **성공**(완료되었으며 정상 상태), **실패**(완료되었지만 오류 상태)의 세 가지 상태 중 하나입니다. 합성 파이프라인에서 이러한 상태 간의 이동은 데이터와 오류 채널 간의 전환을 통해 이루어집니다(그림 13-2).

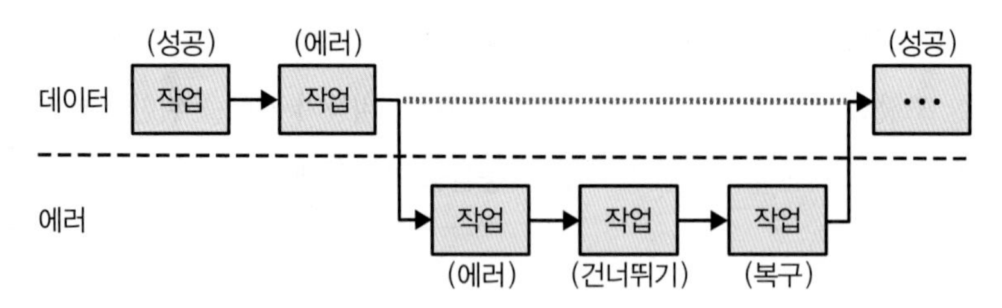

그림 13-2 프로미스의 데이터 및 오류 채널

데이터 채널은 모든 것이 잘 진행될 때의 이상적인 경로입니다. 프로미스가 실패하면 파이프라인은 오류 채널로 전환됩니다. 이런 방식으로 실패가 전체 파이프라인을 중단시키지 않고 스트림처럼 우아하게 처리되거나 복구되어 다시 데이터 채널로 전환될 수 있습니다.

보다시피 CompletableFuture API는 사실상 다른 이름을 가진 프로미스라고 볼 수 있습니다.

13.3.2 CompletableFuture 생성

Future와 마찬가지로, 새로운 CompletableFuture 타입은 인스턴스를 생성하기 위한 생성자를 제공하지 않습니다. 대신, 새 Future 인스턴스는 작업을 ExecutorService에 제출함으로써 생성되며, 이미 시작된 작업과 함께 인스턴스를 반환합니다.

CompletableFuture는 같은 원칙을 따릅니다. 하지만 정적 팩토리 메서드 덕분에 작업을 스케줄링하기 위해 명시적인 ExecutorService가 반드시 필요하지는 않습니다.

- CompletableFuture<Void> runAsync(Runnable runnable)
- CompletableFuture<U> supplyAsync(Supplier<U> supplier)

이 두 메서드는 모두 java.util.concurrent.Executor를 두 번째 인수로 받는 버전도 제공합니다. 이는 ExecutorService 타입의 기본 인터페이스입니다. Executor를 사용하지 않는 버전을 선택하는 경우 일반적인 ForkJoinPool을 사용합니다. 이는 '스트림을 병렬 함수형 파이프라인으로 사용하기'에서 설명된 것처럼 병렬 스트림 파이프라인에서도 사용되는 방식입니다.

NOTE Executor Service를 통해 작업을 제출하여 Future를 생성할 때 가장 눈에 띄는 차이점은 Callable 대신 Supplier를 사용한다는 것입니다. Callable은 메서드 시그니처에서 Exception을 던질 수 있습니다. 따라서 supplyAsync는 Executor에 Callable을 제출하는 것과 정확하게 같은 기능을 수행하지는 않습니다.

CompletableFuture 인스턴스를 생성하는 방법은 [예제 13-2]에서 보여지는 것처럼 Future 인스턴스를 생성하는 것과 거의 유사합니다. 이 예제에서는 타입 추론을 사용하지 않아 반환되는 타입이 명확하게 표시됩니다. 일반적으로 명시적인 타입을 사용하는 대신 var 키워드 사용을 선호할 수 있습니다.

예제 13-2 편의 메서드를 이용한 CompletableFuture 생성하기

```
// Future<T>

var executorService = ForkJoinPool.commonPool();

Future<?> futureRunnable =
  executorService.submit(() -> System.out.println("not returning a value"));

Future<String> futureCallable =
  executorService.submit(() -> "Hello, Async World!");

// CompleteableFuture<T>

CompletableFuture<Void> completableFutureRunnable =
  CompletableFuture.runAsync(() -> System.out.println("not returning a value"));

CompletableFuture<String> completableFutureSupplier =
  CompletableFuture.supplyAsync(() -> "Hello, Async World!");
```

Future와 CompletableFuture는 인스턴스 생성 방법이 유사하지만, CompletableFuture는 반드시 ExecutorService를 필요로 하지 않아 더 간결한 특성을 가집니다. 더 중요한 차이점은 CompletableFuture 인스턴스가 Future처럼 단일 독립적인 비동기 작업을 나타내는 것이 아니라, CompletionStage 인스턴스들의 선언적이고 함수적인 파이프라인 구축을 위한 출발점을 제공한다는 것입니다.

13.3.3 작업 합성 및 결합

CompletableFuture 인스턴스로 시작한 후 이를 추가로 결합하고 합성하여 더 복잡한 파이

프라인을 만들어봅시다.

비동기 파이프라인을 구축하는 데 사용할 수 있는 다양한 연산들은 그들이 받아들이는 인수와 사용 목적에 따라 세 가지 그룹으로 구분할 수 있습니다.

결과 변환하기

스트림과 Optional의 map 연산처럼 CompletableFuture API는 이전의 결과 T를 변환하기 위해 Function<T, U>를 사용하여 변환하고, 다른 CompletionStage<U>를 반환하는 thenApply 메서드를 제공합니다. 변환 함수가 또 다른 CompletionStage를 반환할 경우 thenCompose 메서드는 스트림과 Optional의 flatMap 연산과 유사하게 추가적인 중첩을 방지할 수 있습니다.

결과 소비하기

이름에서 알 수 있듯이, thenAccept 메서드는 이전 결과 타입 T를 처리하는 Consumer<T>를 필요로 하며 새로운 CompletionStage<Void>를 반환합니다.

완료 후 실행하기

이전 결과에 접근할 필요가 없다면 thenRun 메서드는 Runnable을 실행하고, 새로운 CompletionStage<Void>를 반환합니다.

각 메서드를 자세히 설명하기에는 너무 많은 메서드가 있고, 특히 -Async 메서드가 있기 때문에 복잡합니다. 이러한 메서드들 대부분은 두 가지 추가적인 -Async 변형을 가지고 있습니다. 하나는 non-Async와 일치하며, 또 다른 하나는 추가적인 Executor 인수를 포함합니다.

Non-Async 메서드는 이전 작업과 같은 스레드에서 작업을 실행하지만, 항상 보장되지는 않습니다. 이에 대해서는 13.5절에서 더 자세히 설명하겠습니다. -Async 변형은 공통 ForkJoinPool 또는 Executor에 의해 생성된 새로운 스레드를 사용합니다.

간단하게 설명하기 위해 non-Async 변형에 대해 논의하겠습니다.

작업 합성

작업을 합성한다는 것은 연결된 CompletionStage 인스턴스들로 구성된 순차적인 파이프라인을 만드는 것을 의미합니다.

모든 합성 연산은 일반적인 네이밍 규칙을 따릅니다.

```
<operation>[Async](argument [, Executor])
```

여기서 <operation>은 연산의 타입과 그 인수에 기반하여 이름을 짓습니다. 주로 해당 함수형 인터페이스의 SAM 이름과 then 접두사를 사용합니다.

- CompletableFuture<Void> thenAccept(Consumer<? super T> action)
- CompletableFuture<Void> thenRun(Runnable action)
- CompletableFuture<U> thenApply(Function<? super T,? extends U> fn)

API의 적절한 네이밍 규칙 덕분에 어떤 연산을 사용하더라도 유연하고 직관적인 호출 체인을 만들 수 있습니다. 예를 들어 영구적인 복사본을 저장하기 위해 웹사이트를 스크래핑하는 북마크 관리자를 만든다고 생각해보세요. 전체 작업은 비동기적으로 수행되어 UI 스레드를 중단시키지 않습니다. 이 작업은 세 단계로 구성됩니다. '웹사이트 다운로드', '오프라인 사용을 위한 내용 준비', '저장하기'입니다. [예제 13-3]에서 더 자세히 살펴보겠습니다.

예제 13-3 비동기 북마크 관리자 워크플로

```
var task = CompletableFuture.supplyAsync(() -> this.downloadService.get(url))
                            .thenApply(this.contentCleaner::clean)
                            .thenRun(this.storage::save);
```

작업 합성 연산은 1:1로만 작용하며, 이전 단계의 결과를 받아 그 목적에 맞게 작업을 수행합니다. 작업 파이프라인이 여러 흐름을 하나로 합쳐야 하는 경우 작업을 결합할 필요가 있습니다.

작업 결합

상호 연결된 futures를 조합하여 더 복잡한 작업을 만드는 것은 매우 유용할 수 있습니다. 그러나 때때로 다양한 작업들이 결합되거나 연속적으로 실행될 필요가 없는 경우도 있습니다. 이러한 경우 일반적인 인수 외에 다른 단계를 포함하는 연산을 사용하여 CompletionStage 인스턴스들을 결합할 수 있습니다.

이들의 네이밍 규칙은 이전 1:1 작업 합성 연산과 유사합니다.

```
<operation><restriction>[Async](other, argument [, Executor])
```

추가적인 제약 조건은 연산이 두 단계 모두에서 작동하는지, 아니면 둘 중 한쪽에서만 작동하는지를 나타내며, -Both와 -Either라는 적절한 접미사를 사용하여 표현합니다.

[표 13-1]에서는 사용 가능한 2:1 연산들이 나열되어 있습니다.

표 13-1 결합 연산

메서드	인수	설명
thenCombine	BiFunction<T, U, V>	두 단계 모두 정상적으로 완료된 후 BiFunction을 적용합니다.
thenAcceptBoth	BiConsumer<T, U>	theCombine과 유사하지만 결괏값을 생성하지 않습니다.
runAfterBoth	Runnable	주어진 두 단계가 모두 정상적으로 완료된 이후에 Runnable을 실행합니다.
applyToEither	Function<T, U>	첫 번째로 완료된 단계에 대해 Function을 적용합니다.

acceptEither	Consumer<T, U>	applyToEither와 유사하지만 결괏값을 생성하지 않습니다.
runAfterEither	Runnable	주어진 단계 중 하나가 정상적으로 완료된 후 Runnable을 실행합니다.

다른 자바의 함수형 기능들처럼, 자바의 정적 타입 시스템과 제네릭 타입이 어떻게 처리되는지에 따라 많은 다양한 연산이 수행됩니다. 자바스크립트와 같은 다른 언어와는 다르게, 자바에서는 메서드가 인수나 반환 타입으로 다양한 타입을 받아들일 수 없습니다.

[그림 13-3]에서 보여지는 것처럼 합성 연산들은 쉽게 결합될 수 있습니다.

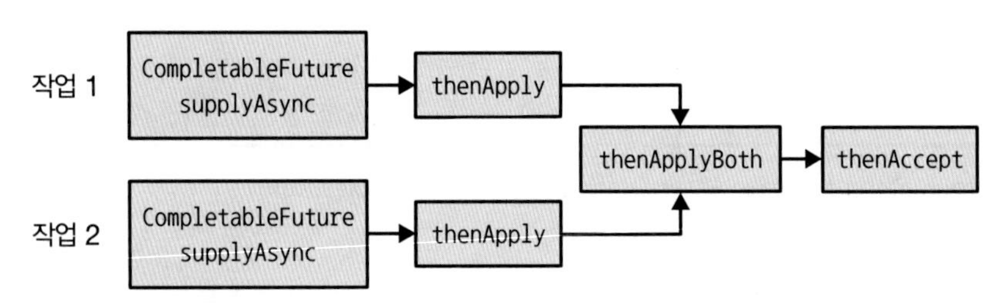

그림 13-3 작업 합성과 결합

사용 가능한 연산들은 거의 모든 사용 사례에 대해 다양한 기능을 제공합니다. 그러나 자바의 비동기 API에는 눈에 띄는 단점이 있습니다. 두 단계의 결과를 BiFunction으로 결합하여 중첩된 CompletionStage를 생성하지 않고 다른 단계를 반환하는 변형이 누락된다는 것입니다.

thenCombine은 자바의 다른 map 연산들과 유사한 방식으로 동작합니다. 중첩된 반환값이 있는 경우에는 flatMap과 유사한 연산이 필요하지만, CompletableFuture 타입은 이러한 연산을 제공하지 않습니다. 대신, 중첩된 값을 평탄화하기 위해 추가적인 thenCompose 연산을 사용해야 합니다. [예제 13-4]에서는 이러한 중첩된 단계를 풀어내는 방법을 보여줍니다.

예제 13-4 중첩된 단계 풀기

```
CompletableFuture<Integer> future1 = CompletableFuture.supplyAsync(() -> 42); ❶
CompletableFuture<Integer> future2 = CompletableFuture.supplyAsync(() -> 23); ❶

BiFunction<Integer, Integer, CompletableFuture<Integer>> task = ❷
  (lhs, rhs) -> CompletableFuture.supplyAsync(() -> lhs + rhs);

CompletableFuture<Integer> combined = future1.thenCombine(future2, task) ❸
                                              .thenCompose(Function.identity()); ❹
```

❶ 결과를 결합할 두 단계입니다.

❷ 이전 단계의 결합된 결과를 소비하는 작업입니다.

❸ task의 반환값은 thenCombine에 의해 다른 단계로 래핑되어, 원치 않는 CompletionStage<CompletionStage<Integer>>를 생성합니다.

❹ Function.identity()를 사용하는 thenCompose 호출은 중첩된 단계를 풀어내며, 파이프라인은 다시 CompletionStage<Integer>가 됩니다.

이 접근 방식은 작업이 CompletableFuture를 반환하는 경우 유용하며, 필요에 따라 호출자가 이를 CompletableFuture로 래핑하여 비동기적으로 처리하지 않습니다.

동시에 여러 CompletableFuture 인스턴스 실행하기

이전에 설명한 연산들은 두 개의 CompletableFuture를 실행하여 새로운 하나를 만들 수 있습니다. 그러나 thenCombine과 같은 결합 연산을 활용하여 두 개 이상을 처리하는 것은 중첩된 메서드 호출 없이는 불가능합니다. 이러한 이유로 CompletableFuture 타입에는 한 번에 두 개 이상의 인스턴스를 다루기 위한 두 가지 정적 편의 메서드를 제공합니다.

- CompletableFuture<Void> allOf(CompletableFuture<?>… cfs)
- CompletableFuture<Object> anyOf(CompletableFuture<?>… cfs)

allOf 및 anyOf 메서드는 기존 인스턴스들을 조정합니다. 따라서 이 두 메서드는 이미 각각의 CompletableFuture 인스턴스에 지정된 Executor를 가지고 있기 때문에 별도의 -Async 변형을 제공하지 않습니다. 또 다른 조정 전용 특성에는 제한적인 반환 타입이 있습니다. 두 메서드 모두 CompletableFuture 인스턴스를 수용하며, 이는 제네릭 바운드 <?>를 사용하여 표시합니다. 따라서 타입을 자유롭게 혼합할 수 있기 때문에 최종 결과에 대한 T를 확정할 수 없습니다. allOf 메서드의 반환 타입은 CompletableFuture<Void>입니다. 이는 나중에 주어진 인스턴스들의 결과에 접근할 수 없다는 것을 의미합니다. 그러나 결과를 반환하는 보조 메서드를 생성하는 대안이 있습니다. 13.3.6절에서 이에 대한 방법을 소개할 예정입니다. CompletableFuture의 다른 연산들을 먼저 살펴보도록 하겠습니다.

13.3.4 예외 처리

지금까지는 아무 문제없이 '행복한 경로'[2]를 따라가는 파이프라인만 소개했습니다. 하지만 프로미스는 거부될 수 있으며, 자바에서는 파이프라인 예외가 발생하는 경우 '**예외적 완료**complete exceptionality'라고 부릅니다.

예외가 발생할 경우 CompletableFuture API는 스트림이나 Optional처럼 전체 파이프라인을 중단시키는 대신에, 예외를 중요한 요소로 취급하며 워크플로의 필수적인 부분으로 간주합니다. 그래서 예외 처리는 작업 자체에 강제되지 않고, 거부될 가능성이 있는 프로미스를 처리하기 위한 다양한 연산이 제공됩니다.

- CompletionStage<T> exceptionally(Function<Throwable, T> fn)
- CompletionStage<U> handle(BiFunction<T, Throwable, U> fn)
- CompletionStage<T> whenComplete(BiConsumer<T, Throwable> action)

2 옮긴이_ 행복한 경로(happy path)는 '아무것도 잘못되지 않는 사용자 시나리오'를 의미합니다.

exceptionally 연산을 사용하면 파이프라인에 예외 훅exception hook을 추가합니다. 이 훅은 이전 단계에서 어떠한 예외도 발생하지 않았을 경우 이전 단계의 결과와 함께 정상적으로 완료됩니다. 거부된 단계에서 발생한 예외는 복구를 위해 훅의 fn에 적용됩니다. 복구를 위해 fn이 T 타입의 값을 반환해야 하며, 이는 파이프라인을 다시 데이터 채널로 전환합니다. 복구가 불가능할 경우 새로운 예외를 던지거나 기존에 적용된 예외를 다시 던짐으로써 파이프라인은 예외적으로 완료된 상태를 유지하고 오류 채널에 남게 됩니다.

더 유연한 handle 연산은 exceptionally와 thenApply의 로직을 하나의 연산으로 결합합니다. 이 BiFunction 인수는 이전 단계의 결과에 따라 달라지게 되는데, 그 단계가 거부되었다면 Throwable 타입의 두 번째 인수는 null이 될 수 없습니다. 반대로 거부되지 않았다면 T 타입의 첫 번째 인수는 값을 가지고 있습니다. 하지만 첫 번째 인수의 값이 null일 수도 있다는 점을 명심해야 합니다.

마지막 연산인 whenComplete는 handle과 유사하지만, 거부된 프로미스를 복구하는 방법은 제공하지 않습니다.

데이터 및 오류 채널에 대한 고찰

비록 프로미스가 기술적으로 데이터와 오류로 구성된 두 가지 채널을 가진다고 설명했지만, CompletableFuture 파이프라인은 실제로 스트림과 같이 연속된 일련의 연산들로 구성되어 있습니다. 각 파이프라인 단계는 현재 단계가 완료된 상태에 따라 다음으로 호환되는 연산을 찾습니다. 정상적으로 완료된 경우라면 다음 then/run/apply 등의 연산이 실행됩니다. 이 연산들은 예외적으로 완료된 단계들을 '통과'하며, 파이프라인은 다음 exceptionally/handle/whenComplete 등의 연산을 찾아나갑니다.

CompletableFuture 파이프라인은 실제로는 유창한 호출로 생성되어 직선으로 구성되어 있지만, [그림 13-2]에서와 같이 두 채널로 구분하여 시각화함으로써 현재 일어나는 일을 더 잘 이해하는 데 도움을 줄 수 있습니다. 각 연산은 데이터 채널 또는 오류 채널 중 하나에 속하지만, handle과 whenComplete 연산은 파이프라인의 상태에 관계없이 실행되기 때문에 이 두 채널 사이에 위치합니다.

거부된 either 작업

직선 파이프라인에 결합 연산을 사용하여 다른 CompletableFuture를 주입할 수 있습니다. -Either 접미사가 두 파이프라인 중 하나가 정상적으로 완료되어 새롭고 거부되지 않은 단계를 생성할 수 있습니다. 그러나 실제로는 다를 수 있습니다!

이전 단계가 거부된 경우 다른 단계가 정상적으로 완료되었더라도 acceptEither 연산은 거부된 상태로 유지됩니다. [예제 13-5]에서 이를 확인할 수 있습니다.

예제 13-5 Either 연산과 거부된 단계

```
CompletableFuture<String> notFailed =
  CompletableFuture.supplyAsync(() -> "Success!");

CompletableFuture<String> failed =
  CompletableFuture.supplyAsync(() -> { throw new RuntimeException(); });

// 이전 단계가 실패했기 때문에 출력 없음
var rejected = failed.acceptEither(notFailed, System.out::println);

// 이전 단계가 정상적으로 완료되었기 때문에 출력 있음
var resolved = notFailed.acceptEither(failed, System.out::println);
//  => Success!
```

기억해야 할 점은, 오류 처리 연산을 제외한 모든 연산이 정상적으로 작동하기 위해서는 이전 단계가 거부되지 않은 상태여야 한다는 것입니다. 이는 -Either 연산에도 적용됩니다. 만약 확실하지 않다면 파이프라인이 여전히 데이터 채널에 있는지 확인하기 위해 오류 처리 연산을 사용하는 것이 좋습니다.

13.3.5 종료 연산

지금까지 모든 연산은 파이프라인을 더 확장하기 위해 다른 CompletionStage를 반환했습니다. Consumer 기반 연산은 많은 사용 사례를 충족할 수 있지만 어느 시점에서는 현재 스레드를 차단할 수 있더라도 실제값을 필요로 합니다.

CompletionStage 타입 자체는 Future 타입과 비교하여 추가 검색 메서드를 제공하지 않습니다. 그러나 그 구현체인 CompletableFuture는 getNow와 join 메서드 두 가지 옵션을 제공합니다. 이로 인해 종료 연산의 수는 네 가지로 증가합니다. 이는 [표 13-2]에 나열되어 있습니다.

표 13-2 CompletableFuture<T> 파이프라인에서 값을 얻는 방법

메서드 시그니처	사용 사례	예외 상황
T get()	현재 스레드를 파이프라인이 완료될 때까지 차단합니다.	InterruptedException (체크 예외) ExecutionException (체크 예외) CancellationException (언체크 예외)
T get(long timeout, TimeUnit unit)	파이프라인이 완료될 때까지 현재 스레드를 차단하지만, 설정된 타임 아웃에 도달하면 예외를 발생시킵니다.	TimeoutException (체크 예외) InterruptedException (체크 예외) ExecutionException (체크 예외) CancellationException (언체크 예외)
T getNow (T valueIfAbsent)	파이프라인이 정상적으로 완료되면 결과를 반환하며, 결과가 아직 준비되지 않은 경우에는 파이프라인 중단 없이 제공된 대체값 T를 즉시 반환합니다.	CompletionException (언체크 예외) CancellationException (언체크 예외)
join()	현재 스레드를 파이프라인이 완료될 때까지 차단합니다.	파이프라인이 '예외적 완료' 상태라면, CompletionException로 래핑됩니다.

CompletableFuture 타입은 파이프라인 조정을 위한 추가적인 메서드인 isCompletedExceptionally를 포함합니다. 이는 파이프라인의 상태에 영향을 주거나, 상태를 파악하는 데 사용되는 총 네 가지 주요 메서드 중 하나입니다. [표 13-3]에서 이 네 가지 메서드를 간략하게 설명합니다.

표 13-3 CompletableFuture<T> 조정 메서드

메서드 시그니처	반환값
boolean cancel(boolean mayInterruptIfRunning)	아직 완료되지 않은 단계를 CancellationException으로 '예외적 완료'처리 합니다. Future 타입과 달리 중단이 제어에 사용되지 않아 mayInterruptIfRunning 인수는 무시됩니다.
boolean isCancelled()	단계가 완료되기 전에 취소되었다면 true를 반환합니다.
boolean isDone()	단계가 어떤 상태로든 완료되었다면 true를 반환합니다.
boolean isCompletedExceptionally()	'예외적 완료' 상태이거나 이미 거부된 상태라면 true를 반환합니다.

이 API는 매우 광범위하며 다양한 사용 사례를 지원합니다. 그럼에도 불구하고 여러분의 요구 사항에 따라 일부 특수 사례들이 빠져 있을 수 있습니다. 하지만 필요한 부분을 채우기 위한 보조 기능을 추가하는 것은 간단하므로 같이 살펴봅시다!

13.3.6 CompletableFuture Helper 생성

CompletableFuture API는 방대하지만 여전히 특정 사용 사례를 다루지 못하는 경우가 있습니다. 예를 들어 앞서 13.3.3절의 '작업 결합'에서 이야기한 것처럼, 정적 헬퍼 메서드 allOf의 반환 타입은 CompletableFuture<Void>입니다. 이는 나중 단계에서 주어진 인스턴스들의 결과에 접근할 수 없습니다. 이 메서드는 모든 종류의 CompletableFuture<?>도 인수로 받을 수 있는 유연한 조정 전용 메서드이지만, 결과를 얻지 못한다는 점에서 한계가 있습니다. 이러한 점을 보완하기 위해, 필요에 따라 기존 API를 보충하는 보조 기능을 생성할 수 있습니다.

allOf와 유사한 방식으로 두 개 이상의 CompletableFuture 인스턴스를 동시에 실행하는 보조 기능을 만들어보겠습니다. 이러한 방식으로 인스턴스 결과에 접근 가능하게 될 것입니다.

```
static CompletableFuture<List> eachOf(CompletableFuture cfs...)
```

제안된 eachOf 헬퍼 메서드는 allOf처럼 주어진 모든 CompletableFuture 인스턴스들을 실행합니다. 그러나 allOf와는 달리 이 새로운 헬퍼 메서드는 ?(물음표) 대신 제네릭 타입 T를 사용합니다. 이렇게 단일 타입으로 제한하는 것은 eachOf 메서드가 결과가 없는 CompletableFuture<Void> 대신 CompletableFuture<List<T>>를 반환할 수 있도록 합니다.

헬퍼 스캐폴드

특정 상황에서 유용한 헬퍼 메서드를 포함하기 위한 편의 class가 필요합니다. 이러한 헬퍼 메서드들은 제공된 API로는 간결하거나 완전하게 해결할 수 없는 특정 상황에 유용합니다. 가장 이상적이고 안전한 방법은 private 생성자를 가진 class를 사용하는 것으로, 타입을 실수로 확장하거나 인스턴스화 하는 것을 방지합니다.

```
public final class CompletableFutures {

  private CompletableFutures() {
    // 기본 생성자 생략
  }
}
```

NOTE private 기본 생성자를 가진 헬퍼 클래스는 확장 가능성을 방지하기 위해 꼭 final 키워드를 사용하지 않아도 됩니다. 확장하려는 클래스는 보이지 않는 암시적인 super 생성자 없이 컴파일되지 않습니다. 그러나 헬퍼 클래스를 final로 선언하면 암시적인 동작에 의존하지 않고 의도를 명확히 표현할 수 있습니다.

eachOf 설계

eachOf의 목표는 allOf 메서드와 거의 동일합니다. 두 메서드 모두 하나 이상의 CompletableFuture 인스턴스를 조정합니다. 그러나 eachOf는 결과를 관리하는 기능을 제공함으로써 한 단계 더 나아가고 있습니다. 이는 다음과 같은 요구 사항을 가지고 있습니다.

- allOf 메서드처럼 주어진 모든 인스턴스들을 포함하는 CompletableFuture를 반환합니다.
- 성공적으로 완료된 인스턴스들의 결과에 접근할 수 있게 합니다.

첫 번째 요구 사항은 allOf 메서드에 의해 충족됩니다. 그러나 두 번째 요구 사항은 주어진 인스턴스들을 개별적으로 검사하고 그 결과들을 집계하는 추가적인 로직을 필요로 합니다.

이전 단계가 어떤 방식으로든 완료된 후 로직을 실행하는 가장 간단한 방법은 thenApply 연산을 사용하는 것입니다.

```
public static
<T> CompletableFuture<List<T>> eachOf(CompletableFuture<T>... cfs) {
  return CompletableFuture.allOf(cfs)
                          .thenApply(???);
}
```

지금까지 책에서 배운 내용들을 활용하여, 성공적으로 완료된 CompletableFuture 인스턴스들의 결과를 집계하는 것은 스트림 데이터 처리 파이프라인을 만들어 수행할 수 있습니다.

이러한 파이프라인을 만드는 데 필요한 단계들을 살펴보겠습니다.

먼저, 스트림은 주어진 CompletableFuture<T> 인스턴스들에서 생성되어야 합니다. 이는 vararg 메서드의 인수이므로 배열에 해당합니다. vararg를 다룰 때 Arrays#stream(T[] arrays) 헬퍼 메서드를 사용해야 합니다.

```
Arrays.stream(cfs)
```

다음으로 성공적으로 완료된 인스턴스들을 필터링합니다. 인스턴스가 정상적으로 완료되었는지 직접적으로 확인할 수 있는 방법은 없지만, Predicate.not을 통해 정상적으로 완료되지 않은 상황을 확인할 수 있습니다.

```
Arrays.stream(cfs)
      .filter(Predicate.not(CompletableFuture::isCompletedExceptionally))
```

CompletableFuture에서 결과를 즉시 얻기 위한 두 가지 방법이 있습니다. 바로 get()과 join()입니다. 이 경우에는 join()이 더 바람직합니다. join()은 체크 예외를 발생시키지 않기 때문에 10장에서 논의된 것처럼 스트림 파이프라인을 단순화합니다.

```
Arrays.stream(cfs)
      .filter(Predicate.not(CompletableFuture::isCompletedExceptionally))
      .map(CompletableFuture::join)
```

join 메서드를 사용하기 때문에 결과를 기다리는 과정에서 일시적으로 스레드가 멈추긴 하지만, 필요한 모든 작업이 이미 완료된 상태에서 이루어지므로(allOf), 최종적으로는 원활하게 결과를 얻을 수 있습니다. 따라서 예외 처리를 통해 파이프라인의 안정성을 보장할 수 있습니다.

마지막으로, 결과들은 List<T>로 집계됩니다. 이는 collect 연산을 사용하거나 자바 16 이상을 사용하는 경우 Stream<T> 타입의 toList 메서드를 사용하여 수행할 수 있습니다.

```
Arrays.stream(cfs)
      .filter(Predicate.not(CompletableFuture::isCompletedExceptionally))
      .map(CompletableFuture::join)
      .toList();
```

이제, 스트림 파이프라인을 사용하여 thenApply 호출에서 결과를 수집할 수 있습니다. CompletableFutures와 eachOf 헬퍼 메서드의 전체적인 구현은 [예제 13-6]에서 확인할 수 있습니다.

예제 13-6 eachOf의 완전한 구현

```
public final class CompletableFutures {

  private final static Predicate<CompletableFuture<?>> EXCEPTIONALLY = ❶
    Predicate.not(CompletableFuture::isCompletedExceptionally);

  public static <T> CompletableFuture<List<T>> eachOf(CompletableFuture<T>... cfs) {
    Function<Void, List<T>> fn = unused -> ❷
      Arrays.stream(cfs)
            .filter(Predicate.not(EXCEPTIONALLY))
            .map(CompletableFuture::join)
            .toList();

    return CompletableFuture.allOf(cfs) ❸
                            .thenApply(fn);
  }

  private CompletableFutures() {
    // 기본 생성자 생략
  }
}
```

❶ 성공적인 완료를 확인하기 위한 Predicate는 특정 CompletableFuture 인스턴스에 국한되지 않으므로 final static 필드로 재사용 가능합니다.

❷ 결과를 수집하는 작업은 Function<Void, List<T>>로 구현되며, 이는 allOf의 반환 타입의 내부 타입과 각 eachOf 함수가 의도하는 반환 타입과 일치합니다.

❸ 단순히 기존의 allOf를 호출하고 결과 집계 파이프라인과 결합하는 간단한 작업입니다.

우리는 이제 결과에 쉽게 접근 가능해야 하는 특정 상황을 위해 allOf의 대안을 만들었습니다.

이 최종 구현체는 문제 해결을 위한 함수형 접근 방식을 보여주는 훌륭한 예입니다. 각각의 작업은 독립적으로 존재하며 자체적으로 사용될 수 있습니다. 이러한 작업들을 결합함으로써 더 작은 부분들로 구성된 복잡한 해결책을 만들어낼 수 있습니다.

CompletableFuture 헬퍼 개선하기

eachOf 메서드는 allOf의 개선된 방법으로 기대하는대로 작동합니다. 주어진 CompletableFuture 인수 중 어느 하나라도 실패하면 반환되는 CompletableFuture<List<T>> 또한 예외적으로 완료됩니다.

하지만 성공적으로 완료된 작업에만 관심이 있고 실패에 대해서는 신경 쓰지 않는 'fire& forget' 사용 사례도 있습니다. 실패한 CompletableFuture는 get 또는 유사한 메서드로 값을 추출하려고 시도할 때 예외를 발생시킵니다. 그래서 항상 성공적으로 완료되고 오직 성공적인 결과만 반환하는 eachOf를 기반으로 한 bestEffort 헬퍼 메서드를 추가해봅시다.

주요 목표는 eachOf와 거의 동일하지만 중요한 차이점이 있습니다. allOf 호출이 예외적으로 완료된 CompletableFuture<Void>를 반환하는 경우, 이를 복구해야 합니다. 예외적인 연산을 추가하여 예외 훅(hook)을 추가하는 것이 자연스러운 해결 방법입니다.

```
public static
<T> CompletableFuture<List<T>> bestEffort(CompletableFuture<T>... cfs) {
  Function<Void, List<T>> fn = ...; // 스트림 파이프라인에 변경 없음

  return CompletableFuture.allOf(cfs)
                          .exceptionally(ex -> null)
                          .thenApply(fn);
}
```

처음에는 exceptionally 람다 ex -> null이 조금 어색하게 느껴질 수 있습니다. 하지만 기본 메서드 시그니처를 살펴보면, 그 의도를 더 명확히 알 수 있습니다.

이 경우 exceptionally 연산은 예외를 발생시키는 대신 Void 타입의 값을 반환하여 CompletableFuture를 복구하기 위해 Function<Throwable, Void>를 필요로 합니다. 이는 null을 반환함으로써 달성됩니다. 그 후에 eachOf에서의 집계 스트림 파이프라인을 통해 결과를 모읍니다.

TIP 이와 같은 동작은 handle 연산을 사용하여 성공 또는 거부의 두 상태를 하나의 BiFunction에서 처리합니다. 상태를 별도의 단계로 처리하는 것이 더 읽기 쉬운 파이프라인을 만들 수 있습니다.

이제 공통된 로직을 공유하는 두 가지 헬퍼 메서드가 있으므로, 이들의 공통 로직을 별도의 메서드로 추출하는 것이 효율적일 수 있습니다. 이는 독립된 로직을 결합하여 더 복잡하고 완성된 작업을 생성하는 함수형 접근 방식의 기초입니다. CompletableFutures에 대한 리팩터링 구현은 [예제 13-7]에서 볼 수 있습니다.

예제 13-7 CompletableFutures 리팩터링

```
public final class CompletableFutures {

  private final static Predicate<CompletableFuture<?>> EXCEPTIONALLY = ❶
    Predicate.not(CompletableFuture::isCompletedExceptionally);

  private static <T> Function<Void, List<T>>
                   gatherResultsFn(CompletableFuture<T>... cfs) { ❷
    return unused -> Arrays.stream(cfs)
                           .filter(Predicate.not(EXCEPTIONALLY))
                           .map(CompletableFuture::join)
                           .toList();
  }

  public static
  <T> CompletableFuture<List<T>> eachOf(CompletableFuture<T>... cfs) { ❸
    return CompletableFuture.supplyAsync(restCall)
                            .thenApply(this::storeInCache);

  public static
  <T> CompletableFuture<List<T>> bestEffort(CompletableFuture<T>... cfs) { ❸
    return CompletableFuture.allOf(cfs)
                            .exceptionally(ex -> null)
                            .thenApply(gatherResultsFn(cfs));
  }
```

```
  private CompletableFutures() {
    // 기본 생성자 생략
  }
}
```

❶ Predicate는 변경되지 않았습니다.

❷ 결과 수집 로직은 일관된 처리를 보장하기 위해 private 팩토리 메서드로 리팩터링되었습니다. 이는 eachOf와 bestEffort 메서드에 모두 적용됩니다.

❸ 두 개의 public 헬퍼 메서드는 최소한으로 줄어들었습니다.

❹ 리팩터링된 CompletableFutures 헬퍼는 이전보다 훨씬 간결하고 강력해졌습니다. 공유 가능한 복잡한 로직은 전체 메서드에 걸쳐 일관된 동작을 하며, 호출자에게 의도한 기능을 명확하게 전달하기 위한 문서화를 최소화합니다.

13.4 수동 생성 및 수동 완료

인터페이스를 직접 구현하는 것 외에 Future 인스턴스를 생성하는 유일한 방법은 ExecutorService에 작업을 제출하는 것입니다. CompletableFuture의 정적 편의 팩토리 메서드인 runAsync나 supplyAsync는 매우 유사합니다. 이전 버전과는 달리 이러한 메서드들은 인스턴스를 생성하는 유일한 방법은 아닙니다.

13.4.1 수동 생성

CompletableFuture 타입은 인터페이스가 아니라 실제 구현체이기 때문에, 다음과 같이 불확실한 인스턴스를 생성하는 데 사용할 수 있는 생성자를 가지고 있습니다.

```
CompletableFuture<String> unsettled = new CompletableFuture<>();
```

하지만 연결된 작업이 없다면 이 인스턴스는 결코 완료되거나 실패하지 않습니다. 따라서 이런 종류의 작업은 수동으로 완료해야 합니다.

13.4.2 수동 완료

기존 CompletableFuture 인스턴스를 해결하고 연결된 파이프라인을 시작하는 몇 가지 방법이 있습니다.

- boolean complete(T value)
- boolean completeExceptionally(Throwable ex)

이러한 방법들은 호출이 단계를 예상된 상태로 전환할 때 true 값을 반환합니다.

자바 9에서는 정상적으로 완료된 단계에 대한 추가적인 complete 메서드가 도입되었으며, -Async 변형과 타임아웃 기반 메서드도 제공합니다.

- CompletableFuture<T> completeAsync(Supplier<T> supplier)
- CompletableFuture<T> completeAsync(Supplier<T> supplier, Executor executor)
- CompletableFuture<T> completeOnTimeout(T value, long timeout, TimeUnit unit)

-Async 변형은 새로운 비동기 작업에서 supplier의 결과로 현재 단계를 완료합니다.

다른 메서드인 completeOnTimeout은 단계가 제한 시간에 도달하기 전에 다른 방식으로 완료되지 않을 경우 주어진 값으로 현재 단계를 완료합니다.

새 인스턴스를 만들고 수동으로 완료하는 대신 이러한 static 편의 팩토리 메서드 중 하나를 사용하여 이미 완료된 인스턴스를 생성하는 것도 가능합니다.

- CompletableFuture<U> completedFuture(U value)
- CompletableFuture<U> failedFuture(Throwable ex) (자바 9+)

- `CompletionStage<U> completedStage(U value)` (자바 9+)
- `CompletionStage<U> failedStage(Throwable ex)` (자바 9+)

이미 완료된 future를 결합 연산에 사용하거나, 이후에 논의할 CompletableFutures 파이프라인의 시작점으로 사용할 수 있습니다.

13.4.3 수동으로 생성 및 완료된 인스턴스 활용 사례

CompletableFuture API는 여러 단계를 포함하는 비동기 작업 파이프라인을 쉽게 구성할 수 있게 해줍니다. 단계를 수동으로 생성하고 완료함으로써, 이후에 파이프라인이 어떻게 실행될지에 대해 세밀하게 제어할 수 있습니다. 예를 들어 이미 결과가 알려진 경우 작업을 시작하지 않고 우회할 수 있습니다. 또한 공통 작업에 대한 부분 파이프라인 팩토리를 만들 수도 있습니다.

몇 가지 활용 사례를 살펴보겠습니다.

CompletableFuture를 반환값으로 사용하기

CompletableFuture 타입은 비용이 많이 들고 시간이 오래 걸리는 작업에 대한 반환값으로 적합합니다.

예를 들어 REST API를 호출하여 WeatherInfo 객체를 반환하는 날씨 알림 서비스를 상상해 보세요. 날씨는 시간이 지남에 따라 변화하지만, 특정 장소의 WeatherInfo를 일정 시간 동안 캐시한 뒤, 새로운 REST 호출로 정보를 업데이트하는 것이 효율적일 수 있습니다.

REST 호출은 자연스럽게 더 많은 비용과 시간을 필요로 하며, 간단한 캐시 조회에 비해 현재 스레드를 더 오랫동안 차단할 수 있어, 수용 가능한 한계를 넘을 수 있습니다. CompletableFuture로 래핑하는 것은 현재 스레드에서 작업을 분리하는 간단한 방법을 제공하며, 이는 다음과 같은 일반적인 WeatherService의 단일 public 메서드로 구현됩니다.

```
public class WeatherService {

  public CompletableFuture<WeatherInfo> check(ZipCode zipCode) {
    return CompletableFuture.supplyAsync(
      () -> this.restAPI.getWeatherInfoFor(zipCode)
    );
  }
}
```

Optional<WeatherInfo>를 사용하면 나중에 각 부분을 연결하는 데 필요한 기능적 토대를 제공합니다. 캐시 메커니즘의 실제 구현은 이 예제의 목적과 의도에 중요하지 않습니다.

실제 API 호출도 더 작은 로직 단위로 리팩터링되어야 합니다. 이로 인해 한 개의 public 메서드와 세 개의 독립적인 private 연산이 생성됩니다. 결과를 캐시에 저장하는 로직은 CompletableFuture 연산인 Completable Future<WeatherInfo>로 추가할 수 있으며, 이를 toreInCache 메서드와 함께 thenApply를 사용하여 수행합니다.

```
public class WeatherService {

  private Optional<WeatherInfo> cached(ZipCode zipCode) {
    // ...
  }

  private WeatherInfo storeInCache(WeatherInfo info) {
    // ...
  }

  // ...
}
```

이제 모든 부분을 결합하여 캐싱된 날씨 서비스를 제공하는 작업을 완성할 수 있습니다. 이는 [예제 13-8]에서 볼 수 있습니다.

예제 13-8 CompletableFutures를 사용한 캐시된 날씨 서비스

```
public class WeatherService {

  private Optional<WeatherInfo> cacheLookup(ZipCode zipCode) { ❶
    // ...
  }

  private WeatherInfo storeInCache(WeatherInfo info) {   ❶
    // ...
  }

  private CompletableFuture<WeatherInfo> restCall(ZipCode zipCode) { ❷
    Supplier<WeatherInfo> restCall = () -> this.restAPI.getWeatherInfoFor(zipCode);

    return CompletableFuture.supplyAsync(restCall)
                            .thenApply(this::storeInCache);
  }

  public CompletableFuture<WeatherInfo> check(ZipCode zipCode) { ❸
  return cacheLookup(zipCode).map(CompletableFuture::completedFuture) ❹
                             .orElseGet(() -> restCall(zipCode)); ❺
  }
}
```

❶ 캐시를 조회하는 cacheLookup 메서드는 Optional<WeatherInfo>를 반환하여 유연하고 기능적인 출발점을 제공합니다. storeInCache 메서드는 저장된 WeatherInfo 객체를 메서드 참조로 활용할 수 있도록 반환합니다.

❷ restCall 메서드는 REST 호출을 결합하고 결과가 성공적으로 완료되면 이를 캐시에 저장합니다.

❸ check 메서드는 캐시를 먼저 확인하고 다른 메서드를 결합합니다.

❹ WeatherInfo가 캐시에서 발견되면 이미 완료된 CompletableFuture<WeatherInfo>를 즉시 반환합니다.

❺ 객체가 발견되지 않으면 반환된 빈 Optional<WeatherInfo>에 대한 orElseGet 호출이 restCall 메서드를 느긋하게 실행합니다.

이런 방식으로 CompletableFutures와 Optionals을 결합하는 주요 이점은, 호출하는 측에서 데이터가 REST를 통해 로드되는지 또는 캐시에서 바로 오는지 같은 과정을 신경 쓸 필요가 없다는 것입니다. 각 private 메서드는 효율적으로 단일 작업을 처리하며, 유일한 public 메서드는 이들을 비동기 작업 파이프라인으로 결합하여 필수적인 경우에만 비용이 많이 드는 작업을 수행합니다.

보류 중인 CompletableFuture 파이프라인

보류 중인 CompletableFuture 인스턴스는 어떤 상태로도 스스로 완료되지 않습니다. 최종 연산이 연결될 때까지 데이터 처리를 시작하지 않는 스트림과 유사하게, CompletableFuture 작업 파이프라인은 첫 번째 단계가 완료될 때까지 어떠한 작업도 수행하지 않습니다. 이러한 특성으로 인해 복잡한 작업 파이프라인의 첫 번째 단계나 추후에 발생할 요구에 따라 실행될 사전 정의 작업을 위한 기반으로 완벽하게 활용될 수 있습니다.

이미지 파일 처리를 한다고 상상해보세요. 실패할 가능성이 있는 여러 독립적인 단계들이 포함되어 있습니다. [예제 13-9]에서 보여지는 것처럼 파일들을 직접 처리하는 대신 미확정 상태의 CompletedFuture 인스턴스를 제공하는 팩토리가 있습니다.

예제 13-9 미확정 상태의 CompletableFutures를 활용한 이미지 프로세서 설계

```
public class ImageProcessor {

  public record Task(CompletableFuture<Path> start, ❶
                     CompletableFuture<InputStream> end) {
    // 바디 생략
  }
```

```java
  public Task createTask(int maxHeight,
                         int maxWidth,
                         boolean keepAspectRatio,
                         boolean trimWhitespace) {
    var start = new CompletableFuture<Path>(); ❷

    var end = unsettled.thenApply(...) ❸
                       .exceptionally(...)
                       .thenApply(...)
                       .handle(...);
    return new Task(start, end); ❹
  }
}
```

❶ 호출자는 파이프라인을 시작하기 위해 미확정 상태인 첫 단계에 접근해야 하며 최종 결과에 접근하기 위한 단계도 필요합니다.

❷ 반환된 CompletableFuture 인스턴스의 제네릭 타입은 호출자가 실제로 파이프라인을 실행할 때 제공해야 하는 타입과 일치해야 합니다. 이 경우 이미지 파일의 경로가 사용됩니다.

❸ 작업 파이프라인은 미확정 상태의 인스턴스로 시작하여 처리가 필요한 작업들을 느긋하게 추가할 수 있습니다.

❹ Task 레코드는 첫 번째와 마지막 단계에 쉽게 접근할 수 있도록 반환됩니다.

작업 파이프라인을 실행하는 과정은 첫 번째 단계인 start에서 complete 메서드 중 하나를 호출하는 것부터 시작합니다. 그 후 마지막 단계를 통해 잠재적인 결과를 얻을 수 있습니다. 다음 코드를 확인해주세요.

```java
// 느긋한 작업 생성하기
var task = this.imageProcessor.createTask(800, 600, false, true);

// 작업 실행하기
var path = Path.of("a-functional-approach-to-java/cover.png");
task.start().complete(path);
```

```
// 결괏값에 접근하기
var processed = task.end().get();
```

스트림 파이프라인이 최종 연산 없이 여러 항목에 대한 느긋한 처리 파이프라인을 구성하는 것처럼, 보류 중인 CompletableFuture 파이프라인은 단일 항목에 대한 느긋한 작업 파이프라인을 형성합니다.

13.5 스레드 풀과 타임 아웃의 중요성

동시성 프로그래밍에서 타임아웃과 스레드 풀은 무시할 수 없는 중요한 요소입니다.

기본적으로 모든 -Async 작업은 JDK의 공통 ForkJoinPool을 사용합니다. 이 스레드 풀은 런타임 설정에 기반한 합리적인 기본값[3]을 가지고 최적화되어 있습니다. 이름에서 알 수 있듯이, '공통' 풀은 병렬 스트림처럼 JDK의 다른 부분에서도 사용되는 공유 풀입니다. 그러나 병렬 스트림과는 다르게 비동기 작업에서는 사용자 정의 Executor를 사용할 수 있어 공통 풀에 영향을 주지 않으면서 사용자의 요구 사항[4]에 맞는 스레드 풀을 사용할 수 있습니다.

CAUTION 데몬 스레드

ForkJoinPool을 통해 스레드를 사용하는 것과, 사용자가 Executor를 통해 생성한 스레드 사이에는 주요한 차이점이 있습니다. 바로, 메인 스레드를 넘어서 살아남을 수 있는 능력에 있습니다. 일반적으로 사용자가 생성한 스레드는 데몬 스레드가 아니기 때문에 메인 스레드가 모든 작업을 마친 후에도 JVM이 종료되는 것을 막고 계속 살아남을 수 있습니다. 반면 ForkJoinPool을 통해 사용되는 스레드는 메인 스레드와 함께 종료될 수 있습니다. 이 주제에 대한 더 자세한 정보는 Java Champion A N M Bazlur Rahman의 블로그 글[5]을 참조하세요.

---

3 ForkJoinPool의 기본 설정과, 이를 변경하는 방법은 해당 문서(*https://oreil.ly/NhI-b*)를 확인해주세요.

4 『자바 병렬 프로그래밍』(에이콘출판사, 2008)에서는 스레드 풀이 어떻게 작동하고 최적으로 사용되는지에 대해 상세히 소개합니다. 특히 2부 8장 '스레드 풀 적용하기'에 참고하면 좋습니다.

5 *https://oreil.ly/_0ej3*

작업을 가장 효율적인 스레드에서 실행하는 것은 문제 해결의 절반입니다. 타임아웃에 대해 생각하는 것이 나머지 절반에 해당합니다. 완료되지 않거나 타임아웃되지 않는 CompletableFuture은 영원히 대기 상태로 남아 스레드를 차단하게 될 것입니다. 예를 들어 get 메서드를 호출해 그 값을 검색할 때 현재 스레드 역시 차단됩니다. 적절한 타임아웃을 설정하는 것은 영원히 차단되는 스레드 만드는 것을 예방하는 데 도움이 됩니다.

그러나 타임아웃을 사용한다는 것은 TimeoutException도 처리해야 한다는 것을 의미합니다.

이를 위해 사용 가능한 다양한 중간 및 최종 연산들이 있으며, [표 13-4]를 참고해주세요.

표 13-4 타임아웃 관련 연산

메서드 시그니처	활용 사례
CompletableFuture<T> completeOnTimeout(T value, long timeout, TimeUnit unit)	타임아웃에 도달한 후, 제공된 값으로 단계를 정상적으로 완료합니다. (자바 9+)
CompletableFuture<T> orTimeout(long timeout, TimeUnit unit)	타임아웃에 도달한 후, 단계를 예외적으로 완료합니다. (자바 9+)
T get(long timeout, TimeUnit unit)	현재 스레드를 계산이 완료될 때까지 차단합니다. 만약 타임아웃에 도달하면 TimeoutException을 발생시킵니다.

중간 연산인 completeOnTimeout과 orTimeout은 CompletableFuture 파이프라인의 어느 위치에서든 타임아웃을 처리할 수 있는 인터셉터와 같은 기능을 제공합니다.

타임아웃의 대체 방안으로, boolean cancel(boolean mayInterruptIfRunning)을 호출하여 실행 중인 단계를 취소할 수 있습니다. 이 방법은 미결 상태의 단계와 그에 종속된 항목들을 취소하므로, 올바른 단계를 취소하기 위해서는 현재 상황을 추적하고 조정하는 것이 필요할 수 있습니다.

13.6 비동기 작업에 대한 고찰

비동기 프로그래밍은 우수한 성능과 반응성을 끌어내기 위한 동시성 프로그래밍의 핵심 요소입니다. 그러나 비동기 코드의 실행을 이해하는 것은 다소 어려울 수 있습니다. 어떤 작업이 언제, 어떤 스레드에서 실행될지 명확하지 않기 때문입니다.

자바에서 다양한 스레드를 조율하는 것은 새로운 개념이 아닙니다. 이 과정은 번거롭고, 특히 다중 스레드 프로그래밍에 익숙하지 않다면 효율적으로 사용하기 어려울 수 있습니다. 바로 이런 상황에서 CompletableFuture API가 큰 역할을 합니다. 이 API는 복잡한 비동기 작업, 여러 단계를 포함하는 작업의 생성과 조정을 일관되며 사용하기 쉬운 API로 결합합니다. 이를 통해 이전보다 훨씬 쉽게 비동기 프로그래밍을 코드에 적용할 수 있습니다. 또한 다중 스레드 프로그래밍에 필요한 보일러플레이트와 '안전 장치'가 필요하지 않게 됩니다.

그러나 모든 프로그래밍 기술과 마찬가지로, 비동기 프로그래밍을 적용하기 가장 적합한 상황이 존재합니다. 무분별하게 사용하게 될 경우에는 오히려 의도한 목표와 반대되는 상황을 초래할 수 있습니다.

비동기 작업은 다음과 같은 경우에 적합합니다.

- 많은 작업을 동시에 수행해야 하며 그중 적어도 하나는 진행이 가능한 상태
- 무거운 I/O, 장기적인 계산, 네트워크 호출 또는 다른 차단 작업을 수행하는 작업
- 작업들이 대체로 독립적이며 다른 작업이 완료되기를 기다릴 필요가 없는 경우

`CompletableFuture` 타입과 같은 고수준 추상화를 사용함에도 불구하고, 다중 스레드는 효율성을 위해 코드의 간결성을 희생합니다.

8장에서 언급된 병렬 스트림 API와 같은 다른 고수준의 동시성 또는 병렬 API처럼 여러 스레드를 조정하는 데에는 숨겨진 비용이 듭니다. 이러한 API는 모든 상황에 대한 만병통치약이 아니라, 사용 가능한 자원을 보다 효율적으로 활용하기 위한 최적화 기법으로 신중하게 선택되어야 합니다.

다중 스레드 환경을 안전하게 다루는 방법에 대해 더 자세히 알고 싶다면 오라클의 자바 언어 아키텍트인 브라이언 게츠의 저서 『자바 병렬 프로그래밍』(에이콘출판사, 2008)을 추천합니다. 2006년(원서 출간 연도)에 출간된 이후 많은 새로운 동시성 기능들이 도입되었음에도 불구하고 여전히 동시성 프로그래밍에 대한 필독서로 여겨집니다.

핵심 요약

- 자바 5에서는 비동기 작업의 최종 결과를 담을 수 있는 컨테이너 타입으로 Future 타입을 도입했습니다.
- CompletableFuture API는 기존의 Future 타입을 발전시켜, 이전에는 사용할 수 없었던 다양하고 바람직한 기능들을 제공합니다. 이 API는 선언적이고, 반응적이며 람다 기반의 70개 이상의 메서드를 가지고 있습니다.
- 작업들은 쉽게 연결되거나 더 복잡한 파이프라인으로 합쳐질 수 있으며, 필요에 따라 각각의 작업이 새로운 스레드에서 실행됩니다.
- 예외 처리는 일급 객체이며 스트림 API와 달리 함수형 호출 내에서 복구할 수 있습니다.
- CompletableFuture 인스턴스는 기존 값으로 스레드나 다른 조정 없이 수동으로 생성할 수 있습니다. 또한 요구 사항에 따라 연결된 작업을 시작할 수 있는 보류pending 인스턴스로 생성할 수 있습니다.
- CompletableFuture API가 동시성 도구이므로 타임아웃과 스레드 풀 같은 일반적인 동시성 관련 사항과 문제들을 고려해야 합니다. 병렬 스트림과 같이 작업을 비동기적으로 실행하는 것은 단지 최적화 기술로 여겨야 하며, 반드시 우선적으로 적용해야 할 사항은 아닙니다.

CHAPTER 14

함수형 디자인 패턴

함수형 프로그래밍에서 객체 지향 디자인 패턴에 대한 답은 보통 '함수를 사용하세요'입니다. 이는 기술적으로는 옳은 말이며, 함수형 프로그래밍에서는 **'거북이는 언제나 거기에 있다**turtles all the way down**'**[1]입니다. 그러나 객체 지향 사고방식을 갖고 있으면서 코드에 함수형 원칙을 통합하고자 할 때는 보다 더 실용적인 지침이 필요합니다.

이 장에서는 '갱 오브 포Gang of Four'[2]가 설명한 일반적인 객체 지향 디자인 패턴 중 일부를 살펴보고, 함수형 접근 방식이 어떻게 이러한 패턴에 이점을 제공할 수 있는지 살펴보겠습니다.

14.1 디자인 패턴이란?

문제를 해결할 때마다 새로운 방법을 찾을 필요는 없습니다. 이미 많은 문제가 해결되었거나 적어도 적합한 해결 방안이 디자인 패턴의 형태로 존재합니다. 비록 여러분이 인지하지 못했더라도 자바 개발자라면 이미 한 가지 이상의 객체 지향 디자인 패턴을 사용하거나 접해본 경

1 '거북이는 언제나 거기에 있다(turtles all the way down)'라는 표현은 무한한 회귀나 반복적인 구조를 나타내며, 각 구성 요소가 그 이전 구성 요소에 의존하거나 생성되는 현상을 의미합니다. 함수형 디자인 철학에서도 재귀적인 원칙은 중요합니다.

2 에릭 감마(rich Gamma), 리차드 헬름(Richard Helm), 랄프 존슨(Ralph Johnson), 존 블리사이드스(John Vlissides)는 『Design Patterns』(Addison-Wesley, 1994)를 쓴 저자입니다. 역서로는 『GoF의 디자인 패턴』(프로텍미디어, 2015)가 있습니다.

험이 있을 것입니다.

본질적으로 객체 지향 디자인 패턴은 일반적인 문제 해결을 위해 테스트되고 검증되어 있으며 형식화되어 반복적으로 적용 가능합니다.

'갱 오브 포'는 그들이 설명한 패턴들을 세가지 주요 그룹으로 분류했습니다.

행동 패턴

객체 간 책임과 통신을 다루는 방법입니다.

생성 패턴

객체 생성/인스턴스화 프로세스를 추상화하여 객체를 생성, 구성, 표현하는 데 도움을 주는 방법입니다.

구조 패턴

객체들을 조합하여 더 크거나 강화된 객체를 만드는 방법입니다.

디자인 패턴은 특정 문제에 적용하는 개념들을 포함하여 지식을 공유하기 위한 일반적인 체계입니다. 따라서 모든 언어나 접근 방식이 모든 패턴에 적합한 것은 아닙니다. 특히 함수형 프로그래밍에서는 많은 문제가 '그냥 함수 just function' 이외의 특정 패턴을 필요로 하지 않습니다.

14.2 (함수형) 디자인 패턴

다음으로, 널리 사용되는 네 가지 객체 지향 디자인 패턴과, 그것들을 함수형으로 접근하는 방법을 소개합니다.

- 팩토리 패턴 (생성 패턴)
- 데코레이션 패턴 (구조 패턴)
- 전략 패턴 (행동 패턴)
- 빌더 패턴 (생성 패턴)

14.2.1 팩토리 패턴

팩토리 패턴factory pattern은 **생성 패턴**creational pattern 중 하나에 속합니다. 이 패턴의 목적은 **팩토리**factory를 사용하여 객체를 **생성하는 방법**의 세부 사항을 드러내지 않고 객체의 인스턴스를 생성하는 것입니다.

객체 지향 접근 방식

팩토리 패턴을 구현하는 방법은 다양합니다. 예를 들어 모든 객체가 공통 인터페이스를 가지며, 열거형(enum)이 원하는 객체 타입을 식별하는 역할을 맡는 경우가 있습니다.

```
public interface Shape {
  int corners();
  Color color();
  ShapeType type();
}

public enum ShapeType {
  CIRCLE,
  TRIANGLE,
  SQUARE,
  PENTAGON;
}
```

도형(Shape)은 색상(Color)만을 필요로 하는 레코드로 표현되며, 다른 속성을 직접 추론할 수 있습니다. 간단한 원(Circle) 레코드는 다음과 같습니다.

```
public record Circle(Color color) implements Shape {

  public int corners() {
    return 0;
  }

  public ShapeType type() {
    return ShapeType.CIRCLE;
  }
}
```

도형(Shape) 팩토리는 원하는 인스턴스를 생성하기 위해 타입(type)과 색상(color)을 받아야 합니다. 이는 다음과 같이 구현될 수 있습니다.

```
public class ShapeFactory {

  public static Shape newShape(ShapeType type,
                               Color color) {
    Objects.requireNonNull(color);

    return switch (type) {
      case CIRCLE -> new Circle(color);
      case TRIANGLE -> new Triangle(color);
      case SQUARE -> new Square(color);
      case PENTAGON -> new Pentagon(color);
      default -> throw new IllegalArgumentException("Unknown type: " + type);
    };
  }
}
```

지금까지의 코드를 살펴보면 이 패턴에는 네 가지 주요 부분을 확인할 수 있습니다.

- 공통 인터페이스(interface) Shape
- 도형을 식별하는 열거형(enum) ShapeType
- 도형의 구체적인 구현(보여지지 않음)
- 타입(type)과 색상(color)을 기반으로 도형을 생성하는 ShapeFactory

이러한 부분들은 상호의존적이며 이는 자연스러운 일입니다. 하지만 팩토리와 열거형(enum) 간의 상호의존성은 전체 접근 방식을 변경에 취약하도록 만듭니다. 새로운 ShapeType이 추가되면 팩토리는 이를 고려해야 합니다. 그렇지 않으면 구체적인 구현 타입이 존재하더라도 switch 문의 default 케이스에서 IllegalArgumentException이 발생할 수 있습니다.

> **NOTE** 모든 케이스를 다루고 있기 때문에, default 케이스가 반드시 필요하지는 않습니다. 이는 ShapeType과 ShapeFactory 간의 의존성을 보여주고 이를 완화하는 방법을 설명하기 위해 사용했습니다.

팩토리의 취약성을 줄이기 위해 컴파일 시간 검증을 도입함으로써 함수형 접근 방식을 사용할 수 있습니다.

더 함수적인 접근 방식

이 예제에서는 Color라는 단일 인수를 필요로 하는 매우 간단한 레코드를 생성합니다. 이러한 생성자들은 '팩토리'를 직접 enum으로 구현할 수 있는 가능성을 제공하므로, 새로운 도형이 추가될 때마다 자동으로 팩토리 함수를 요구할 수 있습니다.

자바의 enum 타입은 상수의 이름에 기반하지만, 각 상수에 특정 값을 부여할 수 있습니다. 이 경우에는 Function<Color, Shape> 값의 형태로 객체를 생성하기 위한 팩토리 함수입니다.

```
public enum ShapeType {
  CIRCLE,
```

```
  TRIANGLE,
  SQUARE,
  PENTAGON;

  public final Function<Color, Shape> factory;

  ShapeType(Function<Color, Shape> factory) {
    this.factory = factory;
  }
}
```

이제 코드는 더 이상 컴파일되지 않습니다. 상수 선언이 추가적인 Function<Color, Shape>를 필요로 하기 때문입니다. 다행히도 도형(Shape)의 생성자는 메서드 참조로 사용될 수 있어, 팩토리 메서드에 대한 간결한 코드를 작성할 수 있습니다.

```
public enum ShapeType {
  CIRCLE(Circle::new),
  TRIANGLE(Triangle::new),
  SQUARE(Square::new),
  PENTAGON(Pentagon::new);

  // ...
}
```

이 enum은 각 상수에 할당된 값으로, 구체적인 생성 메서드를 얻었습니다. 이렇게 함으로써 HEXAGON과 같은 미래에 추가될 항목에 대해 적절한 팩토리 메서드를 제공해야 하며 컴파일러가 이를 강제하기 때문에 누락될 가능성을 없애줍니다.

이제 남은 것은 새 인스턴스를 만드는 것뿐입니다. 단순히 factory 필드와 그 SAM accept(Color color)를 직접 사용할 수도 있으나 정합성 검사를 위해 추가적인 메서드를 사용하는 것이 더 바람직합니다.

```
public enum ShapeType {

  // ...

  public Shape newInstance(Color color) {
    Objects.requireNonNull(color);
    return this.factory.apply(color);
  }
}
```

이제 새로운 Shape 인스턴스를 생성하는 것이 매우 쉬워졌습니다.

```
var redCircle = ShapeType.CIRCLE.newInstance(Color.RED);
```

전용 인스턴스 생성 메서드가 있어서 public 필드 factory가 불필요해 보입니다. 이 방식은 도형 생성 과정을 기록하기 위해 더 함수적인 방식으로 팩토리와 상호작용하는 방법을 제공합니다.

```
Function<Shape, Shape> cornerPrint =
  shape -> {
    System.out.println("Shape created with " + shape.corners() + " corners.");
    return shape;
  };

ShapeType.CIRCLE.factory.andThen(cornerPrint)
                        .apply(Color.RED);
```

팩토리를 enum과 결합함으로써, 어떤 팩토리 메서드를 사용할지 결정하는 과정이 ShapeType과 직접 연결된 팩토리 메서드로 대체됩니다. 이제 자바 컴파일러는 enum에 새로운 항목이 추가될 때마다 팩토리를 구현하도록 강제합니다.

이러한 접근 방식은 보일러플레이트를 줄이고 추후 확장성에 대한 컴파일 시간의 안전성을 높여줍니다.

14.2.2 데코레이션 패턴

데코레이션 패턴decorator pattern은 객체의 동작을 런타임에서 변경할 수 있도록 하는 구조 패턴입니다. 하위 클래스를 생성하는 대신 객체는 원하는 동작을 포함하는 '데코레이터decorator'에 의해 감싸집니다.

객체 지향 접근 방식

데코레이션 패턴을 객체 지향적으로 구현하기 위해서는, 데코레이터가 '장식'하려는 타입과 동일한 인터페이스를 공유해야 합니다. 새로운 데코레이터를 쉽게 작성하기 위해 공유 인터페이스를 구현하는 추상 클래스가 데코레이터의 기본 틀로 사용됩니다.

커피를 준비하기 위한 단일 메서드를 갖춘 커피 메이커를 상상해보세요. 이를 위한 공유 인터페이스와 그 구체적인 구현은 다음과 같습니다.

```
public interface CoffeeMaker {
  List<String> getIngredients();
  Coffee prepare();
}

public class BlackCoffeeMaker implements CoffeeMaker {

  @Override
  public List<String> getIngredients() {
    return List.of("Robusta Beans", "Water");
  }
```

```java
    @Override
    public Coffee prepare() {
      return new BlackCoffee();
    }
  }
```

우리의 목표는 커피 메이커에 우유나 설탕을 추가하는 등의 기능을 데코레이터를 통해 만드는 것입니다. 이를 위해 데코레이터는 커피메이커를 인수로 받아 prepare 메서드를 보완해야 합니다. 간단한 공유 추상 메서드는 다음과 같이 표현할 수 있습니다.

```java
public abstract class Decorator implements CoffeeMaker { ❶

  private final CoffeeMaker target;

  public Decorator(CoffeeMaker target) { ❷
    this.target = target;
  }

  @Override
  public List<String> getIngredients() { ❸
    return this.target.getIngredients();
  }

  @Override
  public Coffee prepare() { ❸
    return this.target.prepare();
  }
}
```

❶ Decorator는 CoffeeMaker를 상속하므로 대체 가능합니다.

❷ 생성자는 장식되어야 할 원래의 CoffeeMaker 인스턴스를 받습니다.

❸ getIngredients와 prepare 메서드는 장식된 CoffeeMaker을 단순히 호출하므로, 실제 데코레이터는 super 호출을 통해 '원래의' 결과를 얻을 수 있습니다.

추상 Decorator 타입은 CoffeeMaker를 장식하는 데 필요한 최소한의 기능을 하나의 타입으로 만든 것입니다. 이를 통해 커피에 스팀 우유를 추가하는 것이 간단해졌습니다. [예제 14-1]에서 볼 수 있듯이 이제 우유갑(MilkCarton)만 있으면 됩니다.

예제 14-1 데코레이터를 활용한 우유 추가

```
public class AddMilkDecorator extends Decorator {

  private final MilkCarton milkCarton;

  public AddMilkDecorator(CoffeeMaker target,
                          MilkCarton milkCarton) { ❶
    super(target);
    this.milkCarton = milkCarton;
  }

  @Override
  public List<String> getIngredients() { ❷
    var newIngredients = new ArrayList<>(super.getIngredients());
    newIngredients.add("Milk");
    return newIngredients;
  }

  @Override
  public Coffee prepare() { ❸
    var coffee = super.prepare();
    coffee = this.milkCarton.pourInto(coffee);
    return coffee;
  }
}
```

❶ 생성자는 필요한 모든 요소를 받아들여야 하므로 CoffeeMaker뿐만 아니라 MilkCarton도 필요합니다.

❷ 데코레이터는 우선 super를 호출하여 결과를 변경 가능합니다. 그다음 우유를 기존에 사용한 재료 목록에 추가해서 getIngredients 메서드 호출에 연결합니다.

❸ prepare 메서드 호출 역시, super를 통해 원래 목적을 수행하고 결과로 나온 커피에 우유를 '장식'으로 추가합니다.

이제 카페 콘 레체café con leche[3]를 만드는 것이 매우 쉬워졌습니다.

```
CoffeeMaker coffeeMaker = new BlackCoffeeMaker();

CoffeeMaker decoratedCoffeeMaker = new AddMilkDecorator(coffeeMaker,
                                                        new MilkCarton());

Coffee cafeConLeche = decoratedCoffeeMaker.prepare();
```

데코레이션 패턴은 구현하기 매우 쉽습니다. 하지만 커피에 우유를 넣기 위해 상당히 많은 코드가 필요합니다. 커피에 설탕도 추가하고 싶다면 또 다른 보일러플레이터 코드를 포함하는 데코레이터를 만들어야 하며 이미 장식된 CoffeeMaker를 다시 감싸야 합니다.

```
CoffeeMaker coffeeMaker = new BlackCoffeeMaker();

CoffeeMaker firstDecorated = new AddMilkDecorator(coffeeMaker,
                                                  new MilkCarton());

CoffeeMaker lastDecorated = new AddSugarDecorator(firstDecorated);
```

데코레이터를 생성하고 여러 데코레이터를 사용하는 과정을 더 간단하게 만들 수 있는 방법이 필요합니다.

함수의 합성을 사용하는 방법을 살펴보겠습니다.

---

3 카페 콘 레체는 스페인과 라틴 아메리카에서 인기 있는 커피입니다. 이름 그대로 '우유를 곁들인 커피'라는 뜻입니다. 예시로 '플랫 화이트'를 사용하지 않은 이유는, 우유를 먼저 스팀하지 않았기 때문입니다.

더 함수적인 접근 방식

보다 함수적인 접근으로 리팩터링을 시작하는 첫 단계는, 실제로 무슨 일이 일어나고 있는지 분석하는 것입니다. 데코레이터 패턴은 개선 가능한 두 가지 부분으로 구성되어 있습니다.

- 하나 이상의 데코레이터로 CoffeeMaker를 장식하는 것
- Decorator 자체를 생성하는 것

'어떻게 장식할 것인지'에 대한 첫 번째 부분은 기존의 CoffeeMaker를 가져와서 '어떤 방식으로든' 새로운 행동을 추가하고, 이를 대체할 새로운 CoffeeMaker를 반환하는 것으로 요약됩니다. 본질적으로 이 과정은 Function<CoffeeMaker, CoffeeMaker>와 같은 형태로 볼 수 있습니다.

이전과 마찬가지로, 로직은 편의 타입의 정적 고차 메서드로 구성됩니다. 이 메서드는 CoffeeMaker와 데코레이터를 받아서 함수의 합성을 통해 둘을 결합합니다.

```
public final class Barista {

  public static
  CoffeeMaker decorate(CoffeeMaker coffeeMaker,
                       Function<CoffeeMaker, CoffeeMaker> decorator) {
    return decorator.apply(coffeeMaker);
  }

  private Barista() {
    // 기본 생성자 생략
  }
}
```

Barista 클래스에는 실제로 데코레이션 과정을 수행하기 위한 인수로 Function<CoffeeMaker, CoffeeMaker>를 받는 decorate 메서드가 있습니다. 데코레이션은 이제 더 함수적으로 느껴지지만 여러 데코레이터를 사용할 때 단일 함수만 받아들이는 것은 여전히 번거로

운 작업입니다.

```
CoffeeMaker decoratedCoffeeMaker =
  Barista.decorate(new BlackCoffeeMaker(),
                   coffeeMaker -> new AddMilkDecorator(coffeeMaker,
                                                        new MilkCarton()));

CoffeeMaker finalCoffeeMaker =
  Barista.decorate(decoratedCoffeeMaker,
                   AddSugarDecorator::new);
```

다행히 6장에서 이야기한 것처럼 연속된 여러 요소를 처리할 수 있는 함수형 API가 있습니다. 바로 스트림Stream입니다.

데코레이션 과정은 사실상 **축소**reduction 과정이며 원래의 CoffeeMaker를 초기값으로 사용하고 Function<CoffeeMaker, CoffeeMaker>가 이전 값을 받아 새로운 CoffeeMaker를 생성합니다. 따라서 데코레이션 과정은 [예제 14-2]와 같은 모습을 하게 됩니다.

예제 14-2 축소를 통한 다중 데코레이션

```
public final class Barista {

  public static
  CoffeeMaker decorate(CoffeeMaker coffeeMaker, ❶
                       Function<CoffeeMaker, CoffeeMaker>... decorators) {
    Function<CoffeeMaker, CoffeeMaker> reducedDecorations = ❷
      Arrays.stream(decorators)
            .reduce(Function.identity(),
                    Function::andThen);

    return reducedDecorations.apply(coffeeMaker); ❸
  }
}
```

❶ decorate 메서드는 장식해야 할 원래의 CoffeeMaker를 받습니다. 그러나 가변 인수(vararg) 덕분에 여러 개의 장식을 제공할 수 있습니다.

❷ 데코레이션들은 Stream<Function<CoffeeMaker, CoffeeMaker>>을 사용해 배열로부터 스트림을 생성하고 각각을 결합하여 모든 요소를 하나의 Function<CoffeeMaker, CoffeeMaker>로 축소합니다.

❸ 마지막으로 축소된 단일 데코레이션은 CoffeeMaker와 결합됩니다.

여러 함수형 기술과 유사한 방법들을 결합함으로써 이제 카페 콘 레체를 만드는 과정이 훨씬 간단해졌습니다.

```
CoffeeMaker decoratedCoffeeMaker =
  Barista.decorate(new BlackCoffeeMaker(),
                   coffeeMaker -> new AddMilkDecorator(coffeeMaker,
                                                       new MilkCarton()));
CoffeeMaker finalCoffeeMaker =
  Barista.decorate(decoratedCoffeeMaker,
                   AddSugarDecorator::new);
```

데코레이션 과정은 데코레이터를 하나씩 중첩시키는 방법보다 개선된 접근법으로, 단일 호출로 간소화됩니다. 함수를 활용하여 데코레이터의 생성 과정 역시 개선할 수 있습니다.

람다나 메서드 참조를 사용하여 직접 Function<CoffeeMaker, CoffeeMaker> 형태의 데코레이터를 만드는 대신, 다른 편의 타입을 사용하여 이들을 그룹화할 수 있습니다. 이 방법을 사용하면 데코레이터의 구체적인 타입을 공개할 필요가 없어지며, CoffeeMaker와 MailCarton 같은 추가 재료에만 집중할 수 있습니다.

다음 코드에서 보이듯, 정적 팩토리 메서드를 갖춘 Decorations 편의 타입을 구현하는 것은 매우 간단합니다.

```
public final class Decorations {

  public static
```

```java
  Function<CoffeeMaker, CoffeeMaker> addMilk(MilkCarton milkCarton) {
    return coffeeMaker -> new AddMilkDecorator(coffeeMaker, milkCarton);
  }

  public static Function<CoffeeMaker, CoffeeMaker> addSugar() {
    return AddSugarCoffeeMaker::new;
  }

  // ...
}
```

모든 재료는 하나의 타입을 통해 사용 가능하며 호출자는 각 메서드의 인수 외에 실제 구현이나 요구 사항을 알 필요가 없습니다. 이 방식을 사용하면 커피에 데코레이션을 추가할 때 더 간결하고 효율적인 호출 방식을 사용할 수 있습니다.

```java
CoffeeMaker maker = Barista.decorate(new BlackCoffeeMaker(),
                                     Decorations.addMilk(milkCarton),
                                     Decorations.addSugar());
var coffee = maker.prepare();
```

함수형 접근 방식의 주요 장점은 명시적인 중첩과 구체적인 구현 타입을 드러내지 않아도 된다는 것입니다. 추가적인 타입과 반복되는 보일러플레이트 코드로 패키지를 채우는 대신, 이미 JDK에 존재하는 함수형 인터페이스를 사용하여 동일한 결과를 더 간결한 코드로 만들 수 있습니다. 관련된 코드를 함께 그룹화해야 하므로 연관된 기능들은 하나의 파일에 위치해야 합니다. 더 나은 계층 구조를 만들기 위해 파일을 분할할 수도 있지만 반드시 그래야 하는 것은 아닙니다.

14.2.3 전략 패턴

전략 패턴strategy pattern은 행동 패턴에 속합니다. 대부분의 객체 지향 설계에서 중요한 **개방 폐쇄**

의 원칙 Open-Closed Principle[4]에 따라 다양한 시스템들은 구체적인 구현보다는 인터페이스 같은 추상화를 통해 연결됩니다.

이러한 **추상적 결합**은 나중에 실행될 때까지 코드가 실제 구현을 알지 못하게 하면서, 이론적인 컴포넌트들이 함께 작동하는 것처럼 유연한 처리를 가능하게 합니다. 전략 패턴은 이와 같은 분리된 코드 스타일을 사용하면서 동일한 추상화를 기반으로 하는 작은 로직 단위들을 생성합니다. 어떤 전략이 선택될지는 런타임에서 결정됩니다.

객체 지향적 접근 방식

물리적 상품을 판매하는 전자 상거래 플랫폼에서 일하는 상황을 상상해보세요. 이 상품들은 고객에게 배송되어야 합니다. 물품을 배송하는 방법에는 여러 가지가 있습니다. 여기에는 다양한 배송 회사나 배송 유형이 포함될 수 있습니다.

이러한 다양한 배송 옵션들은 공통된 추상화를 공유합니다. 이 추상화는 ShippingService와 같은 배송 서비스 유형에서 물품을 배송하는 데 사용됩니다.

```
public interface ShippingStrategy {
  void ship(Parcel parcel);
}

public interface ShippingService {
  void ship(Parcel parcel, ShippingStrategy strategy);
}
```

각각의 옵션은 ShippingStrategy로 구현됩니다. 이 경우에는 표준 배송과 긴급 배송을 예로 들어보겠습니다.

4 개방 폐쇄의 원칙은 SOLID 원칙에 속합니다. 이 원칙은 클래스, 메서드, 함수 등과 같은 엔티티들이 확장에는 개방적이지만, 변경에는 폐쇄적이어야 한다고 말합니다. 개방 폐쇄의 원칙(*https://oreil.ly/PlJJT*)과 SOLID(*https://oreil.ly/dpBcy*)에 대한 더 자세한 정보는 위키백과를 참조하세요.

```java
public class StandardShipping implements ShippingStrategy {
  // ...
}

public class ExpeditedShipping implements ShippingStrategy {
  public ExpeditedShipping(boolean signatureRequired) {
    // ...
  }

  // ...
}
```

각 전략은 고유한 타입과 구체적인 구현이 필요합니다. 이러한 일반적인 접근 방식은 이전 절에서 알아본 데코레이터와 매우 유사해보입니다. 그렇기 때문에 거의 동일하게 함수형 방식으로 단순화할 수 있습니다.

더 함수적인 접근 방식

전략 패턴의 전반적인 개념은 **행동의 매개변수화**behavioral parameterization로 요약할 수 있습니다. 즉, ShippingService는 소포 배송을 가능하게 하는 일반적인 구조를 제공합니다. 그러나 실제로 배송되는 방법은 외부에서 전달되는 ShippingStrategy를 통해 결정됩니다.

전략은 최대한 단순하고 컨텍스트에 영향을 받지 않는 결정이어야 하며, 종종 함수형 인터페이스로 나타낼 수 있습니다. 이 경우 전략을 만들고 사용하는 방법에 대한 여러 가지 옵션이 있습니다.

- 람다와 메서드 참조
- 부분 적용 함수
- 구체적인 구현

추가적인 요구 사항이 없는 간단한 전략은 하나의 class에 속합니다. 따라서 메서드 시그니처가 호환되는 메서드에 대한 메서드 참조를 통해 사용하는 것이 가장 좋습니다.

```
public final class ShippingStrategies {

  public static ShippingStrategy standardShipping() {
    return parcel -> ...;
  }
}

// 사용 방법
shippingService.ship(parcel, ShippingStrategies::standardShipping);
```

더 복잡한 전략들은 추가적인 인수를 필요로 할 수 있습니다. 이런 경우 부분 적용 함수를 사용하면 코드를 하나의 타입으로 모아 더 간단하게 생성할 수 있습니다.

```
public final class ShippingStrategies {

  public static ShippingStrategy expedited(boolean requiresSignature) {
    return parcel -> {
      if (requiresSignature) {
        // ...
      }
    };
  }
}

// 사용 방법
shippingService.ship(parcel, ShippingStrategies.expedited(true));
```

이 두 가지 함수형 옵션은 전략을 생성하고 사용하는 더 간단한 방법입니다. 또한 이 방법은 전략을 나타내기 위한 추가 구현 타입이 필요 없습니다.

그러나 더 복잡한 전략이나 다른 요구 사항이 추가되어 두 가지 함수형 옵션들을 모두 사용할 수 없는 경우 언제든지 구체적인 구현을 사용할 수 있습니다. 객체 지향 전략에서 함수형 전략으로 전환한다면 처음부터 구체적인 구현이 될 것입니다. 이러한 이유로 전략 패턴은 기존의 전략을 함수형 코드로 점진적으로 변환하거나 적어도 새로운 전략에 사용함으로써 함수형 접근 방식을 도입하기에 적합합니다.

14.2.4 빌더 패턴

빌더 패턴builder pattern은 구조와 표현을 분리함으로써 복잡한 자료 구조를 만드는 데 사용되는 생성 패턴입니다. 이 패턴은 다단계 생성과 유효성 검사와 같은 다양한 객체 생성 문제를 해결하고 선택적 인수 처리를 개선합니다. 따라서 단 한 번의 사용으로 생성될 수 있는 레코드의 훌륭한 친구가 됩니다. 5장에서 이미 레코드를 위한 빌더를 만드는 방법에 대해 알아보았습니다. 이번 절에서는 기능적 관점에서 빌더를 살펴보겠습니다.

객체 지향적 접근 방식

객체 지향 접근 방식을 설명하기 위해 세 가지 속성과 함께 컴포넌트의 유효성을 검사하는 간단한 User 레코드를 예시로 살펴보겠습니다.

```
public record User(String email, String name, List<String> permissions) {

  public User {
    if (email == null || email.isBlank()) {
      throw new IllegalArgumentException("'email' must be set.");
    }

    if (permissions == null) {
      permissions = Collections.emptyList();
    }
```

```
    }
  }
```

User를 여러 단계에 걸쳐 생성해야 하고, 나중에 권한을 추가해야 하는 상황에서는 추가적인 코드 없이는 해결이 어렵습니다. 따라서 이제부터 내부 빌더를 추가하여 보다 효율적으로 처리해보겠습니다.

```
public record User(String email, String name, List<String> permissions) {

// ...

  public static class Builder { ❶

    private String email;
    private String name;
    private final List<String> permissions = new ArrayList<>();

    public Builder email(String email) { ❷
      this.email = email;
      return this;
    }

    public Builder name(String name) { ❷
      this.name = name;
      return this;
    }

    public Builder addPermission(String permission) { ❸
      this.permissions.add(permission);
      return this;
    }

    public User build() { ❹
      return new User(this.email, this.name, this.permissions);
```

```
    }
  }

  public static Builder builder() { ❺
    return new Builder();
  }
}
```

❶ 빌더는 부모 레코드의 모든 컴포넌트를 모방하는 내부 정적 클래스로 구현됩니다.

❷ 각 컴포넌트는 호출 체인을 위해 Builder 인스턴스를 반환하는 전용 메서드를 가지고 있습니다.

❸ 컬렉션 기반 필드에 대해서는 단일 요소를 추가할 수 있는 추가적인 메서드들이 제공됩니다.

❹ build 메서드는 단순하게 적절한 User 생성자를 호출합니다.

❺ 사용자가 직접 Builder 인스턴스를 추가할 필요가 없도록 static builder 메서드가 추가되었습니다.

다음과 같은 더 다양하고 단순화된 생성 프로세스를 사용하기 위해, 상당한 양의 보일러플레이트와 중복 코드가 필요합니다.

```
var builder = User.builder()
                  .email("ben@example.com")
                  .name("Ben Weidig");

// 다른 작업을 진행하고 빌더 전달하기

var user = builder.addPermission("create")
                  .addPermission("edit")
                  .build();
```

일반적으로 빌더는 선택적이거나 필수적인 필드를 더욱 효과적으로 지원하기 위해 점층적 생성자나 유효성 검증 코드를 추가해서 더 복잡해집니다.

점층적 생성자

점층적 생성자telescoping constructor는 생성자를 통해 기본값을 제공하는 방식을 말합니다. 이 디자인 패턴은 5장의 '컴포넌트 기본값 및 편의 생성자'에서 설명한 것처럼, 레코드 생성 과정을 단순화하기 위해 사용했습니다.

User 빌더의 경우 public Builder(String email)과 같은 생성자는 email이 필수 필드임을 명확히 합니다. 하지만 다른 생성자에게 직접적으로 호출을 위임하지 않는 한 점층적 생성자가 종종 부적절한 패턴으로 여겨집니다. 이 방식은 5장에서 소개했습니다.

현재 디자인 패턴에서 빌더 패턴을 더 최적화할 수 있는 방법은 많지 않습니다. 물론 빌더를 자동으로 생성해주는 도구를 사용할 수는 있지만 이는 작성해야 하는 코드의 양만 줄일 뿐이며 빌더 자체의 필요성을 없애지는 않습니다.

이것이 빌더를 개선시킬 수 없다는 것을 의미하지는 않습니다.

더 함수적인 접근 방식

대부분의 경우 빌더는 자신이 생성할 타입과 강하게 결합되고 인수를 제공하기 위한 fluent 메서드와 실제 객체 인스턴스를 생성하는 build 메서드와 같은 내부 클래스로 구성됩니다. 함수형 접근 방식은 이러한 생성 흐름을 여러 가지 방법으로 개선할 수 있습니다.

첫 번째로, 이 접근법은 비용이 많이 드는 값에 대해 느긋한 계산을 가능하게 합니다. 값을 직접적으로 제공하는 대신 Supplier는 build 호출 시에만 실행되는 지연 래퍼를 제공합니다.

```
public record User(String email, String name, List<String> permissions) {

// ...

  private Supplier<String> emailSupplier;
```

```java
    public Builder email(Supplier<String> emailSupplier) {
      this.emailSupplier = emailSupplier;
      return this;
    }

    // ...

    public User build() {
      var email = this.emailSupplier.get();
      // ...
    }
  }
```

느긋한[lazy] 버전과 느긋하지 않은[non-lazy] 버전을 모두 지원할 수 있습니다. 예를 들면 email과 emailSupplier 필드를 모두 받지 않고, 원래 메서드를 emailSupplier만을 받도록 수정할 수 있습니다.

```java
  public record User(String email, String name, List<String> permissions) {

    // ...

    private Supplier<String> emailSupplier;

    public Builder email(String email) {
      this.emailSupplier = () -> email;
      return this;
    }

    // ...
  }
```

두 번째로, 빌더는 다음과 같이 그루비Groovy의 with[5]를 모방할 수 있습니다.

```
var user = User.builder()
               .with(builder -> {
                 builder.email = "ben@example.com";
                 builder.name = "Ben Weidig";
               })
               .withPermissions(permissions -> {
                 permissions.add("create");
                 permissions.add("view");
               })
               .build();
```

이 목표를 이루기 위해서는 [예제 14-3]에서 볼 수 있듯이 Consumer 기반 고차 메서드가 빌더에 추가되어야 합니다.

예제 14-3 User 빌더에 with 메서드 추가하기

```
public record User(String email, String name, List<String> permissions) {

  // ...

  public static class Builder {

    public String email; ❶
    public String name;

    private List<String> permissions = new ArrayList<>(); ❷

    public Builder with(Consumer<Builder> builderFn) { ❸
      builderFn.accept(this);
      return this;
```

5 그루비(Groovy)에는 같은 변수를 반복적으로 사용하는 것을 간소화하기 위해 클로저(closure)를 받는 with 메서드를 사용합니다. 자세한 내용은 공식 그루비 스타일 가이드(*https://oreil.ly/fjtBO*)를 참조하세요.

```java
    }

    public Builder withPermissions(Consumer<List<String>> permissionsFn) { ❸
      permissionsFn.accept(this.permissions);
      return this;
    }

    // ...
  }

  // ...
}
```

❶ 빌더 필드는 Consumer에서 변경 가능하도록 public으로 설정되어야 합니다.

❷ 그러나 모든 필드가 public이어야 하는 것은 아닙니다. 예를 들어 컬렉션 기반 타입은 자체적인 with 메서드가 더 적합합니다.

❸ 권한에 대한 with 메서드를 도입하여 실수로 null 값을 설정하는 것을 방지할 수 있고, Consumer 내에서 실제로 필요한 동작에만 집중할 수 있게 함으로써 코드를 단순화할 수 있습니다.

물론, 빌더는 처음부터 public 필드를 사용할 수도 있었습니다. 그렇게 하면 fluent 호출이 불가능했을 것입니다. Consumer 기반의 -with 메서드를 도입함으로써 전체 호출 체인은 여전히 유지되고, 생성 흐름에서 람다나 메서드 참조를 사용할 수 있습니다.

빌더 패턴과 같은 디자인 패턴이 기능적으로 동일한 대안을 가지고 있지 않더라도, 몇 가지 함수적인 개념을 혼합하여 범용성을 높일 수 있습니다.

14.3 함수형 디자인 패턴에 대한 고찰

함수형 디자인 패턴이라는 용어는 때때로 모순적으로 들릴 수 있습니다. 이들은 대부분 객체 지향적과 정반대의 성격을 지니고 있기 때문입니다. 객체 지향 디자인 패턴은 정의상 일반적인 (객체 지향) 문제들에 대해 형식화되고 쉽게 반복 가능한 해결책을 제공합니다. 이러한 형식화 과정은 대개 엄격한 개념적 비유와 변경의 여지가 거의 없는 보일러플레이트로 이루어져 있습니다.

객체 지향 디자인 패턴으로 해결할 문제에 대해 함수적으로 접근할 때는 함수의 일등 시민성을 활용합니다. 이 방법은 이전에 명시적으로 형식화된 템플릿과 타입 구조를 함수형 인터페이스로 대체합니다. 결과적으로 코드는 더 간결해지고 명확해지고, 구체적인 구현을 반환하는 static 메서드나 부분 적용 함수와 같은 새로운 방식으로 구조화될 수도 있습니다.

보일러플레이트를 처음부터 제거하는 것이 정말 바람직한 일일까요? 더 간결하고 명확한 코드를 추구하는 것은 항상 좋은 목표입니다. 하지만 처음부터 있던 보일러플레이트는 단순히 객체 지향 접근법을 위한 요구 사항 이상의 중요한 역할을 합니다. 바로 더 정교한 도메인을 구축하고 운영하는 것입니다.

이미 사용 가능한 함수형 인터페이스로 중간 타입들을 모두 대체한다면 코드를 읽는 사람이 바로 볼 수 있는 정보의 양이 줄어들게 됩니다. 따라서 더 표현력 있는 도메인 기반 접근법과 이에 속한 모든 타입과 구조를 대체하는 것과 더 함수적인 방식으로 단순화시키는 것 사이에서 적절한 균형점을 찾아야 합니다.

다행히도, 이 책에서 다루는 대부분의 기술들처럼 반드시 하나를 선택해야 하는 것은 아닙니다. 전통적인 객체 지향 패턴에서 함수형으로 전환 가능성을 찾아내는 것은 문제를 해결하는 방법에 대해 좀 더 고차원적인 관점을 필요로 합니다. 예를 들어 **책임 연쇄 디자인 패턴**chain of responsibility design pattern은 사전에 정의된 작업 체인에서 여러 객체가 요소를 처리할 기회를 주는 것과 관련이 있습니다. 이는 스트림이나 Optional 파이프라인이 동작하는 방식이나 함수의 합성이 기능 체인을 만드는 방식과 매우 유사합니다.

객체 지향 디자인 패턴은 문제 해결에 대한 일반적인 접근법을 식별하는 데 큰 도움을 줍니다. 하지만 문제를 부분적으로 혹은 더 함수적인 해결책으로 전환하는 것은 종종 더 간단하고 간결한 대체 방안을 제시합니다.

핵심 요약

- 객체 지향 디자인 패턴은 일반적인 문제들을 해결하기 위해 검증된 방법으로 정형화되었습니다. 이러한 디자인 패턴들은 보통 다양한 타입들을 활용하여 특정 도메인에서 자주 발생하는 문제에 대한 해결책을 제시합니다.
- 함수형 접근 방식은 일급 객체의 개념을 사용하여 추가적인 타입들을 이미 존재하는 함수형 인터페이스로 대체합니다.
- 함수형 원칙은 많은 객체 지향 디자인 패턴에서 필수적인 대부분의 보일러플레이트 코드를 제거할 수 있는 가능성을 제공합니다.
- 패턴 구현이 더 간결해지지만, 사용된 타입의 명시적인 표현력이 저하될 수 있습니다. 필요한 경우 도메인에 특화된 함수형 인터페이스를 사용하여 표현력을 회복하세요.
- 함수형과 대응되지 않는 디자인 패턴에도 특정 함수형 기술을 추가하여 다양성과 간결성을 향상시킬 수 있습니다.

CHAPTER 15

자바를 위한 함수형 접근 방식

대부분 프로그래밍 언어는 함수형과 명령형 코드 스타일을 모두 지원합니다. 그러나 프로그래밍 언어의 문법과 기능들은 대체로 일반적인 문제에 대해 특정한 접근 방식을 권장합니다. 이 책에서는 다양한 JDK의 함수형 기능을 소개하지만 자바는 여전히 명령형과 객체 지향 프로그래밍을 선호하며, 대부분의 핵심 라이브러리에서 사용 가능한 타입과 자료 구조는 이러한 경향을 반영하고 있습니다.

하지만 이 책에서 계속 언급했듯이, 반드시 하나를 선택해야 하는 것은 아닙니다. 완전히 함수형으로 전환하지 않더라도 객체 지향 코드에 함수형 원칙을 적용할 수 있습니다. 두 가지 방식의 장점을 모두 활용할 수 있다면 이 방식을 도입해야 하지 않을까요? 이를 위해서는 함수형 사고방식을 갖는 것이 중요합니다.

이 장에서는 지금까지 학습한 내용들을 정리하고, 함수형 사고방식에 영향을 미칠 가장 중요한 요소들을 집중적으로 다룹니다. 또한 객체 지향 환경에 잘 어울리는 아키텍처 수준에서 함수형 프로그래밍 기술을 실질적으로 적용하는 방법을 보여줍니다.

15.1 객체 지향 프로그래밍과 함수형 프로그래밍 원칙 비교

함수형 원칙이 코드를 어떻게 개선할 수 있는지 더 잘 이해하기 위해서는 객체 지향과 함수형 패러다임의 기본 원칙을 다시 살펴보는 것이 좋습니다. 이 과정을 통해 두 패러다임의 공통점과 차이점을 파악한다면 객체 지향 코드에 함수형 접근 방식을 적용할 기회를 얻을 수 있습니다. 또한 어떤 경우에 두 패러다임을 통합하는 것이 부적합한지도 파악할 수 있습니다.

객체 지향 프로그래밍은 데이터와 동작의 캡슐화, 다형성, 추상화에 집중합니다. 이는 객체와 연결된 코드가 특정 문제 영역을 모방하도록 함으로써 비유를 기반으로 한 문제 해결 방식을 제공합니다.

이 객체들은 인터페이스와 같은 공개 계약을 통해 메시지를 교환하며 상호작용하고, 각각 자신의 역할을 갖고 스스로의 상태를 관리합니다. 이러한 **비유 기반 접근 방식**metaphor-based approach을 사용하여 컴퓨터가 요구하는 일련의 지시와 개발자가 자신의 의도를 명확하게 표현하는 것 사이의 간극을 좁히는 데 도움을 줍니다. OOP는 '현실 세계'의 끊임없는 변화에 맞춰 명령형 코드를 구조화하고 조직화하는 데 매우 효과적인 접근 방식입니다.

함수형 프로그래밍은 수학적 원리를 사용하여 문제를 해결하고 선언적 코드 스타일을 채택합니다. '현실 세계'와 같은 비유를 사용하여 코드를 모델링하는 대신 그 근간이 되는 람다 계산법은 자료 구조와 고차원 추상화를 사용한 변환에 집중합니다. 함수는 입력을 받고 출력을 생성할 뿐입니다. 그게 전부입니다! 데이터와 동작은 캡슐화되지 않습니다. 함수와 자료 구조는 그 자체로 존재합니다. FP는 변경 가능한 상태를 동시성 환경에서 처리하거나 예상치 못한 사이드 이펙트와 같은 전형적인 OOP와 자바의 문제들을 피하기 위해 노력합니다.

이 두 가지 짧은 요약에서 이미 객체 지향과 함수형 프로그래밍의 핵심 원칙 사이의 차이점을 나타내고 있습니다. 객체 지향 프로그래밍(OOP)은 코드의 움직이는 부분을 친숙한 도메인에 캡슐화하여 복잡성을 다루는 반면, 함수형 프로그래밍(FP)은 수학적 원칙을 따르면서 전체적으로 부품의 수를 줄입니다. FP의 더 추상적인 사고방식 때문에 자바를 가르치고 배울 때 OOP가 종종 선호되곤 합니다.

14장에서 언급했듯이, 두 패러다임은 서로 다른 방향에서 동일한 문제를 해결하는 다른 접근 방식일 뿐입니다. 한 원칙이 다른 원칙보다 객관적으로 우월하다고 이야기하는 것은 현명하지 않습니다. 객체 지향의 비유는 개발자뿐만 아니라, 개발자가 아닌 사람에게도 코드를 더 자연스럽게 느끼게 하는 강력한 도구입니다. 일부 복잡한 문제들은 아마 더 간결하지만 고도로 추상화된 함수형 접근 방식보다 비유적인 표현 방식에서 더 큰 이점을 얻기도 합니다.

15.2 함수형 사고방식

> 컴퓨터가 이해할 수 있는 코드는 누구나 작성할 수 있습니다. 하지만 훌륭한 개발자는 사람이 이해할 수 있는 코드를 작성합니다.
>
> — 마틴 파울러, 『리팩터링 2판』(한빛미디어, 2020)[1]

함수형 도구들을 모두 갖추고 있어도, 그것들을 효과적으로 사용하기 위해서는 올바른 사고방식이 필요합니다. 함수형 사고방식을 갖고 있다는 것은 코드를 함수형 접근 방식으로 개선할 수 있는지 식별할 수 있는 지식을 갖고 있다는 것을 의미합니다. 코드를 완전히 함수형으로 전환하든지, 중요하고 적절한 곳에 몇 가지 함수형 기술과 원칙을 적용하든지 말이죠. 이러한 사고방식은 쉽게 얻어지지 않으며, 경험과 직관을 쌓기 위해 지속적인 연습과 노력이 필요합니다.

복잡한 시스템을 이해하는 것은 숨겨진 구현의 세부 사항이나 오래된 주석에 의존하지 않고, 바로 앞에 있는 정보만 사용하여 어떤 코드든지 파악하고 이해하는 것을 말합니다. 문제가 해결된 이유를 이해하기 위해 여러 파일이나 타입을 살펴볼 필요 없이, 코드 자체에 포함된 수많은 결정에 대해서도 고민할 필요가 없습니다.

여러분의 코드 정확성은 비공식적으로 증명되며, 그 기능에 대한 어떠한 주장도 합리성과 주석으로 뒷받침됩니다. 이러한 코드를 사용하는 모든 사용자가 강력한 가정을 할 수 있으며

---

1 *https://oreil.ly/dxt0A*

해당 코드의 공개 계약을 신뢰할 수 있습니다. OOP의 불투명한 특성과 동작 및 데이터의 캡슐화는 종종 다른 접근 방식보다 추론하기 어렵습니다.

함수형 프로그래밍의 다양한 측면을 다시 살펴보고 언제 함수형 접근 방식을 선택해야 하는지에 대해서도 알아봅시다.

15.2.1 함수는 일급 객체다

함수형 프로그래밍은 함수를 일급 객체first-class citizenship로 취급하는 프로그래밍 패러다임입니다. 이는 함수가 언어의 다른 구성 요소와 마찬가지로 중요하다는 것을 의미합니다. 함수를 사용하여 다음과 같은 작업을 수행할 수 있습니다.

- 변수에 함수를 할당하기
- 다른 함수/메서드에 함수를 인수로 전달하기
- 함수/메서드에서 함수를 반환하기
- 이름 없는 익명 함수를 생성하기

이러한 특성들은 람다 표현식이 도입되기 전, 자바에서 익명 클래스가 사용되던 방식과 매우 유사합니다. 하지만 익명 클래스와는 다르게, 함수형 인터페이스는 함수 개념을 나타내는 자바의 표현으로 보다 개념적으로 일반화되어 있고 명시적인 클래스나 도메인 타입과 분리되어 있습니다. 게다가 JVM은 2장의 'invokedynamic 명령어'에서 설명한 바와 같이, `invokedynamic` 명령 코드를 사용하여 이를 다르게 사용합니다. 이는 익명 클래스에 비해 더 다양한 최적화를 가능하게 합니다.

자바는 동적으로 타입을 생성하지 않고 람다 표현식을 구체적인 함수형 인터페이스로 표현해야 하는 제약이 있음에도 불구하고, 객체 지향(OO)과 함수형 프로그래밍(FP) 사이의 주요한 차이 중 하나를 활용할 수 있게 합니다. 함수형 추상화는 객체 지향 추상화보다 더 고수준에 있습니다.

이는 함수형 프로그래밍이 경직된 자료 구조를 가진 도메인 특화 타입보다는 값 자체에 중점을 둔다는 것을 의미합니다.

함수와 높은 추상화를 기계의 작은 톱니바퀴라고 상상해보세요. 객체 지향적 톱니바퀴는 더 크고 좁은 범위의 작업을 위해 특별히 설계되어 기계의 특정 부분에만 적합합니다. 반면, 더 작고 균일하며 일반화되어 있는 함수형 톱니바퀴는 기계에 전반적으로 사용하기 훨씬 쉽습니다. 그다음 이들을 그룹으로 구성하여 단순한 작업에서부터 복잡하고 완성도 높은 작업으로 발전시킬 수 있습니다. 큰 작업은 작은 작업들의 합으로, 이 부분들은 가능한 한 작고 범용적이며 재사용 가능하고 테스트하기 쉽습니다. 이 방법을 통해 필요에 따라 구성할 수 있는 재사용 가능한 함수 라이브러리로 만들 수 있습니다.

함수와 람다를 표현하기 위해 함수형 인터페이스에 의존하는 자바의 특성은 축복이지만 다른 한편으로는 시련이기도 합니다.

시련이 되는 이유는 함수형 인터페이스 없이는 인수와 반환 타입만을 기반으로 한 독립된 람다를 갖을 수 없기 때문입니다. 타입 추론은 이러한 불편함을 다소 완화시켜주지만, 결국 어느 시점에서는 컴파일러가 후속 처리를 위해 타입을 추론할 수 있도록 실제 타입이 필요합니다.

하지만 축복이기도 합니다. 자바의 정적 타입 시스템과 명령형 객체 지향 코드 스타일 사이의 완벽한 연결고리 역할을 하며, 호환성을 해치지 않으면서 새로운 사고방식을 도입하는 이상적인 방법이기 때문입니다.

15.2.2 사이드 이펙트 피하기

> 질문이 대답을 바꾸어서는 안 됩니다.
>
> — 베스트랑 메이어, 프랑스 학자

함수형 사고방식을 가진다는 것에는 사이드 이펙트를 피하는 것도 포함됩니다. 함수형 관점에서 사이드 이펙트는 다양한 형태로 나타날 수 있는 상태 변경을 의미합니다. 이는 꼭 숨겨져 있거나 예상치 못한 것이 아닐 수 있으며 오히려 그 반대인 경우가 많습니다. 데이터베이스 접근이나 I/O와 같은 많은 형태의 사이드 이펙트는 의도된 행동이며 거의 모든 시스템에서 중요한 부분을 차지합니다. 그럼에도 불구하고 사이드 이펙트가 적다는 것은 코드에서 예기치 않은 문제가 발생할 확률이 적고 버그 가능성이 줄어든다는 것을 의미합니다.

사이드 이펙트를 줄이거나 최소한 더 관리하기 쉽게 만드는 여러 함수형 방법이 있습니다.

순수 함수

사이드 이펙트를 방지하는 가장 기본적인 방법은 함수형 프로그래밍의 **순수 함수**pure function를 사용하는 것입니다. 순수 함수에는 다음과 같은 특징 두 가지가 있습니다.

- 동일한 입력은 언제나 동일한 출력을 생성합니다.
- 순수 함수는 사이드 이펙트 없이 독립적으로 동작합니다.

이 개념은 충분히 간단해 보입니다.

하지만 실제로 자바 코드의 순수성을 향상시키기 위해서는 주의해야 할 사항이 더 있습니다.

순수 함수는 그 결과를 생성하기 위해 오직 선언된 입력 인수에만 의존해야 합니다. 숨겨진 상태나 보이지 않는 의존성은 허용하지 않습니다.

예를 들어 메서드 시그니처를 사용하여 User 인스턴스에 대한 인사말을 생성하는 함수를 생각해보세요.

```
public String buildGreeting(User user)
```

메서드 시그니처, 즉 공개 계약은 User 인수에 대한 단일 의존성을 나타냅니다. 실제 구현을 모르더라도, 동일한 사용자를 반복적으로 호출할 때마다 같은 인사말을 생성하는 순수 함수라고 생각하는 것이 타당합니다.

이제 그 구현을 살펴보겠습니다.

```
public String buildGreeting(User user) {
  String greeting;
  if (LocalTime.now().getHour() < 12) {
    greeting = "Good morning";
  } else {
    greeting = "Hello"
  }

  return String.format("%s, %s", greeting, user.name());
}
```

구현을 자세히 살펴보면 두 번째 의존성이 드러납니다. 바로, '시간'입니다. 컨텍스트 외부 상태에 의존하는 숨겨진 의존성이 전체 메서드를 순수하지 않게 만듭니다.

순수성을 회복하기 위해서는 두 번째 내부 의존성을 공개 계약에 포함해야 합니다.

```
public String buildGreeting(User user, LocalTime time)
```

순수성이 회복되었고 공개 계약은 이제 시간에 대한 내부 의존성을 숨기지 않으며 어떠한 문서화 없이도 의도를 명확하게 전달합니다.

메서드 시그니처는 여전히 더 간소화될 여지가 있습니다. name만 사용되는 상황에서 왜 User 타입에 메서드를 연결해야 할까요? 오직 시간만 사용되는 데 왜 LocalTime을 사용할까요? 더 범용적으로 사용할 수 있는 buildGreeting 메서드에서는 단순히 이름만 받아들이고 전체 User 인스턴스는 받지 않을 것입니다.

인수의 가장 기본적인 요소를 활용하면 가능한 한 다재다능하고 광범위하게 적용할 수 있는 순수 함수를 만들 수 있습니다. 특정 도메인 타입에 의존하기보다는 실제로 필요한 값에 더 가까워지려는 노력을 통해 메서드의 적용 범위를 확장하고 메서드 내 중첩된 호출을 피하는 것이 좋습니다.

순수 함수를 이해하는 가장 좋은 방법은 순수 함수를 시스템의 다른 부분으로부터 완전히 독립적인 존재로 보는 것입니다. 따라서 순수 함수는 모든 요구 사항을 명확하게 값으로써 받아야 하며, 가능한 한 적은 수의 중간 객체를 사용하는 것이 바람직합니다. 하지만 이러한 고수준 추상화는 메서드 시그니처의 표현력을 희생시키기 때문에 적절한 균형을 찾는 것이 중요합니다.

순수 함수는 함수형 프로그래밍의 핵심입니다. 작업을 '동일한 입력 + 처리 → 동일한 출력'의 공식으로 간소화함으로써 메서드 시그니처를 더 의미 있고 이해하기 쉽게 만듭니다.

순수 객체 메서드

순수 함수는 오직 자신만의 독립된 컨텍스트 안에서만 존재하기 때문에 출력을 생성하기 위해 입력 인수에만 의존합니다. 이러한 원칙을 객체 지향 환경에 적용시키는 것은 조금 더 어렵습니다.

객체 지향 프로그래머의 시각에서 순수 함수의 두 가지 주요 특징을 활용하면 **순수 객체 메서드**pure object method라고 하는 새로운 혼합형 접근 방식을 만들 수 있습니다.

객체 타입의 메서드가 1장의 '순수 함수와 참조 투명성'에서 언급한 순수 함수의 의미로써 완전히 순수하다면 그 메서드는 정적(static)으로 만들어질 수 있고 더 이상 객체 타입에 속할 필요가 없습니다. 메서드를 입력의 일부인 관련 타입에 바인딩하는 것은 장점이 되며 이 방식은 단기간 내에 사라지지 않습니다.

이전 절의 buildGreeting 메서드를 예로 들면, 이 메서드는 정적(static) 메서드의 형태로 순수 함수로 만들 수 있지만, User 타입에 인스턴스 메서드로 직접 추가하는 것이 의미가 있습니다. 하지만 이러한 방식은 더 이상 메서드가 완전히 독립된 상태에 있지 않고, 주변 타입과 연결되어 있기 때문에 재사용성에 영향을 줄 수 있습니다. 그렇다고 해서 이 관계가 메서드가 '순수하지 않을 수 있다'는 것을 의미하지 않습니다.

좋은 객체 타입이 그렇듯, User 타입은 자신의 상태를 캡슐화하여 외부와 분리된 독립된 작은 세계를 만듭니다. 순수 객체 메서드는 이 작은 세계에 접근하여 추가적인 입력 인수로 활용할 수 있습니다. 하지만 특정 타입에 바인딩된 메서드는 재사용하기 어렵다는 단점이 있습니다.

파이썬처럼 객체 지향 프로그래밍 스타일을 지원하는 다중 패러다임 언어들은 이러한 캡슐화되고 독립적인 특성을 가지고 있습니다. 다음 코드를 살펴봅시다.

```
class User:

  name = ''

  def __init__(self, name):
    self.name = name

  def buildGreeting(self, time):
    # ...
```

자바의 this에 해당하는 파이썬의 self를 각 메서드의 명시적인 입력 매개변수로 사용하는 것은 메서드와 인스턴스 자체 간의 상호의존성을 강조합니다. 객체의 메서드가 해당 객체의 상태에 영향을 주더라도, 그것이 내부 상태 외의 다른 사이드 이펙트를 일으키지 않는다면 여전히 순수 객체 메서드로 간주될 수 있습니다. 객체와 그 현재 상태는 사이드 이펙트를 캡슐화하므로 입력의 일부가 됩니다. 메서드 호출 이후의 새로운 상태는 출력 결과를 나타냅니다.

객체 타입을 다루어야 하고 새로운 디자인으로 리팩터링할 수 없는 경우에도 순수 함수의 함수형 디자인 원칙은 여전히 유용합니다. 동일한 규칙이 적용되지만 객체의 상태는 입력 인수로 간주됩니다. 따라서 buildGreeting 같은 추가적인 의존성은 메서드를 사용하는 누구에게도 숨겨서는 안 됩니다. 두 개의 동일한 객체에 대해 동일한 입력으로 동일한 메서드를 호출하면 결과적으로 동일한 출력이나 새로운 객체 상태가 나와야 합니다.

순수 객체 메서드는 순수 함수와 불변 자료 구조를 사용하는 완전한 함수형 접근 방식이 제공하는 모든 장점을 보여주지는 못할 수 있습니다. 특히, 재사용성 측면에서 그렇습니다. 그러나 객체 지향 스타일에 함수형 사고방식을 통합함으로써 더 쉽게 접근할 수 있고 안전하며 예측 가능하고 그 결과로 더 합리적인 타입을 제공합니다.

사이드 이펙트 격리

완전히 사이드 이펙트가 발생하지 않는 애플리케이션을 만드는 것은 사실상 불가능합니다. OOP나 명령형 코드는 주로 변경 가능한 상태와 사이드 이펙트와 밀접하게 연관되어 있습니다. 하지만 상태에 영향을 미치는 사이드 이펙트들은 종종 표면적으로 드러나지 않아, 코드의 합리성을 쉽게 해칩니다. 또한 잘못 사용될 경우 미묘한 버그를 초래할 수 있습니다. 순수 함수 같은 기술로 사이드 이펙트를 완전히 피할 수 없다면 이러한 사이드 이펙트를 코드 전체에 흩뿌리기보다는 논리적 단위의 가장자리에 격리하는 것이 좋습니다. 더 큰 코드 단위를 작은 작업으로 나눔으로써, 사이드 이펙트는 특정 작업에만 국한되어 전체 단위에 영향을 미치지 않습니다.

이 사고방식은 유닉스 철학에서도 찾아볼 수 있으며, 유닉스 운영 체제의 공동 창시자인 켄 톰프스에 의해 시작되었습니다. 당시 벨 연구소 컴퓨팅 과학 연구 센터의 책임자이자 유닉스 파이프의 발명가인 더그 맥일로이는 이를 다음과 같이 요약했습니다.[2]

> 하나의 기능에 집중하고 그것을 잘 수행하는 프로그램을 만들고 서로 협력하여 작동할 수 있는 프로그램을 개발하라.
>
> — 더그 맥일로이

이 철학을 함수형 접근 방식에 적용하면 함수는 하나의 일만 수행하고 그 일을 잘 해내면서 주변 환경에 영향을 끼치지 않도록 노력해야 합니다. 함수를 가능한 한 작게, 그러나 필요한

2 Quoted by Peter H. Salus in A Quarter Century of Unix (Addison–Wesley Professional, 1994).

만큼 충분히 크게 설계하세요. 복잡한 작업은 불순하고 큰 함수보다는, 가능한 한 순수성을 유지하는 합성된 함수들에 의해 더 효과적으로 처리됩니다.

I/O는 사이드 이펙트의 전형적인 예입니다. 파일 로딩, 데이터베이스와 통신 등은 불순한 작업이기 때문에 순수 함수로부터 분리되어야 합니다. 사이드 이펙트를 캡슐화하기 위해서는 실제 사이드 이펙트와 그 결과를 처리하는 작업 사이의 경계에 대해 고민할 필요가 있습니다. 파일을 불러와 그 내용을 처리하는 단일 작업보다는, 파일을 불러오는 사이드 이펙트와 실제 데이터를 처리를 분리하는 것이 더 바람직합니다(그림 15-1 참조).

사이드 이펙트와 데이터 처리를 하나의 메서드로 처리

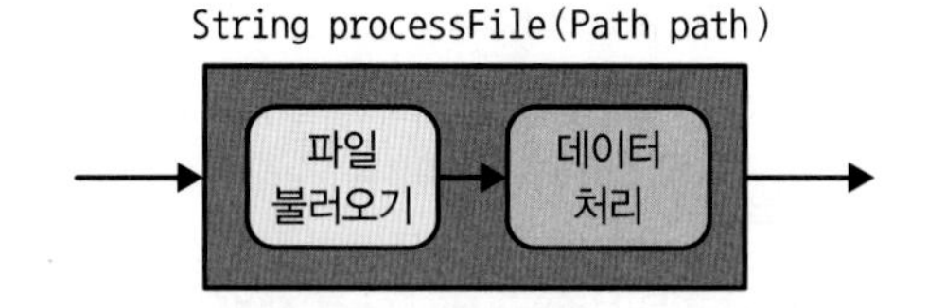

사이드 이펙트와 데이터 처리를 분리

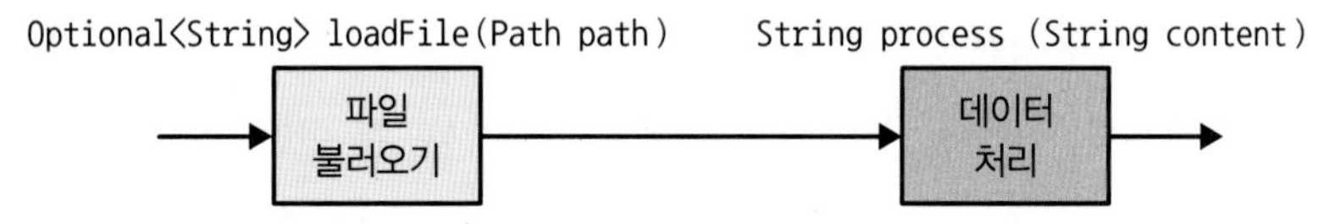

그림 15-1 작업을 별도의 함수로 분리하기

데이터 처리는 더 이상 파일 로딩 작업이나 파일 자체에 구속되지 않고 오직 들어오는 데이터만 처리합니다. 이렇게 함으로써, 이 작업은 순수하고 재사용 가능한 함수가 되며, 사이드 이펙트는 `loadFile` 메서드에 국한되고 반환되는 `Optional<String>`을 통해 함수형 연결고리가 제공됩니다.

사이드 이펙트를 피할 수 없다면 가능한 한 작업을 더 작고 순수한 함수로 분할하여 남은 사이드 이펙트를 격리하고 캡슐화하는 것이 좋습니다.

문장보다는 표현식을 사용하기

1장에서 언급한 내용처럼, 객체 지향과 함수형 접근 방식의 주요 차이점 중 하나는 문장과 표현식 중 어떤 것을 선호하느냐에 달려있습니다. 요약하면 문장은 변수 할당이나 제어 문장과 같은 행동을 수행하며, 결과적으로는 사이드 이펙트를 발생시킵니다. 반면에 표현식은 입력을 평가하여 단순히 출력만 생성합니다.

사이드 이펙트를 줄이고 싶다면 표현식을 사용하는 것이 더 안전하고 합리적인 코드를 이끌어냅니다. 그 이유는 다음과 같습니다.

- 순수 표현식은 순수 함수와 마찬가지로 사이드 이펙트가 없습니다.
- 순수 표현식은 대부분 코드로 정의될 수 있으며 사용 가능한 문장의 타입은 언어에 의해 미리 정의됩니다.
- 순수 표현식을 여러 번 평가하더라도 동일한 출력이 나오므로 예측 가능성을 보장하고 메모이제이션과 같은 특정 캐시 기술을 적용할 수 있습니다.
- 순수 표현식은 작게 유지되어 순수함을 보존하면서도, 더 큰 작업을 해결하기 위해 다른 표현식과 조합될 수 있습니다.

제어 흐름의 `if-else` 문장은 특히 변수 할당이나 생성과 같은 작업에서 함수형 접근 방식으로 대체하기 좋습니다. 이전에 언급한 buildGreeting 메서드는 어떤 인사말을 선택할지에 대한 간단한 결정을 삼항 연산자를 사용함으로써 더 간결하고 명확해집니다. 이는 다음과 같이 표현될 수 있습니다.

```
public String buildGreeting(User user, LocalTime time) {
  String greeting = time.getHour() < 12 ? "Good Morning"
                                        : "Hello";

return String.format("%s, %s", greeting, user.name());
 }
```

삼항 연산자는 두 가지 이점을 제공합니다.

첫째, 변수 greeting은 if-else 블록 외부에서 초기화되지 않은 채 선언되는 대신에 단일 표현식에서 선언되고 초기화됩니다.

둘째, 변수는 effectively final입니다. 이 상황에서는 그다지 중요하지 않을 수 있습니다. 하지만 나중에 변수가 effectively final이어야 할 때 코드를 리팩터링할 필요 없이 람다 표현식에서 쉽게 사용할 수 있습니다.

복잡한 문장 리스트와 블록을 더 작은 표현식들로 분할하는 것은 코드를 간결하고 이해하기 쉽게 만들 뿐만 아니라 effectively final 변수의 추가적인 장점을 가집니다. 이전 장에서 언급된 바와 같이, 람다 표현식에서 변수를 사용하기 위한 필수적인 조건입니다.

표현식은 새로운 값을 생성하기 위해 값과 함수를 조합하는 것으로 종종 문장보다 선호됩니다. 표현식은 일반적으로 문장보다 더 간결하고 독립적이어서 사용하기 더 안전합니다. 반면 문장은 사이드 이펙트를 실행하는 독립적인 단위로 더 자주 사용됩니다.

불변성을 향해 나아가기

> 변경할 필요가 없다면 변경하지 않는 것이 필요합니다.
>
> — 루시우스 캐리, 2대 포크랜드 자작

의도하지 않은 변경으로 인한 사이드 이펙트와 잠재적인 버그를 피하는 방법은 합리적인 경우 언제나 불변성을 채택하는 것입니다. 다른 함수형 원칙을 적용하지 않더라도 불변성은 **의도하지 않은 변경**이라는 버그의 원인을 제거하여 여러분의 코드베이스를 더욱 견고하게 만들어줍니다.

특히 동시성 환경에서 예상치 못한 변경을 방지하기 위해 프로그램에 사용되는 모든 타입에 대해 불변성을 기본 접근 방식으로 삼아야 합니다. 이에 대해서는 4장에서 언급했습니다. 많은 사용 사례에 대해 매번 새로운 것을 만들 필요는 없습니다. JDK는 이미 불변 자료 구조에 대한 다양한 옵션을 제공합니다.

불변 컬렉션

자바는 '완전' 불변 컬렉션 타입을 제공하지는 않지만 구조적으로 불변인 컬렉션은 존재합니다. 여기서는 요소를 추가하거나 제거하는 것이 불가능합니다. 자바 9에서는 `List.of`와 같은 정적 팩토리 메서드를 통해 컬렉션의 변경 불가능한 개념을 확장했습니다. 이를 통해 구조적으로 불변인 컬렉션을 쉽게 만들 수 있게 되었고 이와 관련된 내용은 4장의 '불변 컬렉션 팩토리 메서드'에서 설명했습니다.

불변 수학

`java.math` 패키지에서는 높은 정밀도의 계산을 안전하고 불변하게 처리할 수 있는 `BigInteger`와 `BigDecimal`, 두 가지 불변 임의 정밀도 타입을 제공합니다.

레코드 (JEP 395[3])

자바 14에서 처음 소개되고 자바 15에서 더욱 개선된 레코드는 쉽게 사용 가능한 데이터 집계 타입으로 완전히 새로운 자료 구조를 제공합니다. 레코드는 기존의 POJO나 자바 빈Java Bean에 대한 훌륭한 대안으로 사용됩니다. 5장에서 언급된 바와 같이 작고 지역적으로 불변인 데이터 저장소로 사용됩니다.

자바 날짜 및 시간 API (JSR-310[4])

자바 8은 불변 타입을 기반으로 날짜와 시간을 저장하고 다루는 새로운 방법을 도입했습니다. 이 API는 날짜와 시간과 관련된 모든 것을 명확하고 직관적인 방식으로 처리하는 방법을 제공합니다.

점점 더 많은 자바 API가 불변성을 기반으로 구축되거나 최소한 불변성을 지원하기 위해 개선되고 있습니다. 여러분도 이러한 방향으로 나아가야 합니다. 처음부터 불변성을 염두에 두

3 *https://oreil.ly/3GmKt*

4 *https://oreil.ly/X_LZY*

고 자료 구조와 코드를 설계하면 장기적으로 많은 문제를 예방할 수 있습니다. 의도치 않거나 예상치 못한 변경에 대한 걱정을 덜 수 있으며 동시성 환경에서도 스레드 안전성을 보장할 수 있습니다.

불변성은 말 그대로 불변 데이터에 가장 적합하다는 것을 기억해야 합니다. 어떤 변경 사항에 대해 새로운 불변 자료 구조를 매번 생성하는 것은 상당히 번거로워질 수 있습니다. 필요한 코드가 늘어나고 이로 인해 발생하는 새로운 객체들에 의한 메모리 소비를 고려해야 하기 때문입니다.

불변성은 함수형 접근 방식에 관계없이 코드베이스에 도입할 수 있는 가장 중요한 측면입니다. '불변성 우선immutable first'이라는 사고방식은 더 안전하고 합리적인 자료 구조를 제공합니다. 그러나 불변성을 통한 데이터 관리는 기존의 작업 방식에 적합하지 않다는 새로운 도전 과제를 가져올 수도 있습니다. 기억하세요! 잘 발달된 코드베이스에 불변성을 나중에 추가하는 것보다, 다른 선택지가 없을 때 불변성을 부분적으로 해제하는 것이 훨씬 쉽습니다.

15.2.3 맵/필터/리듀스를 활용한 데이터 처리

대부분의 데이터 문제는 요소들의 시퀀스를 반복하여 적절한 요소를 선택하고, 필요한 경우 그 요소들을 조작하며 어떠한 작업을 수행하거나 새로운 자료 구조로 모으는 것으로 귀결됩니다. 사용자 목록을 반복하여 적절한 사용자를 필터링하고 사용자에게 알림을 보내는 전형적인 예시를 살펴보겠습니다.

```
List<User> usersToNotify = new ArrayList<>();

for (var user : availableUsers) {
  if (user.hasValidSubscription()) {
    continue;
  }
```

```
    usersToNotify.add(user);
  }

  notify(usersToNotify);
```

이러한 문제들은 6장에서 배웠던, 스트림과 맵/필터/리듀스를 사용한 함수형 접근 방식에 아주 적합합니다.

for 루프를 사용하여 사용자들을 명시적으로 반복하고 미리 정의된 List에 올바른 요소들을 모으는 대신, 스트림 파이프라인은 유창하고 선언적인 호출로 전체 작업을 처리합니다.

```
List<User> usersToNotify = availableUsers.stream()
                                         .filter(User::hasValidSubscription)
                                         .toList();
notify(usersToNotify);
```

스트림 파이프라인은 요소들을 반복하는 방법에 대한 보일러플레이트 코드 없이 해야 할 작업을 표현합니다. 이는 명령문 기반의 데이터 필터링과 변환을 함수형 파이프라인으로 전환하는 데 적합합니다. 이러한 유창한 호출은 문제를 해결하는 데 필요한 단계들을 간결하게 설명하며, 특히 함수형 인터페이스를 반환하는 메서드 참조나 메서드 호출을 사용할 때 더욱 효과적입니다.

15.2.4 추상화 가이드 구현

모든 프로젝트는 요구 사항을 바탕으로 설계된 추상화에 기반하여 구축됩니다. 객체 지향 디자인은 강력한 비유 형태의 저수준 추상화를 사용하여 시스템의 특성과 제약을 정의합니다. 이러한 도메인 기반 접근법은 표현력이 풍부하고 강력하지만 타입의 다양성과 변경 사항의 용이성을 제한할 수도 있습니다. 보통 요구 사항은 시간이 지나면서 변화하므로 지나치게 제한적인 추상화는 시스템의 다른 부분 간의 불일치를 야기할 수 있습니다. 이러한 불일치는 미묘한 버그와 충돌을 만들며, 다시 고칠려면 상당히 많은 작업이 필요할 수 있습니다.

함수형 프로그래밍은 특정 도메인에 국한되지 않은 더 높은 추상화를 사용하여 불일치하는 추상화를 피합니다. 14장에서는 객체 지향 추상화를 JDK의 일반화된 함수형 인터페이스로 거의 예외 없이 대체하는 방식으로 이를 보여줍니다. 이러한 추상화를 원래의 문제 맥락과 분리함으로써, 더 단순하고 재사용하기 쉬운 컴포넌트를 생성할 수 있습니다. 필요에 따라 이 컴포넌트들을 결합하고 혼합하여 함수형 시스템의 어떠한 변경도 쉽게 수행할 수 있게 합니다.

객체 지향 및 명령형 코드는 기능과 객체 상태를 캡슐화하며 문제 도메인을 표현하는 데 적합합니다. 반면, 함수형 개념은 구현 로직과 고수준 추상화를 위한 탁월한 선택입니다. 모든 자료 구조가 문제 도메인에 표현될 필요는 없습니다. 다양한 함수형 타입을 사용하면 도메인 개념 대신 사용 사례에 따라 주도되는, 재사용 가능하고 넓은 범위의 타입을 만들 수 있습니다.

이 문제를 해결하기 위해 동일한 시스템 내에서 두 가지 접근법을 모두 사용하려면 두 추상화 수준 사이에서 균형을 찾아야 합니다. 15장에서는 고수준의 함수형 추상화의 이점을 제공하고 익숙한 명령형 레이어로 래핑하는 방법을 설명합니다.

15.2.5 함수형 연결고리 만들기

함수형 접근 방식은 여러분의 코드가 명령형과 객체 지향 환경에서 살아가며 통합하고자 하는 모든 함수형 기술이나 개념과 함께 손발을 맞춰야 함을 의미합니다. 이어서 명령형 환경에 함수형 코드를 통합하는 방법을 설명합니다.

그 전에 먼저 여러분의 기존 코드와 새로운 함수형 API 사이의 간극을 어떻게 연결할지 살펴보겠습니다.

메서드 참조 친화적 시그니처

메서드 참조 친화적 시그니처는 모든 메서드(정적이든 비정적이든)와 모든 생성자가 고차 함수에서 사용될 수 있는 잠재적인 메서드 참조 또는 함수형 인터페이스로 표현됩니다. 따라서 다른 함수형 API를 염두에 두고 API를 설계하는 것은 의미가 있습니다.

예를 들어 널리 사용되는 스트림 연산인 map, filter, sort는 각각 Function<T, R>, Predicate<T>, Comparator<T>를 받아들이고, 이는 간단한 메서드 시그니처로 변환할 수 있습니다.

함수형 인터페이스의 SAM(단일 추상 메서드)을 살펴보세요. 이는 메서드 시그니처의 설계도입니다. 입력 인수와 반환 타입이 일치하는 한 메서드를 원하는대로 이름 붙일 수 있습니다.

> **NOTE** SAM 시그니처를 메서드 참조에 단순히 매핑하는 것에 대한 예외에는, 바인딩되지 않은 비정적non-static 메서드 참조가 있습니다. 이러한 메서드 참조는 특정 인스턴스에 바인딩되지 않고 타입 자체를 통해 참조되기 때문에 람다 표현식은 첫 번째 인수로 해당 타입을 받아들입니다. 예를 들어 String::toLowerCase는 String을 받아들여 String을 반환하므로 toLowerCase 메서드가 인수를 갖지 않음에도 불구하고 Function<String, String>으로 간주됩니다. 이러한 방식은 함수형 인터페이스를 활용하여 객체의 메서드를 참조할 때 특히 유용합니다.

API를 설계할 때 고차 함수에 의해 사용될 가능성을 고려하여 메서드 참조 친화적인 시그니처를 제공하는 것이 중요합니다. 여러분의 메서드는 그 주변 컨텍스트에 따라 의미 있는 이름을 갖지만 동시에 간단한 메서드 참조를 통해 함수형 API의 연결고리를 형성합니다.

기존의 함수형 인터페이스 사용

함수형 인터페이스는 일반적으로 @FunctionalInterface 어노테이션으로 표시됩니다. 그러나 2장의 '함수형 인터페이스'에서 설명된 것처럼 일반적인 요구 사항을 충족하는 한 인터페이스는 자동으로 함수형 인터페이스로 간주됩니다. 따라서 기존에 있던 코드도 람다와 메서드 참조의 간결성과 JVM의 특화된 처리 방식을 활용하여 이점을 얻을 수 있습니다.

JDK에 있는 많은 기존 인터페이스들은 이제 `@FunctionalInterface`로 표시되었지만 여러분의 코드는 아직 이러한 변화에 적응하지 못할 수 있고, 이러한 변경으로부터 이득을 얻을 수 있습니다. 자바 8 이전부터 널리 사용되었던 다음과 같은 '이제는 함수형'인 인터페이스들이 있습니다.

- `java.lang.Comparable<T>`
- `java.lang.Runnable`
- `java.util.Comparator<T>`
- `java.util.concurrent.Callable<V>`

예를 들어 람다가 도입되기 전에는 보일러플레이트 코드로 인해 컬렉션 정렬이 번거로웠습니다.

```
users.sort(new Comparator<User>() {
  @Override
  public int compare(User lhs, User rhs) {
    return lhs.email().compareTo(rhs.email());
  }
});
```

람다 버전은 보일러플레이트를 상당히 줄여줍니다.

```
users.sort((lhs, rhs) -> lhs.email().compareTo(rhs.email()));
```

함수형 인터페이스 `Comparator<T>`를 살펴보면 전체 호출을 더 간결하게 하면서도 표현력을 잃지 않는 `static` 및 `non-static` 헬퍼 메서드를 찾을 수 있습니다.

```
users.sort(Comparator.comparing(User::email));
```

자바 8은 새로운 함수형 인터페이스를 도입한 것뿐만 아니라, 기존 인터페이스도 개선하여 다양한 default 및 static 메서드와 함께 새로운 API에 더 적합하게 되었습니다. 함수형 인터페이스에 있는 SAM이 아닌 메서드를 항상 확인하여 함수형 구성을 통해 코드를 더 단순화할 수 있는 숨겨진 이점을 찾거나 선언적 호출 체인으로 압축할 수 있는 공통적인 작업을 찾아보세요.

일반적인 작업을 위한 람다 팩토리

다른 함수형 API와 호환되도록 API를 설계하여 메서드 참조를 사용하는 것이 항상 가능하지는 않습니다. 그렇다고 해서 고차 함수 사용을 단순화하기 위해 람다 팩토리를 제공할 수 없다는 의미는 아닙니다.

예를 들어 특정 함수형 인터페이스와 일치하지 않는 메서드가 있을 수 있습니다. 추가적인 인수가 필요한 경우 **부분 적용**partial application을 사용하여 고차 함수의 메서드 시그니처에 맞게 만들 수 있습니다.

ProductCategory 타입이 다음과 같이 지역화된 설명을 위한 메서드를 가지고 있다고 가정해 보겠습니다.

```
public class ProductCategory {

  public String localizedDescription(Locale locale) {
    // ...
  }
}
```

이 메서드는 BiFunction<ProductCategory, Locale, String>로 표현될 수 있어서 스트림

의 map 연산에 직접 사용할 수 없고 람다 표현식을 사용해야 합니다.

```
var locale = Locale.GERMAN;

List<ProductCategory> categories = ...;

categories.stream()
          .map(category -> category.localizedDescription(locale))
          ...;
```

상품 카테고리에 Locale을 받고 Function<ProductCategory, String>를 반환하는 static 헬퍼를 추가함으로써 람다 표현식을 만들 필요 없이 사용할 수 있습니다.

```
public class ProductCategory {

  public static Function<ProductCategory, String>
              localizedDescriptionMapper(Locale locale) {
    return category -> category.localizedDescription(locale);
  }

  // ...
}
```

이 방법을 통해 ProductCategory는 여전히 지역화된 매퍼 함수를 생성하는 책임을 갖지만 호출 과정이 더 단순해지고 재사용 가능해집니다.

```
categories.stream()
          .map(ProductCategory.localizedDescriptionMapper(locale))
          ...;
```

팩토리 메서드를 관련 타입에 바인딩하여 일반적인 작업들에 대한 람다 연산을 제공함으로써 미리 예정된 작업 세트를 정의할 수 있습니다. 또한, 이를 통해 호출자가 동일한 람다 표현식을 반복적으로 생성하는 것을 방지할 수 있습니다.

명시적으로 함수형 인터페이스 구현하기

3.1절에서 설명한 가장 일반적인 함수형 인터페이스들은 여러분이 자신만의 특화된 타입을 만들기 전에 이미 많은 역할을 수행합니다. 특히, 다중 아리티multi-arity[5] 변형을 포함하면 더욱 그렇습니다. 자신만의 함수형 인터페이스를 만드는 것은 더 표현력 있는 도메인을 지닌다는 큰 장점을 가집니다.

단일 인수 또는 반환 타입만을 고려했을 때 Function<Path, Path>는 어떤 것이든 될 수 있습니다. 그러나 VideoConvertJob이라는 타입은 정확히 무슨 일이 일어나고 있는지 알려줍니다. 이러한 타입을 함수형 접근 방식에서 사용하기 위해서는 함수형 인터페이스여야 합니다. 새롭고 독립적인 함수형 인터페이스를 만드는 대신, 기존의 인터페이스를 확장하는 것이 좋습니다.

```
interface VideoConverterJob extends Function<Path, Path> {
  // ...
}
```

기존 함수형 인터페이스를 기본으로 선택함으로써, 여러분의 특화된 변형은 이제 Function<Path, Path>와 호환되고 함수의 합성을 즉시 지원하는 두 개의 기본 메서드 andThen과 compose를 상속받습니다. 이 커스텀 변형은 도메인을 좁히고 이전 버전과 호환됩니다. 기존 인터페이스를 확장하면 SAM 시그니처도 상속됩니다.

도메인을 더욱 개선하기 위해 표현력 있는 API를 생성하기 위한 default 메서드를 추가합니다.

---

5 옮긴이_ 프로그래밍에서 함수나 메서드가 여러 개의 서로 다른 인수를 가질 수 있는 특성을 의미합니다. 특히 함수형 언어나 객체 지향 언어에서 흔히 볼 수 있으며, 함수나 메서드가 다른 수의 인수를 받아들일 수 있도록 오버로딩(overloading)된 경우에 발생합니다.

```java
interface VideoConverterJob extends Function<Path, Path> {

  Path convert(Path sourceFile);

  default Path apply(Path sourceFile) {
    return convert(sourceFile);
  }

  // ...
}
```

SAM을 구현하기 위해 default 메서드를 추가하는 것은 기존 인터페이스를 함수형 인터페이스에 부합하도록 만드는 접근 방법입니다. 이 방법은 원래의 공개 계약을 변경하지 않으면서도, 함수형 인터페이스에 의해 제공되는 추가 기능을 포함합니다.

함수형 인터페이스의 호환성

자바의 상속 규칙으로 인해 함수형 인터페이스를 확장하는 타입을 사용하여 API를 설계하는 경우에는 몇 가지 주의 사항이 있습니다. 두 인터페이스가 Function<Path, Path>와의 호환성에 대해 구조적으로 동등하더라도, 타입들은 상호 교환 가능하지 않습니다.

VideoConverterJob은 정의에 따라 Function<Path, Path>이므로 필요한 인수가 있는 곳이라면 어디에서든 Function<Path, Path>이 사용될 수 있습니다. 그러나 반대로 Function<Path, Path>를 VideoConverterJob의 인수로 사용하는 것은 불가능합니다.

메서드 시그니처에서 함수형 인터페이스를 확장하는 타입을 사용할 때는 간단한 규칙을 따라야 합니다. 이 경우에는 VideoConverterJob처럼 가능한 한 구체적인 타입을 반환하세요. 하지만 Function<Path, Path>처럼 충분히 구별되는 타입만을 수용하세요.

함수형 인터페이스를 확장하는 인터페이스를 만들거나, 클래스가 명시적으로 함수형 인터페이스를 구현하게 함으로써 기존 타입과 고차 함수 사이의 연결고리를 형성합니다. 여전히 자바의 타입 계층 규칙을 만족시키기 위해 고려해야 할 사항들이 있지만, 입력으로 최소한의 공통 요소를 받아들이고 가장 구체적인 타입을 반환하는 것은 좋은 방법이 됩니다.

함수형 null 처리를 위한 Optional 사용

Optional은 (잠재적인) `null` 값들을 처리하는 우아한 방식을 제공합니다. 이는 많은 상황에서 큰 이점이 될 수 있습니다. 또한 Optional은 잠재적인 null 값과 후속 연산 사이에서 함수형 접근 방식을 제공하는 능력을 갖추고 있습니다.

이전에는 `null` 참조가 `NullPointException`을 발생시키지 않기 위해 사용되는 추가적인 코드였습니다. 하지만 Optional을 도입함으로써 null 값을 처리하기 위한 기존의 복잡한 코드 대신에 더 명확한 선언형 파이프라인을 제공합니다.

```
Optional<User> tryLoadUser(long id) {
  // ...
}

boolean isAdminUser =
  tryLoadUser(23L).map(User::getPermissions)
                  .filter(Predicate.not(Permissions::isEmpty))
                  .map(Permissions::getGroup)
                  .flatMap(Group::getAdmin)
                  .map(User::isActive)
                  .orElse(Boolean.FALSE);
```

이 파이프라인은 두 개의 `null` 검사(초기화 및 `Group::Admin`)와 `if` 문(`filter` 연산)을 대체합니다. 또한 필요한 속성에 접근하고 합리적인 대안을 제공합니다. 전체 작업은 개별 문장들의 더 복잡하고 따라가기 어려운 블록 대신, 유창하고 선언적인 호출을 통해 여섯 줄로 표현됩니다.

Optional을 사용하여 제어 문장을 줄이고 함수형의 시작점이 되는 것은 분명한 장점입니다. 따라서 Optional을 과도하게 사용하고자 하는 욕구를 증가시킬 수 있습니다. 하지만 Optional은 전문적인 반환 타입으로 설계되었으며 모든 null 관련 코드의 보편적인 대체재로 의도된 것은 아니라는 점을 기억하세요. 모든 값이 Optional로 감싸질 필요는 없습니다. 특히 간단한 null 검사의 경우에는 더욱 그렇습니다.

```
// BAD: 간단한 검색을 위해 값을 래핑하기
var nicknameOptional = Optional.ofNullable(customer.getNickname())
                               .orElse("Anonymous");
// BETTER: 더 간단한 null 검사 방법
var nicknameTernary = customer.getNickname() != null ? customer.getNickname()
                                                      : "Anonymous";
```

Optional을 사용하는 것은 흐름을 따라가기 쉽고 제어 구조나 명시적인 null 검사가 없어 깔끔하게 보일 수 있습니다. 하지만 일반적인 자바 타입으로 Optional을 생성하는 데에는 비용이 듭니다. 각 연산은 의도한 작업을 수행하기 위해 null을 검사해야 하며 새로운 Optional 인스턴스를 생성할 수도 있습니다. 삼항 연산자는 Optional만큼 매력적으로 보이지 않을 수 있지만 확실히 더 적은 리소스를 필요로 합니다.

자바 9부터는 java.util.Object 유틸리티 클래스에는 추가 인스턴스를 생성하지 않고도 단일 메서드 호출로 간단한 null 검사를 수행하는 두 가지 기능이 추가되었습니다. 이 기능들은 orElse 또는 orElseGet 연산만을 사용하는 Optional에 대한 대안이 됩니다.

```
var nickname = Objects.requireNonNullElse(customer.getNickname(), "Anonymous");

var nicknameWithSupplier = Objects.requireNonNullElse(customer.getNickname(),
                                                       () -> "Anonymous");
```

Optional은 잠재적인 null 값에 대한 개선된 반환 컨테이너로써의 역할과 복잡한 Optional 파이프라인에 대한 용도로 제한되어야 합니다. 간단한 null 검사를 위해 코드에서 Optional

을 사용하거나 메서드가 직접적으로 Optional을 인수로 받아들이는 것은 적절하지 않습니다. 인수가 항상 필요하지 않은 경우에는 메서드 오버로딩이 더 나은 대안입니다.

15.2.6 병렬성과 동시성 쉽게 다루기

병렬성 또는 동시성 프로그래밍을 작성하는 것은 간단한 일이 아닙니다. 추가적인 스레드를 생성하는 것은 비교적 간단한 부분이지만 여러 스레드를 조율하는 것은 꽤 복잡해질 수 있습니다. 병렬성과 동시성에 관련된 대부분 문제는 서로 다른 스레드 간의 데이터를 공유하는 것에서 발생합니다.

여러 스레드에서 데이터를 공유할 때는 순차적 프로그램에서 고려하지 않아도 되는 자체적인 요구 사항을 갖습니다. 예를 들어 데이터 무결성을 보장하고 데이터 경쟁과 데드락을 방지하기 위한 동기화와 락이 있습니다.

함수형 프로그래밍은 그 기본 원리 덕분에, 안전하게 동시성과 병렬성을 활용할 수 있는 많은 기회를 제공합니다. 특히 다음과 같은 원칙들이 중요합니다.

불변성

변경이 없다면 데이터 경쟁이나 데드락 발생의 위험이 없습니다. 자료 구조는 스레드 경계를 안전하게 넘나들 수 있습니다.

순수 함수

사이드 이펙트가 없는 순수 함수는 자체적으로 완결되어 있으며 입력에만 의존하여 출력을 생성합니다. 이러한 특성 때문에 어떤 스레드에서든 호출할 수 있습니다.

기본적으로 함수형 기술은 순차적 또는 동시 실행의 구분에 관여하지 않습니다. 이는 함수형 프로그래밍을 엄격하게 해석하면 이러한 구분이 필요한 환경을 허용하지 않기 때문입니다.

자바의 병렬 스트림(8장)과 CompletableFuture(13장)와 같은 동시성 기능은 완전히 함수형 코드와 자료 구조를 사용하더라도 스레드 조정이 필요합니다. 하지만 JDK는 이를 대부분의 시나리오에 적합한 방식으로 대신 처리해줍니다.

15.2.7 잠재적인 오버헤드에 주의하기

함수형 기술은 생산성을 크게 향상시키고 코드를 더 표현력 있고 견고하게 만들어줍니다. 하지만 이것이 자동적으로 더 높은 성능을 의미하거나 명령형 및 객체 지향 코드와 동일한 성능 수준을 가진다는 것은 아닙니다.

자바는 역호환성과 일반적인 API 안정성이 최고 수준이므로 많은 기업과 개인에게 신뢰받는 언어입니다. 하지만 이는 다른 언어들과 비교했을 때 언어 자체의 변화가 상대적으로 적다는 것을 의미합니다. 따라서 이 책에서 다룬 스트림, CompletableFuture, Optional 등의 기능들은 기본 언어 기능이 아니라 일반 자바 코드로 JDK 내에 구현되어 있습니다. 레코드는 완전히 새로운 구조와 독특한 의미를 가지고 있음에도 불구하고, 결국에는 java.util.Record를 확장하는 전형적인 클래스로 정의됩니다. 이는 열거형의 작동 방식과 유사하게, 컴파일러가 배후에서 필요한 코드를 생성합니다. 그렇다고 해서 이러한 기능들이 어떠한 방식으로도 최적화되지 않았다는 것을 의미하지 않습니다. 이 기능들은 자바 코드에 적용 가능한 모든 최적화의 혜택을 여전히 누립니다. 람다는 JVM의 특별한 명령 코드를 활용하는 언어 기능으로 다양한 최적화 기법을 사용합니다.

스트림과 Optional 같은 함수형 구조를 모든 데이터 처리나 null 검사에 사용하는 것은 매우 매력적입니다. 필자 또한 자바 언어의 정체된 상태에서 몇 년 동안 이에 빠져있었습니다. 함수형 기술들이 매우 훌륭하고 최적화된 도구임에도 불구하고 피할 수 없는 오버헤드가 발생한다는 점을 기억해야 합니다.

일반적으로 오버헤드는 생산성 향상과 간결하고 명확한 코드를 작성하는 것에 비해서는 무시할 만한 수준입니다. 켄트 벡의 말을 항상 기억하세요 **'먼저 작동하게 만들라. 그다음 올바르게 수정하고, 마지막으로 빠르게 만들어라.'** 잠재적인 오버헤드에 대한 두려움 때문에 함수형 기능들과 API를 포기하지 마세요. 코드에 어떠한 부정적인 영향을 미칠지 확실하지 않다면 먼저 측정하고 리팩터링하세요.

15.3 명령형 세계의 함수형 아키텍처

특정 아키텍처를 선택하는 것은 쉽지 않은 일이며 전체 프로젝트에 깊은 영향을 미칩니다. 중간에 아키텍처를 변경하는 것은 막대한 노력이 필요한 중대한 결정이기 때문입니다. 아키텍처 수준에서 함수형 접근 방식을 적용하려면 기존의 명령형 및 객체 지향 코드베이스에 맞추어야 하며 현재 상태를 과도하게 변경하지 않는 방식으로 통합해야 합니다.

놀랍게도 함수형 아키텍처에서는 함수가 가장 기본적이고 필수적인 단위로 비즈니스 로직의 고립된 조각들을 나타냅니다. 이러한 조각들은 필요에 따라 조합되어 워크플로를 구성하는 블록이 됩니다. 각 워크플로는 기능, 사용 사례, 비즈니스 요구 사항 등과 같은 더 큰 논리적 단위를 나타냅니다.

객체 지향 세계에서 함수형 프로그래밍을 활용하는 전형적인 아키텍처 접근 방식은 비즈니스 로직을 외부 세계와의 효과적인 통신 방법과 명확한 경계로 분리하는 것입니다. **함수형 코어**functional core, **명령어 셸**imperative shell (FC/IS) 아키텍처 접근 방식은 규모에 유연하며 원하는 만큼 영향력을 최소화할 수 있습니다.

FC/IS 디자인을 적용하여 처음부터 시스템을 구축하는 것이 가능하지만, 기존 코드베이스에 이 디자인을 통합하는 것 또한 가능합니다. FC/IS는 객체 지향 프로젝트에 함수형 원칙과 기술을 점진적으로 도입하기 위한 리팩터링에 아주 좋은 선택입니다.

코드와 그 실제 목적을 어떤 패러다임이나 개념으로부터 분리하여 생각하면 작업을 **수행**하는 것과 그것을 **조정**하는 것의 두 가지 명확한 그룹으로 나뉩니다. 코드와 그 책임을 단일 패러다임으로 구성하는 대신, FC/IS는 두 개의 관련된 패러다임 사이에 명확한 분리선을 그립니다. 이는 [그림 15-2]에서 확인할 수 있습니다.

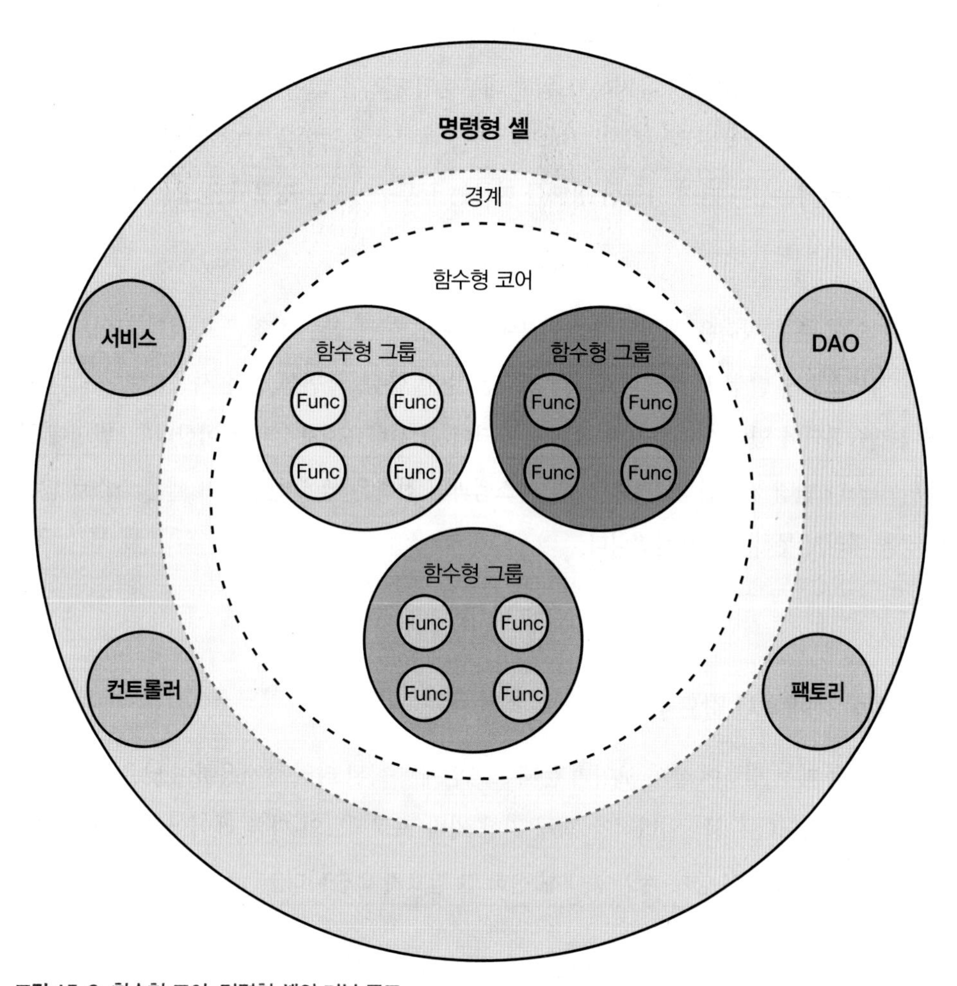

그림 15-2 함수형 코어, 명령형 셸의 기본 구조

함수형 코어functional core는 비즈니스 로직과 결정을 독립적인 순수 함수형 단위로 캡슐화합니다. 이는 FP가 제공하는 모든 기능을 활용하며, 순수 함수와 불변성 덕분에 사이드 이펙트나 상태 관련 문제에 대해 걱정하지 않고 데이터와 직접 작업을 수행합니다. 이 코어는 그 후,

외부 환경으로부터 보호되는 얇은 레이어인 명령형 셸로 감싸져, 모든 사이드 이펙트와 변경 가능한 상태를 캡슐화합니다.

명령형 셸은 시스템의 다른 부분에 대한 의존성을 포함하고, 외부에서 FC/IS와 상호작용하기 위한 공개 계약을 제공합니다. 모든 비기능적 요소는 코어로부터 멀리 유지되고 셸로 제한됩니다. 셸을 최대한 얇게 유지하기 위해 대부분의 결정은 코어에 남아 있으므로, 셸은 코어의 경계를 통해 작업을 위임하고 코어의 결과를 해석하는 역할을 담당합니다. 이것은 실제 세계의 모든 의존성과 변경 가능한 상태를 다루는 글루층이지만 경로와 결정을 가능한 한 최소화하여 구성됩니다.

이 디자인의 주요 장점은 책임의 명확한 분리입니다. 이는 함수형 접근 방식의 사이드 이펙트로 자연스럽게 발생합니다. 비즈니스 로직은 순수 함수, 불변성 등을 사용하여 구축된 코어에 캡슐화되어 있어 이해하기 쉽고 모듈화되어 있으며 유지보수가 용이합니다. 반면에 불순한 요소나 변경 가능한 것, 또는 다른 시스템과의 접촉은 셸에 한정되며 셸은 스스로 많은 결정을 내리지 못하도록 제한됩니다.

15.3.1 객체에서 값으로

외부에서 볼 때는 명령어 셸이 보이며 문제 도메인에 특화된 타입을 사용하여 낮은 수준의 추상화를 제공합니다. 이는 일반적인 객체 지향 자바 프로젝트의 다른 레이어처럼 보입니다. 함수형 코어는 셸과 그 공개 계약에 대해 전혀 알 필요가 없습니다.

객체에서 값으로의 전환은 사용 가능한 모든 함수형 도구를 활용하여 코어를 함수적이고 독립적으로 유지하기 위해 필요합니다. 이러한 전환은 책임의 명확한 분리를 강조합니다. 코어를 순수하게 유지하기 위해서는 변경 가능성, 상태 또는 사이드 이펙트가 코어의 경계를 넘어, 셸에서 발생해야 합니다. 가장 정제된 형태에서 코어의 경계를 넘는 모든 것은 값이어야 하며, 이는 최종적인 사이드 이펙트에도 해당합니다. 순수 함수에서 사이드 이펙트를 분리하는 것은, 더 많은 제어권을 되찾는 데 중요합니다. 자바보다 '더 함수형적인' 프로그래밍 언어들은 종종 사이드 이펙트를 처리하기 위한 특화된 자료 구조를 갖습니다. 예를 들어 스칼라의 Maybe나 Try와 같은 타입들이 이러한 역할을 합니다.

자바에서 사이드 이펙트를 처리하는 데 가장 근접한 타입은 두 가지 상태를 단일 타입으로 표현할 수 있는 Optional 타입입니다. 10장에서는 자바에서 예외로 인한 제어 흐름의 중단을 더 함수형적인 방식으로 처리하기 위해 스칼라의 try/success/failure 패턴을 재현하는 방법을 설명했습니다. 그럼에도 불구하고, 사이드 이펙트를 제어하기 위해 필요한 추가 코드와 보일러플레이트는 이러한 사이드 이펙트가 적절한 도구와 구조가 있는 명령형 셸에서 처리되어야 한다는 것을 명확히 보여줍니다. 반면에 함수형 코어에서는 적어도 이를 수행하는 것이 바람직하지 않다는 것을 의미합니다.

15.3.2 관심사 분리

함수는 주변 세계에 접근하거나 변경하지 않고 오로지 자신의 인수에 기반하여 결론에 도달합니다. 그러나 때때로, 데이터를 영구적으로 저장하거나 명령형 셸에서 상태를 변경하는 것과 같이 변화가 필요할 수 있습니다.

코어는 의사 결정을 담당하지만 그러한 결정에 따른 행동을 하지는 않습니다. 그렇기 때문에 모든 변경 사항, 심지어 사이드 이펙트조차도 값으로 표현되어야 합니다.

웹 사이트에서 특정 정보를 스크래핑하여 데이터베이스에 저장하고자 한다고 상상해보세요. 전체 작업은 대략 다음과 같은 단계로 이루어집니다.

1 웹 사이트의 내용을 불러옵니다.

2 필요한 정보를 추출합니다.

3 정보가 관련이 있는지 확인합니다.

4 데이터베이스에 데이터를 저장합니다.

이 작업을 FC/IS 시스템에 맞게 조정하려면 먼저 각 단계를 책임에 따라 셸 또는 코어로 분류해야 합니다.

웹 사이트의 내용을 불러오고 데이터를 저장하는 작업은 I/O이며 이는 사이드 이펙트를 포함하므로 명령형 셸에 속합니다. 반면 정보 추출과 관련성을 결정하는 작업은 데이터 처리에 해당하여 함수형 코어에 적합합니다. 이러한 분류는 웹 스크래핑 작업의 책임을 FC/IS 내에서 명확히 구분하며, [그림 15-3]에서 상세히 보여줍니다.

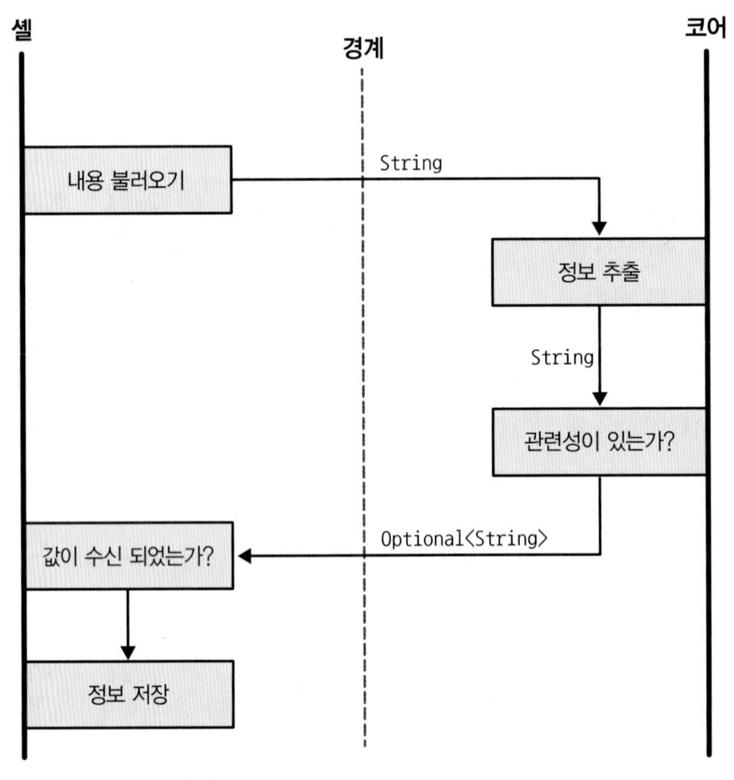

그림 15-3 FC/IS에서의 웹 스크래핑

[그림 15-3]에서 볼 수 있듯이, 셸은 네트워크와의 상호작용하여 내용을 즉시 코어에 전달합니다. 코어는 불변의 `String` 값을 받아들이고 비즈니스 로직에 기반하여 정보가 관련이 있는지 여부를 나타내는 `Optional<String>`을 반환합니다. 셸에서 값이 수신되면 그 값과 셸의

컨텍스트에서 접근 가능할 수 있는 다른 정보들을 저장합니다.

이러한 관계사 분리는 코드에 또 다른 장점을 가져옵니다. 모듈성 측면에서 볼 때 코어는 웹 사이트뿐만 아니라 다양한 입력 소스를 처리할 수 있습니다. 이로 인해 데이터 처리가 유연해지고 재사용 가능해집니다. 예를 들어 단일 사이트를 스크래핑하여 바로 코어에 전달하는 대신 여러 페이지를 미리 스크래핑하고 나중에 처리하기 위해 데이터베이스에 저장할 수 있습니다. 코어는 내용이 어디서 왔는지 신경 쓰지 않으며 심지어 알 필요조차 없습니다. 코어는 오로지 정보 추출 및 평가에 대한 독립된 작업에만 집중합니다. 따라서 전체적인 요구 사항이 변경되더라도, 필요에 따라 기존의 작은 논리적 단위들을 재조합할 수 있습니다.

15.3.3 FC/IS 아키텍처의 다양한 규모

FC/IS 아키텍처는 시스템을 기반으로 구축된 다른 아키텍처 설계와는 달리, FC/IS는 프로젝트를 정의하거나 지배할 필요가 없습니다. 전체 애플리케이션이 단일 FC/IS 또는 다중 FC/IS를 중심으로 구축되었는지는 중요하지 않습니다. 심지어 단일 작업을 위해 FC/IS를 생성하는 것도 가능합니다. 명령형 셸이 시스템의 나머지 부분과 통합된다면 사용할 준비가 된 것입니다.

FC/IS의 동적 크기 조정과 통합은 기존 구조를 해치지 않으면서도 코드베이스에 더 많은 함수형 로직을 점진적으로 도입할 수 있게 합니다. [그림 15-4]처럼 다양한 FC/IS들은 외부로부터 눈에 띄지 않으면서도, 기존 시스템과 공존하고 상호작용할 수 있습니다.

FC/IS의 적절한 크기를 결정하기 위해 중요한 접근 방법은 컨텍스트와 기능을 고려하는 것입니다. 외부 세계와의 경계를 형성하는 셸의 표면은 필요한 크기를 결정하는 데 있어 첫 번째 지표가 됩니다. 서로 다른 시스템 간의 결합을 줄이면 시간이 지남에 따라 모듈성, 확장성 및 유지보수성이 보장됩니다. 컨텍스트는 코어에 나타나는 캡슐화되어 있는 특화된 도메인 지식과 공개 계약에 의해 정의됩니다.

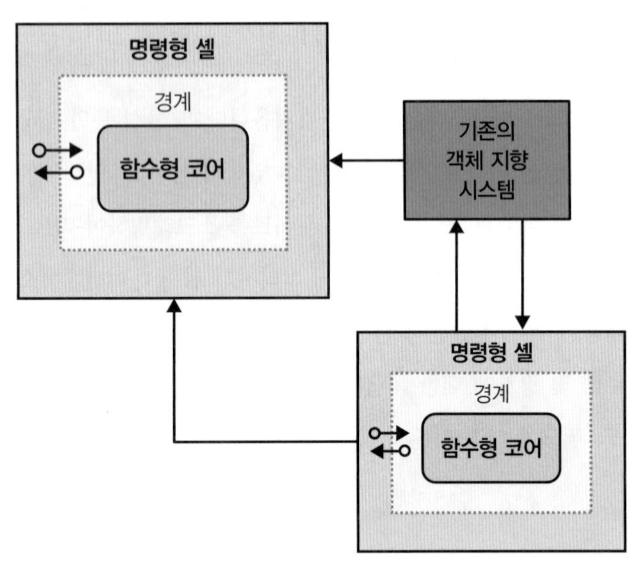

그림 15-4 기존 시스템과 다양한 FC/IS의 상호작용

올바른 컨텍스트와 적절한 경계를 정의하는 것은 중요하며 경험을 통해 더 쉬워집니다. FC/IS는 필요한 만큼의 크기로, 가능한 한 작게 구성되어야 합니다. 코어에서의 함수형 단위 또는 전체 함수형 그룹은 다른 FC/IS에서 재사용할 수 있어, 하나의 '모든 것을 포함하는' FC/IS 보다는 여러 개의 작고, 전문화된 FC/IS를 구축하는 데 용이합니다. 이러한 작고 독립된 FC/IS들을 사용하면 기존의 복잡한 시스템에도 점진적으로 통합하고 대체하기가 더 쉬워집니다.

15.3.4 FC/IS 테스팅

FC/IS 디자인을 채택하는 것은 다른 모든 리팩터링을 위한 노력과 마찬가지로, 새로운 구조를 단위 테스트나 통합 테스트와 같은 적절한 테스팅으로 검증해야 합니다. 코드에 의존성이 있거나 데이터베이스와 같은 I/O가 있는 경우에는 테스트되는 컴포넌트를 더 효과적으로 격리하기 위해 목mock나 스텁stub이 필요할 수 있습니다. 라이브러리를 사용하여 이러한 대체물을 만드는 과정을 간소화할 수 있지만, 이 전체 개념에는 몇 가지 단점이 있습니다.

구현 세부 사항에 대한 지식

모의 객체를 의도한대로 작동하기 위해 구체적인 구현에 대한 지식이 필요합니다. 이러한 세부 사항은 시간이 지남에 따라 변할 수 있으며 리팩터링을 시도할 때마다 모의 객체와 스텁을 깨뜨릴 수 있습니다. 이는 공개 계약이나 테스트 로직을 변경하지 않아도 발생할 수 있습니다.

부가적인 테스팅

테스트는 정확성을 보장하기 위해 반드시 최소한만을 테스트해야 합니다. 그러나 의존성은 테스트가 의도하는 목적이 숨어 있더라도, 고려해야 할 추가적인 사항을 만들어냅니다. 이러한 테스트를 디버깅하는 일은 귀찮은 일이 될 수 있습니다. 단순히 테스트와 그 기능 자체만을 디버깅하는 것이 아니라 다른 모든 부분들까지도 세심하게 살펴봐야 하기 때문입니다.

가상 테스팅

가상 테스트 환경에서는 의존성이 올바르게 설정되어 있고 안정적인 상태를 유지하고 있습니다. 반면에 모의 객체와 스텁은 컴포넌트 간의 결합도를 낮추고 테스트가 요구하는 기본적인 조건들을 충족시키기 위해 특별히 가상으로 구현된 것입니다.

FC/IS 아키텍처는 책임을 명확하게 구분하여 이러한 단점들을 줄여줍니다. 이는 테스트 가능성에서도 반영됩니다.

시스템의 비즈니스 로직인 함수형 코어는 순수 함수로 구성되어 있으며, 자연스럽게 독립되어 있어 단위 테스트에 매우 적합합니다. 동일한 테스트 입력은 같은 결과를 보장해야 합니다. 따라서 코어는 일반적으로 더 크고 복잡한 요구 사항을 가진 시스템들과는 달리, 테스트 더블[6]이 필요 없는 소규모이며 집중적인 단위 테스트를 통해 쉽게 검증할 수 있습니다. 이런

6 옮긴이_ 테스트 더블(test double)이란 소프트웨어 테스트에서 사용되는 모의 객체(mock object) 또는 대리 객체(dummy object)를 의미하는 용어로 코드의 단위 테스트에 사용됩니다.

일반적인 의존성의 부재는 모의 객체와 스텁이 필요하지 않다는 것을 의미합니다.

명령형 셸에는 여전히 의존성과 사이드 이펙트가 존재하며 코어만큼 쉽게 테스트할 수는 없습니다. 따라서 여전히 통합 테스트가 필요합니다. 하지만 대부분의 로직이 단위 테스트가 용이한 코어에 위치하기 때문에 셸을 검증하기 위한 테스트의 양은 상대적으로 줄어듭니다. 새로운 FC/IS는 이미 검증된 함수형 코드에 의존할 수 있어 추론에 용이합니다. 이러한 상황에서는 새로운 셸에 대한 검증만 하면 됩니다.

15.4 자바에서 함수형 접근에 대한 고찰

필자는 개인적으로 함수형 기술을 적극적으로 활용하는 것을 선호합니다. 하지만 솔직히 말하자면 필자는 여전히 대부분의 코드를 명령형 및 객체 지향으로 개발하고 있습니다. 여러분도 비슷한 상황에 처해 있을 수도 있습니다. 필자의 회사에서는 자바 8 이후의 버전을 통해 전체 아키텍처나 코드베이스를 처음부터 작성할 필요 없이 우리만의 속도로 함수형 기술을 도입하고 있습니다.

코드 전반에 걸쳐 불변성을 점차적으로 도입하고 자료 구조에 대한 새로운 기준을 채택했습니다. 이로 인해 일반적으로 객체 지향 접근 방식에서 흔히 발생하는 여러 문제들을 해결하는 데 도움이 되었습니다. 중요한 상태 관리를 위해 부분적으로 불변 자료 구조를 사용하는 것과 같은 하이브리드 접근 방식은 애매하고 디버깅하기 어려운 문제들을 불러올 수 있는 불리한 상황들을 제거합니다.

또 하나의 중요한 개선점은 메서드 시그니처를 설계할 때 Optional 사용을 고려하는 것입니다. 이 방법은 메서드의 의도를 더욱 명확하게 하고 호출자에게 값이 없을 수 있다는 가능성을 분명하게 전달함으로써 `null` 검사를 사용하지 않아도 `NullPointerException`의 발생을 줄일 수 있습니다.

함수형 관용어, 개념, 기법들은 종종 객체 지향적인 것과 크게 다르지 않습니다. 이들은 비슷한 문제에 대한 서로 다른 해결 방식일 뿐이죠. 함수형 프로그래밍의 대부분의 장점들은 객체 지향적이고 명령형 환경에서도 누릴 수 있습니다.

자바는 언어적 측면에서 특정 함수형 구조에 대한 지원이 부족할 수 있습니다. 하지만 방대한 생태계를 가진 플랫폼으로써의 자바는 패러다임에 관계없이 다양한 이점을 제공합니다.

근본적으로 함수형 프로그래밍은 특정 언어 자체가 아닌 사고방식입니다. 이로부터 이점을 얻기 위해서 반드시 시스템을 처음부터 다시 시작할 필요는 없습니다. 처음부터 시작하는 것은 종종 생산성에 초점을 맞추게 되며 폭 넓은 관점을 놓칠 수 있습니다. 지속적으로 변화하고 발전하는 코드베이스로 인해 대부분의 시스템이 의존하는 필수적인 엣지 케이스나 일반적이지 않은 구조들을 간과하기 쉽습니다. 처음부터 다시 시작하는 것이 아니라 점진적으로 코드를 재작성하고 리팩터링하여 함수형 사고방식을 단계적으로 적용함으로써 전체 복잡성을 줄일 수 있습니다.

그럼에도 불구하고 모든 자료 구조를 다시 설계할 필요는 없으며 모든 타입을 완전히 함수형으로 전환할 필요도 없습니다. 함수형 사고방식을 키우는 것은 계속해서 연습하는 것뿐입니다. 작은 것부터 시작하고 억지로 하지 않는 것이 중요합니다. 함수형 구조를 자주 사용할수록 자바가 제공하는 함수형 도구들을 활용해 개선할 수 있는 코드를 더 쉽게 찾아낼 수 있습니다.

함수형 접근 방식의 궁극적인 목표는 코드를 이해하고 분석하는 데 필요한 노력을 줄이는 데 있습니다. 순수 함수와 불변 자료 구조처럼 간결하고 안전한 구조는 신뢰성과 장기 유지보수 용이성을 향상시킵니다. 소프트웨어 개발은 복잡성을 적절한 도구로 관리하는 것입니다. 자바 8 이상에서 제공하는 함수형 도구들이 명령형 및 객체 지향적 자바 코드들을 다루는 데 매우 효과적이라고 생각합니다.

이 책에서 가장 중요한 교훈은 여러분의 프로젝트에 어떤 함수형 기법이나 개념(OOP나 FP)을 도입하든지 중요하지 않다는 것입니다. 오라클의 자바 언어 아키텍트인 브라이언 게츠가 한 강연에서 이렇게 멋지게 말했습니다.

함수형 프로그래머가 되지 마세요.

객체 지향 프로그래머가 되지 마세요.

더 나은 프로그래머가 되세요.

— 브라이언 게츠, FP vs OO: Choose Two[7]

소프트웨어 개발은 주어진 문제에 가장 적합한 도구를 선택하는 것입니다. 자바 개발자로서 우리에게 제공되는 함수형 개념과 기법들을 일상적인 작업에 도입함으로써, 우리의 도구함에는 가치 있는 새로운 도구들이 추가됩니다. 이러한 도구들은 코드를 더욱 읽기 쉽고, 이해하기 쉽고, 유지보수하기 쉽고, 테스트하기 쉽게 만들어줍니다.

핵심 요약

- OOP와 FP는 근본적으로 다르지만 대부분의 개념은 서로 배타적이거나 완전히 독립적이지는 않습니다. 두 방식 모두 동일한 문제를 해결할 수 있으나 접근 방식이 다를 뿐입니다.
- 합리적인 코드를 작성하는 것이 궁극적인 목표이며 함수형 사고방식은 이 목표를 달성하는 데 도움을 줍니다.
- 함수형 사고방식은 순수 함수를 활용하여 사이드 이펙트를 방지하거나 불변성을 채택하는 것과 같은 작은 단계로부터 시작합니다.
- 함수형 원칙은 아키텍처 결정에도 중요한 역할을 할 수 있습니다. 예를 들어 비즈니스 로직과 다른 시스템에 노출되는 부분을 함수형 코어, 명령형 셸과 같은 디자인을 통해 분리할 수 있습니다.
- 함수형 코어와 명령어 셸 디자인은 기존 코드에 함수형 원칙과 개념을 점진적으로 적용하는 데 훌륭한 도구입니다.

---

7 Devoxx, "FP vs OO: Choose Two by Brian Goetz," https://oreil.ly/uLf87.

INDEX

T

U

V

W

기타